clv

TONY ANTHONY
ANGELA LITTLE

WAS IST EINE SEELE WERT?

LEIDENSCHAFTLICHE EVANGELISATION

clv

Christliche Literatur-Verbreitung e. V.
Postfach 11 01 35 · 33661 Bielefeld

1. Auflage 2012

© 2010 by Tony Anthony and Angela Little,
published by Authentic Media Limited, Milton Keynes, England
Originaltitel: Passion: Pass It on –
Returning Passion, Purpose and Priority to the Church

© der deutschen Ausgabe 2012 by CLV
Christliche Literatur-Verbreitung
Postfach 11 01 35 · 33661 Bielefeld
Internet: www.clv.de

Übersetzung: Hermann Grabe, Meinerzhagen
Umschlag: Lucian Binder, Marienheide
Satz: CLV
Druck: CPI – Ebner & Spiegel, Ulm

ISBN 978-3-86699-239-9

*Ich widme dieses Buch mit Liebe, Hoffnungen und Gebeten
meinen beiden wunderbaren Söhnen Ethan und Jacob
und bete darum, dass dort, wo mein Glaube und Dienst aufhören,
euer Glaube und Dienst erst anfangen mögen.*

Inhalt

	Dank	9
	Einleitung	10
	Vorwort	16
1	Leidenschaft	22
2	Krieg und Liebe	33
3	Alles im Gleichgewicht	44
4	Worte, Werke und Ergebnisse	53
5	Die ganze Wahrheit	62
6	Der Preis der Freiheit	75
7	Die Worte des Evangeliums	86
8	Der Zustand der Welt	95
9	Die Ohren kitzeln	108
10	Der Mann im Spiegel	120
11	Schiefe Türme	135
12	Berufen und befähigt	148
13	Bis an das Ende der Erde	158
14	Nenn mich verrückt!	177
15	Salziger Tee	188
16	Ein Grad daneben	204
17	Ein neues Lied	219
18	TON	230
19	Der Gehorsam eines »Nobodys« und seine Auswirkungen	242

20	Ein Wettlauf auf der »Römer-Straße«	259
21	Die »fünfte Kolonne«	279
22	Die Geschichte von Frank Jenner	290

Nachwort: Wer nur ein einziges Leben rettet … 297

Sehen andere das auch so? 300

Evangeliums-Präsentationen 303

Dank

Mein tiefster Dank und meine höchste Wertschätzung gelten vor allem meiner Mitautorin Angela Little, die diesem Buch auf schlichte, aber höchst eindrucksvolle Weise die richtige Gestalt verlieh. Sie hat hart dafür gearbeitet, damit dieses Buch erscheinen konnte.

Ich möchte auch meinem Freund und Verleger Malcolm Down und seinen Mitarbeitern im Verlag »Authentic Media« für die ausgezeichnete Arbeit danken, die sie mit der Produktion und Herausgabe dieses Buches geleistet haben. Besonderer Dank gilt auch den vielen Freunden und Unterstützern, die mich bei dem Manuskript beraten haben. Das gilt insbesondere für Michael Wright, Reverend Stephen Hembery, Reverend Nigel Little, John Sephton, Beryl Spikings, Graham Matthews und Dorothy Little.

Ich stehe in tiefer Dankesschuld gegenüber dem Vorstand von »Avanti Ministries«, dem auch ich angehören darf: Phil Smith, David Duell, Martin Eady, Sara Anthony, Heather Crosskey, Richard Newton und Mark Griggs. Ich danke auch meinem direkten »Unterstützerteam«, Faye Anderson, Naomi Spurgeon, Sarah Griggs, Jamie Kidd, George Osborn, John Lawson, Sonya Newton und Stephen Silverson, deren Dienst, Geduld und Fähigkeiten außergewöhnlich sind, auch angesichts der Mühen und der Belastung, die unser Dienst mit sich bringt.

Meine höchste Anerkennung gehört meiner Frau Sara, unseren beiden Söhnen, Ethan und Jacob, und meiner Schwiegermutter Barbara Coleman, die meine Arbeit aufopferungsvoll unterstützen und meine kostbare Familie trotz meiner häufigen Abwesenheit zusammenhalten. Sie alle gehören zu den wirklichen Helfern und den unbesungenen Helden, die diesen Dienst für Gott erst möglich machen.

Der größte Dank und alle Ehre gebührt Gott, weil er uns sein Wort und das Vorrecht, es predigen zu dürfen, gegeben hat. Ich vertraue darauf, dass viele Menschen auf der ganzen Welt eine größere Freude schmecken werden, wenn sie Gott und seine Wege besser kennenlernen.

Mit dankbarem Herzen *Tony Anthony*

Einleitung

Der Künstler
Im Gefängnis gibt es nicht viel zu tun, besonders in einem solchen wie dem Zentralgefängnis von Nikosia auf Zypern. In den späten 1980ern und frühen 1990ern war ich dort inhaftiert. Es gehört zu den berüchtigtsten Strafanstalten der Welt. Filme wie *Bangkok Hilton* oder *12 Uhr nachts – Midnight Express* schildern etwas von den Schrecken dieser Einrichtung. Das war kein Ort, in dem man gebessert oder auch nur zur Einsicht gebracht werden konnte – es war nur ein Gewahrsam, in dem man die Menschen buchstäblich verrotten ließ. Ich wurde zu weniger Jahren verurteilt als die meisten anderen (tatsächlich erhielt ich weit weniger Strafe, als ich verdient hatte). Aber drei Jahre an einem solchen Ort können auch den zähesten Menschen zum Wahnsinn treiben. Es gab Tage, an denen ich fürchtete, in denselben leichenähnlichen Zustand zu verfallen, in dem sich manche meiner Mitgefangenen befanden. An Tagen, an denen es mir besser ging, konnte ich einen Wärter bestechen, mir Pinsel, Farbe und Papier zu besorgen. Als Kind hatte ich viele Stunden vor der Staffelei verbracht. So dauerte es nicht lange, bis die anderen Gefangenen und einige Wärter meine Arbeit wahrnahmen. Im Gefängnis hat alles seinen Preis, und so war ich durch meine Kunstwerke stets mit Zigaretten versorgt, wenn ich Familienangehörige der anderen von Fotos abmalte. Sonst malte ich für mich selbst, malte um mein Leben – denn es hielt mich davon ab, verrückt zu werden. Ich kann mir vorstellen, dass ein Psychologe aus meinen Bildern Zorn, Depression, Misshandlungen in der Kindheit und Selbstmordgedanken hätte herauslesen können. Er hätte mich sicher als einen »dysfunktionalen Charakter mit einer gequälten Seele« bezeichnet.

Dabei muss ehrlicherweise gesagt werden, dass meine Bilder unbestreitbar durch meine Erziehung beeinflusst waren. Vonseiten meiner Eltern war ich unerwünscht. Mit vier Jahren wurde ich aus meinem Zuhause in London nach Kanton (Guangzhou) in China geschickt. Dort wuchs ich unter dem strengen Regiment meines Großvaters Cheung Ling Soo auf. Er war ein bekannter Großmeister des Kung Fu. Nach westlichen Maßstäben hatte ich eine brutal harte Kindheit – doch sie entwickelte in mir einen absoluten Durchsetzungswillen und viel Disziplin. Unter den Händen meines Meisters entwickelte ich außerordentliche körperliche Fähigkeiten und zeichnete mich in den uralten Künsten meiner Vorfahren aus. Die Geschichte meines Aufstiegs und meines Absturzes wird in dem Buch *Den Tiger zähmen*[1] und in dem daran angelehnten Jugendbuch *Der Schrei des Tigers*[2] beschrieben. Darin kann man lesen, wie ich zu einem viel bejubelten, kraftstrotzenden und von einigen beneideten Lebensstil gelangte – aber auch, dass ich durch Kummer zum Verbrecher wurde, und wie es zu einem persönlichen Zusammenbruch kam. Seit der Veröffentlichung meiner Geschichte hatte ich das Vorrecht, rings um den Erdball vor Millionen von Menschen zu predigen, die auf die Botschaft dieser Bücher reagiert haben. Ich persönlich hasse diese Geschichte. Und ich sage das nicht leichthin. Ich schäme mich nämlich meines Lebens und vieler schrecklicher Dinge, die ich getan habe. Tatsächlich: Außer ein oder zwei einzelnen Kapiteln würde ich alles lieber in der tiefsten Hölle sehen als auf einer Bestsellerliste. Und doch bleiben sie dort stehen. Warum? Weil über mich hinaus, jenseits meiner Geschichte, jenseits des Schreckens meines schmutzigen, gräulichen, ganz tiefschwarz gefärbten Gemäldes es ein Zeugnis für den allmächtigen Gott, den Meistermaler und Schöpfer selbst, ist. Er begegnete mir in der absoluten Verdorbenheit meiner Sünde und Schande und gab mir eine neue, fleckenlos weiße Leinwand.

Es war am 3. Mai 1990, als ich zum ersten Mal auf die Botschaft des Evangeliums reagierte, als ich die »Gute Nachricht« von der Wahrheit Jesu Christi anerkannte und annahm. Damals gebrauchte Gott einen Mann, Michael Wright, einen Missionar aus Belfast, der mir dieses wunderbare Evangelium verkündigte. Während meiner gesamten Gefangenschaft besuchte mich Michael treu in diesem zypriotischen »Höllenloch«. Im Gehorsam gegenüber dem »Großen Auftrag« (Matthäus 28,19) verleugnete Michael sich selbst und hielt durch, trotz meiner abscheulichen Unhöflichkeit und Arroganz. Er

---

1 Das Buch erschien 2009 bei CLV; Originaltitel: »Taming the Tiger« (Authentic, 2004).
2 Das Buch erschien 2012 bei CLV; Originaltitel: »Cry of the Tiger« (Authentic, 2006).

hielt in Liebe durch, bis er sich sicher war, dass ich die Botschaft verstanden hatte. Warum tat er das? Ich war ein völlig Fremder für ihn – nichts als eine weitere Überschrift in der Zeitung, nichts als eine weitere Nummer in Nikosias Schmelztiegel der Verworfenheit.

Als ich Michael endlich – nachdem er mich schon sechs Monate regelmäßig besucht hatte – bat, »mit der Sprache herauszurücken«, wirkte Gott eines seiner mächtigsten Wunder. Gott vergab mir. Er hob mich auf, wusch mich rein und gab mir ein neues Leben. Alles geschah an ebendiesem Tag. Und an ebendiesem Tag wurde ich ein leidenschaftlicher und entschiedener Evangelist. Ich *musste* einfach das Evangelium verkündigen. Ich wusste nichts von Theologie und hatte keine Ausbildung. Ich wusste fast nichts aus der Bibel und schon gar nichts über das Leben in der christlichen Gemeinde oder was es bedeutet, ein Christ zu sein. Aber ich hatte aus erster Hand erfahren, was Vergebung bedeutet – und was es heißt, von Jesus Christus angenommen und geliebt zu sein. Das war die Botschaft, die ich einfach hinausschreien musste. Ich hatte keine Wahl. Ich hatte das Leben gefunden, und ich wollte, dass jeder in diesem Gefängnis, jeder elende Drogendealer, Mörder, Dieb, Vergewaltiger, Kinderschänder, Drogenabhängige, jeder Gefängniswärter … erfuhr, dass auch ihm vergeben werden konnte und dass er ein neues Leben beginnen und ewig in Sicherheit sein könnte, weil Jesus am Kreuz gestorben und wundersam wiederauferstanden war.

Meine Leidenschaft und mein Eifer wurden noch stärker, als ich sah, wie andere Menschen – solche wie ich – radikal verändert wurden, nachdem sie eine Begegnung mit dem lebendigen Christus gemacht hatten. Als meine Gefängniszeit zu Ende war, konnte ich es nicht erwarten, nach England zu kommen, um mich einer Gemeinde anzuschließen. Ich meinte, dort Menschen zu finden, die genauso für das Evangelium brannten, wie ich es tat. Doch da sollte mir ein schmerzlicher Schlag versetzt werden. Meine ersten Gemeindeerfahrungen waren in mancher Beziehung gut – aber ich hatte naiverweise angenommen, alle Christen seien wie Michael Wright. Ich dachte, dass alle darauf brannten, das Evangelium anderen mitzuteilen, weil sie die Errettung der Seele für das Wichtigste hielten. Die Realität traf mich schrecklich – und es schmerzt mich noch heute genauso, wenn ich wohlmeinende Christen sehe, die Gott lieben, aber völlig versagen, wenn es darum geht, eine der grundlegenden Unterweisungen Christi ernst zu nehmen. Traurigerweise wurde auch ich nach wenigen kurzen Jahren nach meiner Entlassung aus Nikosia das, was ich am meisten verachtet hatte: ein »Sofa-Christ«. Auch ich glitt in ein »anständiges« Christsein ab. Ich leitete Jugendfreizeiten, predigte am Sonntag, widmete mich und meine Familie dem Gemeindeleben, wurde selbst Jugendleiter einer Gemeinde – aber mit der Zeit wurde meine Leidenschaft für die Ausbreitung des Evangeliums eine von vielen Dingen auf einer langen Liste meines geschäftigen und vielseitigen Lebens.

2001 machte ich einen großen Fehler. Bei einer Fahrt im Regen stieß ich eine Dame mit meinem Auto vom Fahrrad. Ich hatte damals gemeint, mit einem Tier zusammengestoßen zu sein, und dachte nicht viel darüber nach. Einige Tage später hieß es in der Lokalzeitung, eine Frau sei nach einem Zusammenstoß mit einem Auto tödlich verunglückt und der Fahrer habe Fahrerflucht begangen. Die erschreckende Erkenntnis darüber, was in jener Nacht tatsächlich passiert war, machte mich kopflos, und ich beging einen Fehler, den ich den Rest meines Lebens beklagen werde. Aus Angst vor den Konsequenzen schob ich ein sofortiges Schuldgeständnis vor mir her, bis die Polizei schließlich alles herausfand und mich abholte. Das war eine törichte Entscheidung, denn auch meine Frau wurde in diese Verheimlichung mitverwickelt – und sie war mit unserem ersten Sohn schwanger. Man verurteilte mich zu fünfzehn Monaten Haft. Aber die irdische Strafe reichte bei Weitem nicht an die Scham, die Schuldgefühle, die Verzweiflung und die tiefe Reue, die ich verspürte, heran.

HMP Bullingdon in Oxfordshire war überhaupt nicht mit Nikosia zu vergleichen – aber ich war mehr zerbrochen als zu irgendeiner anderen Zeit meines Lebens. Diese Frau war nicht der erste Mensch, dem ich das Leben genommen hatte – aber diesmal war es eine unschuldige Frau und nicht einer der Gangster oder Betrüger, mit denen ich es in meiner finsteren Welt zu tun hatte, als ich noch ein ganz anderer Mensch war. Jetzt lebte ich als eine »neue Schöpfung«, ich hatte neues Leben als ein Kind Gottes – aber nun meinte ich, Gott schrecklich enttäuscht zu haben. Ich glaubte, ihn dermaßen entehrt zu haben, dass ich meinte, seinen Namen in der Öffentlichkeit nie wieder aussprechen zu dürfen. Mein Glaube an ihn war unerschütterlich. Um daran zu zweifeln, war Gott mir viel zu real. Aber ich nahm an, ein so schreckliches Aushängeschild für ihn zu sein, dass ich niemandem erlauben durfte, herauszufinden, dass ich zu ihm gehörte. Ich gelobte mir, ein »stiller« und inaktiver Christ zu werden.

Das war einer meiner größten Fehler. Gott hatte Pläne mit mir. Gott hat immer Pläne. Er wollte mich und mein »großes Maul« gebrauchen, und zwar in unvorstellbarer Weise und in größter Öffentlichkeit. Es fing ganz vorsichtig an. Aber schon einige Tage, nachdem ich meinen »Schwur« getan hatte, merkte ich, dass es das Letzte war, was er von mir wollte, still zu sein und nicht von ihm zu reden! Nein, Gott war mit mir in jenem Gefängnis, und er wollte mich gebrauchen, um die Bösen zu erreichen, die Verletzten und Zerbrochenen, um ihnen beizustehen, gerade mitten in meiner eigenen Schande.

Meine Entscheidung, still zu sein, war schnell wieder aufgehoben, und heute schäme ich mich nicht zu sagen, dass ich immer die größtmöglichen Menschenansammlungen suche, damit ich das Evangelium allen predige, die es hören wollen. Jetzt bin ich ein vollzeitlicher Evangelist. Das ist mein Beruf. Es ist aber auch meine absolute Leidenschaft und meine Daseinsberechtigung. Ich halte es mit dem Apostel Paulus, wenn ich denke, dass ich dazu verpflichtet bin, das Evangelium zu verkündigen, und wehe mir, wenn ich das Evangelium nicht verkündigte (1. Korinther 9,16)! Paulus bezeichnete sich als den ersten, den größten der Sünder (1. Timotheus 1,15). Alles, was ich dazu sagen kann, ist: Er hat mich nicht gekannt!

Wenn Jesus mich gebrauchen kann, kann er auch dich gebrauchen. Ja, er will dich gebrauchen. Er verlangt nach deiner Gesellschaft, er sehnt sich danach, mit dir gemeinsam sein Werk zu tun und diejenigen zu retten, die er liebt. Dazu ist nichts weiter nötig, als sich an seinen Ruf zu erinnern und ein williges Herz zu haben. Wenn du schon das Feuer in deinem Innern verspürst, ist dieses Buch für dich. Ich hoffe, es wird dich herausfordern und dir einige neue Ideen vermitteln und noch mehr Motivation geben, dich an dem großen Bild zu beteiligen, um großzügig und kreativ und mit

Freude und großer Begeisterung daran zu malen. Wenn du aber Zweifel hast und böse Ahnungen und Furcht und Vorbehalte, dann ist dieses Buch ebenfalls für dich – und vielleicht hast du es dann noch nötiger.

Es spielt keine Rolle, wo du dich auf dem Weg des Glaubens befindest oder wie erfahren du bei der Ausbreitung des Evangeliums bist. In jedem Fall hoffe ich, dass du durch die folgenden Worte und Ideen inspiriert wirst.

Ich bin kein Theologe, nur ein durch die Gnade des Herrn Jesus Christus geretteter Mensch, der darauf brennt, Jesu Geschichte und Jesu Liebe anderen Menschen mitzuteilen. In den letzten Jahren habe ich diese einfache Geschichte um den Globus getragen und konnte Tausende motivieren und herausfordern, sich an Jesu »Großem Auftrag« zu beteiligen. Auf den folgenden Seiten hoffe ich, dass du fröhlich dabei mitmachst, herauszufinden, was dieser Auftrag für dich bedeuten mag. Ich möchte einige seltsame Vorstellungen über Evangelisation zerstören – über das, was Evangelisation ist und was sie nicht ist, wozu sie dient, warum wir sie betreiben und warum nicht, wie wir sie durchführen und warum sie ein absolutes Muss ist. So bitte ich dich: Bleib eine Weile und begleite mich auf dieser Reise …

Vorwort

Jetzt geht das Malen los!
Es ist spät im Oktober, und ich befinde mich mit rund zwanzig Freunden in einem wunderschönen Haus in Schottland. Die Freunde sind sehr unterschiedlich, aus allen Altersgruppen und mit den interessantesten Lebensläufen. Wir kommen als »Avanti Ministries« zusammen, jener Organisation, die es mir und den anderen erlaubt, Jesu Großen Auftrag ernst zu nehmen und ihn praktisch auszuleben.

Unser Gastgeber will eine Übung zur Teambildung mit uns durchführen, und ich bin schon ganz gespannt darauf, weil mir ein Pinsel in die Hand gedrückt wurde. Die Gruppe ist in sechs kleine Teams eingeteilt, und unser Gastgeber händigt jedem Team einen kleinen, nicht identifizierbaren Ausschnitt aus, der offensichtlich zu einem viel größeren Bild gehört. Da gibt es Farbflecke, viele sind gelb und haben anscheinend ganz zufällige Formen. Diese sollen wir auf große quadratische Leinwände übertragen. Auf diesen sind nur schwache Bleistiftlinien zu erkennen. Nun sind wir an der Reihe, die Farben zu mischen und die höchst abstrakten Muster unserer kleinen Vorlage auf die Leinwand zu übertragen. Schnell bin ich ganz bei der Sache, sodass ich kaum auf die Gespräche um mich her achte und auch nicht auf Thom, einen begabten Maler, der auch zu Avanti Ministries gehört. Thom geht von einer Gruppe zur anderen und bietet Hilfe und Ermutigung an.

Jetzt sind unsere Leinwände fertig – aber immer noch liegt ein Hauch von Irritation und Erwartung über uns. Chris, unser Gastgeber, sammelt sorgfältig unsere abstrakten Bilder ein und beginnt, sie zusammenzuheften. Überall entsteht ein Lächeln, als das größere Bild langsam entsteht. Es ist van Goghs berühmtes Gemälde *Der Sämann*. Wir treten alle einige Schritte zurück und bewundern das Gesamtbild und staunen darüber, dass unsere sechs einzelnen Leinwände alle zusammenpassen, und das beinahe vollkommen. Von diesem Versuch haben wir alle viel gelernt, und wir dachten genauer über das Gemälde und dessen Entstehungsprozess nach.

Uns wurde klar, dass es weit mehr als nur ein »Teambildungsprozess« war.

Wir hatten unsere Reise nur mit einer Strichzeichnung begonnen. Viele aus unserer Gruppe hatten seit ihrer Schulzeit nie wieder gemalt und tauchten ihre Pinsel nur sehr vorsichtig in die leuchtenden Farben. Man forderte sie freundlich auf, die ersten Farbkleckse auf die Leinwand zu bringen und an den Linien entlangzumalen. Die vorgegebene Skizze machte ihnen Mut, die Arbeit zu beginnen, sich auf die Reise zu machen, sich einfach in Bewegung zu setzen. Das bewegte mich sehr: Macht es Gott mit uns nicht ebenso? Denk doch einmal an die Schöpfung, an die Bibel, an Jesu Kreuzigung und Auferstehung, an das Gebet, an dein eigenes Gewissen, an den Heiligen Geist, an andere Menschen und an die Gemeinde! All das wurde uns mit dem Ziel gegeben, dass wir Gottes Willen suchen und erkennen sollten. Gott gibt uns eine leere Leinwand, und wir können mit ihr machen, was wir wollen. Aber in die Leinwand ist eine Skizze eingearbeitet – seine Skizze. Die Leinwand hat einen Rand, eine Grenze, innerhalb derer wir uns sicher fühlen können. Stell dir vor, unsere Maler wären vor eine riesengroße Leinwand gestellt worden, die sich weiter erstreckt, als das Auge reicht, und außerdem hätte die Skizze gefehlt, der wir folgen sollten. Das Werk wäre so beängstigend groß geworden, dass wir gar nicht hätten anfangen mögen.

Doch wir malten. Einige ganz vertrauensvoll, einige etwas unsicher – aber wir begannen, den großen Meister van Gogh nachzuahmen. Hier sehen wir eine weitere offensichtliche Parallele. Anfangs sahen wir nicht, was das Gesamtbild darstellen würde, auch kannten wir den ursprünglichen Künstler nicht. Aber weil wir sorgfältig den Leitlinien folgten, begannen wir, den großen Meister nachzuahmen. Und schließlich offenbarte sich alles in seiner ganzen Herrlichkeit. So sind auch wir aufgerufen, nicht stehen zu bleiben, sondern zu »suchen« und zu entdecken, indem wir unseren großen Meister nachahmen.

Während unserer Arbeit hatten wir auch einen »Ermutiger«, den Thom. Er ging von Gruppe zu Gruppe und drängte uns, tapfer mit Pinsel und Farben an die Arbeit zu gehen. Manchmal rutschte unser Pinsel über die Begrenzungslinien, oder uns misslang die

Farbmischung. Dann war er schnell zur Stelle, um die Farbe wegzuwischen und jeden Einzelnen sanft wieder auf den richtigen Weg zu bringen. Er achtete darauf, nicht zu deutlich einzugreifen. Manchmal muss es ihm in den Fingern gekribbelt haben, den Pinsel zu nehmen und dies und das selbst zu machen. Doch stattdessen leitete er uns nur an, sodass die Arbeit die unsere blieb. Die meisten fanden seine Hilfe überflüssig. Einige hingegen ließen sich noch mehr als andere von ihm helfen. Aber da war zum Beispiel Sara, Grundschullehrerin von Beruf, die sich von Thom nicht ermutigen ließ. Denn sie wusste nur zu gut, wie oft sie selbst die von ihr unterrichteten Kinder lobte, auch wenn deren Arbeiten nicht wirklich gut waren. Darüber kam sie nicht hinweg, besonders als wir darüber nachdachten, dass Thom es so machte, wie Gott es mit uns tut, indem er uns beständig Mut zuspricht und uns drängt, weiterzumachen.

Wir mussten darüber nachdenken, wie vielen es in ihrer Beziehung zu Gott ähnlich ergeht. Vielleicht vertrauen wir ihm nicht, dass er uns ganz durchschaut. Wir verstehen nicht, dass wir niemals besser sein können, als wenn er alles in uns wirkt, auch – und besonders – in unserer eigenen Schwachheit. Wir versuchen immer noch, unseren eigenen Kopf durchzusetzen, etwas aus eigener Kraft zu schaffen. Doch Gott bietet immer nur

Ermutigung. Natürlich wurden Saras Fähigkeiten erst offenbar, nachdem das Gesamtbild fertiggestellt war. Sie glaubte nicht, ihre Aufgabe sehr gut erledigt zu haben. Sie vertraute Thom nicht wirklich. Doch als sie zurücktrat und auf das vollendete Ergebnis blickte, konnte sie ihr vermeintlich schlechteres Werk nicht von den anderen unterscheiden. Am Ende war es Teil des ganzen, vollkommenen Bildes geworden.

Sara mag auch an ihre Küche gedacht haben, die mit Bildern geschmückt ist, die ihre kleinen Schüler gemalt haben. Niemand sonst in der Welt mag sie bewundern. Aber für Sara sind diese Bilder die prächtigen Ergebnisse der Freizeitbeschäftigung ihrer Kinder, und sie ist immer zutiefst gerührt, wenn sie wieder ein solches Bild an die Wand heftet. Freut sich Gott nicht auch über die bunten Bemühungen aller seiner Kinder? Dabei spielt es keine Rolle, wie viele Blätter zusammengeknüllt und in den Papierkorb geworfen wurden oder wie viel Farbe dafür nutzlos verbraucht wurde.

Keine Leinwand war besser oder hübscher oder wichtiger als all die anderen. Einige der Teilnehmer hatten meine künstlerischen Fähigkeiten vorher gesehen, und während der Sitzung beobachteten sie besonders meine Arbeiten, weil sie von mir etwas Besonderes erwarteten. Ich bin mir sicher, dass sich einige ein wenig ängstlich oder unzulänglich fühlten. So blicken auch einige von uns in der Gemeinde auf andere Menschen – auf die Leiter großer Gemeinden, auf bekannte Evangelisten, auf Autoren geistlicher Bücher, auf bewunderte Prediger, also auf »Persönlichkeiten« – als seien sie so viel besser als wir anderen. Schlimmer noch: Wir erwischen uns dabei, wie wir uns an solche Menschen hängen, als könnten sie unseren Glauben für uns ausleben, weil wir uns nicht genug begabt dafür halten. Es kann schnell dahin kommen, dass wir uns wie das untaugliche Kind fühlen, das nicht in die Fußballmannschaft gewählt wurde, weil seine Fähigkeiten nicht so offensichtlich sind wie die der anderen. Aber im Reich Gottes geht es nicht so zu. Und die Bibel spricht sich immer wieder sehr deutlich in dieser Sache aus. Denk einmal an den jungen Schafhirten David – er war nur ein Junge, den niemand ernst nahm oder anerkannte, doch in seiner Schwachheit besiegte er den Goliath und wurde am Ende Gottes auserwählter König. Überall in der Bibel sind es die Niedrigen, die Schwachen, die Unzureichenden, die Unbekannten, die Armen im Geist, die in den Augen Gottes die Bevorzugten sind. Konnte er diese Sache deutlicher machen als dadurch, dass er seinen eigenen kostbaren Sohn mithilfe einer niedrigen, demütigen jungen Frau in diese Welt brachte? Und sie musste ihn in einer Futterkrippe schlafen lassen.

General Eisenhower wies einmal einen seiner Generäle zurecht, weil dieser einen Soldaten als »gewöhnlichen Marschierer« bezeichnet hatte. Eisenhower erinnerte ihn daran, dass die Armee besser ohne Generäle funktioniere als ohne ihre Fußsoldaten. »Wenn dieser Krieg gewonnen werden soll«, so sagte er, »wird er wahrscheinlich durch die ›gewöhnlichen Marschierer‹ gewonnen werden.« Genauso gilt: Wenn das Evangelium zu den Verlorenen gebracht werden soll, bedarf es der »gewöhnlichen Marschierer« unter den Christen, die dies tun.

Sara und ihre Teampartnerin Wendy mögen sich beim Malen wie

einfache Fußsoldaten gefühlt haben. Von allen Bereichen des Bildes war ihr Abschnitt oben links vielleicht der künstlerisch langweiligste. Er bestand nur aus Gelb- und Brauntönen, fast ohne deutliche Formen oder interessante und kontrastierende Bereiche. Die beiden Frauen mögen sich beim Bemalen ihres Stückes Leinwand ziemlich unbedeutend vorgekommen sein. Als aber dieses Stück richtig in den Gesamtzusammenhang eingefügt war, kam die wahre Herrlichkeit ihres Werkes zur Geltung. Tatsächlich ist dieser Teil – die Sonne – der wohl wichtigste Abschnitt des vollendeten Bildes. Ohne ihn würde dieses Gemälde nicht einen so tiefen Eindruck hinterlassen. Es war sehr ernüchternd festzustellen, dass dieser Bereich, den man bisher als den langweiligsten und bedeutungslosesten angesehen hatte, in Wirklichkeit der wichtigste von allen war. Ohne die Sonne wäre das Bild beinahe überhaupt kein Bild gewesen. Die Aussage und das Wesen dieses Bildes wären verlorengegangen. Nimm den Sohn Gottes aus Leonardo da Vincis Bild *Das Abendmahl* fort, und uns bleibt nur ein Bild mit lauter Feiglingen und Verrätern.

Einer der bemerkenswertesten Aspekte des fertigen Bildes war die Art und Weise, wie die kleinen Details zusammenkamen. Die Zweige des Baumes waren am Ende alle da, obwohl sie von unterschiedlichen Menschen auf verschiedene Leinwände gemalt worden waren. Genauso ist es mit der Bedeutung von guter Kommunikation und Zusammenarbeit in unserem Christenleben. Wir haben einander nötig, und andere brauchen uns. Eine der größten Stärken der Widerstandsbewegung im Zweiten Weltkrieg war das Netzwerk der Informanten. Um über die Fronten hinweg den Alliierten lebenswichtige Informationen zukommen zu lassen, verließen sie sich auf die Zuverlässigkeit und Hingabe jedes einzelnen Mitglieds. So konnten Botschaften über Tausende von Kilometern von einer Person zur nächsten weitergegeben werden. Stell dir nun den möglichen Einfluss vor, den das Evangelium haben kann, wenn wir es nur einem einzigen Menschen weitersagen! Wer weiß, welche Zweige aus diesem einen Gespräch erwachsen können, oder wie bedeutsam diese Zweige werden könnten!?

Noch eins: Wie ich so zurücktrete und voll Bewunderung auf unser Gemälde blicke und an die vielen Geschichten und Botschaften denke, die seine Fertigstellung begleiteten, erinnere ich mich an folgende Erzählung: Im schottischen Hochland zogen sich einige Fischer zur Teezeit in eine Gastwirtschaft zurück. Während die Wirtin sie bediente, begann einer der Fischer, mit den üblichen weit ausholenden Gebärden den Fang des Tages zu beschreiben. Dabei stieß er plötzlich mit dem rechten Arm eine Teetasse um. Der Tee spritzte weithin über die weiß getünchte Wand und machte dort hässliche braune Flecken. »Das tut mir schrecklich leid!«, bat der unglückliche Fischer immer wieder um Entschuldigung. »Aber das ist gar nicht schlimm!«, sagte ein Mann, der am Nebentisch saß, indem er einen Stift aus der Tasche zog und begann, bei den Teeflecken herumzumalen. Alle sahen staunend zu, wie langsam ein königlicher Hirsch mit ausladendem Geweih entstand. Der Künstler war Sir Edwin Henry Landseer, Englands berühmtester Tiermaler.

Wenn ein Künstler aus hässlichen braunen Teeflecken so etwas entstehen lassen kann, was kann Gott dann aus meinen Fehlern, ja, aus meinen Sünden machen, wenn ich sie nur ihm überlasse? Vielleicht sollte man die Parallelen zum Christenleben, die ich aus dem Malen dieses Bildes zog, einmal umdrehen. Oft ist es nicht Gott, der die Skizze macht, bei der wir die Flächen ausfüllen, sondern andersherum: Vielleicht zeichnen wir die Skizze, und Gott nimmt unsere kläglichen Bemühungen und reichert sie mit Farben an. So verwandelt er unser Bild in etwas Schönes, etwas Wertvolles, in eine Schöpfung von Vater und Kind, wobei aber alle Ehre ihm allein zukommt.

An eins sollten wir noch denken, bevor wir unsere Reise in den »Großen Auftrag« beginnen. Van Gogh war zeitlebens weithin unbekannt. (Interessanterweise war er ein leidenschaftlicher Evangelist, der viel Zeit damit verbrachte, unter den Ärmsten zu arbeiten.) Erst nach seinem Tod begann man, sein Werk zu schätzen und ihn als einen der ganz großen Meister zu feiern. Er hat sich wohl kaum vorgestellt, dass sein Vermächtnis einmal zu dem Berühmtesten und Teuersten der Welt gehören würde. In gleicher Weise sollen wir das Evangelium wie Samenkörner in das Leben der Menschen streuen. Sehr oft bekommen wir von der Frucht unserer Arbeit nichts zu sehen. Wir können nur nach vorn blicken. Da, an den Pforten des Himmels, werden wir erkennen, was Gott mit den Samenkörnern gemacht hat, die wir hier ausgestreut haben.

1
Leidenschaft

Der Antrieb für den Athleten, der Enthusiasmus des Freiwilligen, das Einfühlungsvermögen der Krankenschwester, die Hingabe des Wissenschaftlers, das Durchhaltevermögen des Bodybuilders, die Begeisterung des Musikers, die Entschlossenheit des Soldaten ... In praktisch allen Bereichen des Lebens, bei jeder Berufung, in jeder Einrichtung, auf jedem Erprobungsfeld wird man Menschen mit Leidenschaft antreffen.

Ohne Leidenschaft wurde nie etwas Großes geschaffen. Ohne Leidenschaft wurde nie etwas Großes aufrechterhalten. Leidenschaft gibt dem Leben seine Kraft. Leidenschaft lässt dich am Morgen mit der Überzeugung aufstehen: »Heute werde ich aus meinem Leben etwas machen!« Ohne Leidenschaft wird das Leben langweilig. Es wird monoton. Es wird zur Routine. Ohne Leidenschaft wird das Leben zäh und stumpf. Als Gott uns das Leben schenkte, gab er uns mehr als nur die Luft zum Atmen, mehr als nur Blut in den Adern, mehr als nur Muskeln und Nerven und Knochen. Christus ist gekommen, damit wir Leben in Überfluss haben (Johannes 10,10). Dafür gab er uns Gefühle, aus denen Leidenschaft, Inbrunst, Eifer und Erregung entstehen können. Er gab uns Ausdruck und Individualität, die Fähigkeit, zu lieben und geliebt zu werden, Entscheidungen zu treffen, mit anderen zusammenarbeiten zu können, zu empfinden, zu feiern, etwas Besonderes und sogar etwas Einzigartiges und Bedeutendes zu sein. Gott schuf uns, um Leidenschaften in unserem Leben zu entwickeln, und er will, dass wir ein leidenschaftliches Leben führen.

Vor allem aber will er, dass wir ihm leidenschaftlich anhängen. Darum warnt er uns, ihm gegenüber gleichgültig zu sein. Im Buch der Offenbarung lesen wir vom Brief an die Gemeinde in Laodizea, einer Gemeinde, die anscheinend wenig Leidenschaft für Gott hatte. Zu diesen Menschen sagte Gott: »*Ich kenne deine Werke, dass du weder kalt noch warm bist. Ach, dass du kalt oder warm wärest! So, weil du lau bist und weder warm noch kalt, werde ich dich ausspeien aus meinem Mund«* (Offenbarung 3,15.16).

Ich treffe während meiner evangelistischen Tätigkeiten viele leidenschaftliche Menschen. Überall auf dem Globus begegne ich Menschen, deren Leidenschaft für Christus sich darin ausdrückt, dass sie das Evangelium verkündigen oder sich durch sein in ihnen wohnendes Mitleid mühen, den Verlorenen und Verletzten zu helfen.

Catalin Baciu ist ein leidenschaftlicher Mann. Unser Einsatz in Rumänien war sehr fruchtbar. Ich habe vor vollen Sälen gesprochen und das Evangelium in die Gefängnisse des ganzen Landes gebracht. Ich traf Catalin am Ende dieses Einsatzes. Da war große Freude in meinem Herzen über Hunderte von Menschen, die ihr Leben Christus übergeben hatten. Aber nach einer dreiwöchigen Reise war ich körperlich müde und sehnte mich nach Hause. Catalin nahm mich mit in die Innenstadt von Bukarest, wo er geholfen hatte, ein Treffen vorzubereiten, zu dem viele Obdachlose aus der Gegend zusammenkommen sollten. Gott wirkte mächtig, und am Abend sah ich, wie sich sehr viele Männer, Frauen und Kinder bekehrten. Als die letzten Nachzügler den Saal verließen, begannen sich meine Gedanken einem ordentlichen Essen, einem warmen Bett und dem Heimflug zu meiner Familie zuzuwenden – aber Catalin hatte andere Pläne. Stattdessen zogen wir durch die Straßen.

Catalin ist wohlbekannt. Er trifft und grüßt viele traurige »Lumpengestalten«, die sich in die Toreinfahrten gedrückt hatten, und nimmt sie in den Arm. Da gibt es weder Ängste noch Zurückhaltung, und ich musste meine Abneigung gegen die Gerüche und die Furcht vor der Erniedrigung, in die wir uns begaben, ablegen. Catalin wusste, wohin er gehen musste. Mit relativer Leichtigkeit hob er einen schweren Eisendeckel vom Boden auf, und ich betete leise, als wir in die Tiefe der dampfenden und stinkenden Abwasserkanäle hinabstiegen. Die Rohre dort sind furchtbar heiß, doch als ich in die Dunkelheit blinzelte, sah ich dort eine Menge Körper, die so nah an diesen Rohren lagen, wie sie es wagen konnten, ohne sich zu verbrennen. Hier unten, in Dreck und Verkommenheit, riskieren Hunderte von Kindern ihr Leben, um sich vor der bitteren Kälte zu schützen. Als sich meine Augen an die Finsternis gewöhnt hatten, sah ich, dass sie viele kleine Plastiktüten fest an sich drückten, in die sie immer wieder hineinbliesen, um die Düfte verschiedener giftiger Substanzen zu inhalieren. Das war der verzweifelte Versuch, sich selbst zu betäuben, damit sie die Bitterkeit einer unbarmherzigen Welt, die achtlos an ihnen vorübergeht, nicht so sehr empfinden.

Catalin und »Teen Challenge« arbeiten täglich unter diesen Heimatlosen, um stark gefährdete Kinder zu finden, bevor diese durch diese »Straßenkultur« irreparabel zerstört werden, und um alle, die es wollen, vor dem Süchtigwerden zu retten. Sie haben ein Heim gegründet, in dem sie ein Jüngerschaftsprogramm durchführen, um diesen Straßenkindern zu einer Lebensänderung zu verhelfen. Das ist Leidenschaft. Sie stehen in der Fülle des Lebens in Christus und bemühen sich um andere, indem sie ihnen zu essen geben, ihnen eine Möglichkeit geben, sich aufzuwärmen, ihnen praktische Hilfe und Freundschaft erweisen, ihnen aber auch die Botschaft von Jesus Christus nahebringen, und das mit ihrem ganzen Sein, in großer Leidenschaft.

Das Wort »Leidenschaft« hat viele Bedeutungen wie zum Beispiel »starke Emotionen« wie Liebe, Freude, Hass, Ärger oder aber »glühende Liebe« bei starkem sexuellem Begehren, »grenzenloser Enthusiasmus« und »überschäumende Zurschaustellung der Gefühle«. In einem englischsprachigen Lexikon wird bei dem Wort *passion*[3] auch auf die »Leiden Jesu« hingewiesen, besonders während der Zeit nach dem »Letzten Abendmahl« bis zu seinem Sterben am Kreuz, wie es in den Evangelien berichtet wird. Andere Lexika listen weitere Definitionen für »Leidenschaft« auf und berichten über »Märtyrertum« und »Passivität«. Interessanterweise stammt das Fremdwort für »Leidenschaft«, »Passion«, von dem lateinischen Wort *patio* (»Leiden«) ab. Der Stamm »pass« steckt auch in dem Wort *passiv*, was im Grunde so viel wie »leidensfähig« bedeutet.

Die Schreiber der Evangelien berichten uns eine Menge über die »Passion« Jesu. Obwohl jeder dieser Schreiber seinen eige-

---

3 Anmerkung des deutschen Herausgebers: Dieses englische Wort für »Leidenschaft« entspricht auch dem englischen Titel des vorliegenden Buches.

nen Zugang zu der Leidensgeschichte hat, geht es allen sehr deutlich darum, mitzuteilen, dass Jesus wusste, was auf ihn zukam. Er kannte seine Bestimmung und war sich im Klaren darüber, dass ungeheure Leiden mit der Erfüllung seines Rettungsauftrags für die Menschheit verbunden waren.

> *Und [er] sprach: Der Sohn des Menschen muss vieles leiden und verworfen werden von den Ältesten und Hohenpriestern und Schriftgelehrten und getötet und am dritten Tag auferweckt werden.* (Lukas 9,22)

Christus litt körperlich für uns – aber er litt auf andere Weise noch schlimmer. Er wurde verspottet und gehasst von solchen, die zu retten er gekommen war. Kannst du dir solchen Schmerz vorstellen? Sie hatten seine unverdiente Liebe nicht nur abgewiesen, sondern sie ihm voller Hass vor die Füße geworfen. Solche Verwerfung muss tiefere Wunden geschlagen haben als die schrecklichen körperlichen Misshandlungen, die er zu ertragen hatte. Lukas bestätigt, dass sowohl Herodes als auch Pilatus nichts Schlechtes an Jesus gefunden hatten. Sie wollten ihn strafen, aber niemals hinrichten. Pilatus appellierte einige Male an die Volksmenge. Aber Jesus musste das brutale Geschrei seines eigenen Volkes anhören: »*Kreuzige, kreuzige ihn!*« (Lukas 23,21).

> *Sie schrien aber allesamt auf und sagten: Weg mit diesem, lass uns aber Barabbas frei!* (Lukas 23,18).

Wie riesig groß war die Sünde der Menschen in diesem Augenblick! Sie forderten den Tod des Sohnes Gottes. Welche Leiden ertrug er, und welche Liebe hielt ihn aufrecht? Wir werden es nie verstehen können:

> *Denn so hat Gott die Welt geliebt, dass er seinen eingeborenen Sohn gab, damit jeder, der an ihn glaubt, nicht verlorengehe, sondern ewiges Leben habe.* (Johannes 3,16)

Gibt es eine größere Liebe? Ich bewundere diesen Vers, weil er bewirkt, dass ich mich mehr geliebt fühle, als ich es je für möglich gehalten hätte. Einige der Synonyme für »Leidenschaft«/»Passion« sind »Feuereifer«, »Glut«, »Enthusiasmus« und »Begeisterung«. All das empfinde ich, wenn ich an das denke, was Jesus für mich durchgemacht hat. Wie konnte Jesus freiwillig diese Qualen und Schmerzen meinetwegen auf sich nehmen? Welches menschliche Wesen könnte das tun, was er tat? Lukas spricht von den Schmerzen, die Jesus im Garten Gethsemane erlitt:

> *Und als er in ringendem Kampf war, betete er heftiger. Und sein Schweiß wurde wie große Blutstropfen, die auf die Erde herabfielen.* (Lukas 22,44)

Nur Jesus (zusammen mit Gott, seinem Vater) konnte das alles so ertragen, wie er es getan hat, wo er doch um die Qualen und die Schmerzen wusste, die ihn erwarteten. Aber ihm ging es um das Ziel: unsere Vergebung und die Rettung der Menschen. Jesus kannte den Plan seines Vaters. Er wusste, wie alles geschehen sollte. Das ist die wunderbare Seite der »Passion« Jesu, dass er für unsere Sünden starb. Das steigert das Wort »Passion« bis ins Unermessliche. Wenn wir die Leidensgeschichten in den Evangelien lesen, sollten diese uns innerlich bewegen und dazu führen, dass wir heiße Leidenschaft empfinden. Auch nur einen Hauch von dem zu begreifen, was Jesus für uns ist, und wirklich zu empfinden, was sein Tod am Kreuz bedeutet, ist eine »leidenschaftliche Erfahrung« an sich. Jesus starb am Kreuz für unsere Sünden, darum brauchen wir nicht auf gleiche Weise zu leiden, wie er es tat. Gott verlangt nicht, dass wir so leiden, wie Jesus es tun musste – doch verlangt er sehr wohl, dass wir Jesus zu unserem Vorbild machen, indem wir einander lieben und unsere Liebe denen zuwenden, die die »Passion Jesu« nicht kennen.

• • •

Meine Frau Sara und ich haben zwei Söhne, und ich werde die Tage niemals vergessen, an denen sie geboren wurden. Dieses Gefühl war mit nichts auf dieser Welt zu vergleichen. Ich war so erregt, so begeistert, so voller Freude, dass ich die Neuigkeit am liebsten von allen Dächern ausrufen wollte. Ich muss immer noch lächeln, wenn ich nur an meine Heimreise vom Krankenhaus denke. Sara musste noch eine Nacht dort bleiben – aber sobald ich sie verlassen hatte, konnte ich es nicht abwarten, nach Hause zu kommen und es allen unseren Freunden mitzuteilen: »Wir haben einen Jungen bekommen!« Ich erinnere mich noch ganz deutlich an den Taxifahrer nach der Geburt unseres zweiten Sohnes, Jacob. Er war sehr nett zu mir. Ich stürmte in seinen Wagen mit der Neuigkeit, ich sei wieder Vater geworden. Ganz geduldig hörte er mir zu, bevor er mich freundlich unterbrach, um zu erfahren, wohin er mich denn bringen sollte. Den ganzen Weg nach Hause hörte er zu, nickte und lächelte, während ich von meinem wunderhübschen Sohn und vom Wunder der Geburt schwärmte. Die ganze Zeit über tippte ich, während ich redete, simultan an alle Verwandten und Bekannten SMS-Botschaften.

Als ich vor unserem Haus ausgestiegen war, gab ich dem Fahrer ein dickes Trinkgeld und rannte dann sofort hinüber zu unserem Nachbarn: »Große Neuigkeit! Wir haben einen Jungen bekommen!« Dann ging's ins Haus, wo ich nicht einmal den Mantel auszog, bevor ich eine E-Mail rund um den Globus schickte. Sara und ich hatten sich auf die gute Nachricht vorbereitet und schon eine Geburtsanzeige angefertigt. Schnell trug ich die Details ein – das Baby war ein Junge, sein Gewicht, die Uhrzeit der Geburt usw. –, dann brachte ich die zuvor beschrifteten Briefe zur Post. Auch wenn du mich für verrückt hältst: Dies war eine Neuigkeit, die es wert war, verbreitet zu werden!

Niemand musste mich überreden, die Neuigkeit von der Geburt meiner Kinder weiterzusagen. Ich brauchte dazu keinen Kurs und kein Handbuch, um zu wissen, was zu tun war. Ich zweifle auch, ob alles gut formuliert oder ausgewogen oder gut durchdacht war. Aber ich war durch die Freude, Vater geworden zu sein, so von Leidenschaft erfüllt, dass ich es allen sagen musste, und ich benutzte alle Mittel, die mir zur Verfügung standen, um diese Botschaft weit und breit zu verkünden.

Es ist ganz normal, dass man die Dinge, die einem wichtig sind, anderen berichtet – oder? Trotz der Mehrheit der Zeitungs-Schlagzeilen mögen die Menschen lieber gute Nachrichten. Wir lassen uns nicht lange darum bitten, Geburtstage, Hochzeiten, neue Wohnungen, Examensergebnisse, Partys, Ferien und viele andere schöne Dinge des Lebens anderen mitzuteilen. Gute und das Leben verändernde Dinge geschehen bei reichen und auch bei armen Menschen, bei Privilegierten und bei Elenden, bei Ungebildeten, Intellektuellen und Analphabeten ... Wo auch immer wir uns im Gesamtspektrum des Lebens befinden mögen: Immer möchten wir gute Neuigkeiten mitteilen und mitfeiern. Wir kommen nicht auf die Idee, das Gute für uns zu behalten, weil wir uns vielleicht nicht klug genug fühlen oder weil wir vielleicht keinen Kurs besucht oder kein Buch gelesen haben, in dem steht, wie man so etwas richtig macht. Wir machen es einfach, weil es uns so wichtig ist, weil es uns so viel bedeutet. Weil es mir als das Beste erscheint, was mir passieren konnte, und das Größte ist, was ich weiß, deshalb teile ich es ganz selbstverständlich anderen mit. Warum versagen dann so viele, die bekennen, gläubig zu sein, und sogar eine Beziehung zu Gott, unserem Schöpfer, und zu Christus, unserem Erretter, zu haben, wenn es um die Ausbreitung des Evangeliums geht?

Die Worte in Markus 16,15 sind klar und deutlich: »*Geht hin in die ganze Welt und predigt der ganzen Schöpfung das Evangelium!*« Also: »Geht in die Welt! Geht überallhin und verkündet jedem, den ihr trefft, Gottes gute Botschaft!«

Das scheint doch deutlich genug zu sein – oder?

Ich glaube, hier geht es um mehr als darum, dass wir nicht wüssten, wie wir die Gute Nachricht weitersagen sollen. Wir reden über »Evangelisation« und streiten uns darüber, was das ist und wer das tun sollte. Doch wenn wir Jesu Worte ansehen, wird uns klar, wie einfach der Auftrag zu verstehen ist. Brauchen wir wirklich ein Buch oder einen Lehrgang oder besondere Anleitungen, die uns beibringen, wie man verlorene Menschen erreichen kann? Wir brauchen nicht einmal ein spezielles Wort, das diese Tätigkeit beschreibt. Die Jünger waren keine studierten Leute. Sie hatten nie ein theologisches Seminar oder eine Bibelschule besucht – aber sie hatten sehr wohl viel Zeit mit dem Meister verbracht. So sollen wir es auch machen. Wir müssen mehr Zeit mit ihm verbringen. Wir brauchen eine Begegnung mit Jesus, damit der Heilige Geist uns zu Liebe zu den Verlorenen und zu Mitleid mit ihnen bekehren kann. Bei meinen Reisen treffe ich viele Christen, die das genauso verstanden haben, die tatsächlich in der Freude ihres Heils leben und denen es dringend darum geht, das Evangelium anderen weiterzusagen. Sie mögen stottern und Mühe haben, die richtigen Worte und Formulierungen zu finden. Aber in ihren Herzen finden wir die richtige Haltung. Sie blicken sich dauernd nach der nächsten Gelegenheit und nach immer neuen Methoden um, die Gute Nachricht weiterzusagen. Sie brennen darauf, neue Hilfsmittel zu finden, die sie darin unterstützen können, oder neue Ideen und Beispielgeschichten zu finden, um die Botschaft an den Mann zu bringen. Solche Menschen sind gehorsam und voller Freude und leben so auf natürliche Weise gemäß ihrer Bestimmung.

Aber es scheint, als seien noch viel mehr Christen ganz einfach gesagt »anders«. Viele besuchen wöchentlich die Gottesdienste, sitzen zum Teil in Dutzenden von Komitees und zeigen großes Engagement in vielen guten Werken. Aber aus irgendeinem Grund erscheinen die Ausbreitung des Evangeliums und der Wunsch, die Verlorenen mit der Guten Botschaft der Liebe und des Lebens zu erreichen, überhaupt nicht auf ihrem Radar. Für sie geht es nicht darum, *wie*, sondern *ob* sie es überhaupt tun sollen. »So etwas lass lieber die Evangelisten und Prediger machen, das ist nichts für mich!« Ich bin höchst verwundert, wie viele Christen ernsthaft meinen, dass sie mit der Ausbreitung des Evangeliums nichts zu tun haben, und denken, das Predigen sei die Aufgabe weniger, dazu berufener Brüder. Es ist eine Tragödie, dass diese falsche Auffassung in vielen unserer Gemeinden vorherrscht. Betrachten wir zum Vergleich einmal ein Beispiel aus dem Bereich der Medizin: Nur ganz wenige Menschen sind ausgebildete Apotheker und Ärzte, doch wir alle haben die Pflicht zu helfen. Die meisten von uns sind in der Lage, die nötigsten Medikamente zu kaufen und anzuwenden, um anderen zu helfen. Wahr ist, dass Gottes Forderungen universell gültig sind. Er beruft den gesamten Leib Christi, an der Ausbreitung der Guten Nachricht von der Errettung teilzunehmen. Alle, die Gottes Gnade empfangen haben, stehen in der Pflicht, sie weiterzugeben. Die Vorstellung, Evangelisation sei nur für ein paar Auserwählte – und diese können es machen oder auch bleiben lassen –, ist eine Lüge und vielleicht eins der größten Übel, an denen die Gemeinde heutzutage leidet. Ein solches Denken ist falsch und unbiblisch und sogar unlogisch – denn es hat zur Folge, dass rings um den Globus viele Menschen niemals das Evangelium hören werden.

Die Errettung ist eine Gabe. Es ist *meine* Gabe von *meinem* Vater und sichert *mir* ewiges Leben zu. Doch aus dieser persönlichen Gabe erwächst auch *meine Verantwortlichkeit*. Wenn das Evangelium mich verändert hat und mir klar geworden ist, wovon ich errettet wurde, dann bin ich dazu bestimmt, auch in meiner Schwachheit und Unzulänglichkeit, die Gute Nachricht anderen weiterzusagen, die noch verloren sind in dieser Welt und dem schrecklichen Gericht entgegeneilen, das nach dem Tod folgen wird. Charles Spurgeon hatte eine wunderschöne Beschreibung für Evangelisation: »Ein Bettler erzählt dem anderen, wo es Brot gibt.«

Mit dem Material in diesem Buch hoffe ich, zu inspirieren, herauszufordern und praktische Hilfen zu bieten, damit alle Christen die Gute Nachricht von Jesus Christus ausbreiten können. Aber um ehrlich zu sein: Ich glaube von keinem Buch und von keinem Training, dass es nötig oder ausreichend ist, um einem Christen beizubringen, wie er Verlorene erreicht. Wir müssen einfach wach dafür werden. Wenn das nicht unsere Leidenschaft ist, müssen wir uns einfach fragen: »Warum ist das so?« Wir müssen die Wahrheit und Echtheit unserer eigenen Errettung hinterfragen. Darüber hinaus müssen wir Gott und dem Heiligen Geist erlauben, dass er uns überführt und uns Liebe und Mitleid für das ewige Schicksal unserer Mitmenschen einflößt. Wie die frühen Apostel brauchen wir etwas mehr, als nur Zeit mit dem Meister zu verbringen.

Jeder, der mit Handel zu tun hat, weiß, dass man, um etwas so gut wie möglich an den Mann zu bringen, die Ware wirklich kennen und von ihrem Wert überzeugt sein muss. Wenn man zum Beispiel in ein Reisebüro geht, um sich nach einem Urlaubsziel zu erkundigen, wird man am ehesten eine Entscheidung treffen, wenn der Verkäufer aus eigener Erfahrung darüber berichten kann. Sein persönliches Zeugnis von der Qualität, dem Vergnügen und den Annehmlichkeiten überzeugt viel mehr, als wenn er nur einen Reiseprospekt vorzeigen kann. Daher ist es wichtig, dass wenn die Diskussion über Evangelisation – darüber, wie wir von der Errettung sprechen und die Handbremse für den Großen Auftrag lösen können – irgendeinen Sinn haben soll, wir unsere Grundlagen überprüfen müssen. Wie müssen uns unserer eigenen Bestimmung sicher sein. Wir müssen entdecken (oder wieder neu entdecken), was es bedeutet, dass »Ewigkeit« in unser Herz gelegt ist (vgl. Prediger 3,11), damit wir sie stets vor Augen haben – jeden Tag und in allem, was wir tun, und gegenüber jedem, dem wir begegnen.

Vielleicht klingt dir alles, was ich hier schreibe, zu einfach. Sei versichert: Du bist nicht der Einzige, dem es so geht. Wenn dich aber das Gelesene wachrüttelt und an deine eigene Bekehrung erinnert, dann halte ich dieses Buch schon für eine lohnende Sache. General William Booth, der Gründer der Heilsarmee, soll einmal gesagt haben:

> »Die meisten christlichen Konfessionen pflegen ihre Rekruten für fünf Jahre auf die Bibelschule zu schicken. Ich möchte unsere Rekruten fünf Minuten lang in die Hölle schicken. Das würde sie mehr als alles andere für einen lebenslangen hingegebenen Dienst vorbereiten.«[4]

Und der berühmte Evangelist Charles Finney riet den Christen:

> »Blicke wie durch ein Fernrohr und nimm das Elend der Verlorenen wahr und höre ihr Stöhnen; und dann schaue zum Himmel auf und sieh die Freude und höre die Lieder der Erlösten! Dann wird doch jeder Gläubige sich fragen: ›Sollte es möglich sein, dass ich bei Gott so hoch angesehen bin, dass er mich zum Werkzeug macht, die verlorenen Sünder an jenen herrlichen Ort zu erheben?‹«[5]

So lege doch bitte dieses Buch für einen Augenblick zur Seite und denke über dein Schicksal nach. Bist du dir deiner eigenen Errettung sicher? Verbringst du genügend Zeit mit dem Meister? Verändert

---

4 William Booth, zitiert nach http://www.brandonacox.com/general/inspiring-quotes-about-missions/ (abgerufen am 3. Mai 2012).
5 Charles G. Finney, Robert A. Engelhardt, *Power, Passion and Prayer*, Bridge-Logos Foundation, 2004.

das Evangelium dich? Und ist dir klar, wofür du errettet bist und wovon? Erst dann wirst du anfangen zu verstehen, dass dies eine wahrhaft wunderbare Gute Nachricht ist, die sich weiterzugeben lohnt.

Gott, unser Vater, ich flehe dich an, dass du unsere Herzen bewegst, dass du unsere Leidenschaft in die Leidenschaft Christi veränderst!

Zum Nachdenken

▶ Was für Folgen kann es für Nichtchristen haben, wenn sie Anzeichen von Leidenschaft im Leben der Christen wahrnehmen?

▶ Hast du Schwierigkeiten, in deiner täglichen Beziehung zu Gott Leidenschaft zu empfinden? Was meinst du, woran das liegt? Was kannst du tun, um diese Leidenschaft wieder zu entfachen?

▶ Betrachte einmal die Dinge, die dir wichtig sind. Gibt es irgendwelche Möglichkeiten, diese Dinge im Sinn von Markus 16,15 einzusetzen? (Stephen spielt zum Beispiel leidenschaftlich gern Fußball, und dabei versucht er jede Gelegenheit auszunutzen, auf diesem Interessengebiet von seinem Glauben Zeugnis zu geben.)

2
Krieg und Liebe

Als ich Sara das erste Mal traf, hatte ich mich sofort Hals über Kopf in sie verliebt. Das kann ich einfach so behaupten, auch wenn es sich nicht allzu originell anhört. Ich war kaum ein paar Stunden in ihrer Nähe, da konnte ich an niemand anderen mehr denken. Ich war völlig begeistert von ihr und gab mir die größte Mühe, sie auf mich aufmerksam zu machen. Dabei hatte ich ja wenig vorzuweisen. Gerade aus dem Gefängnis in Zypern entlassen, kam ich mir selbst wie ein soziales Wrack vor. Meine Tage als selbstbewusster, forscher junger Mann waren seit Langem vorbei. Die Begegnung mit Jesus im Gefängnis hatte meinem abscheulich arroganten Wesen den Todesstoß versetzt. Stattdessen lehrte sie mich immer aufs Neue Demut, indem sie mich zu einem Nichts machte. Ich erkannte das und nahm es sogar dankbar an. Aber ich hatte überhaupt kein Gefallen an der Furcht vor ganz normalen Dingen – dass ich stotterte und Angst hatte, wenn ich »netten Menschen« begegnete. Ich hatte nichts, ich war nichts, und nun war dieses wunderbare Mädchen da, von dem ich zu träumen wagte, es möge sich für mich interessieren.

Damals studierte Sara auf Lehramt und wohnte in einer Wohngemeinschaft im Süden Londons. Nie zuvor war ich so aufgeregt wie an jenem Abend, als ich sie besuchen wollte. Ich hatte kein Geld und einen ziemlich langen Fußmarsch vor mir. Sie hatte einen Blumenstrauß verdient. Auf dem Weg zu ihr sah ich ein Haus mit einem sehr gepflegten Garten, dessen größte Zierde ein herrlicher Rosenbusch war, der seine Zweige bis auf den Bürgersteig ausstreckte. Ich blickte mich um. Niemand war zu sehen. In null Komma nichts hatte ich die schönsten roten Rosen gepflückt, die ich hätte finden können. Mein Gewissen schlug. Ich hätte nicht stehlen dürfen. Doch wenn ich an Sara dachte, meinte ich, sie sei das Risiko wert.

So machte ich es die ganze Zeit, und auch unsere Verliebtheit blühte immer mehr auf. Dabei schäme ich mich, eingestehen zu müssen, dass ich so lange Rosen stahl, bis der Busch leer war.

Vielleicht kommt das daher, dass ich halber Italiener bin – jedenfalls halte ich viel von großen romantischen Gesten. All die ersten Jahre unserer Ehe brachte ich Sara die größten Blumensträuße, die ich finden konnte. »Wenn eine Sache überhaupt wert ist, getan zu werden, muss man sie auch auf hohem Niveau betreiben!«, ist immer mein Motto gewesen. In den letzten Jahren ist es allerdings ein wenig anders geworden. Seitdem ich ein vollzeitlicher Evangelist bei Avanti Ministries bin, lebt unsere Familie »durch Glauben«. Ich beziehe kein Gehalt und verlange nichts für das, was ich tue. So machen wir bei vielen unserer Aktionen Verluste – aber der Herr sorgt für alles Notwendige, und wir sind sehr gesegnet. Das bedeutet aber, dass wir jeden Cent dreimal umdrehen müssen.

Vor einiger Zeit kam ich bei einem Spaziergang an einem Blumenladen vorbei und erblickte einen wunderschönen Strauß, der 20 Pfund (etwa 24 Euro) kosten sollte. Ich merkte schon, wie meine Finger den 20-Pfund-Schein aus der Tasche zogen, und dachte dabei, wie gern ich die Blumen für meine Frau gekauft hätte. »Sei nicht albern!«, ermahnte ich mich selbst. »Dieses Geld soll für den Rest der Woche reichen.« Ich wusste, dass ich auch noch Fahrgeld benötigte. Auf jeden Fall brauchte ich das Geld für den Bus, um nach Hause fahren zu können. Ich marschierte weiter. Aber irgendwie war es, als ob Gott mich drängte, die Blumen für Sara zu kaufen. Ich kehrte um und wunderte mich über meinen Leichtsinn, während ich wieder das Geschäft betrat. Aber auch dann noch musste die Blumenfrau mir den Geldschein aus der Hand ziehen, den ich ihr anbot. Es war ein langer Heimweg – aber ich freute mich riesig bei dem Gedanken, was für ein Gesicht Sara machen würde, wenn ich mit diesem Blumenstrauß heimkam. Ich stellte mir ihr strahlendes Lächeln vor und wusste: Ich hatte das Richtige getan, auch wenn ich das Geld ausgegeben hatte, das eigentlich noch für die ganze Woche hätte reichen sollen.

Als ich Sara die Blumen übergab, bekam ich nicht den erwarteten Empfang. Gewöhnlich zog sie mich erst ein wenig auf, dann nahm sie mich in den Arm und küsste mich. Diesmal war es aber anders. Sie sagte nichts, sondern begann zu weinen. Ich war verwirrt. Sara ist eine starke Frau, die sich mit ganzem Herzen unserem Missionsdienst geweiht hat. Ich meinte, sie hätte sich so aufgeregt, weil ich angesichts von so vielem Notwendigen das Geld in so unvernünftiger Weise ausgegeben hatte. Das aber stimmte nicht. Die Tränen strömten über ihre Wangen, während ich sie festhielt. »Entschuldige bitte!«, sagte sie. »Ich weine nur, weil es schon so lange her ist, dass du mir Blumen gebracht hast.«

Da habe ich mich sehr geschämt. Ich begriff, dass ich in voller Hingabe an den Dienst für den Herrn genau das getan hatte, was Gott hasst. Ich hatte meine erste Liebe vergessen. In all meinen Bemühungen und obwohl ich meinte, das Richtige zu tun, hatte ich aus dem Blick verloren, worauf es am meisten ankommt, und Sara wird bestätigen, dass sich das auf viel mehr bezog als nur auf Blumen. Darin steckt eine wichtige Belehrung.

Die Gemeinde in Ephesus war eine starke Versammlung hingegebener Christen, die vieles richtig machten. Doch wie wir lesen, hatte sich etwas grundlegend Falsches bei ihnen eingeschlichen:

Dem Engel der Versammlung in Ephesus schreibe: Dieses sagt der, der die sieben Sterne in seiner Rechten hält, der inmitten der sieben goldenen Leuchter wandelt: Ich kenne deine Werke und deine Arbeit und dein Ausharren und weiß, dass du Böse nicht ertragen kannst; und du hast die geprüft, die sich Apostel nennen und es nicht sind, und hast sie als Lügner befunden; und du hast Ausharren und hast getragen um meines Namens willen und bist nicht müde geworden. Aber ich habe gegen dich, dass du deine erste Liebe verlassen hast. Gedenke nun, wovon du gefallen bist, und tu Buße und tu die ersten Werke; wenn aber nicht, so komme ich dir und werde deinen Leuchter von seiner Stelle wegrücken, wenn du nicht Buße tust. (Offenbarung 2,1-5)

Ich mag nicht daran denken, dass ich Sara noch einmal so behandeln könnte, obwohl ich fürchte, es wohl doch schon getan zu haben, und es wohl auch noch vielfach tun werde. Ich liebe sie – aber es ist eine Schande, wie oft wir jene, welche uns am liebsten sind, für selbstverständlich halten. So werden Beziehungen schal und abgestanden und vorhersehbar und dermaßen gleichgültig, dass wir nur noch nebeneinanderher leben, statt miteinander zu leben. Wenn wir solche, die wir lieben, so behandeln, wie leicht kann es uns dann in Bezug auf Gott ebenso ergehen, dass unsere Gemeinschaft mit ihm langweilig und unsere Liebe zu ihm müde und schläfrig wird! Nur allzu schnell hören wir auf, für Gott Rosen zu kaufen – unser Besuch der Gottesdienste wird zu einer gewohnheitsmäßigen Übung, und wir halten das Gebet und das Lesen der Bibel für eine mühsame Pflicht. Vor allem aber hören wir auf, über den Geliebten zu sprechen. Unsere Beziehung findet nur noch bei einer gelegentlichen Tasse Tee statt, während die letzten Rosen schon längst für immer verrottet sind und das Entzücken der ersten Liebe zu einer fernen Erinnerung geworden ist. Und doch, wenn die erste Liebe vorüber ist, ruft uns Jesus zurück. Er fordert uns deutlich auf, Buße zu tun und umzukehren, bis dahin, wo Jesus uns zuerst begegnete als unsere lebendige, wirkliche erste Liebe.

In Matthäus 5,15-16 spricht Jesus von dem Leuchter, der allen scheint:

Man zündet auch nicht eine Lampe an und stellt sie unter den Scheffel, sondern auf den Lampenständer, und sie leuchtet allen, die im Haus sind. Ebenso lasst euer Licht leuchten vor den Menschen, damit sie eure guten Werke sehen und euren Vater, der in den Himmeln ist, verherrlichen. (Matthäus 5,15-16)

Das ist ein wunderbares Gleichnis auf die Gemeinde, und doch spricht die Offenbarung eine ernüchternde Warnung aus, dass Gott unseren Leuchter wegnehmen kann und es auch tun wird, wenn wir die erste Liebe verlassen und es versäumen, uns an die Freude bei unserer Errettung zu erinnern.

Das vorige Kapitel endete mit der herausfordernden Frage: Was ist deine persönliche Leidenschaft? Aber mir geht es bei meiner Botschaft ebenso um die Gemeinde als Ganzes, und nicht nur um die individuelle Beziehung. Wie wir schon sahen, haben wir große Probleme nicht nur mit unseren Fähigkeiten, sondern vor allem mit unserer Motivation und unserem Verlangen, an der Ausführung des Großen Auftrags mitzuwirken. Dazu kommt das Problem der Sünde, das Problem des Ungehorsams und in ganz erdrückendem Ausmaß das Problem der Blindheit. Dieses Problem trifft direkt ins Herz der Gemeinde unserer Tage.

Ich glaube, dass die Gemeinde für ihren wichtigsten Auftrag in dieser Welt blind geworden ist. Wir müssen begreifen, dass wir uns im Kriegszustand befinden. Die ersten feurigen Pfeile wurden in dem Augenblick abgeschossen, als die Sünde in die Welt kam, und der Kampf tobt seitdem ununterbrochen. Schau nur in die Bibel, dann stellst du fest, wie Gott selbst über diesen Krieg spricht. In 2. Mose 15,3 wird Gott ein »Kriegsmann« genannt. Golgatha wird ebenfalls als Schlachtfeld betrachtet: »*... als er die Fürstentümer und die Gewalten ausgezogen hatte, stellte er sie öffentlich zur Schau, indem er durch dasselbe über sie einen Triumph hielt*« (Kolosser 2,15). Der zweite Timotheusbrief (2,3) spricht vom Christen als von einem »Streiter Christi Jesu«. Außerdem gibt es das starke Bild von den christlichen Gnadengaben, die in Epheser 6,14-17 als Teile einer Waffenrüstung dargestellt werden:

- Helm des Heils
- Brustharnisch der Gerechtigkeit
- Gürtel der Wahrheit
- Schuhe, die uns bereit machen,
  das Evangelium des Friedens zu verkünden
- Schwert des Geistes
- Schild des Glaubens

Die Bibel hält auch mit der Nennung des Feindes nicht hinter dem Berg: »*Widersteht aber dem Teufel!*« werden wir in Jakobus 4,7 belehrt. »*Zieht die ganze Waffenrüstung Gottes an, damit ihr zu bestehen vermögt gegen die Listen des Teufels. Denn unser Kampf ist nicht gegen Fleisch und Blut, sondern gegen die Fürstentümer, gegen die Gewalten, gegen die Weltbeherrscher dieser Finsternis, gegen die geistlichen Mächte der Bosheit in den himmlischen Örtern*« (Epheser 6,11-12).

Diese Art zu sprechen und diese Bilder können wir nur schwer mit unserem täglichen Leben vereinbaren. Sie hören sich eher nach Tolkien oder C. S. Lewis an, nach einem Stoff für wilde, fremdartige Kinofantasien, die nur wenig mit unseren Tätigkeiten zu Hause, im Büro oder in der Schule zu tun haben, oder mit dem Freizeitverein oder der alten Dame, der du die Tür aufhältst, oder mit dem alten Mann, an dem du auf dem Weg zum Supermarkt vorbeiläufst ... Aber soviel wir von diesen beiden großen Autoren wissen, wurden sie von der Bibel zu ihrer Darstellung des Kampfes zwischen Gut und Böse angeregt. Natürlich stimmt es, dass wir nicht jeden Tag Tolkienschen Dämonen begegnen, aber wie wir in einer Reihe von Bibelstellen sehen, stehen wir – Gottes Volk – unausweichlich mitten in einem gewaltigen »geistlichen Krieg«. Der Kampf mag in den himmlischen Regionen stattfinden, doch als mit Gottes Waffenrüstung ausgerüstete »Soldaten« sind unsere irdischen Kämpfe nicht weniger blutig.

Womit haben wir zu kämpfen? Wie sieht es aus mit Ungerechtigkeit, Armut, Hunger, körperlichem Missbrauch, Krankheit, Prostitution, Pornografie, jeder Art des Missbrauchs von Tabak, Alkohol, Sexualität, Drogen und Materialismus, um nur einiges zu nennen? Und vom Offensichtlichen geht es dann zu den subtilen und verborgenen Zuständen des Geistes, wie Depression, Verzweiflung und Einsamkeit ... Und für wen kämpfen wir? Nun, das hat sich seit dem Erdenleben Jesu nicht verändert. Wir kämpfen für die Ausgestoßenen, die Heimatlosen, die Krüppel, die Zurückgebliebenen, die Verletzten, die Hungernden, die Missbrauchten und für alle Angefochtenen. Viele mitleidvolle Männer und Frauen werden ganz instinktiv genötigt, irgendetwas zu tun, um leidenden Mitmenschen Erleichterung zu schaffen. Als Christen sind wir aufgerufen, zu wandeln, wie Jesus wandelte, für die Witwen und Waisen zu sorgen, für die Gefangenen Gerechtigkeit zu erwirken, die Verarmten zu kleiden und zu ernähren und die Verletzten zu heilen (Jakobus 1,27; Psalm 146,7). All diese Kämpfe und noch viele andere sind wichtige, ja, grundlegende Aspekte unseres christlichen Zeugnisses in der Welt. Wir haben mutig und unablässig zu kämpfen – aber worauf ist letztendlich unser Blick gerichtet? Was ist das Ziel unseres Kampfes? Wofür kämpfen wir wirklich?

In unserem wahren Kampf geht es um die Seelen der Menschen und um die Ehre Gottes. Denk einmal nach: Worum geht es in der Gemeinde? Warum haben wir Gottesdienste? Nun, die Antwort ist klar. In Epheser 5,19 werden wir ermahnt: »*[Redet] zueinander in Psalmen und Lobliedern und geistlichen Liedern.*« Im ganzen Neuen Testament sehen wir, wie die Gläubigen sich treffen, das Brot brechen, singen und Gott danken. Die Gemeinde auf der Erde ist vor allem ein Zeichen für alle rings um uns her, dass Gott groß ist und dass Jesus lebt. Und wenn unsere Motivationen rein sind, gibt es keine größeren Grund als dieses Zeichen, warum wir Woche für Woche zum Gottesdienst gehen sollten. Die Gemeinde zeugt von Christus, und so müssen wir hier wieder an das große Bild des göttlichen Plans denken. Der Grund, weshalb wir Gottesdienste haben und Bibelstunden, Konferenzen, Sommerlager, christliche Bücher und zahllose weitere Möglichkeiten, ist ganz gewiss der, dass Gott die ganze Welt erreichen will, um mit ihr in Beziehung zu treten. Darum lesen wir davon, wir denken über Möglichkeiten nach, reden darüber und beten dafür ... Wann aber gehen wir tatsächlich los *und tun es*? Die normale Studienzeit dauert drei Jahre, dann gehen wir mit unserem Diplom in die Welt hinaus und können hoffentlich das Erlernte gebrauchen und anwenden. Klar, so machten es die ersten Jünger. Sie hatten drei Jahre in der Gegenwart ihres Meisters verbracht und hatten von ihm gelernt, bevor er sie in die Welt ausgesandt hatte. Besteht da nicht eine Parallele zu dem Lernen in der Gemeinde, in den Hauskreisen und im persönlichen Studium? Haben wir vor, fünfzig Jahre in der Schule zu sitzen, ohne wirklich jemals das Erlernte anzuwenden?

Es ist wunderschön, mit anderen Gläubigen zusammen zu sein, zu singen und sich über die Freude der Errettung zu unterhalten und über die Beziehung zu Gott zu staunen. Aber ich meine, dass wir erst dann echte Dankbarkeit demonstrieren, wenn wir von dort weggehen und mit den Menschen draußen über die Botschaft Jesu reden.

Jesus sagte, sein Auftrag sei es, die Verlorenen zu suchen und zu retten (Lukas 19,10). Der Apostel Paulus betonte Jesu Auftrag in 1. Timotheus 1,15: »*Das Wort ist gewiss und aller Annahme wert, dass Christus Jesus in die Welt gekommen ist, um Sünder zu erretten.*« Immer wieder macht die Bibel klar, dass das eigentliche Ziel unseres Erdenlebens darin besteht, uns dafür zu entscheiden, die falschen Dinge in unserem Leben aufzugeben und Jesus zu bitten, unser Erretter zu werden. »*Was nützt es einem Menschen, wenn er die ganze Welt gewinnt und seine Seele einbüßt?*« (Markus 8,36). In dem Bericht, der diesem viel zitierten Vers vorausgeht, sehen wir deutlich, wie Jesus im Krieg mit dem Satan liegt: »*Geh hinter mich, Satan!*«, sagte Jesus. »*Denn du sinnst nicht auf das, was Gottes, sondern auf das, was der Menschen ist*« (Markus 8,33).

William Booth, der Gründer der Heilsarmee, hatte sich in seiner Erklärung vor König Eduard VII. deutlich für diesen Kampf entschieden:

Eure Majestät,
Es gibt Menschen, deren Leidenschaft die Kunst ist,
Es gibt Menschen, deren Leidenschaft der Ruhm ist,
Es gibt Menschen, deren Leidenschaft Gold ist,
Meine Leidenschaft ist: Seelen retten.[6]

Was Booth und viele andere mit ihm[7] für das Wichtigste erachteten, war dies: Die Prioritäten im Volk Gottes müssen mit dem übereinstimmen, was Jesus selbst für das Wichtigste hielt. Und das ist: Seelen zu suchen und zu erretten. Hier folgt eines meiner Lieblingszitate des Predigers Charles Finney aus dem 19. Jahrhundert:

Wenn das Hauptmerkmal deines Wesens nicht der alles beherrschende Gedanke ist, Menschen mit Gott zu versöhnen, dann weißt du überhaupt nicht, worum es eigentlich geht. Wie auch immer sich deine Religion äußern mag: Dir fehlt dann der wichtigste, fundamentale Charakterzug wahrer Frömmigkeit, das Wesen und die Zielsetzung Jesu und seiner Jünger. Betrachte sie und erkenne, wie sich dieser Wesenszug in starken und ewig bleibenden Kennzeichen äußerte. Es war die vornehmste Bestimmung und das erklärte Ziel ihres Lebens.[8]

Unser Kampf muss also dem Seelengewinnen gewidmet sein, und wir sollten uns den Nachfolgern Jesu anschließen, die all die Jahrhunderte vor uns so gehandelt haben. Warum versagen wir dann so schrecklich? Es ist bequem, sich in die Sicherheit der Gemeindegebäude zurückzuziehen. Aber Jesus sagt: »*Geh ...!*« (Matthäus 28,19; Markus 16,15). Er befahl uns, hinauszugehen und das Evangelium der ganzen Schöpfung zu verkünden. Als er das sagte, sprach er nicht gerade vor berühmten öffentlichen Rednern,

---

6   Jenty Fairbank, *William and Catherine Booth*: God's Soldiers, Hodder Headline Educational, 1974.
7   Siehe Kapitel »*Sehen andere das auch so?*« im Anhang dieses Buches.
8   Charles G. Finney, *Crystal Christianity*, Whitaker, 1986.

den sogenannten »Epheser 4,11-12«-Evangelisten. (Dort, in Epheser 4,11-12, heißt es: »*Und er hat die einen gegeben als Apostel und andere als Propheten und andere als Evangelisten und andere als Hirten und Lehrer, zur Vollendung der Heiligen, für das Werk des Dienstes ...*«) Nein, er sprach zu allen, denen die Gabe der Errettung zuteilgeworden war. Er sagte das zu jedem in jeder Gemeinde, in jeder Stadt und in jedem Dorf. Er sagte es zu mir und zu dir.

Menschen sind Spiegel, und sie »tragen« Christus zu anderen Menschen ... Gewöhnlich bringen ihn solche zu anderen, die ihn kennen. Darum ist es so wichtig, dass die ganze Gemeinde, die Gesamtheit der Christen, ihm dem anderen zeigt. (C. S. Lewis)[9]

Einige möchten nur da wohnen, wo sie den Klang der Glocken von Kirchen und Kapellen hören können. Ich möchte ein Rettungsunternehmen am Rand der Hölle betreiben. (C. T. Studd)[10]

Als ich für Sara die Rosen stahl, dachte ich nicht über die Konsequenzen nach. In dem Augenblick, als ich sie sah, verwickelte ich mich in einen Krieg – ich wollte sie für mich gewinnen. Ich war bereit, nahezu alles zu unternehmen, mich jeder Gefahr auszusetzen und jedes erdenkliche Risiko auf mich zu nehmen, wenn ich sie dadurch gewinnen konnte. Wenn man zum ersten Mal verliebt ist, unternimmt man verrückte Dinge, macht riesige Umwege, um dem anderen zu begegnen, bleibt bis zum Morgengrauen mit dem anderen unterwegs und führt stundenlange Telefongespräche mit dem anderen. Alles ist frisch, aufregend und leidenschaftlich. Ich schätze das Rosenstehlen durchaus nicht, es ist falsch, es ist Sünde! Was ich aber sagen will, ist, dass wir ganz natürlich bereit werden, gefährliche Dinge zu tun und alle Bedenken zur Seite zu schieben, wenn wir zum ersten Mal verliebt sind. Nach einigen Ehejahren kann alles zur Routine verkommen. Dann macht man nichts Verrücktes mehr, was von unserer Liebe zeugt. Unsere Beziehung wird durch die vielen Erfordernisse des Alltags »vernünftig« und

---

9   C. S. Lewis, *Mere Christianity*, HarperCollins, 1997.
10 C. T. Studd, *Fool and Fanatic*, WEC, 1980.

»steril«. Genauso geschieht es in der Gemeinde, wenn sie nichts mehr ist als ein bisschen Liturgie, ein Gebet, ein Lied und eine Tasse Kaffee mit Bekannten. Dann wird alles dürr und langweilig, weil wir ausgerechnet das Eine, ausgerechnet den Einen vergaßen, der uns dorthin gebracht hatte. Aber es ist noch nicht zu spät. Wenn wir in die Welt hinausgehen, um das Evangelium zu verkündigen – ja, es riskieren, dass man sich über uns lächerlich macht und uns verwirft –, dann bringt uns das auf die richtige Spur zurück. Und wenn wir das tun, werden wir wieder neu schmecken, wie wunderbar es ist, etwas für Den zu riskieren, den wir doch zu Recht anbeten.

Saras Reaktion auf den Blumenstrauß war für mich ein Weckruf. Er zeigte mir, wie gefährlich benebelt ich werden kann, wenn es um das Leben und die Liebe geht. Wie leicht lasse ich mir durch andere Dinge die Sicht versperren – durch Dinge, die meine Aufmerksamkeit auf sich ziehen und dabei die kostbaren Augenblicke zerstören, die eine Liebesbeziehung ausmachen. Ich will von jetzt an immer dafür sorgen, dass Sara Blumen bekommt! Man wird so leicht von Dingen abgelenkt, die einem wichtig erscheinen. Genau das beobachte ich auch in unseren Gemeinden. Wir haben den Blick auf das Wichtigste verloren. Die Freude, die innige Liebe, das Aufregende in unserem Wandel mit Jesus ist verschwunden, und wir sind weniger aufmerksam, weniger leidenschaftlich geworden, und stattdessen haben uns viele andere Dinge stärker beschäftigt. Jesus gebrauchte das Gleichnis von den Hochzeitsgästen in Matthäus 22 dazu, Gottes Verlangen zu unterstreichen, bei seinem Volk, seinen kostbaren und auserwählten Himmelsgästen, zu erleben, dass sie aus Dankbarkeit für seine Gabe ihr Bestes geben. Zuerst waren da solche, die des Königs Einladung zu dem großen Hochzeitsfest seines Sohnes einfach ablehnten. Darum warf der König sein Netz weiter aus und lud großzügig viele andere von der Straße ein. Doch was stellte er fest, als er die Gäste begrüßte? Er sah einen, der keine Hochzeitskleider trug. Wie konnte dieser Mensch so respektlos sein? Wie konnte er annehmen, an dem großen Fest und an der Großzügigkeit des Königs teilhaben zu dürfen, wo er sich doch nicht für die große Gnade des Königs interessiert hatte? Jesus sagte, der König habe den Dienern geboten, ihn hinauszuwerfen »*in die äußerste Finsternis: Dort wird das Weinen und das Zähneknirschen sein*« (V. 13).

Wir können über Hochzeitskleider oder über Waffenrüstungen reden – die Frage bleibt immer dieselbe: Wo ist unsere erste Liebe? Nehmen wir wahr, dass Krieg ist, oder werden wir durch andere Dinge abgelenkt? Befinden wir uns an der Front, oder ist der Wächter in der Burg eingeschlafen? Wann wollen wir aufwachen, um festzustellen, dass die Festung der Gemeinde sperrangelweit offen steht, während wir in Unwissenheit schlummern und uns sehr leicht verwundbar den Pfeilen und Schlingen des Feindes aussetzen?

Zum Nachdenken

▶ Nimm dir etwas Zeit zum Nachdenken und danke Gott für alles, wodurch er dich gesegnet hat: in deinem Leben, in dieser Woche, heute …

▶ Wie kommt es, dass so viele Menschen die Großartigkeit Gottes so sehr aus dem Blick verlieren, während sie ihr Tagwerk tun? Zähl einmal auf, was in deinem eigenen Leben dazu beiträgt, dich abzulenken!

▶ Denk einmal darüber nach, inwieweit du Gott für selbstverständlich hältst! Nimm dir Zeit und bitte Gott um Vergebung und überlege, wie du ihm heute »Blumen kaufen« kannst!

▶ In Epheser 6,14-17 werden die Gaben der Christen als Waffen dargestellt. Was bedeutet es aber in der Praxis, diese Waffen anzulegen?

3
Alles im Gleichgewicht

Jesu Auftrag bestand darin, die Verlorenen zu retten (Lukas 19,10). Und hätte er seinen Nachfolgern einen größeren Auftrag hinterlassen können, als sein Vermächtnis fortzusetzen? Zweifellos sprechen jene Bibelstellen, die wir den »Großen Auftrag« nennen, am deutlichsten davon. Doch auch an vielen anderen Stellen verkünden die Evangelien, was Jesus von seinen Nachfolgern erwartet. Denk einmal über Jesu Gebet in Johannes 17,20-26 nach und empfinde nur einen schwachen Strahl von der Liebe Christi zu uns und von seiner Sehnsucht nach Einheit unter den Gläubigen. *»Die Herrlichkeit, die du mir gegeben hast, habe ich ihnen gegeben, damit sie eins seien, wie wir eins sind«* (V. 22), erklärte er, und ich kann mir gut vorstellen, wie das Angesicht Gottes dabei auf seinen Sohn herniederstrahlte. So viel Liebe, so viel Leidenschaft! Welche Ehre ist uns zuteilgeworden!

Gerechter Vater! – Und die Welt hat dich nicht erkannt; ich aber habe dich erkannt, und diese haben erkannt, dass du mich gesandt hast. Und ich habe ihnen deinen Namen kundgetan und werde ihn kundtun, damit die Liebe, mit der du mich geliebt hast, in ihnen sei und ich in ihnen. (Johannes 17,25-26)

Wenn das also unser klarer Auftrag ist, scheint es mir, dass wir schleunigst und zuallererst unsere eigenen Prioritäten überprüfen sollten – und dann aber auch die der Gemeinde insgesamt. In vielen unserer Gemeinden wird jedem Dienst die gleiche Dringlichkeit zuerkannt. Während es wahr ist, dass jeder Dienst in der Orts-Gemeinde gleich wertvoll ist, sollte von der Bibel her betrachtet nicht jeder Dienst die gleiche Dringlichkeit besitzen. Stell dir vor, du wirst an das Bett eines Sterbenden gerufen und du stellst fest, dass er nur noch kurze Zeit zu leben hat. Nun stellst du außerdem fest, dass er das Evangelium niemals in aller Deutlichkeit gehört hat und darum nicht errettet ist. Was machst du dann? Setzt du dich zu ihm und leistest ihm Gesellschaft, indem du ihn vielleicht an bessere Tage erinnerst? Schüttelst du sein Kissen auf, gibst ihm etwas zu trinken und versuchst, ihm die letzten Stunden so erträglich wie möglich zu machen? Gehst du vielleicht fort, um für ihn zu beten? Schau dir Jesu Gebet an, wie es in Johannes 17 steht. Das ist ein unsagbar inniger und bedeutungsvoller Abschnitt, in dem Jesus seine Freunde dem Vater vorstellt. Zunächst betet er für seine Jünger und dann für alle Gläubigen. Achte doch bitte auf seine Worte in den Versen 20 und 21:

Aber nicht für diese allein bitte ich, sondern auch für die, die durch ihr Wort an mich glauben; damit sie alle eins seien, wie du, Vater, in mir und ich in dir.

Zuvor, in Vers 18, hat Jesus von der Sendung seiner Jünger gesprochen, dass sie in die Welt hinausgehen sollten. Er vertraute darauf, dass sie das Evangelium ausbreiten würden, und darum bittet er hier für alle, die als Ergebnis ihrer Arbeit zum Glauben kommen würden. Ich meine, dass alle künftigen Gläubigen in dieses Gebet eingeschlossen sind.

Kehren wir zu meinem sterbenden Freund zurück, so muss ich wieder an Vers 20 erinnern und beten, er möge durch die »Botschaft« an Jesus »glauben« können. Selbstverständlich muss ich ihm dann die Botschaft »bringen« – sie ihm sagen! Natürlich muss mein Gebet das Wichtigste sein. Was könnte bedeutungsvoller sein, als wegen dieses Menschen direkt mit dem Schöpfer zu reden? Aber wenn ich das tue, muss ich ihm das Evangelium mitteilen, sodass er die Möglichkeit erhält, darauf zu reagieren, und das hoffentlich unter der überführenden Kraft des Heiligen Geistes durch die Kraft des Gebets. Ja, ich muss beten, allezeit und für alles beten, ohne aufzuhören (1. Thessalonicher 5,17) – aber ich muss auch das Evangelium predigen. Für meinen sterbenden Freund mag es das erste Mal sein, dass er die Gute Botschaft von der Ewigkeit hört. Mit welcher Sorge, mit welcher verzweifelten Dringlichkeit und mit welcher Liebe muss ich sie ihm doch mitteilen!

Für Jesus war es das Wichtigste, das Evangelium auszubreiten und zu predigen. Das sollte auch für die Gemeinde das Wichtigste sein. Bekannte Theologen[11] verschiedener christlicher Denominationen stellen dasselbe fest. Dr. John Stott vergleicht die Dringlichkeit der Evangeliumspredigt mit sozialen Aktionen und stellt fest: »Unsere vornehmste Aufgabe ist es, das Evangelium zu verkünden.«[12] Er schreibt:

> Der Auftrag der Gemeinde, einen aufopferungsvollen Dienst zu tun, umschließt sowohl evangelistische als auch soziale Bemühungen, sodass eine Gemeinde im Allgemeinen nicht zwischen beiden wählen kann. Wenn aber gewählt werden muss, hat die Evangelisation den Vorrang.[13]

Viele andere stimmen Stott zu. Der berühmte Theologieprofessor Millard Erickson merkt an, dass das eine Thema, das in beiden Berichten von den letzten Worten Jesu an seine Jünger vor seiner Himmelfahrt hervorgehoben wird, die Evangelisation ist.[14] Erickson kommentiert diese Worte Jesu weiter[15] und kommt dann zu dem Schluss, Jesus habe das Evangelisieren als den wahren Daseinszweck der Jünger betrachtet.[16] Der Missionar Oswald J. Smith fragte in Bezug auf Markus 13,10 (»*Und allen Nationen muss zuvor das Evangelium gepredigt werden ...*«): »Warum gebrauchte Jesus das Wort ›zuvor‹? Er erklärte damit, dass die Verkündigung des Evangeliums zuerst, ›zuvor‹, unter den Nationen verkündigt werden muss. Das heißt für uns, dass bevor wir irgendetwas anderes tun, wir die Welt evangelisieren müssen.«[17]

Wenn ich zu Gemeinden, Seminaren und Workshops reise, erlebe ich die unterschiedlichsten Reaktionen, sobald ich auf diesen Punkt zu sprechen komme. Manchmal ist es, als ob es ein Erwachen gibt – so, als würden die Konsequenzen aus Jesu Worten ein wenig zu dämmern beginnen. Bei anderen erlebe ich, wie sich die Hörer

---

11 Siehe Kapitel »*Sehen andere das auch so?*« im Anhang dieses Buches.
12 John Stott, *The Message of 2 Timothy: Guard the Gospel*, IVP, 1973.
13 John Stott, *Making Christ Known*: Historic Mission Documents from the Lausanne Movement, 1974–1989, Paternoster Press, 1996.
14 Millard Erickson, *Christian Theology*, Revell (Baker Publishing Group), 1998.
15 Siehe Kapitel »*Sehen andere das auch so?*« im Anhang dieses Buches.
16 Millard Erickson, *Christian Theology*, Revell (Baker Publishing Group), 1998.
17 Oswald Smith, *The Passion for Souls*, Marshall, Morgan and Scott, 1978.

zu sträuben beginnen, und ich kann das auch verstehen. Immerhin: Sind da nicht eine Menge von Vorbereitungen zu treffen und ist da nicht so manche Lauferei nötig, bevor ich mich vor Menschen hinstellen kann, um ihnen das Evangelium zu verkündigen? Schaut euch Jesus selbst an! Er ging dorthin, wo die Nöte sichtbar waren. Er heilte, er zeigte ihnen seine Liebe, seine Freundschaft und dass er sie annahm. Ist das nicht auch die Aufgabe der Gemeinde?

Alle diese Behauptungen haben ihre Berechtigung, und trotzdem kehre ich zu William Booth zurück, um ein Gleichgewicht zwischen sozialer Hilfeleistung und der Rettung von Seelen zu finden. Booth stellte infrage, ob es einen Sinn ergebe, einen Menschen aus den Slums zu holen, seinen Körper zu heilen, ihm anständige Kleidung zu geben, ihm ein Häuschen auf dem Lande zu besorgen, um ihn dann sterben und in die Hölle fahren zu lassen! Niemand kann William Booth vorwerfen, er habe keinen Blick für soziales Engagement gehabt. Sein Vermächtnis in der Heilsarmee spricht für sich. Aber trotzdem hielt Booth es für völligen Unsinn, wenn man all seine Kraft auf das Wohl des sterblichen Körpers richtet, während man die ewige Seele außer Acht lässt.

Dr. K. P. Yohannan, ein indischer Missionar in Asien stellte Ähnliches fest in Bezug auf die Torheit der Gemeinde, wenn sie Sozialprogramme höher einschätzt als die Verkündigung des Evangeliums: »Ich versuche nicht, die sozialen und materiellen Nöte der asiatischen Völker kleinzureden. Aber es ist wichtig, immer wieder zu betonen, dass Asiens grundlegende Probleme geistlicher Natur sind.«[18] Yohannan sieht ganz klar, dass der Krieg in den himmlischen Örtern stattfindet (Epheser 6,12) und wie sich das hier auf der Erde auswirkt. Er weist darauf hin, dass die westlichen Medien ihre Aufmerksamkeit ausschließlich auf die schrecklichen Mängel richten und im Fernsehen verhungernde Kinder zeigen. Dann fällt es den Menschen im Westen schwer, nicht die falsche Vorstellung zu bekommen, der Hunger sei das größte Problem. »Doch woher kommt der Hunger?«, fragt Yohannan.

---

18 K. P. Yohannan, *Revolution in World Missions*, Gospel For Asia books, 2009. Abdruck mit Erlaubnis.

Asiatische Christen wissen, dass die katastrophalen Zustände nur Symptome des wahren Problems sind – die geistliche Gebundenheit. Die bei Weitem nützlichste Sozialreform, die man den Asiaten bringen könnte, wäre das Evangelium von Jesus Christus. Das Elend mit dem »sozialen Evangelium«, selbst wenn es in frommem Gewand daherkommt und innerhalb christlicher Institutionen praktiziert wird, ist dies: Man versucht das, was grundsätzlich ein geistlicher Krieg ist, mit fleischlichen Mitteln zu bekämpfen. Erst wenn man in diesem geistlichen Krieg mit geistlichen Waffen kämpft, wird man Siege für die Ewigkeit erringen. Aus diesem Grund bestehen wir darauf, das rechte Gleichgewicht bei der Verkündigung des Evangeliums wiederherzustellen. Die Betonung muss zuerst und immer auf Evangelisation und Jüngerschaft liegen.[19]

Zyniker werden ihre Probleme mit der Betonung des geistlichen Bereichs haben. Ganz selbstverständlich hält man es für erwiesen, dass man die Probleme von Hunger und Armut in unserer Welt dem unsachgemäßen Umgang mit den irdischen Reichtümern und der Ausnutzung der Armen und Verwundbaren zuschreiben muss. Was hat das mit dem geistlichen Krieg zu tun? Aber liegt nicht die Antwort geradezu auf der Hand? Wir brauchen nur zu überlegen, wer und was hinter der Habgier und hinter dem Willen zur Macht in dieser Welt steht. Aber da sind noch weit deutlichere Zeichen aus der geistlichen Welt am Werke. Da brauchen wir nur an das Wort eines indischen Staatsmanns zu denken: »Indiens Probleme werden nie aufhören, bis sich unsere Religion ändert.«

Für Anhänger der Reinkarnation müssen die Ratten geschützt werden, weil sie höchstwahrscheinlich eine reinkarnierte Seele aufgenommen haben, die dabei ist, die Leiter der geistlichen Evolution zum Nirwana zu erklimmen. Das führt dazu, dass 20 % des indischen Getreides von Ratten gefressen und verdorben wird. Eine Untersuchung im Weizenanbaugebiet von Harpur in Nordindien zeigte, dass es pro Haushalt durchschnittlich zehn Ratten gibt. Großflächige Bemühungen, die Tiere auszurotten, scheiterten an religiösen Tumulten. Bei der indischen Getreideernte von 1982 (eine der schlechtesten in der jüngeren Zeit), belief sich der 20%ige Ver-

---

19 K. P. Yohannan, *Revolution in World Missions*. Abdruck mit Erlaubnis.

lust durch die Ratten auf 26,8 Millionen Tonnen. Kannst du dir diesen Getreideberg vorstellen? Stelle dir einen Containerzug vor, bei dem jeder Waggon 82 Tonnen fasst. Dieser Zug müsste 327 000 Waggons enthalten. Er wäre 4950 Kilometer lang. Das ist mehr als die Entfernung von New York im Osten bis San Francisco im Westen der USA! 4950 Kilometer Eisenbahnwaggons voll Getreide gehen jährlich verloren, während die Menschen verhungern! Und warum? Wegen einer falschen religiösen Vorstellung. Atheisten stellen oft die höhnische Frage: »Wie kann ein liebender Gott Unglück und Hunger zulassen?« Schau dir dieses Beispiel an. Es ist nicht *Gott*, der hier einfach etwas zulässt, sondern es sind Menschen, die ihre Mitmenschen auf solche Weise leiden lassen. Es *gibt* genug Nahrung auf der Welt, zum Beispiel in diesem Zug. Und wie viele ähnliche Züge mag es geben, von denen wir nichts wissen?[20]

Genauso ist es mit Indiens sogenannten »heiligen Kühen«, die überall frei herumlaufen und tonnenweise Getreide fressen, während die Menschen ringsumher hungern. 2007 geriet die Hindu-Gemeinschaft weltweit in Aufruhr, als die britische Gesundheitsbehörde im Süden von Wales den heiligen Bullen Shambo töten wollte, weil er Tuberkulose verbreitete. Die Hindus drohten, eine Menschenkette zu bilden, um das Tier zu beschützen. Tuberkulose ist eine Krankheit, von der man weiß, dass sie Menschen tötet, und doch wurde diese Aktion gestartet, um aus religiösen Gründen dieses Tier zu retten. »Wie kann ein liebender Gott Krankheit zulassen?«, fragen sie. Aber das ist hier wieder die falsche Frage. Es ist wieder einmal ein Beispiel für massive soziale Probleme – Krankheit und Hunger –, die entstehen, weil die Religion die Grundlagen dafür schafft.

Darum wundert es nicht, dass Dr. Yohannan so entschieden gegen die Torheit spricht, Sozialprogramme der Verkündigung des Evangeliums vorzuziehen. Yohannan zeigt uns, dass Armut, Hunger, Ungerechtigkeit und dergleichen nur Symptome sind. Ihre eigentliche Ursache ist ein falsches Denken, und die Wurzel falschen Denkens ist eine falsche Religion. Und falsche Religion ist ein geistliches Problem, und um geistliche Probleme zu bekämp-

---

20 K. P. Yohannan, *Revolution in World Missions*. Abdruck mit Erlaubnis.

fen, benötigen wir geistliche Waffen. Die großartigste und mächtigste geistliche Waffe, die Jesus uns gegeben hat, ist das eine, wahre Evangelium. Damit soll nicht gesagt sein, dass wenn wir einen verhungernden Menschen finden, wir ihm zuerst das Evangelium verkündigen und ihn später erst speisen sollen. Natürlich sollten wir in einem solchen Fall seine leiblichen Bedürfnisse zuerst befriedigen, genauso wie Jesus es tat. In allen Umständen müssen wir es wie der »barmherzige Samariter« machen, einerlei, was uns dies kostet; doch sollten wir – wenn Zeit dafür ist – auch an die größeren Bedürfnisse dieses Menschen denken. Wenn der Körper stabilisiert ist, müssen wir uns mit dem Zustand seiner Seele beschäftigen. Es kommt also immer darauf an, wie wir die Menschen ansehen. C. S. Lewis wird oft zitiert mit dem Worten: »Du *hast* keine Seele. Du *bist* eine Seele. Du hast einen *Körper*.« Wenn wir durch diese Brille blicken, beginnen wir zu verstehen, warum viele kluge Menschen darauf bestehen, dass die Ausbreitung des Evangeliums das Erste und Wichtigste und unsere Hauptwaffe sein sollte. An dieser Stelle sollten wir uns nicht missverstehen. Der Zweck der Gemeinde ist klar. Jesus hat gesagt: »*›Du sollst den Herrn, deinen Gott, lieben aus deinem ganzen Herzen und aus deiner ganzen Seele und aus deinem ganzen Verstand und aus deiner ganzen Kraft.‹ Das zweite ist dieses: ›Du sollst deinen Nächsten lieben wie dich selbst.‹ Größer als diese ist kein anderes Gebot*« (Markus 12,30-31). Ja, dazu sind wir da, sowohl als Einzelne als auch als Gemeinde insgesamt. Aber wenn das unser *Lebenszweck* ist, dann muss es auch das *Wichtigste* für uns sein, diese »Liebe« auszuleben.

Wie der Vater mich geliebt hat, habe auch ich euch geliebt; bleibt in meiner Liebe. Wenn ihr meine Gebote haltet, so werdet ihr in meiner Liebe bleiben, wie ich die Gebote meines Vaters gehalten habe und in seiner Liebe bleibe. Dies habe ich zu euch geredet, damit meine Freude in euch sei und eure Freude völlig werde. Dies ist mein Gebot, dass ihr einander liebet, wie ich euch geliebt habe. Größere Liebe hat niemand als diese, dass jemand sein Leben lässt für seine Freunde. (Johannes 15,9-13)

Das bedeutet nun: Wir müssen zunächst unsere Liebe gegenüber Gott zeigen, indem wir Jesu Geboten gehorchen und hingehen, um die Gute Nachricht auszustreuen, und zweitens unsere Nächsten lieben, indem wir so viele Versuche wie möglich machen, um ihnen den Weg zur ewigen Errettung so weit wie möglich zu öffnen. Du musst dabei so denken: Wenn wir für eine Firma arbeiten, stellen wir unsere Prioritäten darauf ein. So hatte Coca Cola einmal die Parole ausgegeben, dass auf jedem Tisch der westlichen Welt eine Coca-Cola-Flasche stehen sollte. Wenn du für Coca Cola arbeitest, ist Coca Cola dein *Lebenszweck*. Aber bei deiner täglichen Arbeit gibt es verschiedene Prioritäten. So mag es zu deinem Beruf gehören, dass du dich zunächst mit deinen Kunden beschäftigst und später erst die Junk-E-Mails löschst. Blicken wir auf das Leben der Christen, so meine ich, dass ein biblisches Modell bestimmt, wie wir das Gott-Lieben in die Tat umsetzen sollten. Das kann auf vielerlei Weise praktiziert werden, und es hat vielerlei Facetten. Doch nach der Bibel – und nach Ansicht einer ganzen Menge christlicher Autoritäten aus allen möglichen Denominationen – wird sehr deutlich, dass es das *Wichtigste* für uns ist, das Evangelium zu predigen.

Ich bin davon überzeugt: Wenn die Gemeinde sich auf ihre Hauptaufgabe besänne und das Evangelium verkündigte, damit sich Menschen zu Christus bekehren, würde das einen weit größeren Einfluss auf die sozialen, moralischen und psychologischen Bedürfnisse der Menschen haben als alles andere, was wir stattdessen tun könnten.

Wenn wir ein Volk verändern wollen, müssen wir die Menschen dieses Volkes verändern. Wenn wir die Menschen verändern wollen, die dieses Volk ausmachen, müssen wir ihre Herzen verändern. Und wenn wir ihre Herzen verändern wollen, müssen wir den unverderblichen Samen des Evangeliums in jedes Herz säen. Wenn der *Zweck* unseres Lebens ist, andere zu lieben, muss unsere *Priorität* die Predigt sein!

Zum Nachdenken

▶ In der Gemeinde und in der Gemeinschaft der Christen:

Welchen Stellenwert hat die Evangelisation?
Was nimmt die erste Stelle ein?
Warum sind andere Dinge wichtiger geworden als die Evangelisation?

▶ Welche Veränderungen müssten vorgenommen werden, damit die Evangelisation wieder die Hauptsache wird?

In der Gemeinde?
In deinem Leben?
Wie halten wir diese Veränderungen aufrecht?

▶ Warum glauben wir, dass der Herr Jesus so viel Wert auf die Betonung der Verkündigung des Evangeliums legt?

▶ Warum legen viele Christen mehr Wert auf andere Aspekte des geistlichen Lebens, wie etwa soziale Programme oder Anbetung usw.?

4
Worte, Werke und Ergebnisse

Wie weit sind wir nun mit unserem Bild gekommen? Wir stecken noch ganz am Anfang unserer Diskussion, doch hoffe ich, dass die wenigen bisher behandelten Kapitel dich von deiner überaus wichtigen Rolle als Christ in dieser Welt überzeugt haben. Wir sitzen mit einer leeren Leinwand da und sind nun hoffentlich bereit und willens und voller Tatendrang, den Pinsel aufzunehmen und uns ans Werk zu machen.

Bisher habe ich eine Menge über »das Evangelium«, über »Errettung« gesprochen und habe sogar schon ab und zu den Begriff »Evangelisation« verwendet. Indem ich das tat, mag ich in die Falle getreten sein, anzunehmen, wir verstünden bereits eine Menge von diesen Worten – denn das ist mitunter schon die erste Hürde für den Leib Christi, über die er stolpern kann. Wir müssen genau wissen, was das »Evangelium« oder die Gute Nachricht von Jesus Christus ist. Viele von uns können das Vaterunser oder andere Bibelstellen prima aufsagen. Doch wenn es darum geht, deutlich zu erklären, was das Evangelium ist, wenn wir anderen die Bedeutung und die Konsequenzen der göttlichen Wahrheit beschreiben sollen, dann beginnen wir zu stottern und zu stocken. In Bezug auf das Evangelium erlebe ich immer wieder, dass viele von uns die drei wichtigen Konzepte »Werke«, »Ergebnisse« und »Worte« nicht klar voneinander unterscheiden können.

Als ich am 3. Mai 1990 mein Leben Christus übergab, war das zum größten Teil die Folge dessen, dass Gott den willigen Geist des nordirischen Missionars Michael Wright gebraucht hatte und ihn dazu brachte, mich im Gefängnis zu besuchen. Michael verhielt sich so, wie Jesus es getan hatte. So, wie Jesus mit den Zöllnern aß und Zeit mit den Prostituierten verbrachte und mit jenen Gemeinschaft pflegte, die von der Gesellschaft verachtet und ausgestoßen waren, so kam auch Michael in den stinkenden Schmelztiegel der Verworfenheit, ins Zentralgefängnis von Nikosia, nur um mir die Freundeshand zu reichen. Ich war ein völlig Fremder für ihn. Ich war ein rohes, gefährliches und äußerst unangenehmes Individuum, das keinerlei Mitgefühl verdiente. Trotzdem erzeigte Michael mir Freundlichkeit und Interesse, was ihm so viel wert war, dass er in der Lage war, mich Woche für Woche zu besuchen. Michael hatte sich den »Werken« des Evangeliums geweiht. Was er tat, musste schließlich dazu führen, dass mein verhärtetes Gemüt weich wurde. Michael hatte mir immer versprochen, er werde mir nichts vorpredigen. Aber die Liebe Gottes leuchtete dermaßen hell aus allem, was er tat, dass es nicht ausbleiben konnte, dass ich ihn irgendwann nach seinen Motiven fragte. Was ließ ihn so handeln? Was steckte hinter seinem Mitgefühl? Wieso konnte er annehmen, ein Abschaum wie ich sei es wert, seine Zeit für mich zu opfern? Als ich ihn endlich bat, sich zu erklären, da konnte Michael endlich über meine Beziehung zu Gott sprechen und mir die Wahrheit des Evangeliums erklären. Er gebrauchte dazu Geschichten und Anekdoten, um mich ganz deutlich dahin zu bringen, dass ich die biblische Wahrheit von der göttlichen Gabe der Errettung verstehen konnte. Damit schloss Michael mir die »Worte« des Evangeliums auf, sodass ich nicht mehr im Zweifel sein konnte über das, was ich zu tun hatte.

Als ich mich Gott ausgeliefert hatte, veränderte sich mein Leben in einem Augenblick. Es war wie der Unterschied zwischen Nacht und Tag. Ich wurde von jeder Art Bindung und Sucht befreit. Meine Verzweiflung, mein Abscheu vor mir selbst und mein Hass verwandelten sich in hoffnungsvolle Aussicht, Leidenschaft und das Verlangen, meine Zellengenossen in die gleiche, neu entdeckte Freiheit zu entlassen. Obwohl ich, was den Körper anging, noch im Gefängnis saß, fühlte ich mich freier, als ich es während meines ganzen Lebens gewesen war. Alles an mir wurde verändert: mein Wesen, meine Motivation, wie ich die anderen ansah und auf sie reagierte ... Das waren die »Ergebnisse« des Evangeliums. Sehr bald fing ich auch an, »Werke« des Evangeliums zu betreiben. Ich versuchte, anderen zu helfen. Das »Ergebnis des Evangeliums« bedeutet hier, dass meine Augen aufgetan wurden für die schrecklichen Leiden, denen meine Mitgefangenen ausgesetzt waren, und ich konnte ihnen mit Freundlichkeit begegnen. Ich konnte für sie beten, sie unterstützen, und bald konnte ich ihnen auch ein wenig von den »Worten« des Evangeliums anbieten, wenngleich ich auch noch sehr wenig verstanden hatte.

Vielleicht wirst du mir recht geben, dass man die »Werke des Evangeliums« ganz einfach als das bezeichnen kann, was man als Christ für Christus tut. Dazu kann der Besuch von Gefängnisinsassen gehören oder die Speisung von Hungrigen oder das Geben von Geld, Zeit und Fachwissen, um Wohltätigkeitswerke oder Missionsgesellschaften zu unterstützen. Dazu kann man auch das Lehren und die Ausbildung rechnen und das Durchführen von Jugendlagern oder den Besuch bei alten und Not leidenden Menschen oder das Beten, das Fasten, ja, alle möglichen christliche Dienste ...

Zweifellos haben alle diese »Werke« wunderbare »Ergebnisse«. Vielfache Wandlungen finden aufgrund des Evangeliums statt: von der Finsternis zum Licht, von der Korruption zur Gerechtigkeit, von Bindungen zur Freiheit, von Blindheit zum Sehen, vom Gefängnis in die Freiheit, von Hoffnungslosigkeit zur Hoffnung ...

Während jedoch die »Werke« und die »Ergebnisse« leicht zu erkennen und darzustellen sind, fällt uns das bei den »Worten« schwerer. Was ist eigentlich das Evangelium von Jesus Christus? Was bedeutet »Gute Nachricht«? Wir können nicht wie etwa beim Vaterunser eine bestimmte Bibelstelle in der Bibel finden, in der die gesamte Botschaft zusammengefasst ist. Als Jesus auf der Erde wandelte, hatte er es nicht nötig, den Menschen, denen er begegnete, Schritt für Schritt zu erklären, »wie man Christ wird«. Er war die lebendige Verkörperung des lebendigen Gottes (Johannes 1,1), und man brauchte nur in seiner Gegenwart zu sein, um die Offenbarung Gottes in ihm zu erleben (allerdings gab es auch viele, die ihn verwarfen). Zu Petrus, Andreas, Jakobus und Johannes sagte er einfach: »*Folgt mir nach!*« (Matthäus 4,19). Dem Nikodemus sagte er: »*Ihr müsst von Neuem geboren werden*« (Johannes 3,7). Mit der samaritischen Frau sprach er am Brunnen über lebendiges Wasser und die Anbetung (Johannes 4.14.23.24). Und dem Lahmen am Teich Bethesda sagte er, der nun Geheilte solle mit dem Sündigen aufhören (Johannes 5,14) ...

In allem, was Jesus sagte oder tat, war das Evangelium anwesend – lebendig, kraftvoll, dynamisch und überwältigend –, eben, weil er das Evangelium *war*, *ist*, *wurde* und *predigte*. Jedoch zweitausend

Jahre später befinden wir uns in der gleichen Situation wie der Gefängniswärter des Paulus und Silas in Apostelgeschichte 16. Ganz deutlich aufgeschreckt vom Geist Gottes und zitternd vor der Offenbarung von Gottes Macht in dem Erdbeben, flehte der Gefängniswärter Paulus und Silas an: *»Ihr Herren, was muss ich tun, um errettet zu werden?«* (V. 30). Hier liegt das Problem der ganzen Angelegenheit. Alles läuft darauf hinaus, ob wir diese Frage beantworten können: »Was muss ich tun, dass ich errettet werde?« Blicken wir zurück auf die Apostelgeschichte, so sehen wir, dass Paulus und Silas nicht eindeutiger sein konnten: *»Glaube an den Herrn Jesus, und du wirst errettet werden«* (V. 31). Doch diese Textstelle fährt fort, uns mitzuteilen: *»Und sie redeten das Wort des Herrn zu ihm samt allen, die in seinem Haus waren«* (V. 32). Danach wird uns berichtet, dass der Gefängniswärter und sein ganzes Haus dahin geführt wurden, sich taufen zu lassen. So möchten wir fragen: »Was ist dieses Wort?« Worin bestand die ausführlichere Botschaft, die sie dann zu hören bekamen, durch die sie dahin gebracht wurden, ihre Errettung durch Jesus Christus zu begreifen und anzunehmen?

Die Vorstellung, es gebe eine besondere Botschaft, aus der die Gute Nachricht von Jesus Christus besteht, wird noch deutlicher, wenn wir nachsehen, was die Bibel über das »Evangelium« sagt. In Markus 16,15 sagt Jesus uns, wir sollten »*das* Evangelium predigen«. In Galater 1,6-9 ermahnt Paulus, eifersüchtig über *dem* Evangelium zu wachen. In Römer 1,16 erinnert er uns daran, dass *das* Evangelium *»Gottes Kraft zum Heil jedem Glaubenden«* ist. In allen diesen Abschnitten beziehen sich Jesus und der Apostel Paulus auf die Worte des Evangeliums, nicht auf die Werke oder auf die Ergebnisse, obwohl diese drei Teile unauflöslich miteinander verbunden sind. Die Worte des Evangeliums erzielen Ergebnisse. Markus macht das in Kapitel 16,20 deutlich, wenn er mitteilt, dass auf die Predigt der Apostel hin (d. h. durch ihre Predigt des Evangeliums) *»der Herr mitwirkte und das Wort bestätigte durch die darauf folgenden Zeichen«*.

Dürfen wir daher zu dem Schluss kommen, dass wenn wir von »*dem* Evangelium« reden, wir etwas vor uns haben, was die *Botschaft*, die *Worte* des Heils, beinhaltet?

Wie wurde dir das Evangelium vermittelt? Über Denominationsgrenzen hinweg sind sich die Christen wohl darin einig, dass es einige Schlüsselverse in der Bibel gibt, die besonders hilfreich sind, um die Botschaft des Heils zu erklären. Der Brief des Paulus an die Römer richtet das Augenmerk besonders auf die Frage: »Was muss ich tun, um errettet zu werden?« Und die Darstellung des Evangeliums auf dieser *Römer-Straße* enthält auf besonders eindrückliche Weise alle diese Schlüsselworte.

Die schlechte Nachricht
- *Das Problem*: Wir haben alle gesündigt und erreichen nicht die Herrlichkeit Gottes (wir alle haben falsche Dinge getan) – Römer 3,23.
- *Die missliche Situation*: Wir können uns nicht den Weg zum Himmel verdienen. Die Bibel sagt, dass niemand gut genug ist, um dem himmlischen Standard an Vollkommenheit zu genügen – Römer 4,4-5.
- *Die Strafe dafür*: Sünde führt zum geistlichen Tod und zu (ewiger) Trennung von Gott – Römer 5,12.

Die Gute Nachricht
- *Die Vorkehrung*: Gott hat uns so geliebt, dass er Jesus sandte, um für uns zu sterben. Dadurch trug er die Strafe, die rechtmäßig uns hätte treffen müssen – Römer 5,8.
- *Die Begnadigung*: Die freie Gabe Gottes ist ewiges Leben durch Jesus Christus, unseren Herrn – Römer 6,23.
- *Der Prozess*: Wir bekommen die freie Gabe, wenn wir mit unserem Mund bekennen, dass »Jesus Herr ist«, und mit unseren Herzen glauben, dass Gott ihn aus den Toten auferweckt hat – Römer 10,9-10.

Vielleicht kennst du diese Darstellung schon? Es gibt viele Wege, die Botschaft der Errettung zu erklären – die *Worte* des Evangeliums weiterzugeben. In diesem Buch geht es vor allem darum, fähig zu werden, dieses wunderbare Evangelium auszubreiten, darum wollen wir noch fortfahren zu beschreiben, was zu seinen »Worten« gehört und wie man sie bei Gelegenheit weitergeben kann. In diesem Kapitel liegt das Hauptaugenmerk darauf, den Unterschied zwischen den Werken, den Ergebnissen und den Worten des Evangeliums zu erkennen. Alle drei gehören grundlegend zum christlichen Zeugnis, und wenn sie allein bleiben, wird ihr Wert beträchtlich vermindert. Der Brief des Jakobus ist dafür bekannt, dass er nachdrücklichen Wert darauf legt, dass unsere Worte durch »Werke« unterstützt werden. Bekanntermaßen verkündet er: »*Der Glaube [ist] ohne die Werke tot!*« (Jakobus 2,26). Sein ganzer Brief ist ein Aufruf zum Handeln – wenn du glaubst, dann wach auf und handle dementsprechend!

Seid aber Täter des Wortes und nicht allein Hörer, die sich selbst betrügen. Denn wenn jemand ein Hörer des Wortes ist und nicht ein Täter, der gleicht einem Mann, der sein natürliches Angesicht in einem Spiegel betrachtet. Denn er hat sich selbst betrachtet und ist weggegangen, und er hat sogleich vergessen, wie er beschaffen war. Wer aber in das vollkommene Gesetz, das der Freiheit, nahe hineinschaut und darin bleibt, indem er nicht ein vergesslicher Hörer, sondern ein Täter des Werkes ist, der wird glückselig sein in seinem Tun. (Jakobus 1,22-25)

Beachte, wie hier das »Wort« die Handlung (das »Werk«) inspiriert. Das Ergebnis ist Glückseligkeit.

Ebenso läuft es, wenn wir uns zu sehr mit den »Ergebnissen« des Evangeliums beschäftigen und die Werke und die Worte vernachlässigen. Dadurch vermindern wir die Kraft des Evangeliums zur Errettung der Welt. Unsere Beziehung zu Gott zu fördern, ist in der Tat sehr zu empfehlen. Doch nur allzu oft begegne ich Christen, die so sehr mit ihren »geistlichen Erfahrungen« beschäftigt sind, dass sie den einsamen Nachbarn vergessen und das hungrige Kind und den leidenden Freund, und die nicht einmal an das schreckliche Schicksal derer denken, die das Evangelium nie zu hören bekamen. Manch ein »Evangelist« wie ich steigt von der Kanzel, wo er sein ganzes Herz in seine Predigt legte, und nutzt auf dem Heimweg nicht die Gelegenheit, mit dem Mann an der Tankstelle oder dem Mädchen im Kiosk zu sprechen. Wir scheinen in einer Gegend voller »Anreize suchender« Christen zu leben, die immer nach dem nächsten großen Wirken des Heiligen Geistes Ausschau halten, nach der nächsten wunderbaren Großveranstaltung. Dabei vergessen sie, dass es in der Gemeinde weit mehr um den knienden und dienenden Knecht geht. Jesus erzählte uns eine Reihe von Geschichten, die uns davor warnen, das zu vergessen. Der Bericht des Matthäus, wo der Herr über Salz und Licht spricht, macht uns deutlich, wozu wir hier in dieser Welt sind:

> *Ihr seid das Salz der Erde ... Ihr seid das Licht der Welt; eine Stadt, die oben auf einem Berg liegt, kann nicht verborgen sein. Man zündet auch nicht eine Lampe an und stellt sie unter den Scheffel, sondern auf den Lampenständer, und sie leuchtet allen, die im Haus sind. Ebenso lasst euer Licht leuchten vor den Menschen, damit sie eure guten Werke sehen und euren Vater, der in den Himmeln ist, verherrlichen.* (Matthäus 5,13-16)

Interessanterweise betont dieser gleiche Bericht bei Lukas, es sei die Bestimmung der Wahrheiten des Evangeliums, allen bekannt gemacht zu werden, falls die Jünger damit anfangen, sie weltweit zu verkündigen:

> *Denn es ist nichts verborgen, was nicht offenbar werden wird, noch geheim, was nicht erkannt werden und ans Licht kommen wird. Gebt nun acht, wie ihr hört; denn wer irgend hat, dem wird gegeben werden, und wer irgend nicht hat, von dem wird selbst das, was er zu haben meint, weggenommen werden.* (Lukas 8,17-18)

Außerdem gibt es den Vers in Matthäus 25,29, wo Jesus bei dem Gleichnis von den Talenten auf die ernsten Konsequenzen hinweist, die es nach sich zieht, wenn wir unsere kostbare Gabe nicht weitergeben und vervielfachen.

Das Wort Gottes wird als »lebendig und wirksam« dargestellt und »schärfer als jedes zweischneidige Schwert« (Hebräer 4,12). Am Ende sind es die »Worte« des Evangeliums, die die Botschaft übermitteln und als Konsequenz die Hörer in das Reich Gottes bringen. Trotzdem, genauso wie Werke und Ergebnisse an sich unnütz sind, so erreichen auch die Worte des Evangeliums kein hörendes Ohr, wenn sie nicht in grundlegende Werke eingebettet sind – wie die Hand der Freundschaft, Mitgefühl, praktische Fürsorge und Gebet, und in die Leidenschaft, die frohe Erwartung, die Hoffnung, die Liebe usw., also die Motivation des die Herzen erneuernden Evangeliums. Jesus selbst begegnete gewöhnlich einer offenbaren Not, bevor er seinen Mund öffnete, um zu predigen oder eine Weisheit mitzuteilen.

Als mich Michael Wright im Gefängnis besuchte, begann er das, was man wörtlich eine »lebensrettende« Erfahrung nennen kann. Wegen der Ergebnisse des Evangeliums in seinem Leben brachte mich sein »Werk« dahin, Interesse zu bekommen. Worin bestand seine Motivation, und was war seine Absicht? Warum ging es ihm so sehr darum, jemanden wie mich zu besuchen? Eben, weil er Michael war. Und durch das, was er tat, brachte er meinen Geist zur Ruhe. Es brauchte Zeit, und es brauchte Geduld, und zweifellos eine Menge Gebet. Doch als die Zeit gekommen war, konnte Michael mir die »Worte« der Evangeliumsbotschaft auf eine Weise sagen, die mir direkt durchs Herz ging. Michael erzählte mir nur seine eigene Geschichte, aber dabei gab er sich Mühe zu erklären, was Gott getan hat, um auch mir zu vergeben, um mich zu retten und mich in Beziehung zu ihm selbst zu bringen. Er bezeugte mir, dass Gott mich mit einer solch feurigen, unaufhörlichen, aufopferungsvollen Liebe umfing, die nur ein Vater für seinen geliebten Sohn kennt. Nachdem ich diese mit so viel Leidenschaft und mit so viel Liebe und Dringlichkeit verkündigte Botschaft gehört hatte, war es mein größtes Verlangen, umzukehren und mein Leben Gott auszuliefern.

Zum Nachdenken

▶ Werke des Evangeliums = das christliche Handeln

Dazu kann gehören:
- Die Hungrigen zu speisen
- Die Nackten zu bekleiden
- Menschen in ihren Nöten zu helfen
- Die Gefangenen zu besuchen

- Geld und Zeit in die Arbeit der Missionen, in die Gemeinde, in Dienste und Hilfswerke zu investieren.
  - Beten, Fasten und Fürbitten
  - Freundesdienste und Hilfsbereitschaft
  - Rat geben, zuhören, sorgen, dienen und lieb haben
  - Lehre und Unterweisung

▶ Ergebnisse des Evangeliums = Resultate der Handlungen der Christen, die Gott wirkt

Dazu kann gehören:
  - Beweise der Frucht des Geistes:
    Liebe
    Freude
    Friede
    Geduld
    Freundlichkeit
    Güte
    Treue
    Sanftmut
    Selbstbeherrschung
  - Befreiung von Gebundenheiten und Süchten
  - Veränderung des Wesens und der Motivation
  - Veränderung von schlechtem zu gutem, gerechtem Verhalten
  - Veränderung von Unglauben zu Glauben und Treue
  - Heilung von Seele und Leib
  - Veränderung von Hoffnungslosigkeit zu Hoffnung, Leidenschaft und guter Zuversicht

▶ Worte des Evangeliums = eine sorgfältig zubereitete Rettungsbotschaft

5
Die ganze Wahrheit

Menschen mögen Geschichten, besonders solche, die vollgestopft sind mit Handlung, Dramatik, Liebe, Geheimnissen – kurz: Geschichten, die außergewöhnlich sind. Es scheint mir, als wären wir so programmiert, dass uns die Schicksale anderer Menschen interessieren, seien sie nun Tatsache oder Fiktion. Niemand wusste das besser als Jesus, weshalb er immer wieder auch Gleichnisse benutzte, um seine Botschaft an den Mann zu bringen. Er verwendete Geschichten, die deshalb Interesse weckten, weil sie aus dem Erlebnishorizont der Menschen stammten. Sprach er vom Säen und davon, wie wichtig es ist, den Boden für eine Ernte richtig vorzubereiten, dann merkten die meisten Zuhörer sofort auf. Davon verstanden sie etwas. Das ging sie etwas an. Jesus wusste, wie man die Zuhörer anreden muss, um ihre Herzen zu erreichen. Seine Botschaft war einfach, lebendig und ansprechend, aber niemals menschengefällig.

Mir ist sehr bewusst, warum so viele Menschen zu meinen Vorträgen kommen. Das liegt ganz offensichtlich an meiner interessanten Geschichte. Die Menschen schauen herein und versprechen sich Action, ein Spektakel, wohl auch Dramatik und etwas Tragisches. Die Presse konzentriert sich darauf, dass ich mit vier Jahren ganz allein nach China kam und dort in der rauen Tradition des Kampfsports ausgebildet wurde. Weiter liest man da, dass ich ein Kung-Fu-Weltmeister und ein Elite-Bodyguard wurde und was ich im Gefängnis erlebt habe. Ich frage mich, ob so viele Menschen zu mir kämen, wenn auf den Plakaten nur dazu eingeladen werden würde, sich die Geschichte von Jesus Christus anzuhören. Die Antwort wissen wir alle nur zu gut. So schade es ist: Manchmal kann man das Evangelium am besten an die Menschen heranbringen, wenn man vorher eine andere Geschichte erzählt. Ich benutze diese Geschichte als Hilfsmittel, um die Menschen heranzuführen, um eine zwischenmenschliche Atmosphäre zu schaffen und ihre Aufmerksamkeit zu gewinnen. Es ist wie eine Aufwärm-Übung, um dann die wichtigste Botschaft aller Zeiten zu präsentieren, die beste wahre Geschichte, die je erzählt wurde – das Evangelium.

Wenn ich in einer öffentlichen Versammlung das Evangelium vortrage, mache ich dies gewöhnlich nach einem bestimmten Muster, wie wir es in einem späteren Kapitel genauer betrachten wollen. Ich stelle jedoch fest, dass es im Grunde das durch mein Lebenszeugnis vorgestellte Evangelium ist, welches die Zuhörer ziemlich selbstverständlich aufzunehmen scheinen. Die Evangeliumsbotschaft besteht nicht aus einem fertig geschnürten Bündel von immer gleichen Formulierungen (obwohl wir schon bald sehen werden, dass es vorteilhaft ist, einem gewissen Muster zu folgen). Während die Wahrheiten des Evangeliums unverhandelbar sind, muss seine Präsentation stets wandlungsfähig sein, je nachdem, zu wem wir sprechen. Ein Freund von mir, der Pastor ist, erklärte mir: »Als ich in London wohnte, hatte ich es mit Bankern, Börsenmaklern und Geschäftsleuten zu tun. Wenn ich mich mit ihnen unterhielt, kamen mir meine eigenen Erfahrungen zugute, die ich in weltlichen Geschäften während meiner früheren Berufstätigkeit gesammelt hatte. Dadurch konnte ich mit ihnen Schritt halten und verstand ihre Nöte, Kämpfe und Debatten. Seitdem ich in einer Gemeinde auf dem Land diene, wo die Menschen völlig andere Erwartungen und Lebenserfahrungen haben, stelle ich fest, dass ich mich gänzlich umstellen muss. Nun zehre ich von den Erfahrungen, die ich beim Zusammensparen des Geldes für den Kauf meiner ersten alten ›Klapperkiste‹ gemacht habe, oder davon, wie ich als Vater mit den Freuden kleiner Kinder und mit deren Schullaufbahn umging. Meine Botschaft hat sich nicht geändert – aber heute muss ich sie auf andere Weise weitergeben.«

Von eigenen Erfahrungen auszugehen, ist immer eine gute Möglichkeit, um das Evangelium weiterzugeben, doch müssen wir auch hier sehr vorsichtig sein. Ich weiß nicht, wie oft du schon ein »Zeugnis« wie dieses gehört hast:

> Mein Leben war ein schreckliches Elend. Ich war tatsächlich ganz unten angekommen. Ich hatte niemanden, an den ich mich wenden oder zu dem ich gehen konnte. Eines Abends kam mir Gott in den Sinn. Ich verstand nichts vom Beten – und so sagte

ich einfach: »Gott, wenn es dich gibt, dann hilf mir bitte!« Plötzlich fühlte ich mich ringsumher von wohliger Wärme umgeben. Es war, als hätte mich das erste Mal jemand lieb. Der nächste Tag war ein Sonntag, und ich ging in die christliche Gemeinde ganz in der Nähe. Der Pastor predigte über die Liebe Gottes, und es war, als redete er nur zu mir. Nach der Predigt fragte mich eine alte Dame, die dicht bei mir saß, ob sie für mich beten dürfe. Und wieder, als sie betete, fühlte ich diese wunderbare Wärme. Seither bin ich Woche für Woche in die Gemeinde gegangen und habe dort wirklich großartige neue Freunde kennengelernt.

Das ist eine fabelhafte Geschichte, und die Betonung darauf, dass Gottes Liebe spürbar ist, überzeugt. Es ist wichtig, dass Christen auf solche Weise Zeugnis geben, indem sie immer wieder davon reden, wie Gott in ihr Leben eingegriffen hat. Wenn es aber darum geht, die wichtigen Wahrheiten des Evangeliums zu vermitteln, dann ist dieses Zeugnis furchtbar unvollständig. Die Geschichte könnte als ein großartiges Zeugnis gelten – aber wir dürfen sie nicht als »Evangelisation« missverstehen. Ganz sicher kann sie bei manchem ein Interesse für Gott und die Gemeinde wecken – doch bekommt der Zuhörer nur einen schmalen Ausschnitt eines weit größeren Bildes vermittelt, jenes Bildes, das aber unerlässlich für alle ist, die wirklich eine Entscheidung treffen wollen, Christus nachzufolgen. Wieder stehen wir vor der Frage: »Was ist das Evangelium? Worin besteht dessen Botschaft?« Wie lauten die »Worte« des Evangeliums? Mir scheint wichtig, dass wenn wir über die Definition des Evangeliums sprechen, wir eine möglichst vollständige Beschreibung suchen müssen. Wir müssen die ganze Geschichte erzählen, das ganze Bild malen, sonst muss sich der Hörer aus den Bruchstücken die Wahrheit zusammenbasteln (und es ist ja die Frage, ob der Hörer interessiert genug dafür ist und willens ist, dies zu tun!) – und die Botschaft des Heils würde verwässert werden.

Durch meine Arbeit für Avanti Ministries muss ich viel Zeit auf Flughäfen verbringen. Hast du dir schon einmal klargemacht, was alles dazugehört, wenn man eine Flugreise unternehmen will? Einerlei, ob wir Vielflieger sind oder es zum ersten Mal machen:

Immer müssen wir ein gewisses Prozedere und eine Reihe von Regeln einhalten und manches über uns ergehen lassen, um ins Flugzeug zu kommen und schließlich das Ziel zu erreichen. Wir können auf mancherlei Weise an die Sache herangehen: Man kann online oder über ein Reisebüro buchen, ganz schnell bis zum Erste-Klasse-Warteraum durchlaufen (wenn es dafür bei uns reicht) oder aber sich in die Warteschlange der Economy-Passagiere einreihen – doch allen bleibt nichts anderes übrig, als eine Fahrkarte zu kaufen, den Koffer nach den Gewichtsvorschriften zu packen, rechtzeitig am Flughafen anzukommen, die Reisepass- und Sicherheitskontrollen zu passieren, rechtzeitig in der Abflughalle zu sein und dort weitere Sicherheitskontrollen zu durchlaufen. Dann müssen wir den uns zugewiesenen Platz finden, das Handy ausschalten, den Sicherheitsgurt anschnallen und uns die »Belehrungen vor dem Flug« anschauen ... bevor es endlich losgeht.

Was geschieht, wenn ich am Flughafen ohne meinen Ausweis ankomme? Was passiert, wenn ich erst fünf Minuten vor dem Abflug am Flughafenschalter auftauche? Was ist los, wenn ich nicht weiß, dass ich den Duty-free-Shop verlassen und in die Abflughalle gehen muss, oder wenn ich aus irgendeinem Grund keinen Sitzplatz im Flieger habe? Na, uns ist allen klar, was das bedeutet, oder? Jedenfalls ist es dann höchst unwahrscheinlich, dass ich das erwünschte Ziel erreiche. Wie fast immer im Leben gibt es auch hier Dinge, die wir unbedingt wissen und verstehen müssen, Prozeduren, die wir zu durchlaufen haben, Regeln, die zu akzeptieren und zu befolgen sind, wenn wir da ankommen wollen, wohin wir gern möchten. Ist unser Wissen unvollständig, weil uns das Gesamtbild vorenthalten wurde, wird unsere Reise ernsthaft beeinträchtigt.

Bei der Definition des Evangeliums sind meiner Meinung nach vier Gebiete von essenzieller Bedeutung. Wenn wir den eigentlichen Sinn erklären wollen, warum Gott vor 2000 Jahren seinen Sohn auf die Erde gesandt hat, sind folgende Fragen zu beantworten:

- *Warum* müssen wir errettet werden?
- *Wie* kann Jesus uns erretten?
- *Was* müssen wir tun, um errettet zu werden?
- Was *kostet* die Nachfolge Christi?

Das sind die wesentlichen Details der Evangeliumsbotschaft, von denen wir keines auslassen dürfen.

Kehren wir noch für einen Augenblick zu unserem Flughafen-Beispiel zurück: Der Evangelist Ray Comfort benutzte ein treffendes Bild, um zu beschreiben, wie wichtig es ist, die ganze Geschichte zu erzählen, weshalb wir errettet werden müssen:

> Eine Stewardess geht auf einen Fluggast zu und übergibt ihm einen Fallschirm: »Bitte, mein Herr«, sagt sie mit einem Lächeln, »legen Sie den bitte an, das wird Ihren Flug verbessern.« Er sieht sie etwas verwirrt an. »Wie kann das meinen Flug verbessern?«, fragt er höflich. Die Stewardess lächelt nur und bietet ihm an, beim Anlegen des Fallschirms behilflich zu sein. Weil der Mensch keine Aufregung verursachen will, nimmt er den Fallschirm an und zieht ihn sich über den Rücken. Schon nach kurzer Zeit fühlt er sich unbehaglich eingeklemmt in seinem engen Sitzplatz mit dem großen Rucksack. Auch stellt er fest, dass andere Passagiere um ihn herum ihn betrachten und anfangen zu kichern. Er ärgert sich schon bald, den Fallschirm jemals aufgeschnallt zu haben, und endlich reicht es ihm. Er nimmt ihn wieder ab. »Nie wieder werde ich das Ding anschnallen!«, sagt er und wird rot bei dem Gedanken, als Narr dazustehen.
>
> Währenddessen geht eine andere Stewardess zu einem anderen Passagier und reicht ihm einen Fallschirm. »Legen Sie den bitte an«, sagt sie, »weil Sie aus gut 8000 Metern Höhe abspringen müssen.« Der Mann legt den Fallschirm kommentarlos an. Auch er sitzt in der Economy-Klasse, auch ihm wird heiß und er fühlt sich ungemütlich. Aber andere Dinge bekümmern ihn noch weit mehr. Was ihn beschäftigt, ist der Gedanke, 8000 Meter tief springen zu sollen. Wenn er sich umblickt, wundert er sich, dass die Passagiere um ihn herum ihn auslachen. »Warum tragen sie nicht auch alle Fallschirme? Warum lachen sie über mich, wo sie doch auch 8000 Meter tief springen müssen, und das ohne Fallschirm?«, fragt er sich höchst erstaunt.[21]

---

21 Abdruck mit Erlaubnis von Ray Comfort und Bridge-Logos Foundation.

Der Unterschied zwischen diesen beiden Menschen ist der, dass dem einen die ganze Wahrheit gesagt wurde und dem anderen nicht. Uns wird im Neuen Testament gesagt: »*Zieht den Herrn Jesus Christus an*« (Römer 13,14). Wenn uns nicht die ganze Wahrheit darüber gesagt wurde, warum wir »Christus anziehen« sollen, was hält uns dann davon ab, ihn wieder »auszuziehen«, wenn Schwierigkeiten auftauchen, wenn andere zu spotten beginnen und wir uns ungemütlich fühlen und wir uns fragen, wozu das alles gut sein soll?

Wie oft reden wir wie die erste Stewardess, wenn wir anderen vom Christentum erzählen? »Komm doch auch zur Gemeinde, das wird dir helfen in deinem Leben.« »Komm zu unserer Gemeinde, da wirst du einige großartige Freunde kennenlernen.« »Komm zu uns in die Gemeinde, da gibt es tolle Musik.« Aber was ist die Wahrheit? Die Wahrheit ist, dass jeder gerettet werden muss. Aber gerettet wovon?

Das Johannes-Evangelium berichtet, dass Jesus ganz deutlich erklärt, warum wir errettet werden müssen:

Der Dieb kommt nur, um zu stehlen und zu schlachten und zu verderben. Ich bin gekommen, damit sie Leben haben und es in Überfluss haben. (Johannes 10,10)

Vielleicht verstehen wir im Augenblick nur ganz wenig davon, was mit dem »Leben im Überfluss« gemeint ist. Wir werden uns damit später noch genauer beschäftigen. Aber ganz gewiss brauchen wir nicht weiterzugehen als bis zu dieser wunderbaren Verheißung des Herrn, um von dem Wert überzeugt zu werden, der in der Errettung liegt. Doch Jesus geht sehr wohl weiter. Johannes 10 richtet unseren Blick auf Christus und auf den Nutzen für uns, an seiner Güte teilzuhaben, doch an anderen Stellen der Bibel stehen Unheil verkündende und ernste Warnungen. Ich finde es bezeichnend, dass vor allem Jesus von der »Hölle« spricht. Sie wird als »Dunkel der Finsternis« beschrieben (Judas 13), als »Feuersee« (Offenbarung 20,14.15), als Ort des Weinens und des Zähneknirschens (Matthäus 8,12), als Ort des ewigen Getrenntseins von den Segnungen Gottes und als ein Ort der Qual (Lukas 16,24-26.28), wo der Wurm nicht stirbt und das Feuer nicht erlischt (Markus 9,43-48). Diese deutlichen Bilder eines Strafgerichts werfen viele Fragen danach auf, ob man diese Beschreibungen wörtlich oder symbolisch auffassen sollte. Persönlich finde ich diese Debatten nicht hilfreich. Einerlei, wie wir das Konzept von der Hölle erklären mögen: Immer erscheint sie mir als Schrecken und Trauma, dem man um jeden Preis entkommen muss.

Es wird auch niemals einen bequemen Weg geben, diesen fundamentalen Aspekt des Evangeliums zu erklären. Das Evangelium ist unbequem, doch wenn wir es für Wirklichkeit halten, müssen wir uns gedrängt fühlen, mit den Menschen darüber zu reden, auch wenn es scheint, als hörten sie nicht zu. Um nicht missverstanden zu werden: Welcher liebende Gott würde jemanden in die Hölle schicken? Die Antwort lautet: »Das tut er nicht!« Es wäre das Letzte, was er irgendeinem aus seiner Schöpfung wünscht, doch scheint es, dass unser eigener Wille uns dies einbrockt. Wir wissen, dass Gott das ultimative Opfer gebracht hat, weil er will, dass alle mit ihm in Beziehung treten, um die Ewigkeit des Himmels mit ihm zu teilen. Er hat den Weg für alle eröffnet. Wenn wir nur die geringste Ahnung von seiner Gnade haben, begreifen wir, wie weit Gott sich herablässt, um unser ewiges Heil bei ihm festzumachen, selbst für solche, die die Welt für völlig unwürdig hält. Er hat es uns leicht gemacht, aber es scheint, als ob die letzte Entscheidung bei uns liegt.

In Louisiana (USA) gab es 1882 ein Gerichtsverfahren, das die gesamte Nation in Atem hielt. Ein Mann war zum Tode verurteilt worden, weil er eine ganze Familie ermordet hatte. Als er in der Todeszelle saß, versuchten seine Rechtsanwälte eine Begnadigung für ihren Klienten zu erwirken. Sie wendeten jedes Mittel an, das ihnen zur Verfügung stand. Doch als der Hinrichtungstermin heranrückte, schien alle Hoffnung zu schwinden. Dann erschien um 23.30 Uhr, nur eine halbe Stunde vor dem Hinrichtungstermin, der Gouverneur von Louisiana und sprach eine volle Begnadigung aus. Die Anwälte waren überglücklich und überbrachten die gute Botschaft ihrem Klienten. Als sie ihm das gesagt hatten, geschah etwas, was die gesamte Nation fast zum Stillstand kommen ließ: Er lehnte die Begnadigung ab. Genau um Mitternacht wurde er auf den elektrischen Stuhl gebunden, und in wenigen Augenblicken war er tot.

Alles erstarrte im Schock. Der Mann hatte eine volle Begnadigung, doch zog er den Tod vor.

Sogleich flammte eine heiße Debatte auf: War der Mann begnadigt, weil der Gouverneur ihm die Begnadigung anbot? Oder war er nur begnadigt, wenn er die Begnadigung annahm? Die Debatte fand im höchsten Gericht von Louisiana statt. Schließlich entschied man, dass die Begnadigung nur wirksam werden konnte, wenn sie angenommen wurde.

Ist das nicht ein Bild für das, was Gott für uns getan hat? Er hat uns begnadigt – aber solange wir dies nicht annehmen, bleiben wir zum Tode verurteilt. Die Wahl ist unsere Sache, und das ist es, was wir den Menschen mitzuteilen haben, wenn wir das Evangelium weitersagen.

Kehren wir zu unserem Flugzeug zurück. Wir haben es uns alle auf unseren Plätzen bequem gemacht. Wir haben unser Gepäck in die Schließfächer über uns gesteckt, unsere Kleidung geordnet, die Handys ausgeschaltet, und nun genießen wir das Getränk vor uns, während wir die Bordzeitschrift studieren. Die Stewards und Stewardessen nehmen ihre Plätze ein und beginnen mit den üblichen Sicherheitsbelehrungen. Die Fahrgäste halten sich wohl respektvoll still, aber kaum jemand widmet der Besatzung ungeteilte Aufmerksamkeit. Die meisten lesen Zeitung, manche tippen heimlich auf ihrem Handy herum, andere sehen sich den Spielfilm an. Währenddessen erklärt die Besatzung, wie man die lebensrettende Sauerstoffmaske aufsetzt.

Ich beobachtete eine Dame auf der anderen Seite des Ganges. Sie machte es anders als alle anderen, indem sie aufmerksam zuhörte. Sie wollte jede Unterweisung in sich aufnehmen, als hinge ihr Leben davon ab. Und tatsächlich könnte es so sein! Auf ihrem Schoß lag das Blatt mit den Sicherheitsunterweisungen. Das war das Erste, was sie sich vornahm, um es peinlich genau zu studieren. Ich musste lächeln. Höchstwahrscheinlich eine Erstfliegerin. Währenddessen hörten die anderen nur mit halben Ohren zu. »Sauerstoff, Fußbodenbeleuchtung, Notausgänge, Schwimmwesten, ja, ja, ja, reich mir mal die Sportzeitung rüber!« ... Doch das sind lebensrettende Unterweisungen! Warum missachten dann so viele sie? Ist es mit dem Evangelium nicht ähnlich? Die Menschen mögen nichts davon hören. Sie wollen nicht hören, dass sie gerettet werden müssen, und sie wollen auch nicht wissen, wovon sie gerettet werden müssen.

Das bedeutet nicht unbedingt, dass die Menschen nicht an die Wichtigkeit der Information glauben. Sie halten die Sicherheitsvorschriften der Fluggesellschaften nicht für völlig überflüssig – vielmehr meinen die Vielflieger, sie wüssten schon, was da erzählt wird. Ich glaube, dass das auch im Christentum häufig der Fall ist. Die Menschen im Westen meinen, sie wüssten schon genug. Sie bräuchten nicht zuzuhören, und auf jeden Fall möchten sie nicht mit der ganzen Geschichte konfrontiert werden. Außerdem meinen sie: »Wenn ich über Tod und Ewigkeit nichts höre, mache ich mir auch keine Sorgen darüber, und ich kann so weitermachen wie bisher.« Währenddessen fährt die für die Sicherheit zuständige Besatzung fort, ausführlich ihre Botschaft an den Mann zu bringen. Da soll der Flyer gelesen werden, sobald man auf seinem Platz sitzt, da gibt es Notausstiegspläne und Fluchtrouten, auf die überall im Flugzeug hingewiesen wird, da gibt es Ansagen durch die Lautsprecher, eine Video-Präsentation und eine komplette Demonstration durch die Crew, was man tun kann, um möglichst zu überleben. Und wir Christen? Was machen wir, wenn die Menschen nicht zuhören wollen? Hören wir aus Höflichkeit gleich bei der ersten Störung auf? Oder machen wir es wie die Fluggesellschaft und versuchen, die Aufmerksamkeit auf uns zu ziehen, während wir beten und hoffen, dass schließlich doch irgendwie die Botschaft aufgenommen wird?

Sara geht samstags morgens meistens mit unseren beiden Jungen zum Schwimmen. Eines Tages, als sie gerade mit dem Auto losfahren wollte, meldete die Tankanzeige, dass der Tank fast leer war. Sie war der Meinung, noch genügend Kilometer fahren zu können, um zum Schwimmbad zu kommen, um dann auf dem Heimweg tanken zu können. Leider klappte das nicht. Bevor sie zu einer Tankstelle kam, zwang das Auto sie auf einer befahrenen Straße zum Halten. Als sie bei mir zu Hause anrief, merkte ich, dass sie ganz aufgeregt war. Ich telefonierte schnell wegen eines Taxis, und wir fuhren eiligst zu ihrer Rettung los, nicht ohne einen Kanister Benzin mitzubringen. Als wir in die Schnellstraße einbogen, staute sich der

Verkehr. Wir krochen nur langsam voran, und vorne sah ich Saras Auto, wie es die Straße blockierte. Ein Polizeiauto war auch schon da, und die Beamten versuchten, den Verkehr um das stehende Fahrzeug herumzudirigieren. Ich fühlte mich ziemlich schlecht, wenn ich an Sara dachte, weil ich zu wissen meinte, wie aufgeregt sie sein musste, und vermutete, dass das Gerede der beiden Jungen auf der Rückbank ihre Nerven noch weiter beanspruchte. Der Taxifahrer tat sein Bestes, um sich durch den Verkehr zu winden – aber andere Fahrer gerieten bald in Rage. Manche hupten unablässig, machten wütende Gebärden, als wir uns an ihnen vorbeizuschlängeln versuchten. Die Ironie der Szene lag darin, dass ich die Lösung des Problems bei mir hatte. Wenn sie mich doch nur durchließen, dann könnte ich Sara das Benzin geben, und der Verkehr hätte wieder fließen können. Ich versuchte, ihnen den Benzintank zu zeigen und durch Gebärden deutlich zu machen, was ich tun wollte. Aber die anderen Fahrer wollten anscheinend weder sehen noch hören. Sie guckten einfach nur geradeaus nach vorn und stauten sich immer dichter zusammen und weigerten sich, meinen Taxifahrer durchzulassen. Sie wollten auch gar nichts wissen. Sie hatten ja keine Ahnung, dass ich sie von ihrem Ärger befreien konnte.

Geschieht es mit dem Evangelium nicht ebenso? Als Christen haben wir die Antwort. Wir haben die Verheißung der Ewigkeit bei Gott. Wir wissen – wenn unser irdischer Verstand es auch kaum fassen kann –, wovon wir verschont worden sind, weil wir den Herrn Jesus Christus als unseren Retter angenommen haben. Wir haben die Lösung für das Problem des Todes. Aber die Menschen wollen nichts davon wissen. Sie wollen sich lieber selbst durch den Verkehr kämpfen, indem sie nur nach vorn schauen. Doch so können sie die Wahrheit und die Wurzel ihres Problems gar nicht sehen. Sie halten nicht inne, um zu bedenken, dass der Fahrer, der sich hindurchdrängen möchte, das Benzin hat, um das Problem der Straßenblockade zu beseitigen. Trotz all der Mühsal wollen sie lieber die Gute Nachricht, dass es einen Retter gibt, nicht wahrnehmen, sondern lieber auf ihre Weise weiterkämpfen.

Für Christen ist das ein Problem mit dramatischen Ausmaßen. Es ist eins, das uns oft das Gefühl völliger Hilflosigkeit erleben lässt, beinahe so sehr, dass man aufgeben möchte.

Neulich ging ich an einem warmen Samstagabend durch Covent Garden in London und beobachtete, wie sich Menschen um einen Straßenkünstler scharten. Kinder kletterten auf die Schultern ihrer Eltern, und Touristen streckten sich, um über die Menge hinwegschauen zu können – denn bei jedem Applaus und jedem schallenden Gelächter kamen mehr Menschen herzu, weil sie alle ein großes Spektakel erwarteten. Zauberer, Musikanten und Pantomimen – sie alle ziehen die Aufmerksamkeit auf sich.

Jetzt eine andere Szene: Mitten in einer der verkehrsreichsten Geschäftsstraßen stand gerade da, wo die Passagiere aus der U-Bahn-Station kamen, eine kleine Gruppe, die versuchte, mit den Menschen ins Gespräch zu kommen. Es waren Christen, treue Diener des Herrn, die ihren freien Samstagnachmittag nutzten, um mit jedem, der zuhören wollte, über die Botschaft des Heils zu reden. Die meisten Passanten hielten nur kurz inne, und wenn sie merkten, um was es ging, eilten sie davon. Einige nahmen aus Höflichkeit ein Traktat an (d. h. ein Heftchen, in dem das Evangelium erklärt wird) – aber wenige Meter davon entfernt war der ganze Bürgersteig mit den weggeworfenen Heftchen übersät. Kaum jemand war bereit, stehen zu bleiben und zuzuhören.

Jesus wusste, dass viele auf solche Weise verlorengehen. Sie sind der Samen, der auf den Weg fällt und von den Vögeln gefressen wird. Es sind solche, die sehen und hören können, es aber niemals tun. Doch hat der Sämann in Jesu Gleichnis das Säen aufgegeben? Nein. Er wusste, dass er wohl auf dem Weg, auf dem steinigen Grund mit der dünnen Erdschicht und bei den Dornen Samenkörner verlieren würde. Trotzdem werden am Ende doch einige auf die gute Erde fallen und sprießen und zu starken, fruchttragenden Halmen werden. Die treuen Leute in Covent Garden haben unseren Applaus verdient, mehr als die Straßenkünstler. Man mag solche Verkünder als »religiöse Spinner« verachten – aber ich bin mir sicher, dass sie von ganzem Herzen und mit gewinnendem Lächeln und der Vorfreude auf die große Ernte den Auftrag des Neuen Testaments erfüllten. Obwohl sie dauernd verachtet werden, obwohl man sie ignoriert, demütigt, ja, beschimpft, verteidigen sie ihr Terrain, noch dazu meistens mit einem Lächeln. Gelegentlich ist auch schon einmal einer an ihrer Botschaft interessiert. Das ist dann eine verlorene Seele, die endlich einwilligt, auf die Gute Nachricht von der Errettung zu hören, eine Seele, welche für alle Ewigkeit auf die andere Seite wechselt, nur wegen dieser wenigen Minuten an einem Samstagnachmittag in Covent Garden.

Wie ich so daran denke, fällt mir die Geschichte von dem Jungen und den gestrandeten Seesternen ein. Ein kleiner Junge entdeckte Tausende von Seesternen, die von der Flut auf den Strand gespült worden waren. Jetzt mussten sie im Sand vertrocknen. Er sah die hoffnungslosen Geschöpfe und begann, sie ganz schnell ins Meer zurückzuwerfen. Tränen flossen dabei über seine Wangen, während er unermüdlich arbeitete, um so viele Tiere zu retten wie möglich. Als sein Vater das bemerkte, wollte er ihn trösten: »Ach lass sie doch! Deine Mühe lohnt sich nicht, du wirst niemals allen helfen können.« Doch das Kind machte mit noch größerer Entschlossenheit weiter. »Ich habe den gerettet«, sagte er, während er einen weiteren Todeskandidaten in die nasse Sicherheit zurückwarf, »und den ... und diesen hier ... und den auch noch.«

Wovon sind wir gerettet worden? Stell dir vor, du säßest in dem Schrecken einer Gaskammer. Da wurdest du mit Hunderten von Panik erfüllten anderen Menschen hineingezwängt. Und alle erwarten, dass in den nächsten Augenblicken das tödliche Gift kommt. Du stehst an der Tür und weißt, dass du sie öffnen und hinausgehen kannst, um in Freiheit zu leben.

Wie könntest du davon schweigen? Wie könntest du dich weigern, ihnen eine Chance zum Leben zu geben? Das klingt höchst dramatisch – ich weiß. Aber ist es nicht die Wahrheit über das Evangelium? Reden wir da nicht über Tod und Leben?

Im Evangelium geht es nicht um: »Komm zur Gemeinde, da wirst du viele Freunde kennenlernen«, oder um: »Versuch's mit dem Christentum, dann fühlst du dich wohler«, oder um: »Jesus wird dir Frieden geben ...«. Nein, im Evangelium geht es um Gottes Liebe zu seiner Schöpfung, darum, dass wir von Gott geliebt sind, der sich selbst für uns hingegeben hat, um seine Liebe zu zeigen. Es geht darum, Buße zu tun und sich ihm zu unterwerfen, wie er es so sehr verdient, und es geht darum, wo du die Ewigkeit zubringen wirst. Dies sind die ersten und wichtigsten Punkte, wenn man die Botschaft des Evangeliums darstellen will.

Zum Nachdenken

▶ Warum ist es für Christen wichtig, dass sie die Botschaft des Evangeliums klar erklären und begründen können?

▶ Worin bestehen für uns die Hemmnisse, die es uns so schwer machen, über das Thema der Ewigkeit und über die Realität der Hölle zu sprechen?

▶ Denke über jeden der folgenden Punkte nach und überlege, warum und wieso sie bei der Predigt des Evangeliums wesentliche Details sind:

- *Warum* müssen wir errettet werden?
- *Wie* kann Jesus uns erretten?
- *Was* müssen wir tun, um errettet zu werden?
- Was *kostet* die Nachfolge Christi?

▶ Was würdest du noch hinzufügen?

6
Der Preis der Freiheit

Im vorigen Kapitel stellte ich meine Überzeugung vor, es gebe mindestens vier wesentliche und inhaltsreiche Details, die bei der Verkündigung des wahren Evangeliums beachtet werden müssen.

Davor richteten wir den Blick auf die Notwendigkeit, den Menschen zu sagen, warum sie errettet werden müssen, und erkannten, dass darin ein massiver Stolperstein für eine irregeleitete Welt liegt, die sich keinerlei Gedanken darüber macht, weil sie nichts davon weiß. Aber für die Zuhörer, die wirklich zuhören, geht es im nächsten Detail der unumgänglichen Information um die Person Jesu Christi, um Gottes Erlösungsplan und um die gute Nachricht, dass es einen Jungen am Strand gibt, der unsere leblosen Körper in das belebende Wasser zurückwirft.

Das Thema »Wie kann Jesus uns retten?« könnte allein schon ein ganzes Buch füllen – und das Buch gibt es bereits! Blicken wir »mit neutestamentlichen Augen« in die Bibel, so sehen wir, dass dort alles auf diesen einen Menschen hinweist. Er wurde von seinem Thron im Himmel herabgeschickt, wurde als Baby in eine Krippe gelegt, wie ein Verbrecher gekreuzigt und als Retter der Welt für alle Ewigkeit wieder zum Leben erweckt.

Es hat viele Diskussionen über die Person Jesu und über die Beweise für seine irdische Existenz gegeben, darüber, ob er mehr als nur ein »guter Mensch« oder ein Prophet war, und wie er sowohl Gott als auch Mensch sein konnte, oder auch über den Einfluss seiner Predigt auf die gesellschaftliche Moral usw. – Doch um das Evangelium zu verkündigen, muss unser Blick auf Jesus als »Retter« gerichtet bleiben und auf Jesus als die Lösung des Problems des Todes und auf den Jesus von Johannes 3,16: Er ist Gottes geliebter Sohn, der in den Tod gegeben wurde, damit wir nicht sterben müssen, sondern ewiges Leben haben können. Dass Jesus in Wahrheit *der* Retter ist, macht den Unterschied zwischen dem christlichen Glauben und allen Religionen aus. Lasst uns das sehr ernst nehmen! Wenn wir Gottes Erlösungsplan den Menschen mitteilen, *müssen* wir von Jesus sprechen. Was würde sonst die Hörer daran hindern, auch im Buddhismus, Islam oder Hinduismus oder in jeder anderen Religion oder Spiritualität nach Gott zu suchen? Denk daran, dass Jesus gesagt hat: »*Ich bin der Weg und die Wahrheit und das Leben. Niemand kommt zum Vater als nur durch mich*« (Johannes 14,6). Hast du schon einmal stillgestanden und über das Gewicht dieser Aussage nachgedacht und über das sich daraus ergebende Gewicht an Verantwortung, immer wieder den Namen Jesu auf den Lippen zu tragen? Manchen Menschen erscheint solch ein Statement ungehörig und exklusiv, ja, arrogant. Doch dann brauchen wir nur auf Jesus am Kreuz zu blicken, um die reine Demut wahrzunehmen, dazu das höchste Opfer und eine Liebe, die alle Vorstellungen übersteigt. Ganz anders als in jeder Religion oder Philosophie oder auf jedem anderen »Weg« ist unser Gott der einzige, der uns seine Liebe darin zeigt, »*dass Christus, da wir noch Sünder waren, für uns gestorben ist*« (Römer 5,8). »*Als er ausgetilgt hat die uns entgegenstehende Handschrift in Satzungen, die gegen uns war, hat er sie auch aus der Mitte weggenommen, indem er sie an das Kreuz nagelte*« (Kolosser 2,14).

Welcher andere Gott sagt: »Es spielt keine Rolle, wer du bist – komm zu mir. Es spielt keine Rolle, was du gemacht hast – ich kann dir vergeben. Es spielt keine Rolle, welche Lasten du schleppst – ich will deine Lasten auf mich nehmen. Es spielt keine Rolle, dass du noch so viele Fragen hast – du musst einfach nur glauben – *ich bin die Antwort*«? Welcher andere Gott sagt: »Du kannst kommen, wie du bist«? Welcher andere Gott zeigt so viel Gnade, so viel Liebe, so viel Mitgefühl, so viel Freundlichkeit und hat solch ein großes Verlangen nach uns? Und wie zeigt er das alles? Durch das Opfer dessen, der seinem Herzen am allernächsten steht, den zu geben ihn das meiste kostete – das Opfer seines eigenen Sohnes.

In einer kleinen Stadt war einmal ein Mann angestellt, der die Drehbrücke über einen Fluss zu bedienen hatte. Über die Brücke führte ein Eisenbahngleis, und der Wärter musste die Brücke offen halten, solange kein Zug fuhr, damit die Schiffe freie Fahrt hatten. Sobald ein Zug kam, sollte er einen Signalton geben und die Brücke hinablassen. An einem schönen Samstagmorgen nahm dieser Mann seinen kleinen Sohn mit zu seiner Arbeitsstelle. Der Kleine mochte gern am Flussufer spielen und Steine über das Wasser hüpfen lassen und den Fischen zuschauen.

Kurz vor Mittag sollte ein Personenzug dort vorüberfahren. Der Mann begann alles für das Herabdrehen der Brücke Nötige vorzubereiten, damit der Zug sicher über den Fluss gelangen konnte. Als er einen Blick auf die Brücke warf, sah er, dass ein kleines Kind es irgendwie geschafft hatte, über die Absperrungen neben der Brücke zu klettern. Es spielte genau an der Stelle, an der die Brücke herunterkommen sollte. Als er genauer hinsah, stellte er zu seinem unermesslichen Schrecken fest, dass es sein Sohn war. Verzweifelt rief er seinen Namen, so laut er konnte. Aber die Geräusche des herannahenden Zuges übertönten seine Rufe. Er wusste, dass er eine schnelle Entscheidung treffen musste. Ließ er jetzt die Brücke hinab, so würde sein Sohn sterben, tat er es aber nicht, kämen alle Menschen in dem Zug um, wenn dieser ins Wasser stürzte. Er hatte keine Zeit mehr zum Nachdenken. Aus tiefster Seelenqual schreiend, legte der Mann den Hebel um, damit die Brücke herunterkam, gerade noch rechtzeitig, bevor der Zug über sie dahinbrauste. Sein Sohn war sofort tot. Die Passagiere lächelten höchstens und winkten ihm zu, während der Zug an dem Mann im Kontrollhäuschen vorbeifuhr. Der stand mit gesenktem Kopf da und nahm nichts davon wahr.

Für alle Eltern ist das ein so schreckliches Szenarium, dass sie kaum daran denken mögen. Jesus selbst hat gesagt: »*Größere Liebe hat niemand als diese, dass jemand sein Leben lässt für seine Freunde*« (Johannes 15,13). Die Wahrheit ist, dass als Gott bestimmte, sein Sohn solle sein Leben lassen, dies für alle Menschen gelten würde, sogar für solche, die – wie die Passagiere in dem Zug – völlig blind für das ihretwegen gebrachte Opfer sind. Doch denk einmal kurz an die Passagiere. Wie würden die sich fühlen, wenn sie erführen, was der Brückenwärter für sie getan hat? Wenn sie sich zu Hause bei ihren Familien ausruhen und einen großen Teil ihres Lebens noch vor sich haben, hätten sie dann nicht den Wunsch, dem Brückenwärter aus tiefstem Herzen für das ihretwegen gebrachte Opfer zu danken? Würden sie sich nicht vor ihm niederwerfen und ihm dafür danken, dass sie durch sein Opfer leben dürfen? Würden sie nicht aus Dankbarkeit bereit sein, ihm alles zu geben, was er von ihnen begehrte, und ihm mit allem zu helfen, was seinen Schmerz lindern könnte? Und was würde der Brückenwärter von solchen denken, die ihm nie dankten, die nicht einmal anerkannten, wie gewaltig und folgenreich seine Entscheidung war? Und wie steht es um jene, die niemals erfuhren, was an jenem Tag geschah? Täte es ihm leid, sie gerettet zu haben?

Ist es nicht das Beklagenswerteste am Evangelium, was unserem himmlischen Vater und dem Herrn Jesus angetan wird? Was ist mit den Millionen, die immer noch ihr Leben so dahinleben – immer noch die gleiche Zugreise machen –, ohne zu wissen, was zu ihrer Rettung geschehen ist? Wie bringen wir es fertig, es ihnen *nicht* zu sagen? Manche werden es nicht einmal glauben, wenn es ihnen gesagt wird. Ist es aber möglich, so verhärtet zu sein, dass man sich nicht darum kümmert? Ganz gewiss gibt es viele, die es gern wissen möchten, die, wenn sie es hören und begreifen, welches Opfer ihretwegen gebracht wurde, gern zu dem Brückenwärter gingen, um ihm wegen seines Sohnes allen Respekt zu erweisen.

So kommen wir auf dieses lebenswichtige Detail der Information zurück, das in unserer Botschaft auf keinen Fall fehlen darf. Das sind die »Worte« des Evangeliums. Es ist einfach *unmöglich*, über das Evangelium zu sprechen, ohne von Jesus Christus zu reden. Was er tat und was er ist und was er uns anbietet, *ist* das Evangelium. Und doch: Wie oft, wenn wir nach unserem Glauben gefragt werden, fangen wir etwa an, über die Vorzüge unserer Gemeinde zu reden, oder über alles Gute, was Gott uns gegeben hat? Manchmal fangen wir an zu zögern oder zu stottern, wenn es darum geht, den Namen Jesu auszusprechen, weil wir fürchten, damit Ärger oder Entrüstung zu provozieren. Doch sowohl Markus als auch Lukas berichten von der ernsten Warnung Jesu: »*Wer irgend sich meiner und meiner Worte schämt, dessen wird sich der Sohn des Menschen Sohn schämen*« (Lukas 9,26). Wir dürfen nicht erwarten, dass die Menschen irgendwo über Jesus stolpern. Obwohl Gott natürlich in seiner Kraft einschreiten kann und sich selbst jederzeit zu offenbaren vermag, so will er doch, dass wir den Großen Auftrag ernst nehmen, dass wir uns darauf einlassen, unsere Hände in den Augen der Menschen schmutzig zu machen, dass wir den Namen Jesu aussprechen und die *ganze* Botschaft des Evangeliums erzählen. Wenn wir aufgerufen werden, das Evangelium weiterzugeben, müssen wir den Menschen deutlich sagen, wie nur die Wahrheit über Jesus sie retten kann.

Vorhin sprach ich von den vier wichtigen Inhalten, die unbedingt zum Evangelium gehören. Wir haben bereits betrachtet, »warum wir errettet werden müssen« und »wie Jesus uns retten kann«. Das nächste Thema, das wir bei der Predigt nicht übersehen dürfen, ist dies: »Was müssen wir tun, um errettet zu werden?« Hier ist eine gewisse »geistliche Dynamik« zu beachten. Falls dir jemand wirklich zuhört und du ihm von der Notwendigkeit, errettet zu werden, gesagt hast und dann davon erzählst, wie Jesus sich am Kreuz geopfert hat, um uns zu retten, dann kommt eine solche Seele höchstwahrscheinlich zu dem Punkt, all das selbst auch bekommen zu wollen. Halte hier kurz inne und stelle dir vor, was sich in dem großen geistlichen Kampf hier weiter abspielt. Überall im geistlichen Bereich schrillen die Alarmglocken. Gott und die Engel bereiten eine gewaltige Feier vor, ein herrliches Heimkommen – aber der Teufel gibt nicht so einfach auf. Der Teufel müht sich, seine Angriffslinien wieder aufzubauen. Er zieht alle seine Truppen zusammen, um eine Menge brennender Pfeile der Ablenkung und Zerstörung abzuschießen.

Bisher haben wir nur die Oberfläche gestreift in Bezug auf die Rolle, die der Teufel in dieser Geschichte spielt. Doch wenn wir fortfahren, wirst du sehen, wie vielfältig er am Werke ist, die Wasser zu trüben, von der Wahrheit abzulenken und alles zu versuchen, um die Umkehr zu Christus zu vereiteln. Er ist immer auf der Suche nach einer Art Spalt, durch den er einen Fuß in die Tür bekommen kann. Wenn wir versäumen, die Diskussion über unsere zwei ersten Punkte des Evangeliums hinaus fortzusetzen, befürchte ich, dass wir ihm genau das erlauben. Wir schaffen dem Teufel Raum, um hereinzuschlüpfen und die Aufmerksamkeit unserer Zuhörer abzulenken. Darum ist es unerlässlich, dass wir – nachdem wir von der Notwendigkeit gesprochen haben, errettet zu werden, und davon, wie Jesus uns retten kann – auch von dem reden, *was wir tun müssen, um errettet zu werden.*

Selbstverständlich? Na ja, mag sein ... Aber wenn wir längere Zeit mit der Schilderung der göttlichen Gnade verbracht haben sowie mit der Tatsache, dass Jesus für uns gestorben ist, während wir noch Sünder waren, dann kann es leicht passieren, dass wir die Menschen mit der Meinung entlassen: Christus hat alles für Sünder getan, darum brauchen wir nichts mehr zu tun. Zu glauben, dass Gott uns liebt, ist für manche Menschen schon ein gewaltiger Schritt. Zu glauben, dass Christus für uns gestorben ist, ist für sie ein noch größerer Schritt. Wie schrecklich wäre es dann, es hierbei zu belassen: Denn niemand würde errettet – eben, weil wir nicht die ganze Geschichte erzählt haben.

Wenn uns jemand auf der Straße anhält und sich nach dem Weg erkundigt, sind wir (gewöhnlich) so veranlagt, dass wir so hilfreich wie möglich antworten. Wir geben ihm so viele Auskünfte, wie wir können. Wir weisen auf markante Punkte hin und zeigen ihm die Richtung so gut wie möglich. Es wäre sehr nachlässig, wenn wir ihm trotz genauer Ortskenntnisse nur oberflächlich erklären: »Kehren Sie um und gehen Sie diese Straße zurück, dann werden Sie es da irgendwo finden«, obwohl wir sehr genau wissen, dass er mehrere kleinere Straßen überqueren muss, dazu mehrere Kreisverkehre sowie eine unübersichtliche Kreuzung mit mehreren Straßen.

Wenn ich in eine unbekannte Stadt reise, passt meine Assistentin Sarah Griggs gut auf, dass ich einen genauen Stadtplan und einen verständlichen Reiseplan mitnehme. Zu meinen Reisen gehören oft mehrere Taxi- und Zugfahrten, Flüge und detaillierte Einzelheiten über Treffpunkte und Menschen, denen ich dort begegne. Ohne eine solche gute Planung würde ich unausweichlich häufig den Weg verfehlen und vielleicht mein Ziel überhaupt nicht erreichen. Sarahs gute Reiseplanung wird durch ihre Sorge um mich und meinen Dienst motiviert. Man sieht daran, wie sehr es ihr daran liegt, dass ich meine Arbeit erledigen kann, und durch ihre große Sorgfalt wird mir die Reise so angenehm und stressfrei wie möglich gemacht. Auf genau dieselbe Weise sind wir dafür verantwortlich, klar die Richtung anzugeben, wenn unsere Zuhörer dahin gekommen sind, dass sie auf die ersten beiden von uns vorgetragenen Punkte reagieren möchten. Wir tun es aus Liebe und aus Sorge um sie, und weil es uns leidenschaftlich darum geht, dass sie umkehren und ihr Leben Christus ausliefern.

Mich bekümmert es manchmal ein wenig, wenn manche Christen davon reden, sie könnten das Evangelium »in einer Minute« erklären. Zumindest habe ich sie so verstanden. Aber überlege einmal richtig: Was sagen wir damit über das Evangelium und dessen Wichtigkeit, wenn wir die ganze Verkündigung auf ein solches Minimum reduzieren?

Straßenevangelisation oder auch jede andere Form, jemanden mit dem Evangelium zu »überfallen«, ist immer eine schwierige Aufgabe. Manchmal ist ja ein Passant so gut drauf, dass er anhält, um zu hören, was du zu sagen hast, während die meisten weiterlaufen und sich höchstens von deiner »Einmischung« irritiert fühlen. Manchmal sagen sie aus Höflichkeit: »OK, aber ich habe höchstens eine Minute Zeit.« Das ist schön, denn du hast ihre Aufmerksamkeit. Aber sich einzubilden, du könntest in nur einer Minute erfolgreich die Botschaft des Evangeliums überbringen, ist eine Torheit.

Als Charles Spurgeon gebeten wurde, seinen christlichen Glauben ganz kurz zusammenzufassen, antwortete er: »Jesus starb für mich.«[22] Dr. J. I. Packer schreibt: »Kurz gesagt besteht die Gute Botschaft nur darin, dass Gott seine ewige Absicht, seinen Sohn zu verherrlichen, dadurch ausgeführt hat, dass er seinen Sohn zu einem großen Retter großer Sünder erhob.«[23] Diese Aussagen sind voller Wahrheit. Aber mal ehrlich: Können solche kurzen Erklärungen allein einen Passanten auf der Straße zur Umkehr bringen? Immer wenn wir mit einer solchen Situation konfrontiert werden, würde ich meine kurze Präsentation des Evangeliums dadurch unterstützen, dass ich ein Traktat oder ein Buch überreiche, das man zu Hause lesen und über dessen Inhalt man nachdenken kann, sobald einem mehr Zeit zur Verfügung steht.

Worauf ich großen Nachdruck legen möchte, ist dies: Wenn wir das Evangelium aus Liebe und Sorge um die Rettung der Menschen verkünden, dann müssen wir dies sorgfältig tun und sicherstellen, dass sie die ganze Botschaft hören. Sie müssen wissen, dass sie als Antwort auf Jesu stellvertretendes Sterben am Kreuz bereit sein müssen, sich der Herrschaft des Heiligen Geistes zu unterstellen

---

22 Zitiert bei Greg Laurie, *How to Share Your Faith*, Tyndale Books, 1999, S. 43.
23 J. I. Packer, *Evangelism and the Sovereignty of God*, IVP, 1999, S. 47.

und sich von der »sündigen Natur« abzuwenden, indem sie ihre alten Wege verleugnen und ihr Leben dem göttlichen Gesetz der Gerechtigkeit ausliefern (vgl. Römer 8,9-17).

Es ist Jahrhunderte her, dass ein gewisser Lehrer in China die Herzen seiner jungen Schüler in Angst und Schrecken versetzte. Immer wieder rief er einen seiner Schüler nach vorn vor die Klasse und hielt ihm seine beiden geballten Fäuste entgegen. »Bist du mutig genug, die Hand zu wählen, in der sich ein Goldstück befindet?«, fragte er kalt. Die Schüler wussten, dass wenn sie die richtige Hand wählten, sie auch das Goldstück erhielten. Doch entschieden sie sich für die leere Hand, würde die geballte Faust ins Gesicht des Schülers fliegen. »Nur die Tapfersten werden diese Herausforderung annehmen. Wenn du nicht zu ihnen gehörst, geh auf deinen Platz zurück!«, sagte der Lehrer dann jedes Mal. Bisher hatten sich alle Schüler aus Angst vor dem furchtbaren Schlag entschieden, auf diese Herausforderung zu verzichten.

Das Ritual fand jeden Tag wieder in der Schule statt. Aber weil die Schüler die Kraft des Lehrers und seine Fähigkeiten im Kampfsport kannten, hatten sie stets zu viel Angst, um sich darauf einzulassen. Sie wussten, dass sie sich eine ernsthafte Verletzung zuziehen würden, falls der Lehrer zuschlug. Bei den seltenen Gelegenheiten, wenn ein Schüler stehen blieb und sich für die Wahl entschied, pflegte der Lehrer zu fragen: »Bist du dir sicher?« Wenn dann der Schüler genauer auf die harten Fäuste und auf das noch härtere Gesicht des Lehrers blickte, verging ihm regelmäßig der Mut und er eilte zu seinem Platz zurück. Eines Tages wurde ein Junge mit Namen Chin vor die Klasse gerufen. Chins Vater war vor fünf Jahren in einem Krieg ums Leben gekommen, und seine Familie hatte es schwer, täglich Essen auf den Tisch zu bekommen. Daher brauchte Chin die Goldmünze unbedingt. Der Lehrer streckte wieder seine Fäuste aus, und die ganze Klasse hielt den Atem an, als Chin tapfer vor ihm stehen blieb. Lange Zeit untersuchte er beide Hände des Lehrers. Schließlich zeigte er auf des Lehrers linke Faust. »Bist du dir sicher?«, fragte der Lehrer. Chin nickte tapfer. »Willst du es dir nicht lieber noch einmal überlegen und auf deinen Platz zurückkehren?« Chin schüttelte nur den Kopf, da schoss auch schon die Faust des Lehrers mitten in Chins Gesicht, sodass er zu Boden stürzte. Die Klasse stöhnte, dann war alles still. Chin lag auf dem Boden und starrte den Lehrer benommen an. Der Lehrer aber öffnete beide Fäuste und zeigte, dass in jeder eine Goldmünze lag. »Ihr dürft nicht meinen, es gebe irgendetwas umsonst«, sagte er der Klasse. Dann half er dem Jungen auf die Beine, lächelte und legte beide Goldmünzen in Chins Hände. Nie wieder wiederholte er diese Übung.

Wenn wir über Gottes Rettungstat sprechen, müssen wir zugeben, dass wir oft die Wahrheit betonen, Gott teile seine Gabe umsonst aus. Ganz gewiss: Gott bietet uns seine Gabe an, während wir noch Sünder sind – und auch, bevor wir darum gebeten hatten. Und trotzdem gilt auch hier die allgemeine Regel, dass man nie etwas umsonst erhält, denn alles hat seinen Preis. Unsere Rettung hat unsagbar viel gekostet. Gott opferte seinen Sohn, und Jesus gab seinen himmlischen Thron auf, opferte sein Leben in der Gegenwart seines Vaters und später noch sein irdisches Leben, als er unter großen Schmerzen am Kreuz starb. Welchen noch höheren Preis könnten wir uns auch nur vorstellen? Im Brief an die Römer wird uns gesagt, dass wir durch unsere Beziehung zu Gott als seine Kinder auch seine Erben geworden sind:

Wenn aber Kinder, so auch Erben – Erben Gottes und Miterben Christi, wenn wir nämlich mitleiden, damit wir auch mitverherrlicht werden. (Römer 8,17)

Die Bibel ist eindeutig. Und welchen Schluss ziehen wir daraus? Ganz gewiss »kostet« es etwas, Jesus nachzufolgen. Diese Kosten bestehen darin, dass wir ihm unser Leben übergeben und unsere Ärmel hochkrempeln, um an der Erfüllung seiner Absichten mit dieser Welt mitzuarbeiten. Warum versäumen wir es dann aber so oft, davon zu sprechen, wenn wir versuchen, das Evangelium weiterzusagen? Jesus hat das nicht versäumt. Er sprach sehr deutlich über die enge Pforte und den schmalen Weg, der zum Leben führt (Matthäus 7,14), er sprach darüber, das Leben zu verlieren, um es wieder zu gewinnen (Matthäus 10,39), und über die Bereitschaft, ihn mehr zu lieben als alles, was uns sonst das Liebste ist (Matthäus 10,37). In diesen und mehreren anderen Bildern ruft er zu vollständiger Hingabe auf. Können wir uns überhaupt vorstellen, was es heißt, unser Kreuz auf uns zu nehmen, uns selbst zu verleugnen und ihm nachzufolgen (Markus 8,34)?

Vielleicht kommt unsere Zögerlichkeit, von »Wahl« und von »Kosten« zu sprechen, daher, dass wir so große Abneigung davor haben, Entscheidungen zu treffen und Verpflichtungen auf uns zu nehmen. Unsere Gesellschaft versichert uns in immer stärkerem Maß: »Du brauchst dich nicht zu entscheiden, du kannst beides haben«, oder: »Versuch's halt, und wenn's nicht gefällt, bring's wieder zurück!« Wie die chinesischen Schüler fürchten wir uns, zu versagen, fürchten wir uns vor Schmerzen, fürchten wir uns vor Verpflichtungen. Immer haben wir Angst, es könnte uns etwas kosten oder es könnte wehtun. Doch kostenlos ist nun einmal gar nichts, und die meisten guten Sachen erfordern Hingabe. Es ist interessant, wie wir überall die Kosten überschlagen, selbst in unserem Gemeindeleben. Der Aufruf zur Gebetsversammlung früh um 7 Uhr ist eine ziemliche Zumutung, das ist uns zu anstrengend. Er kostet vielen von uns einfach zu viel. Aber wie sieht es beim gemütlichen Treffen am Samstagnachmittag aus? Da stehen die Dinge völlig anders, oder? Und wie sieht es mit dem Geldausgeben aus? Für uns geben wir sehr gern Geld her. Aber irgendwie ist es uns einfach zu schade, es für ein Missionswerk zu »opfern«, wo es doch zur ewigen Errettung von Menschen beisteuern könnte.

Um ein Weltmeister zu werden, musst du hart trainieren. Da muss täglich geübt werden. Um am Samstagmorgen gut Fußball spielen zu können, darfst du am Freitagabend nicht viel trinken oder lange feiern. Du musst beim Training erscheinen, musst dich fit halten und musst zur Verfügung stehen, wenn deine Mannschaft mit dem Spielen an der Reihe ist. Das sind die Kosten dafür, dass du an einem »schönen Spiel« teilnehmen darfst.

Das Evangelium kostet eine Menge und ist auch nicht schmerzfrei. Es erfordert Hingabe, und es kann mühsam werden, und oft ist es das auch. Wer den Eindruck erweckt, die Hingabe an Christus sei ein Rosenbett, verbreitet eine massive Falschmeldung, die der Wahrheit sehr gefährlich werden kann. Gottes »freie Gabe« kostete ihn alles und fordert auch alles von uns. Oswald Chambers prägte einen wunderbaren Satz: »Mein Äußerstes für sein Höchstes ...

alles, was ich bin, für alles, was er ist!«[24] Mit derselben Hingabe sollten auch wir das Evangelium aufnehmen. Und mit derselben Hingabe sollten wir auch dem Großen Auftrag entgegensehen – und opferfreudig und ohne Scheu die Wahrheit des Evangeliums verkündigen: die Botschaft, dass wir gerettet werden müssen, und dass Jesus kam, um uns zu retten – aber auch, dass wir eine Entscheidung zu treffen haben und dass es uns eine Menge kosten wird.

Zum Nachdenken

▶ Denk über Gott und über Jesu Opfer nach. Wir hören heutzutage viel von Soldaten, die ihr Leben für unsere Freiheit opfern, und das wird auf vielerlei Weise und durch Zeremonien und Gottesdienste in Erinnerung gerufen. Aber bevor wir nicht einen lieben Menschen im Krieg verloren haben, gehen viele von uns weiter ihren täglichen Beschäftigungen nach und denken kaum einmal daran, was es gekostet hat, dass wir vergnügt und gedankenlos dahinleben können. Wie steht es mit dem Opfer Christi? Bist du so weit von Christus entfernt, dass seine Tat dein tägliches Bewusstsein unberührt lässt und du den Schrecken des Kreuzes und das, was er für dich getan hat, vergessen kannst?

▶ Was wäre, wenn Jesus heute käme, um dasselbe Opfer für dich zu bringen?

▶ Handelst du nur deshalb anders, weil sein Tod und seine Auferstehung vor 2000 Jahren und in einem fernen Land geschehen sind?

▶ Denk darüber nach, was das Evangelium dich kostet. Kostet es wirklich dein tägliches Leben, deine Karriere, deine Familie, deine freie Zeit …?

---

24 Oswald Chambers, *Mein Äußerstes für sein Höchstes*, Blaukreuz-Verlag, 29. Auflage, 2002. (Original erschienen unter dem Titel »My Utmost for His Highest« [Barbour & Co. Inc., 2009].)

7
Die Worte des Evangeliums

Eine sorgfältig vorbereitete Evangeliumsbotschaft? Vielleicht erinnerst du dich noch – damit fing ich an, als ich genau zu erklären begann, was wir unter den »Worten« des Evangeliums verstehen, damit wir sie richtig von den »Werken« und den »Ergebnissen« des Evangeliums unterscheiden können. Dieses nächste Kapitel enthält die Worte, die ich tatsächlich oft in meinen Veranstaltungen verwende, und auch in einigen Traktaten, die wir für Avanti Ministries produziert haben. Genauso wie Jesus Geschichten, Bilder und Gleichnisse verwendete, so ist auch dies eine Illustration, durch die ich dir helfen möchte, dass du über die Errettung reden kannst. Es ist keinesfalls die einzige oder die beste Weise, die gute Nachricht von Jesus Christus weiterzugeben, und am Ende dieses Buches kannst du mehrere andere ähnliche Darstellungen finden. Wenn du dir das Folgende durchliest, achte einmal auf die vier biblischen Elemente, aus denen eine volle und echte Evangeliumsbotschaft besteht. (In Kapitel 19 werden wir diesen Vorschlag erneut betrachten und die Bibelstellen aufsuchen, die dieser Botschaft zugrunde liegen.)

Das Evangelium
Die Bibel beschreibt Gott und den Himmel als »heilig«. »Heilig« bedeutet in diesem Zusammenhang »vollkommen«. Nun ist es also wirklich absolut wichtig zu verstehen, dass Gott nichts Unvollkommenes in den Himmel hineinlassen kann, sonst wäre der Himmel nicht mehr der Himmel.

Die Bibel sagt uns auch, dass alle Menschen einen Leib und eine Seele haben. Nach dem Tod wird unser Leib entweder beerdigt oder verbrannt. Aber unsere Seele, unser wirkliches Sein, lebt ewig weiter, entweder im Himmel oder in der Hölle.

Vom Anfang bis zum Ende redet die Bibel von der Liebe Gottes zu uns. Gleich zu Beginn, bei der Schöpfung, wird uns gesagt, dass Gott uns nach seinem eigenen Bild gemacht hat und uns den Hauch des Lebens eingeblasen hat. Das Alte Testament ist voller Geschichten, in denen Gott seinem geliebten Volk Israel eine Chance nach der anderen gegeben hat, trotz Israels beständiger Treubrüche, weil er ein Verlangen danach hatte, eine echte Beziehung zu den Israeliten aufnehmen zu können. Dann kommt das Neue Testament, in dem Gott den ultimativen Schritt unternimmt, um alle Menschen zu sich zu ziehen.

Denn so hat Gott die Welt geliebt, dass er seinen eingeborenen Sohn gab, damit jeder, der an ihn glaubt, nicht verlorengehe, sondern ewiges Leben habe. (Johannes 3,16)

Es besteht kein Zweifel, dass Gott uns bei sich im Himmel haben will. Leider besteht da ein erhebliches Problem, weil die Bibel sagt, dass wenn wir auch nur ein einziges der göttlichen Gebote übertreten haben, etwa wenn wir einmal gelogen oder einmal betrogen oder einmal gehasst haben, wirklich nur einmal (was alle ehrlicherweise zugeben müssen) – dass dann unsere Seele unvollkommen geworden ist und wir nicht in den Himmel kommen können.

Kennt ihr jemanden, der niemals eins der göttlichen Gebote gebrochen hat? Die Antwort ist selbstverständlich: Nein! Hier liegt also das Problem. Alle Menschen haben Gottes Gebote übertreten – und darum haben alle Menschen unvollkommene Seelen. Wenn deine Seele also nach dem Tod entweder in den Himmel oder in die Hölle geht – und du, um in den Himmel zu kommen, vollkommen fehlerfrei sein musst, was keiner ist –, dann müssen wir also alle leider zur Hölle fahren.

Das mag sehr hart klingen, und du wirst vielleicht fragen: »Wie kann ein liebender Gott einen Ort wie die Hölle erschaffen, ganz abgesehen davon, dass er uns dorthin schickt?«

Wir wollen die Sache einmal so betrachten: Denk einmal an jemanden, den du sehr lieb hast. Stell dir vor, diese Person sei brutal ermordet worden. Die Polizei fängt den Mörder, und der Mörder bekennt sich vor Gericht schuldig. Aber zu deinem großen Schreck sagt der Richter: »Das ist wirklich eine schlimme Sache, die du begangen hast. Aber weil ich ein liebevoller Richter bin, will ich dich einfach laufen lassen.« Dann wärst du sicher ziemlich wütend, oder nicht? Warum? Weil du weißt, dass jemand, der das Gesetz übertreten hat, bestraft werden muss, weil es sonst keine Gerechtigkeit gibt. Daran erkennst du, dass es bei der Hölle nicht ums Thema »Liebe« geht, sondern ums Thema »Gerechtigkeit«.

Wir wollen jetzt drei Fragen stellen, die uns zu verstehen helfen, warum es einen solchen Ort wie die Hölle geben muss.

Hast du jemals in deinem Leben gelogen?
Die Antwort lautet ganz sicher »Ja«, selbst wenn es sich um eine sogenannte »Halbwahrheit« handelt. Wer einmal gelogen hat, ist ein Lügner – und somit *schuldig*.

Hast du jemals etwas weggenommen, was dir nicht gehörte?
Du bist zum Beispiel zu spät zur Arbeit gekommen und zu früh wieder fortgegangen und hast dich dafür bezahlen lassen. Hast du jemals mit dem Telefon des Chefs telefoniert oder ohne zu fragen seinen Kopierer benutzt oder absichtlich einen Stift mit nach Hause genommen? Das ist natürlich Stehlen, und somit bist du *schuldig*. Die meisten Menschen haben etwas mitgenommen, was ihnen nicht gehörte, und das hat sie zu Dieben gemacht.

Und nun glaubst du, Gott würde eine Bande lügender Diebe in den Himmel lassen? Doch wohl nicht! Denn wenn er das täte, würde er dem ungerechten Richter gleichen, der den Mörder dessen, den du lieb hattest, nicht bestrafte. Wir können es nur so oder so haben.

Aber viele Menschen sagen: »Nun mal langsam! Ich bin ein ehrlicher Mensch, und außerdem besteht ein großer Unterschied darin, ob man gelogen und gestohlen hat oder ob man jemanden umgebracht hat!« Aber hier ist es interessant, wie Jesus Mord neu definiert hat. Er sagte, dass man jemanden schon in seinem Herzen ermordet hat, wenn man ihn heimlich hasste. So kommt jetzt die dritte und letzte Frage:

Hast du jemals einen Menschen gehasst?
Die Wahrheit ist, dass die meisten Menschen Hass und Wut gegen andere in ihren Herzen verspürt haben, wodurch sie sich vor Gott des Mordes *schuldig* gemacht haben!

Man sieht also: Das ist eine schlechte Nachricht. Um der Gerechtigkeit willen muss es einen Ort wie die Hölle geben. Doch es gibt auch eine gute Nachricht, und zwar, wenn Jesus Christus hinzukommt.

Das deutlichste Unterscheidungsmerkmal zwischen Jesus und allen anderen ist seine Vollkommenheit. Ganz im Gegensatz zu uns hat er keins der göttlichen Gesetze gebrochen. Er hat ein »perfektes Zeugnis«, eine vollkommene Seele.

Schon bevor Jesus vor 2000 Jahren auf die Erde kam, sah er die Zeit voraus und sah dich heute und hier – und liebte dich und alle Menschen in der Welt. Er wusste: Es gab nur einen Weg, dass Gott den Menschen vergeben konnte, damit sie nicht in die Hölle kommen: Jesus, Gottes Sohn, musste ein wahrer Mensch werden und ein vollkommenes Leben führen, dann einen grausamen Tod am Kreuz sterben, um die Strafe auf sich zu nehmen, welche die Menschen gerechterweise verdienten, weil sie Gottes Gesetze gebrochen haben. Wenn er das tun würde, könnte Gott den Menschen vergeben, sobald sie Jesus bitten, ihr unvollkommenes Leben gegen Jesu vollkommenes Leben auszutauschen.

Jesus tat dies. Er kam, um sein Leben für uns zu geben und um den Preis für alle Gesetzesübertretungen zu bezahlen, die wir begangen haben – und es gibt keine größere Liebe, als wenn jemand sein Leben für andere hingibt. Aber es bleibt noch etwas, was *wir* tun müssen, damit uns vergeben wird.

Es gibt drei große Ereignisse in jedem Leben. Da gibt es die Geburt und den Tod – über beides haben wir letztlich keine Gewalt. Doch das dritte große Ereignis ist der Tag, an dem wir Jesus um Vergebung bitten, wenn wir ihn bitten, uns ein reines Herz zu schenken. Darüber gibt es einige weitverbreitete Missverständnisse. Aber in der Bibel gibt es nichts Zweifelhaftes in Bezug auf die Vergebung. Uns wird nicht vergeben, weil wir als Säuglinge oder auch als Erwachsene getauft oder konfirmiert wurden – nicht einmal, weil wir gelegentlich in der Kirche oder Gemeinde gebetet haben oder weil wir an Gott glauben oder weil wir versucht haben, ein anständiges Leben zu führen. Jesus hat gesagt, wir müssten zwei Dinge tun, damit uns vergeben wird. Das Erste ist, dass wir willens sein müssen, uns von allem abzuwenden, von dem wir wissen, dass es falsch war in unserem Leben, und dass wir Jesus dafür um Vergebung bitten müssen. Beachte dabei das Wort »willens«. Es mag eine Reihe von Dingen in deinem Leben geben, gegenüber denen du dich machtlos fühlst, sie aus eigener Kraft zu unterlassen, wie Süchte, schlechte Angewohnheiten oder andere Schwierigkeiten. Das ist dann OK, weil Gott uns helfen will, solange wir willens sind, alle diese Dinge loszulassen, und sie uns leidtun.

Das Zweite ist: Wir müssen uns Jesus ausliefern. Ausliefern heißt: Wenn Gott dich samt dem ganzen, uns umgebenden Universum erschaffen hat, dann verdient er es doch wohl, dass er das Zentrum unseres Lebens ist. Sich Jesus auszuliefern, heißt, ihn als unseren Retter anzuerkennen und demütig ihm zu Diensten zu stehen.

Als du geboren wurdest, war es so, als ob Gott ein Buch über dein Leben öffnete. Wenn du nun bedenkst, dass Gott alles sieht, was du tust, dann weiß er auch alles, was du treibst, weiß um jeden Gedanken, jeden Beweggrund und jede Tat. Jedes Mal, wenn man auch nur ein Gebot übertritt, wird es in dem Buch notiert. Da kannst du dir vorstellen, dass bis zu deinem Lebensende eine ganze Bibliothek gegen dich entstanden ist.

Wenn du aber umkehrst und dich Jesus auslieferst, geschieht etwas Unglaubliches. Es ist, als ob Jesus dein Buch nimmt und oben auf einer Felsklippe steht und die Seiten alle herausreißt, den gesamten Bericht über alle Dinge, die du falsch gemacht hast. Und dann wirft er sie in die Tiefe des Meeres und will nie mehr daran denken.

Stattdessen nimmt er eine Abschrift seines vollkommenen Lebensberichts, um die du ihn batest, und legt sie in den leeren Buchdeckel, auf dem dein Name steht. Und das Buch wird dann wie ein kostbarer Bibliotheksschatz im Himmel aufbewahrt.

Das Wunder besteht darin, dass dieses Buch nie wieder berührt werden wird, von dem Augenblick an, in dem du Jesus um Vergebung batest, bis zu deinem Tod, selbst wenn du in der Zwischenzeit viele Fehler machst und Gottes Gesetze wieder brichst. Sobald du Christ wirst, bist du nicht augenblicklich vollkommen, auch bedeutet es nicht, dass du schnell ein Gebet sprechen kannst und dann wieder tust, was du willst. Bedenke: Gott vergab dir für ewig, als du ihn um Christi vollkommene Vergebung batest. Alles, was er von dir will, ist, dass du alles ihm unterstellst und dass er dich täglich von deinen Fehlern reinigt.

Wenn wir sterben, hätte jeder von uns, wenn es nach Gerechtigkeit ginge, die Hölle verdient. Denn jeder von uns hat Gottes Gebote übertreten, einige Gebote sogar sehr oft. Doch uns wurde in jenem Augenblick Jesu Leben zuerkannt, als wir uns zu Jesus gewandt haben und er uns vergab. Daher sind wir nach unserem Tod im Himmel willkommen!

Das ist das Erstaunliche an Jesus. Er machte es für jeden Menschen auf der ganzen Welt möglich, einerlei, welche Fehler wir gemacht haben, dass uns vergeben werden kann und wir eines Tages in den Himmel kommen können.

Wenn du aber eingestehen musst, nie umgekehrt zu sein und dich nie Gott ausgeliefert zu haben, was geschieht dann mit dir? Wenn du stirbst, wirst du vor Gott, dem Richter, erscheinen und Gott wird dich nicht in den Himmel lassen können. Er muss dich in die Hölle schicken. Denn du hast ihn nie um Vergebung gebeten. Gott hat dich so sehr geliebt, dass er dich auf sechs Wegen zu erreichen suchte. Erstens starb sein Sohn am Kreuz, um deine Strafe zu tragen. Zweitens hat dir jemand den einfachen Weg, Vergebung zu erlangen, erklärt. Drittens gab es überall in der Welt Gemeinden – einige waren gut, und wegen anderer musste Gott sich schämen. Du hättest die guten finden können. Viertens gab Gott dir ein Gewissen, sodass du gut und böse unterscheiden konntest. Fünftens erschuf Gott eine Welt rings um dich her, die so Ehrfurcht erweckend war! Wie konntest du nicht nach Gott, dem Schöpfer, fragen? Und schließlich stand Gottes Sohn von den Toten wieder auf, um zu beweisen, dass Gott Gott ist und dass alles wahr ist, was Gott sagte. Aber du hast immer noch nicht reagiert. Deshalb kann Gott dich nicht in den Himmel lassen, sondern muss dich in die Hölle schicken.

Nun, wie sieht es mit dir aus? Wenn du heute Abend stirbst: Wohin wirst du dann gehen? Denk daran: Wenn du in den Himmel kommen willst, brauchst du ein fehlerfreies Lebensbuch, das du nie bekommen kannst, wenn du Jesus nicht bittest, er möge dir sein Lebensbuch geben. Um diese freie Gabe zu erhalten, brauchst du nur zwei Dinge zu tun. Erstens: *Willige ein, dich von allem Bösen in deinem Leben abzuwenden.* Und zweitens: *Liefere dich Jesus aus.* Wenn du diese beiden Dinge nicht tust, ist es unmöglich, Vergebung zu erlangen, und wenn du stirbst, kommst du nicht in den Himmel – und das ist traurig. Denn gerade darum ist Jesus gestorben.

Das Besondere an dieser Schilderung ist, dass sie zunächst die logische Unvermeidbarkeit der Hölle vorstellt, und wieso ein liebender und allmächtiger Gott es dulden kann, dass ein Mensch dorthin geschickt wird. Ich begegne einer Vielzahl unterschiedlicher Menschen rund um den Globus – von den ärmlichsten Nestern in Osteuropa bis zum wohlhabenden Singapur, von den kleinen Dorfschulen bis zu bombastischen Geschäftsunternehmen, von den »Superfrommen« bis zu den skeptischsten Ungläubigen ... bei ihnen allen stelle ich ein und denselben Stolperstein fest. Sie sagen: »Aber Tony, ich bin kein *schlechter* Mensch. Ich liebe meine Familie, ich spende viel für wohltätige Zwecke und gehe sogar manchmal zur Kirche oder Gemeinde. Die Leute in der Stadt schätzen mich, ich arbeite hart ... und noch nie habe ich die Gesetze übertreten.«

Sicher meinst du, dass weil ich in meinem Leben zweimal im Gefängnis gesessen habe, ich absolut keine Lust hätte, jemals wieder eine Haftanstalt zu betreten. Doch gerade dorthin zieht mich mein ganzes Herz, weil ich da, bei den überführten Verbrechern, Verständnis und Offenheit für das Thema Sünde finde. Natürlich gibt es auch unter den Inhaftierten immer welche, die heftig ihre Unschuld beteuern. Aber aufs Ganze gesehen sind überführte Kriminelle ehrlicher gegenüber sich selbst und ihre Neigung zum Sündigen als die Mehrheit der »frei« Herumlaufenden. Wie der bußfertige Dieb, den man neben Jesus gekreuzigt hatte, erkennen sie an, dass sie empfangen, was sie sich durch ihre bösen Taten eingebrockt haben. Sie haben nichts, worauf sie stolz sein könnten, und stehen vor Jesus in aufrichtiger Reue, befreit von dem Wahn, ein »guter Mensch« zu sein.

Beachte auch, dass wir uns bei der Präsentation des Evangeliums Mühe geben, die biblische Wahrheit hervorzuheben, dass *alle* gesündigt haben und nicht die Herrlichkeit Gottes erreichen (Römer 3,23). Deine »Übeltaten« mögen nach dem Rechtssystem deines Landes nicht strafbar sein. Aber nach Gottes Definition von Sünde brichst du seine Gesetze wieder und wieder und bist daher seinem Gericht verfallen. Indem wir das Thema unserer Trennung von Gott auf diese Weise angehen, können wir auch auf die allgegenwärtige Debatte über unseren »Vater-Gott, der doch alle lieb hat« eingehen. Die Sache ist dann nämlich ganz einfach – es geht schlicht um Gerechtigkeit, nicht um Liebe. Und indem wir unsere Hörer zu der Einsicht bringen, dass dies logisch und notwendig ist und ihr eigenes Verlangen nach Gerechtigkeit stillt, gewinnen wir die Freiheit, dann auf Jesu Rolle hinzuweisen, der die Strafe auf sich nahm, die wir verdient haben.

Eine solche Präsentation leistet auch gute Dienste darin, alle Missverständnisse über unsere Mitwirkung bei dem Empfang der göttlichen Gabe der Errettung zu vertreiben. Jahrhundertelang wurden viele Unwahrheiten verbreitet, die den Menschen einredeten, ihr Christsein hänge davon ab, wie gut sie waren, ob sie oft oder selten zur Kirche gingen, ob sie als Babys oder als Erwachsene getauft wurden, ob sie konfirmiert wurden, ob sie zur Beichte gingen oder andere kirchliche Zeremonien einhielten, ob sie an Gott glaubten ... Natürlich stecken in allen diesen Dingen auch Elemente von Wahrheit. Doch aufs Ganze gesehen sind sie abscheuliche Zerrbilder der Wahrheit. Es sind Ansichten, die in die Irre leiten und die alle nur dazu dienen, die Menschen von der Wahrheit des ganzen Evangeliums wegzuführen. Unsere Präsentation macht deutlich, dass nichts von alledem uns zu Christen macht, sondern wir nur dann, wenn wir uns Christus als unserem Herrn ausliefern und bereit sind – mit seiner Hilfe –, uns von unserer alten sündigen Natur wegzuwenden, vor Gott als Gerechte dastehen. All dies sollte nicht auf die leichte Schulter genommen werden.

Noch einmal: Durch meine Arbeit in den Gefängnissen und durch mein eigenes Leben erkenne ich etwas von Gottes unvorstellbarer Gnadenfülle. Das Thema der Bereitschaft, von der Sünde zu lassen, kann nicht überbetont werden. Wenn ein Mensch zutiefst von seiner Unwürdigkeit überzeugt ist und die Wahrheit über seinen sündigen Zustand erfasst hat, kann ihn nichts so sehr berühren wie die Gewissheit, dass ein großer und gewaltiger Gott sich zu seiner Schwachheit und durch seine Schwachheit hindurch zu ihm herabneigt, wenn er nur wagt, sein Angesicht zu ihm zu erheben. Warum sonst sollte Gott einen Mann wie Paulus – zuvor war er der gefürchtete mörderische Saulus, ein Mann, der alle verfolgte, die Gott liebten und ihm dienten –, warum sollte er ihn so sehr gebrauchen, um die weltweite Gemeinde zu bauen? Welch Ironie! In seinem ersten Brief an Timotheus schreibt Paulus:

> *Aber darum ist mir Barmherzigkeit zuteilgeworden, damit an mir, dem Ersten, Jesus Christus die ganze Langmut erzeige, zum Vorbild für die, die an ihn glauben werden zum ewigen Leben.* (1. Timotheus 1,16)

Ach, könnte ich dir nur klarmachen, dass dies auch *mein* Herzensschrei ist! Meine Lebensgeschichte, wie sie in *Den Tiger zähmen*[25] und *Der Schrei des Tigers*[26] beschrieben ist, berichtet etwas von der Abgründigkeit meiner Sünde. Wie konnte mir vergeben werden? Wie konnte ich jemals auf ein »tadelloses Zeugnis« hoffen? Aus welchem Grund konnte Gott einen solchen Abschaum wie mich gebrauchen, sein Wort vor Millionen anderen auszubreiten? Ich

---

25 Das Buch erschien 2009 bei CLV; Originaltitel: »Taming the Tiger« (Authentic, 2004).
26 Das Buch erschien 2012 bei CLV; Originaltitel: »Cry of the Tiger« (Authentic, 2006).

frage mich, ob das unter dem »Törichten Gottes« zu verstehen ist (vgl. 1. Korinther 1,27). Nun aber sonne ich mich in dem reinigenden Licht der unvorstellbaren und wundersamen Gnade meines himmlischen Vaters und will einstimmen in den Jubelruf meines Bruders Paulus: »*Dem König der Zeitalter aber, dem unvergänglichen, unsichtbaren, alleinigen Gott, sei Ehre und Herrlichkeit von Ewigkeit zu Ewigkeit! Amen*« (1. Timotheus 1,17).

Abschließend sollte auch daran gedacht werden, dass unsere Präsentation des Evangeliums eine sehr persönliche Antwort herausfordert. Sie schildert Gottes Erlösungsplan und macht deutlich, dass dieses Rettungsangebot jedem gilt und doch sehr persönlich gemeint ist. Am Ende fordert sie eine Antwort: »Was ist mit dir? Wenn du heute Abend sterben musst, wohin gehst du dann?« Das ist eine Frage, der die Menschen nur allzu gern ausweichen. Es ist aber eine Frage, die eine Antwort verlangt. Da gibt es keine Grauzone, keine Kompromisse. Das ist die Wirklichkeit des Evangeliums, die wir als Gottes Mitarbeiter mit aller Dringlichkeit anzubieten haben, dazu mit Ehrerbietung und Furcht und mit starker Hoffnung und großem Verlangen. Denn von unserer Zeit gilt: »*Zur angenehmen Zeit habe ich dich erhört, und am Tag des Heils habe ich dir geholfen*« (2. Korinther 6,2).

Zum Nachdenken

▶ Welche Hindernisse halten Christen davon ab, das Evangelium zu verkündigen? Bedenke die Ursachen und die Auswirkungen davon.

▶ Wie zuversichtlich bist du bei der Verkündigung des Evangeliums?

▶ Worin bestehen die Vorteile, eine vorgefertigte Gesamtübersicht bei der Verkündigung zur Verfügung zu haben?

▶ Worin bestehen die Schwachpunkte einer so vorgefertigten Verkündigung?

8
Der Zustand der Welt

Erinnere dich daran, dass wir am Anfang unser Augenmerk auf die Unterscheidung zwischen den »Werken«, den »Ergebnissen« und den »Worten« des Evangeliums richteten. Wenn die Christen ihre Aufmerksamkeit nur auf die »Werke« des Evangeliums richten, aber Jesu Auftrag übersehen, das Evangelium zu predigen (Matthäus 28,19), was unterscheidet sie dann von guten Buddhisten, guten Muslimen, guten Hindus oder guten Atheisten? Gar nichts. Es gibt viele mitleidvolle Menschen in der Welt, die gute Werke tun, die anderen helfen, für Gerechtigkeit kämpfen, den Schwachen und Unterdrückten beistehen und versuchen, unsere Erde zu einem besseren Planeten zu machen. Und wir wollen ihnen herzlich applaudieren.

Das muss ich auch mir sagen: Obwohl bei mir als Evangelisten die »Worte« des Evangeliums immer den ersten Platz einnehmen, sind sie ohne die »Werke« des Evangeliums nichts (abgesehen natürlich von der Tatsache, dass uns der Herr selbst in seinem Wort in Jesaja 55,11 verheißen hat, dass sein Wort nicht leer zu ihm zurückkommen wird). Das Evangelium zu verkündigen, ist eine hohe Berufung. Aber es verfehlt völlig seine Wirkung, wenn es nicht von Werken begleitet wird – dass wir also ausleben, was wir predigen. Darum hat der Jesus auch das Gleichnis vom barmherzigen Samariter erzählt. Ich freue mich, dass Jesus ausgerechnet einen Samariter für seine Erzählung ausgesucht hat, einen verachteten unreinen Ketzer halb-heidnischer Abstammung. Das war eine unsanfte Anspielung auf die »Gerechten«, auf solche, die sich für Gottes auserwählte Elite hielten, weil sie so sorgfältig mit dem Gesetz umgingen. Aber sich einzubilden, das Wort Gottes predigen zu können und sein Evangelium auszubreiten, ohne sich teilnahmsvoll unserer Mitmenschen anzunehmen, ist nichts weiter als Heuchelei und läuft der Verkündigung des Evangeliums diametral zuwider.

Worte und Werke, dauernd von Gebet durchtränkt, das ist Gottes vollkommenes Gleichgewicht. Dies sollte uns immer voll bewusst sein. Nun möchte ich anfangen zu entfalten, was ich und viele andere für die wahre Ursache halten, die hinter dem gegenwärtigen Versagen bei dem Ausführen des Großen Auftrags steht.

Es gibt vier Dinge, die uns immer gegenwärtig sein müssen. Als Erstes müssen wir sehr wach gegenüber jeglicher Art von Propaganda sein. Nur weil etwas von einem Christen geschrieben oder in einer christlichen Publikation veröffentlicht wurde, ist es noch lange nicht wahr.

Leider weiß ich aus eigener Erfahrung, dass es viele Berichte über erfolgreiche christliche Missionen gibt, die von der Errettung vieler Menschen überall in der Welt berichten, dass sie stark übertrieben wurden und in Einzelfällen überhaupt nicht stimmten. Wie oft hören wir von den Millionen Menschen, die in China oder in Afrika errettet wurden. Ich reise viel umher und muss mich oft fragen: »Wo sind diese Menschen?« Ganz gewiss hätten Millionen neuer und echt wiedergeborener Erretteter einen größeren Einfluss auf unsere Welt, als wir es zurzeit wahrnehmen. Ein Freund und Mitevangelist von mir, Rio Tice, machte neulich traurige Erfahrungen bei einem Besuch in Indien. Er hatte vertrauensvoll eine Einladung zu einer Evangelisation dort angenommen. Als er dort ankam, merkte er, dass seine Gastgeber an seiner Arbeit nur sehr wenig interessiert waren, vielmehr ging es ihnen sehr um die finanzielle Hilfe, die sie von ihm erwarteten. Ähnlich erging es mir in Südafrika. Ich leitete dort ein Evangelisationsteam von Avanti Ministries. Weil dort eine Gruppe von unserer weltweiten Arbeit gehört hatte, lud sie uns ein. Aber wie es in vielen Entwicklungsländern üblich ist, war uns klar, dass wir Geld einzusammeln hatten, um dorthin reisen zu können, dass wir selbst für unsere Versorgung aufkommen und auch manche Zusammenkünfte erst ermöglichen mussten. Wir von Avanti Ministries haben den Auftrag, das Evangelium in aller Welt zu verkündigen, und wir wollen auch gern für unsere Bemühungen selbst aufkommen. Als wir allerdings zu dem besagten Einsatz im Land ankamen, merkten wir sehr schnell, dass es die versprochenen Tausende von Menschen für unsere Zusammenkünfte überhaupt nicht gab. Uns wurde auch bald erklärt, dass bisher ungenannte Kosten entstanden seien, von denen man annahm, wir würden sie übernehmen. Außerdem war die Sicherheit unseres Teams durch die Art der Unterbringung nicht gewährleistet. Und die dortigen Organisatoren dieses Einsatzes fuhren mit nagelneuen Mercedes-Autos herum, während sie von ihrer Armut redeten! Es war äußerst ernüchternd, hinauszugehen, um in den Slums von Khayelitsha zu arbeiten, einer der größten Townships in Südafrika. Wir sahen tatsächliche Armut und trafen viele Menschen, die wahrhaft Hilfe nötig hatten. Es ist eine traurige Tatsache, dass wir auf den Missionsfeldern immer auf der Hut vor der Korruption in den Gemeinden selbst sein müssen. Entschuldige bitte dieses negative Reden – vor allem, wo doch die Mehrheit unserer Einsätze gemeinsam mit sehr echten, schrecklich hilfsbedürftigen und vorbildlichen Missionsgesellschaften stattfindet. (Ich sollte an dieser Stelle hinzufügen, dass wir noch vielfach nach Südafrika zurückgekehrt sind und unter diesen Menschen gearbeitet haben.) Was ich hier aber deutlich machen will, ist, dass manche Berichte über bekehrte Menschen ringsumher auf der Welt reine Propaganda sind, um an Geld zu kommen, und manchmal geschieht diese Propaganda auch aus anderen selbstsüchtigen Gründen. Es müssen nicht immer wirklich Seelen errettet worden sein. Die Gefahr ist auf diesem Gebiet sehr groß, dass gewöhnliche Christen annehmen, dass die Evangelisationsarbeit von Menschen getan wird, die sich dem Großen Auftrag verpflichtet fühlen und alles ordentlich machen. Diese Annahme hat katastrophale Auswirkungen und Folgen.

Da gibt es auch noch eine andere Sache zu bedenken. Ich war auf einem Einsatz in Finnland, als ich eine alarmierende Meldung von einem unserer Teams erhielt, das nach England zurückgekehrt war. Sie baten dringend um Gebete wegen einer Christenverfolgung in Indien. Da wurde berichtet, in derselben Nacht seien zwanzig Gemeindehäuser niedergebrannt, und es sei angedroht worden, zweihundert weitere in gleicher Weise zu zerstören. Natürlich ist meine erste Reaktion bei solchen Meldungen, dass ich zu Gott schreie. Allerdings hatte ich schon vorher am selben Tag eine E-Mail erhalten. Sie enthielt die gleiche schreckliche Nachricht, allerdings habe diese Abscheulichkeit in Pakistan stattgefunden. Eine weitere E-Mail aus einer anderen Quelle zeigte dieselbe Meldung, nur kam sie diesmal aus Afghanistan. *Was ist hier los?*, dachte ich bei mir. *Was ist hier wahr und was nicht?* Ich sage nicht, dass wir auf solche

Meldungen nicht mit Gebet reagieren sollten. Kein Gebet ist jemals umsonst gesprochen, und Gott handelt, wenn wir uns zu ihm wenden und für die verfolgten Brüder und Schwestern flehen, einerlei, wie die Dinge wirklich stehen. Aber diese Art »stille Post« in der christlichen Gemeinde kann gefährlich werden. Sie zeigt auch, dass wir Christen geistlich sehr wachsam sein müssen. Internet, E-Mails und andere moderne Kommunikationsformen können wunderbar effektive Mittel sein, um die weltweite Gemeinschaft der Gläubigen zum Gebet aufzurufen – sie können aber auch einschüchternd wirken und Furcht wecken. Zum Beispiel könnten die folgenden Gedanken die Folge sein: »Wenn es den Missionaren dort so ergeht, dann sollten wir unsere Leute von dort abziehen oder unsere evangelistischen Bemühungen in solchen Regionen einschränken.«

Es war einmal ein großer Jagdhund, der einen mächtigen Hirsch hetzte. Er verfolgte den Hirsch durch Täler und über Hügel und ließ sich von der Geschwindigkeit und der Laufkraft des schönen Tieres nicht beeindrucken, bis er plötzlich einen Fuchs erblickte. Der Fuchs rannte in die entgegengesetzte Richtung, und der Hund verfolgte nun sofort das Tier mit dem prächtig rötlichen Pelz, das durch die Farnkräuter stürmte. Doch was war das? Plötzlich erschien ein Dachs im Unterholz, und sofort zog dieser die Aufmerksamkeit des Hundes auf sich. Die Jagd ging los, der Dachs pflügte sich durch das Gestrüpp, und der Hund hetzte hinterher, bis unversehens eine Maus den Weg der beiden kreuzte. Sogleich sprang der Hund auf das winzige Tierchen los, doch es war zu schnell. Entschlossen, seine Beute nicht entkommen zu lassen, jagte er ihm nach, bis die Maus in einem winzigen Mauseloch verschwand. ... Und da stand der große Hund und starrte in ein Mauseloch.

Genauso wie der Hund lassen auch wir uns leicht ablenken. Obwohl wir dazu bestimmt sind, einen großartigen Hirsch zu jagen, ziehen viele andere, viel unwichtigere Dinge unsere Aufmerksamkeit auf sich. Dabei wird uns kaum klar, dass wir unsere Augen von dem hohen Preis abgewendet haben, den wir erringen sollten, und jagen hinter weit Wertloserem her. Ein ähnliches Gleichnis handelt von dem kleinen Jungen, der so schrecklich gern einen Zirkus besucht hätte. Er kam aus einer armen Familie und wusste, dass seine Eltern ihm niemals eine Eintrittskarte für den Zirkus kaufen könnten, wenn dieser in die Stadt kommen würde. So fing er an, das Geld dafür selbst zu verdienen. Er erledigte alle möglichen Hilfsarbeiten und starrte immer wieder sehnsüchtig auf die Reklameschilder und wartete auf den Tag, an dem der Zirkus kommen sollte. Endlich war es so weit, und er hatte auch genügend Geld verdient. Er konnte seine Erregung beinahe nicht mehr beherrschen, wie er die Zirkuswagen in die Stadt hereinrumpeln hörte. Zugleich ertönte Musik und Gelächter und Jubelgeschrei von all den Menschen, welche die Straße säumten, um die Clowns, Akrobaten, Tänzer und Zirkuswagen willkommen zu heißen. Doch alles wurde von der marschierenden Musikkapelle übertönt. Von der Menge mit fortgerissen, kreischte der Junge vor Vergnügen, klatschte in die Hände, sang ganz laut und drängte sich ganz nach vorn. Dort gab er sein Geld einem der Clowns. Dann rannte er voller Freude nach Hause, riss die Haustür auf und rief: »Mama, Papa, ich hab ihn gesehen! Ich hab den Zirkus gesehen, und er ist wunderbar!« Seine Eltern schauten einander verwundert an, und dann fuhr ihm sein Vater sanft durch die Haare und sagte: »Nein, mein Kind«, sagte er, »du hast nicht den Zirkus gesehen, sondern nur die Einzugsparade.«

Wie oft sind wir von der Parade so ergriffen, dass wir das Hauptereignis aus den Augen verlieren! Als Christen können wir von den Geschichten über große Ereignisse begeistert sein – Wirkungen des Heiligen Geistes hier, Erweckungen da, Massenheilungen in einer dritten Gemeinde und Totenauferstehungen in noch einer anderen. Manchmal setzen wir viel Zeit und Geld ein, um weite Reisen zu unternehmen, weil wir ein bisschen Action erleben möchten, in Toronto oder Pensacola, in Südafrika ... während der mächtig große Hirsch auf uns hier zu Hause wartet. Der Große Auftrag gilt allen, die an den Herrn Jesus Christus glauben. Es ist ein Auftrag an alle, und zwar dort, wo wir wohnen, und jeden Tag – und auf der Stelle. Das ist das Hauptereignis, nehmen wir uns also vor Ablenkungen in Acht!

Natürlich gibt es viele Berichte aus aller Welt über Bekehrungen, die völlig echt sind, und wir sollten uns über sie freuen. Aber an dieser Stelle kommen wir zum zweiten Punkt, der uns in Bezug auf die gegenwärtige Weltevangelisation bewusst sein muss. Wenn wir solche Geschichten hören, wie reagieren wir darauf? Ist uns dabei klar, was es tatsächlich bedeutet, wenn Menschen – und sei es nur ein einziger Mensch – ihr Leben Christus ausliefern?

Ich war am 25. April 2006 auf einer Missionsreise in Australien, als die Nachrichten von dem Erdbeben in Beaconsfield im Norden von Tasmanien berichteten. An diesem schicksalsschweren Tag wurden drei Bergleute – Larry Knight, Todd Russell und Brant Webb – in einer Goldmine verschüttet. Alles schien hoffnungslos. Die ganze Nation war wie gelähmt, als das Fernsehen berichtete, dass die drei Männer fast einen Kilometer tief in der Erde steckten. Larry wurde zu Tode gequetscht. Todd war beinahe völlig begraben, kämpfte aber zäh um sein Leben, genauso wie Brant, der bis zu den Achselhöhlen im Schlamm steckte. In einer der größten Rettungsaktionen, die je in Australien durchgeführt wurden, konnten Todd und Brant schließlich vierzehn Tage später, am 9. Mai, von ihrem schrecklichen Schicksal befreit werden. Alle jubelten. Die Journalisten berichteten, die Familien und Freunde hätten eine Riesenparty veranstaltet, die sie auch wahrlich verdient hätten.

Als Jesus die Geschichte von dem verlorenen Schaf erzählte, sagte er, dass im Himmel mehr Freude über einen Sünder ist, der Buße tut, als über neunundneunzig Gerechte, die der Buße nicht bedürfen. Wenn der Himmel Feste feiert, wenn eine Seele errettet wird, wie ist es dann möglich, dass wir Christen apathisch dabeisitzen, wenn wir solche Berichte vernehmen? Wo ist unser Jubel? Ein Mitmensch, ein Freund, ist soeben vor dem Zugriff der Hölle bewahrt worden! Und doch erlebe ich es so oft, dass viele von uns die gewaltige Bedeutung einer so wunderbaren Neuigkeit überhaupt nicht registrieren. Wir gehen einfach zu unseren Alltags-Geschäften über, als hätte uns jemand gesagt, im Supermarkt gebe es ein Sonderangebot oder dass er sich ein Schnitzel zum Mittag kaufen will. Lege jetzt bitte dieses Buch einen Augenblick zur Seite und denk einmal darüber nach! Wie reagierst du? Was sagt es über deine eigene Errettung aus, wenn du kaum Freude zeigtest, als du gelesen hattest, dass die beiden Verschütteten gerettet wurden und leben?

Drittens müssen wir daran erinnert werden, dass wir in unseren Orts-Gemeinden auch einige tüchtige Evangelisten haben, über die wir uns freuen sollten und die wir unterstützen sollten. Hier geht es um die sogenannten »Epheser 4,11«-Evangelisten. Das sind besonders begabte und zum Werk der Ausbreitung des Evangeliums berufene Menschen, die auch andere dazu anleiten, das Gleiche zu tun. Schwierigkeiten ergeben sich daraus, dass Gemeindeleiter und ganze Gemeinden in der Unterstützung und Ermutigung solcher Menschen so oft versagen.

Vergib mir einen Augenblick meine Verallgemeinerungen – aber ich kann nicht umhin, einzugestehen, dass ich bei vielen dieser Evangelisten besondere Charakterzüge entdecke. Wir Evangelisten neigen dazu, sehr hoch motiviert zu sein, und scheinen in unserem Eifer, das Evangelium zu verbreiten, leidenschaftlich und in unserer Präsentation drastisch zu sein. Das führt leicht dazu, dass wir impulsiv, unverblümt, möglicherweise sogar arrogant und zu selbstsicher erscheinen. Wir mögen uns nicht von gemeindepolitischen Erwägungen, von der Gemeindeleitung und von Verhaltensvorschriften aufhalten lassen, und wir sind zu sehr damit beschäftigt, unsere Sache voranzutreiben, statt dass wir gute Teamarbeiter sein könnten oder einmal an die Folgen unserer Aktionen denken. Natürlich verallgemeinere ich schrecklich – aber ich nehme an, dass bei einigen Lesern die Glocken zu läuten beginnen. Es ist eine traurige Tatsache, dass die Orts-Gemeinden oft nicht begreifen, dass sie diese Menschen unterstützen, leiten, ermutigen und belehren müssen, ohne ihren Enthusiasmus zu bremsen und kaltes Wasser auf ihre Leidenschaft zu gießen, ihren Vorwärtsdrang zu stoppen und ihre von Gott gegebenen Gaben zu ersticken.

In dem Augenblick, als ich Neil[27] begegnete, wusste ich, dass er ein begabter Evangelist ist. Gleichzeitig erkannte ich, dass wir mit ihm einen Haufen Ärger bekommen würden. Er kam als sehr junger Christ zu Avanti Ministries. Als Mensch hatte er mehr zu schleppen, als du wissen musst. Aber als frisch errettete Seele ging von ihm ein ansteckendes Leuchten aus. Er konnte einfach nicht anders, als allen und jedem zu erzählen, was Jesus für ihn getan hat. Er war noch nicht lange Teil unserer Mannschaft, als Klagen und Zweifel an mich herangetragen wurden. Er war oft etwas »großschnäuzig«, konnte sich nicht einordnen, hatte wenig Mitleid mit anderen,

---

27 Name geändert.

legte sich mit jedem an und verbreitete manchmal auch eine zweifelhafte Theologie. Die ganze übrige Mannschaft war ziemlich bekümmert darüber. Aber eines der Ziele bei Avanti Ministries ist, jeden zu trainieren und hochzupäppeln, der bereit ist, sich dies um des Evangeliums willen gefallen zu lassen – einerlei, wie schwierig sich die Sache auch gestalten mag. Neil ist und bleibt ein harter Brocken, der mit vielen persönlichen Eigenheiten zu kämpfen hat. Aber Gottes Gnade hört nicht auf, an ihm zu arbeiten, und nur wenige sind erfolgreicher, wenn es darum geht, verhärtete Alkoholiker, Niedergeschlagene, Zerbrochene, Trauernde und alle möglichen »Aussteiger« zum Fuß des Kreuzes zu bringen. Aber was, so frage ich mich, wäre mit meinem Freund geschehen, wenn seine Gabe nicht wahrgenommen worden wäre, wenn die Mitglieder seiner Gemeinde nur seine Fehler gesehen hätten und wegen seines offenen und zupackenden Eifers nervös geworden wären? Sicher hätten sie ihn zum »Kaffeedienst« eingeteilt, oder sonst wohin, wo er ihnen keine Schande machen konnte. Dann wäre er sicher schnell entmutigt gewesen, weil er in der Gemeinde ebenso abgeschoben wurde, wie er es vom Leben auch sonst schon kannte. Schließlich hätte er aufgehört, seine Gabe auszuüben. Und dadurch hätte die Gemeinde einen fantastisch begabten Evangelisten verloren, und viele Verlorene hätten niemals Gottes Erlösungsplan zu hören bekommen.

Worum geht es mir? Wir müssen die als Evangelisten Begabten unter uns herausfinden. Wenn wir die in Psalm 133 gefeierte und in Epheser 4 gepredigte Einheit schätzen, können wir nicht erlauben, dass sich die Kirchengeschichte wiederholt, dass Evangelisten einfach deshalb untergehen, weil wir nicht wissen, wie man mit ihnen umzugehen hat. Wie bei allen Gaben müssen die Leiter sicherstellen, dass die Evangelisten »bis zum Anschlag« beschäftigt sind, dass wir ihnen nicht die Beine abhacken, nur weil sie uns zu schnell laufen. Am Ende dürfen wir erwarten, dass wenn wir viel für unsere Evangelisten beten und sie mit unserer vollen Unterstützung arbeiten, Tag für Tag und Woche für Woche Seelen dem Reich Gottes hinzugefügt werden.

Der vierte Punkt, den wir in Bezug auf die Weltevangelisation von heute bedenken sollten, befasst sich mit der Tatsache, dass die meisten Christen während ihrer täglichen Beschäftigungen den Nichtchristen kein vollständiges Evangelium mehr nahebringen. Um das zu belegen, brauche ich nicht weiter als in deinen eigenen Garten zu schauen. Wann hast du dort das letzte Mal zu jemandem über das Evangelium gesprochen? Heute Morgen? Gestern? Letzte Woche? Überhaupt schon mal? Ich beginne meine Übungstreffen oft damit, dass ich jene Teilnehmer ihre Hände heben lasse, die in den letzten 24 Stunden vom Evangelium gesprochen haben. In einer Versammlung von mehr als 800 Leuten konnten nur vier die Hand heben, und eine davon gehörte mir! Das ist ein sehr häufiges Ergebnis, wobei zu bedenken ist, dass es sich dabei um ein Treffen von Menschen handelt, die zu einem Evangelisationstraining zusammengekommen waren. So dürfen wir doch annehmen, dass sie ziemlich begeistert für den Großen Auftrag sind. Wenn es schon lange her ist, dass du mit jemandem über das Evangelium gesprochen hast, kann ich dir versichern, dass du nicht allein dastehst. Aber ich will nicht sagen: »Das macht nichts!« Es wird vermutet, dass heutzutage im Westen 98 Prozent der Gläubigen das Evangelium nicht verkünden. Wir sehen uns heute mit der Realität konfrontiert, dass wir in einer »unbesäten Generation« von Menschen leben, die niemals die Botschaft von Jesus Christus gehört haben. Warum ist das so? Wieder komme ich auf die wahrzunehmende Unkenntnis des Großen Auftrags zurück. Mach dir doch einmal bewusst – wenn du zuhören magst –: Dies wird »der Große« Auftrag genannt, nicht »der unbedeutende«, »der gelegentliche«, »der eingebildete Auftrag« oder »der Auftrag, den du hast, wenn dir nichts anderes einfällt«. Doch 1994 kam die Barna-Forschungsgruppe bei ihrer Untersuchung zu dem Ergebnis, dass 75 Prozent derjenigen, die von sich sagten, sie seien wiedergeboren, nicht einmal erklären konnten, was mit dem Großen Auftrag gemeint ist. Als Ergebnis seiner Untersuchung kam das Barna-Institut zu folgendem Schluss in Bezug auf den Großen Auftrag: »Welch Ironie, dass bei steigender Notwendigkeit der Evangeliumsverkündigung die Zahlen der Boten sich zu kaum sichtbaren Proportionen verflüchtigen!«[28]

---

28 George Barna, *Evangelism That Works: How to Reach Changing Generations With the Unchanging Gospel*, Regal Books, 1995.

Wir brauchen nur einen Blick auf einige Statistiken zu werfen, um dafür wachgerüttelt zu werden, wie wenig Interesse die Bevölkerung noch am christlichen Glauben hat. Die Volkszählung in Großbritannien von 2001 brachte das Ergebnis, dass 71 Prozent der Bevölkerung sich für Christen halten. (Bei derselben Zählung haben 390 000 Menschen »Jedi-Ritter« als ihre Religion angegeben – eine Gruppe, die größer als die der Sikhs, der Juden und der Buddhisten ist.) Wenn man jedoch etwas tiefer gräbt, wird deutlich, wie wenige Menschen im Vereinigten Königreich ernsthafte Christen sind. Während ein großer Teil sich »Christen« nennt, geben massive 66 Prozent dieser Gruppe an, sie hätten keine wirkliche Verbindung zur Kirche oder Gemeinde, ja, nicht einmal zur Religion.[29] Eine Umfrage der Christian Research Group ergab, dass eine halbe Million Menschen zwischen 1998 und 2005 aufgehört haben, sonntags zum Gottesdienst zu gehen.[30] Dasselbe sagt der Korrespondent für religiöse Angelegenheiten bei der Zeitung *Daily Telegraph*: »Während sich in jeder Woche 1000 Menschen einer Gemeinde anschließen, treten 2500 aus.«[31] Darüber hinaus behauptet der Tearfund-Bericht von 2007: »59 Prozent der Menschen gehen nie zur Kirche oder Gemeinde, und die meisten von ihnen sind ablehnend und wollen nichts damit zu tun haben. Gottesdienstbesuch steht einfach nicht auf ihrer Agenda.«[32]

Das ist doch herausfordernd, oder?

Aber wenn wir als Christen Schwierigkeiten haben, den Großen Auftrag zu beschreiben, wie stellen wir uns dann eine aktive Mitarbeit darin vor? Wir wollen uns an die vier Elemente erinnern, die diese mächtige Berufung ausmachen. Jesus war sehr deutlich, als er sagte:

---

[29] Office for National Statistics 2001 April Census summary of religion in Britain, erschienen am 13. Februar 2003. Zitiert in *Religion in the United Kingdom: Diversity, Trends and Decline*, von Vexen Crabtree, 5. Juli 2007; http://www.vexen.co.uk/UK/religion.html (abgerufen am 3. Mai 2012).

[30] The Christian Research English Church Census 2005. http://www.esds.ac.uk/doc/6409%5Cmrdoc%5Cpdf%5C6409userguide.pdf (abgerufen am 3. Mai 2012).

[31] Jonathan Petre im *Daily Telegraph*, 18. September 2006.

[32] Tearfund research, *Churchgoing in the UK*, 3. April 2007. Dafür wurden 7000 Briten ab 16 Jahren zwischen dem 8. Februar und dem 5. März 2006 befragt.

- Geht hin in alle Welt
- Predigt das Evangelium
- Tauft die Erretteten
- Macht die Getauften zu Jüngern

Warum müssen wir den Großen Auftrag definieren? Stell dir vor, wir würden alle Teilnehmer der Olympischen Spiele in einem Stadion versammeln und jemand riefe: »Los!« Was würde geschehen? Es gäbe ein furchtbares Durcheinander. »Was sollen wir tun? Womit sollen wir etwas machen? Wo erwartet man uns? Wann sollen wir aufhören? Wo gibt es Erfrischungen?« Wenn die Sportler nicht angeleitet werden und nicht genau wissen, was von ihnen verlangt wird, wie sollten sie es tun? Genauso ist es mit uns. Wenn wir als Christen in Bezug auf den Großen Auftrag unsicher sind, nicht wirklich von ihm überzeugt sind oder überhaupt nicht mit ihm übereinstimmen, wie sollen wir ihn dann ausführen? Und wenn wir ihn nicht ausführen, was sollen wir dann tun? Was ist uns von unserem christlichen Glauben eigentlich bewusst? Wir gehen zur Gemeinde, wir tun gute Werke, wir beten, wir fördern die Kinder, wir beten Gott an, wir halten Familienandachten, wir bringen Opfer, wir denken über die Bibel nach ... alles großartige Dinge, doch was ist das Zentrum unseres Bewusstseins? Ist es die Tasse Tee und das Plätzchen nach dem Sonntagsgottesdienst? Oder ist es die große Sache, die Jesus uns zu tun aufgetragen hat? Was ist daraus geworden, dass wir in die Welt gehen sollten, um das Evangelium zu verkündigen? Warum machen nur zwei Prozent der Gläubigen das wirklich? Wir haben ein sehr ernstes Problem vor uns, und wir müssen einige sehr ernste Antworten darauf geben.

Ein alter Freund von mir hatte einmal einen sehr aufregenden Traum von den Niagarafällen. Da sah er, dass das Wasser voller Menschen war. Da gab es Millionen gute Menschen, die schwammen herum, lebten ihr Leben, sorgten für ihre Familien, machten keine Schulden, arbeiteten hart, bis sie plötzlich an den Rand des Todes kamen. Das war, als sie in die Tiefe stürzten, direkt in den Abgrund ... der Hölle. Ich erinnere mich daran, dass mich bei der Schilderung dieses Traumes schauderte. »Aber das war nicht das Ende«, sagte er mir. »Weit hinten auf dem Fluss waren die Christen.

Sie befanden sich in angenehm stillem Wasser, wo alles nett war. Sie sangen Choräle und Anbetungslieder, freuten sich ihrer Gemeinschaft, beteten und sorgten füreinander und beschäftigten sich auch manchmal mit den Menschen am Rand des stillen Wassers. Dabei stellte ich aber fest, dass sie alle den Wasserfällen den Rücken zuwandten. Ihnen war völlig unbekannt, was aus den Millionen wurde, die in die Tiefe stürzten. Sie waren einfach blind dafür.«

Wenn der Große Auftrag heute zusammenbrechen würde, wären die Folgen unzweifelhaft. Es wurde schon gesagt, dass nur zwei Prozent der Christen aktiv das Evangelium verkündigen. Aber vergiss einmal Prozentsätze und Statistiken und Beweise. Wenn der Große Auftrag zusammenbrechen sollte, dann lag das daran, dass er nur so wenig Raum in den Herzen derer hatte, die vorgeben, den Herrn Jesus zu lieben – eben Den, der diesen Auftrag erteilt hat. Wie sieht es bei dir aus? Glaubst du wirklich an den Großen Auftrag? Wenn Jesus Christus dir jetzt erschiene und dich persönlich beauftragte, in die Welt zu gehen und das Evangelium zu predigen, die Glaubenden zu taufen und alle Getauften zu Jüngern zu machen, dann ist es doch sehr wahrscheinlich, dass du sagen würdest: »Ja, Herr! Mit deiner Hilfe will ich es tun. Ich will gehen, und ich will jetzt gehen!« Lass mich dich daran erinnern: Er hat es gesagt, und er sagt es immer noch. Was hält dich also noch auf?

Die Geschichte von Charles Blondin malt ein lebensechtes Bild von Glauben in Aktion. Blondin wurde berühmt, als er im Juni 1859 versuchte, als erster Mensch auf einem Seil über die Niagarafälle zu gehen. Das Seil war in über 50 Metern Höhe 400 Meter weit über die mächtigen Fälle gespannt. Tatsächlich schaffte er es mehrere Male, jedes Mal auf eine neue, waghalsige Art: einmal in einem Sack, dann auf Stelzen, auf einem Fahrrad, im Dunkeln, und einmal nahm er sogar einen Ofen mit und briet sich ein Omelett. Die Menge klatschte Beifall, während Blondin vorsichtig hinüberging und mit verbundenen Augen eine Schubkarre vor sich herschob.

Als er an der anderen Seite angekommen war, applaudierte die Menge lauter als das Getöse des Wasserfalls! Plötzlich blieb Blondin stehen und sprach sein Publikum an: »Glaubt ihr, dass ich einen Menschen in der Schubkarre hinüberfahren kann?« Die Menge schrie enthusiastisch: »Ja, ja, ja. Du bist der größte Seiltänzer der Welt. Du bringst alles fertig!«

»OK«, sagte Blondin, »bitte einsteigen …«

Die Chronik meldet, dass kein Einziger es wagte![33]

Zum Nachdenken

▶ Wie viel Vertrauen hast du in den Großen Auftrag?

- *Kennst* du ihn?
- *Glaubst* du an ihn?

▶ Wie sehr bist du vom Evangelium überzeugt?

▶ Wann hast du zuletzt das Evangelium verkündigt?

- In den letzten 24 Stunden?
- In der letzten Woche?
- Im letzten Monat?
- Überhaupt schon einmal?

▶ Denk einmal darüber nach, wann sich schon Gelegenheiten ergeben hatten und warum du sie verstreichen ließest.

---

33 www.creativebiblestudy.com/Blondin-story.html (abgerufen am 3. Mai 2012).

9
Die Ohren kitzeln

James Camerons fiktionaler und romantischer Spielfilm über den Untergang der *Titanic* hat die Herzen von Millionen bewegt. Selbst solche, die den mit vielen Preisen ausgezeichneten Film aus dem Jahre 1997 nicht gesehen haben, haben sicher von *jener* Szene und von *jenem* Lied gehört. Indem er alle offiziellen Rekorde brach, gestaltete Cameron ein historisches Ereignis zu einer überwältigenden Liebesgeschichte um, wobei den Zuschauern eine richtige Lebenstragödie nahegebracht wird. Während sich viele zu den Kinos drängten, um DiCaprio und Winslet zu bewundern, kamen sie wieder heraus, und ihnen waren die Augen geöffnet für den absoluten Horror dieser unseligen Reise im Jahr 1912. RMS *Titanic* war von sehr erfahrenen Technikern gebaut worden, die mit dem damals höchsten Stand der Technik gearbeitet hatten. Sie waren sich ihrer Sache dermaßen sicher, dass sie meinten, Rettungsboote viel eher zur Dekoration anfertigen zu müssen als zu dem Zweck, bei einem Unglück Leben zu retten. Tatsächlich wurde die *Titanic* für »unsinkbar« gehalten. Doch vier Tage nach dem Start ihrer Jungfernfahrt stieß die *Titanic* kurz vor Mitternacht auf einen Eisberg, und das »Undenkbare« trat ein. Der Untergang kostete 1517 der 2223 Passagiere das Leben. Es standen einfach nicht genügend Rettungsboote zur Verfügung, und der Film beschreibt nur allzu deutlich die schrecklichen Szenen, wie die Menschen im eisigen Wasser umhertrieben, um irgendein treibendes Holzstück zu ergreifen oder etwas anderes, um sich ein wenig länger über Wasser zu halten. Wer könnte solche Katastrophen-Szenen vergessen? Jacks und Roses letzte Augenblicke, bevor Jack durch Unterkühlung starb – oder die irische Mutter, die ihren Kindern eine Geschichte zu erzählen versuchte, während sich ihre Kabine mit Wasser füllte – oder wie eine andere Mutter ihre Kinder in den Schlaf sang, obwohl sie wusste, dass sie umkommen würden. Nur wenige können diesen Film ansehen, ohne feuchte Augen zu bekommen oder ohne in Rage zu geraten über die Ungerechtigkeit eines Systems, das zuerst die Passagiere der Ersten Klasse rettete und die Passagiere der einfacheren Klassen ihrem Schicksal überließ.

Geraten wir außer uns? Könnten unsere Herzen wegen der Ungerechtigkeit derer schreien, die ihren Vorteil über das Leben der anderen setzten? Ich meine kein bisschen zu weit zu gehen, wenn ich hier einen Vergleich ziehe zu der Beziehung zwischen der Welt und der Gemeinde. Greifen wir nicht alle wild um uns, um irgendwelche Fetzen zu erhaschen, von denen wir uns Sicherheit versprechen – unser Bankkonto, unser Ansehen, unsere gute Arbeitsstelle, unser hübsches Haus …? Und kennen wir als Christen nicht die Wahrheit über das, was uns letztendlich retten kann? Haben wir nicht dieses Rettungsboot? Ja, wir haben die Antwort auf den Fluch des Todes. Warum zögern wir dann so schrecklich, anderen diese Antwort mitzuteilen? Geht es uns nicht wie den Heuchlern aus der Ersten Klasse auf der *Titanic*? Wir wollen das persönliche Ungemach vermeiden, unser Rettungsboot mit anderen teilen zu müssen. Ist es vielleicht schon so, dass unser eigener Glaube bereits »Schiffbruch« erlitten hat (1. Timotheus 1,19)? Denk nur einmal an diejenigen in dem Film, die sich weigerten, ihr kostbares Fahrzeug vollzustopfen, weil es für sie hätte »ungemütlich« werden können? Und was bedeutete das für alle, die nicht in ein Boot kamen? Wir kennen die Antwort, oder etwa nicht?

Im vorigen Kapitel streiften wir den Zustand der Evangelisation in der westlichen Welt. Der Gottesdienstbesuch sinkt rapide, und zwar als direkte Folge davon, dass nur ein so geringer Prozentsatz der Christen das Evangelium verkündigt. Dann ist auch leicht zu begreifen, dass Statistiken und Berichte einen Niedergang des Glaubens in der Gesamtbevölkerung signalisieren. Das steht völlig außer Frage. Wichtig wäre jetzt aber die Debatte über das »Warum«. Die christliche Gemeinde mag sich im Niedergang befinden, aber sie ist *nicht* tot. Es gibt noch die »wirklichen«, freien, liebenden Menschen in unseren Gemeinden, die gern die anderen gerettet sähen. Was läuft also falsch? Wenn die christliche Gemeinde schrumpft, ist das kein zufälliges Ereignis, sondern *die Folge* davon, dass wir – durch Blindheit, Zögerlichkeit oder schlicht durch platte Unkenntnis – das Evangelium nicht verkündigt haben.

In meiner Heimatstadt gibt es eine bestimmte Gemeinderichtung, die durch ein Speisungsprogramm erstaunlich gut zum Nutzen der ganzen Stadt arbeitet. Wie in jeder Stadt in England gibt es auch bei uns ein nicht unbedeutendes Problem in Bezug auf die Nichtsesshaften, und die Christen in dieser Stadt dienen diesen Menschen, indem sie eine nahrhafte Suppe kochen und diese den Notleidenden zukommen lassen. Diese Gespeisten sehen durch diese Christen Christus am Werk und sind auf diese Weise reif und bereit, Jesus ihr Leben zu übergeben. Als ich anfangs davon hörte, war ich sehr angetan davon und zog mit einer Gruppe los, die sich diese Aktion anschauen wollte. Es war wunderschön zu erleben, wie viele der Gespeisten auf die Wärme und Liebe der Christen reagierten, die ihnen gedient hatten. Das war die Chance, mit ihnen zu reden und mitunter mit ihnen zu beten, und in manchen Fällen überreichten Christen ihnen auch Lesestoff. Das war ein wunderbares Zeugnis – aber eins verwunderte mich: Die Christen in jener Gemeinde nannten diese Arbeit »Evangelisation«. Als ich sie jedoch fragte, wie und wann sie tatsächlich das Evangelium verkündigten, verstanden sie mich überhaupt nicht. »Nein, *so* evangelisieren wir«, sagten sie mir. »Wir kochen einfach Suppe und geben sie den Hungrigen dort. Wir predigen nicht viel das Evangelium, wir dachten, *ihr* würdet das tun.« Am liebsten hätte ich gesagt: »Nein, wir machen das nicht, weil wir annahmen, *ihr* würdet es tun.«

Verstehst du, was ich meine? Es herrscht in der Gemeinde die Tendenz anzunehmen, dass irgendjemand anders es tut. Wie ich feststelle, fühlen sich auch nur wenige für die Ausbreitung des Evangeliums verantwortlich. Viele halten sich in anderen Bereichen des christlichen Lebens für verantwortlich, wenigstens bis zu einem gewissen Grad – wir geben den Zehnten, wir sind pünktlich im Gottesdienst, wir singen die richtigen Lieder, wir leben in »geordneten« Beziehungen – aber für die Ausbreitung des Evangeliums während unseres Alltags fühlt sich niemand verantwortlich. Wann hat dich dein Pastor, Gemeindeleiter oder Ältester zuletzt mutmachend gefragt, in welchem Ausmaß und wem du das Evangelium verkündigt hast? Die meisten Gemeindeleiter wissen überhaupt nicht, ob die Gemeindeglieder das Evangelium verkündigen oder nicht. Stell dir vor, wie sich unsere Haltung zu dem Großen Auftrag ändern würde, wenn es bei uns ein »Opfer für den

Großen Auftrag« gäbe – genauso, wie wir es mit dem Einsammeln der Kollekte machen. Was wäre, wenn jede Woche ein Korb herumginge, in den Zettel geworfen würden, auf denen die Zahl der Menschen steht, denen wir in der letzten Woche das Evangelium gesagt haben? Bei diesem Dienst braucht überhaupt kein Druck ausgeübt zu werden. Vielleicht könntest du »zwanzig« oder »dreißig« darauf schreiben, oder »hundert« oder sogar »tausend« (was mit E-Mails, Facebook, Twitter usw. möglich ist). Vielleicht steht nur »einer« darauf. Und auch das wäre ein Grund zum Feiern! Was aber, wenn der Korb Woche für Woche an dir vorübergeht, ohne dass du etwas zum Opfern hast? Würde dich das ein wenig bedrücken? Würde es dich ein wenig ermutigen, wenigstens ein ganz kleines Opfer zu bringen – indem du etwa nur einem Menschen ein Traktat überreicht hast, damit du auch einen Zettel in den Korb werfen kannst? Wie viel wohlgefälliger wäre das vor Gott als nur dein Geldopfer? Als Antwort auf die letzte Frage denke nur einmal daran, wievielmal häufiger in der Bibel von dem Großen Auftrag die Rede ist als vom Zehnten-Geben.

Versteh mich nicht falsch. Ich habe nicht gemeint, dass wir in unseren Bemühungen, das Evangelium zu verkündigen, unbedingt unseren Gemeindeleitern Rechenschaft schuldig sind. Ich möchte dadurch nur ganz besonders deutlich die Tatsache hervorheben, dass unser Versagen in Bezug auf den Großen Auftrag meistens überhaupt nicht wahrgenommen wird, weil wir uns unserer Verantwortung diesbezüglich gar nicht richtig bewusst sind (und wir dementsprechend weder anderen noch uns selbst Rechenschaft darüber ablegen).

Wie wichtig und ernst das alles ist, sieht man leicht ein. Aber es hat noch weitere Konsequenzen, die genauso ernst sind. Vielleicht eine der ernstesten Folgen ist die Ausbreitung eines falschen Evangeliums. Die Bibel sagt uns in Prediger 3,11: »... *auch hat er [Gott] die Ewigkeit in ihr Herz gelegt, ohne dass der Mensch das Werk, das Gott gewirkt hat, von Anfang bis Ende zu erfassen vermag.*« Gewiss denken die meisten Menschen, zumindest zu einigen Zeitpunkten ihres Lebens, über die Ewigkeit und den Sinn des Lebens nach. Die Ansicht, sowohl »geistliche« als auch »physische« Wesen zu sein, wird von den meisten anerkannt. Jedermann scheint nach etwas Ausschau zu halten, und für die meisten Menschen in der westlichen Welt ist es der Wunsch, »glücklich« zu sein, was sie in Reichtum, Macht und »Erfolg« zu verwirklichen trachten. Doch wir brauchen nur einen Blick auf solche zu werfen, die eine Fülle von Reichtum, Macht und Ruhm besitzen, um zu erkennen, dass sie ein unerfülltes Leben führen (und dies auch wissen) und immer noch auf der Suche sind.

Die Popsängerin Madonna sagte auf einer Pressekonferenz in Los Angeles: »In diesen letzten Jahren des eifrigen Studiums der Kabbala habe ich eine immerfort wachsende Gegenwart des einen, wahren Lichts in mir gespürt. Ich freute mich darüber, dass ich kürzlich entdeckte, dass diese Gegenwart die Art und Weise des höheren Wesens ist, mich erkennen zu lassen, dass ich der Messias bin, der Auserwählte der Kabbala.« Dr. Phil Abramowitz von der Projektgruppe für Missionen und Kulte des Jewish Community Relations Council in New York kommentierte das höchst sensibel: »… das löst diese ganze Kabbala-Geschichte aus der Sphäre von Hollywood-Spinnereien und gibt ihm einen festen Platz in der Pop-Szene.«[34] Ich bin mir sicher, dass viele Dr. Abramowitz ohne viel nachzudenken zustimmen werden. Durch Madonnas gewaltige Berühmtheit und wegen ihrer vielen Wohltätigkeiten haben noch viel mehr Hollywood-Größen ihre Aufmerksamkeit ihrem »Evangelium« zugewandt – genauso wie andere Wahrheit und Erfüllung in solchen Dingen wie Scientology suchen, weil »maßgebliche« Persönlichkeiten ihnen das empfohlen haben.

Solche Beispiele mögen extrem erscheinen, aber es ist wahrscheinlich richtig zu sagen, dass selbst in unserem Alltag – in unserem normalen Lebensumfeld, in unseren Straßen, Dörfern, Städten, Fabriken, Büros und Schulen – die meisten Menschen irgendeine Art Gottesbewusstsein haben und auf der Suche nach dem Übernatürlichen sind. Wohin wenden sie ihre Blicke? In vergangenen Generationen fanden zumindest die Menschen hier in der westlichen Welt irgendeine Grundlage in den Lehren Christi. Diese mag von Tradition, Ritualen und Ängsten überschattet worden sein, doch gibt es viele Zeugnisse von Menschen, die in ihrem spä-

---

34 www.holyobserver.com/detail.php?isu=v02i04&art=madonna (abgerufen am 3. Mai 2012).

teren Leben ehrlich nach dem Gott der Sonntagsschule gesucht und ihn dann als Retter und Freund gefunden haben. Natürlich müssen viele Debatten darüber geführt werden, welcher Platz dem christlichen Glauben in der heutigen Gesellschaft zukommt. Aber die wirkliche Frage lautet doch: Was geschieht, wenn Nichtchristen das wahre Evangelium nicht zu hören bekommen? Wenn sie das Evangelium von Christen nicht hören, dann besteht – wenn auch unbewusst – die natürliche Tendenz, sich ein eigenes Evangelium zurechtzubasteln (einen gewissen Lebensstil, der das Wohlfühlen und Ichbewusstsein in den Mittelpunkt stellt), mit dem sie dann ihrerseits »evangelisieren«. Noch tragischer ist, dass manche Gemeinden, ohne es zu merken, von manch einem falschen »Evangelium« beeinflusst wurden. Es besteht die ernste Gefahr, dass Vorstellungen, die von Nichtchristen erfunden und verbreitet wurden, von unseren Gemeinden übernommen und akzeptiert werden, als seien sie das wahre Evangelium. Jesus wusste um diese Gefahr, und ich bin mir sicher, dass er deshalb ausdrücklich sagte: »Geht hin in die ganze Welt und predigt *das* Evangelium ...«. Da spricht er nicht von irgendeiner alten guten Nachricht. Er hat *die eine* Botschaft im Sinn, und diese wird klar und kompromisslos in der ganzen Bibel verkündigt. Dem Apostel Paulus war ebenfalls klar, dass wir es nötig haben, das zu lehren, was unsere eigenen Bedürfnisse befriedigt. In seinem 2. Brief an Timotheus gibt er in Kapitel 4,2-4 den Rat:

Predige das Wort, halte darauf zu gelegener und ungelegener Zeit; überführe, weise ernstlich zurecht, ermahne mit aller Langmut und Lehre. Denn es wird eine Zeit sein, da sie die gesunde Lehre nicht ertragen werden, sondern nach ihren eigenen Begierden sich selbst Lehrer aufhäufen werden, indem es ihnen in den Ohren kitzelt; und sie werden die Ohren von der Wahrheit abkehren, sich aber zu den Fabeln hinwenden.

Woraus bestehen nun einige dieser falschen »Evangelien«, die in unserer Gesellschaft und auch in einigen unserer Gemeinden die Oberhand zu gewinnen scheinen? Es gibt eine bemerkenswerte Anzahl von Menschen, die sich der liberalen Theologie verschrieben haben, welche behauptet, wir alle seien Christen, es sei denn, jemand bezeichnet sich selbst als Muslim, Hindu, Buddhist oder Anhänger einer noch anderen Religion. Das hängt eng mit dem Glauben zusammen, dass wir alle deshalb Christen seien, weil wir in einem christlichen Land geboren wurden. Wie viele Menschen tragen bei dem Aufnahmeformular für ein Krankenhaus unter der Rubrik »Konfession« »evangelisch« oder »katholisch« ein? Genauso sind viele als Baby getauft worden und durchliefen später die Konfirmation oder die Kommunion oder irgendein anderes kirchliches Ritual und halten sich deshalb für Christen, obwohl sie kaum einmal an Gott denken. Andere meinen, dass wenn sie ein Kreuz als Schmuckstück tragen oder zu Weihnachten in die Kirche gehen, ihnen der Weg zum Himmel geöffnet werden wird. Andere denken, dass wenn sie die Finger kreuzen oder ein schnelles Gebet sprechen, sie damit Gott zufriedenstellen können. Es gibt auch solche, die völlig irregeleitet glauben, weil sie einer bestimmten Konfession angehören oder weil ihr Großvater Prediger war, kämen sie ebenfalls in den Himmel.

Außerdem gibt es die weitverbreitete Ansicht, dass alles Gute, was sie getan haben, bei Weitem alles Böse überwiegt, sodass bei ihnen also alles in Ordnung geht. Es ist erstaunlich, dass viele Menschen, sogar eifrige Gottesdienstbesucher, glauben, sie würden durch gute Werke gerettet werden. Dabei kann man schnell erkennen, woher dieser Gedanke stammt, nicht wahr? Er hat allerhand für sich, und Jesus hat viel über das gegenseitige Liebhaben und über gute Lebensführung gesagt. Wir können diese Lehren aber mit der biblischen Botschaft von der Errettung und unserem wahren, von Gott verordneten Ziel hier auf diesem Planeten verwechseln. Dann stehen wir in der Gefahr, Gottes allmächtige Vorsehung für uns zu verfehlen und in die Hölle zu fahren, weil wir uns an ein falsches Evangelium geklammert hatten. Vor einiger Zeit erzählte mir jemand ein beeindruckendes Gleichnis, um zu zeigen, dass es keine Rolle spielt, wie »gut« wir sind oder wie hart wir darum ringen, »gut« zu sein. Wir können einfach nichts *tun*, was uns die Ewigkeit bei Gott einbrächte.

Stell dir vor, alle Einwohner der USA ständen am kalifornischen Ufer des Pazifischen Ozeans aufgereiht und ihnen würde gesagt werden, sie sollten nach Hawaii schwimmen oder sterben. Da wären dann vielerlei Menschen beieinander mit ganz unterschiedlichen Lebensläufen, mit unterschiedlicher Größe und Fitness und Leistungsfähigkeit.

So etwa der Zweieinhalb-Zentner-Mann, der kaum ein Zimmer durchschreiten kann, ohne aus der Puste zu geraten. Sobald er ins Wasser geht, wirft ihn eine gewaltige Woge um, und er kommt nicht wieder hoch. Er schluckt tüchtig Salzwasser und ist schnell ertrunken.

Dann gibt es da den Mann mittleren Alters, der schon immer ein großer Schwimmer war. Er beginnt zu schwimmen, doch dauert es nicht lange, und er beginnt müde zu werden. Nun versucht er es mit Überlebenstechniken, die er bei den Pfadfindern gelernt hat, und kämpft sich weiter – aber schließlich besiegt ihn das Wasser.

Als Nächstes kommt ein Mädchen an die Reihe, das zum Schwimm-Team der Schule gehört. Sie ist in den letzten zehn Jahren ihres Lebens fast jeden Tag im Wasser gewesen und befindet sich in ausgezeichneter Verfassung. Sie bestimmt genau das Tempo, indem sie langsam und gleichmäßig anfängt. Ein Kilometer, zwei Kilometer ... zehn Kilometer. Doch dann stellen sich Krämpfe ein. Sie kann nicht mehr. Sie schluckt das salzige Wasser und ertrinkt.

Jetzt kommt ein Marathon-Schwimmer, der schon oft nur zum Spaß den Ärmelkanal durchschwommen hat. Er beginnt stark und zügig und hat schon bald die Zehn-Kilometer-Marke hinter sich gelassen, dann zwanzig. Bei fünfzig Kilometern fällt es ihm schon schwer, und bald fordert das Meer seinen Tribut. Das Wasser ist einfach stärker.

Obwohl einige Schwimmer besser als der Rest sind, kann doch kein einziger von ihnen die etwa 4000 Kilometer bis nach Hawaii schaffen. Genauso kann auch der beste Mensch der Welt aufgrund seiner guten Werke nicht in den Himmel kommen. Nur Gottes Gnade macht die Reise dorthin möglich. Gute Werke zu tun und anderen Menschen behilflich zu sein, das ist die »Frucht« des Evangeliums, nicht dessen Ursache.

Dieses »Gute-Werke-Evangelium« ist genauso falsch wie die Ansicht, das Christentum sei ein Rosenbett, oder wie das »Evangelium«, das uns beibringt: »Komm zu Jesus, er wird dich reich machen!«, oder wie das »Jesus-liebt-dich-Evangelium«, das die

Notwendigkeit ignoriert, Jesus durch Veränderung des Lebenswandels oder durch Aufgabe von Liebgewordenem zu antworten.

Einen weiteren ärgerlichen Trend stelle ich in einigen modernen Gemeinden fest. Man könnte ihn als ein »Evangelium« nach dem Motto »Schließ dich unserer Gemeinde als neuem Lebensstil an« bezeichnen. In letzter Zeit wurde viel Arbeit darin investiert, das »Gesicht« der Gemeinde zu verändern. Woran denkt der Durchschnittsbürger, wenn er danach gefragt wird, wie er sich deine Gemeinde vorstellt? Sehr häufig wirst du Beschreibungen hören wie diese: »kalt, muffig, elend, freudlos ...«. Welch einen Schock erleben diese Menschen dann, wenn sie in lebensprühende, moderne Räumlichkeiten geführt werden mit zeitgemäßer Beleuchtung, erstaunlicher Powerpoint-Begrüßung und einer erstklassigen Band, die bestens elektronisch ausgesteuert ist. Hübsche, wohlgekleidete, lächelnde Menschen zeigen, wie schön Gemeinde sein kann, und ein wohlgefüllter Kalender mit allen möglichen sozialen Aktivitäten sorgt dafür, dass sich alle wohlbehütet fühlen.

Entschuldige meinen Anflug von Sarkasmus an dieser Stelle! Die Tatsache, dass viele Gemeinden Wert darauf legen, zeitgemäß und offen und ermutigend relevant und auf natürliche Weise auf die Bedürfnisse der Menschen von heute einzugehen, ist begrüßenswert, doch liegt auch eine gewisse Gefahr darin. Manche Menschen können so von dem Rummel vereinnahmt sein, zu einer fürsorglichen, lebensprühenden und wunderbaren Gemeinschaft zu gehören, dass sie gänzlich den Schrecken, die Einsamkeit und das Opfer vergessen, die Jesus für uns am Kreuz erduldete, als er für unsere Sünden starb. An dem Kreuz floss wirkliches Blut, und sein wirkliches Leiden mahnt uns: »Folge mir nach!« Es ist leicht, Gutes von Gott zu predigen. Aber bevor wir nicht *die* Gute Nachricht verkündigen, predigen wir ein falsches Evangelium – geradeso, wie es der Apostel Paulus in seinen Warnungen an die Galater fürchtete (Kapitel 1,9): *»Wie wir zuvor gesagt haben, so sage ich auch jetzt wieder: Wenn jemand euch etwas als Evangelium verkündigt außer dem, was ihr empfangen habt: Er sei verflucht!«*

Ich bin mir sicher, dass du einige dieser falschen »Evangelien« erkennen wirst. Es mag sein, dass dir klar ist, dass du selbst keins von ihnen aufhalten kannst. Aber versuchst du überhaupt, etwas dagegen zu tun? Machst du sie offenbar und stellst du sie der Wahrheit des Evangeliums gegenüber? Wenn wir diese aufwühlenden Wahrheiten untersuchen und über sie nachdenken, steigen ernste Überlegungen in uns auf. Die Wirklichkeit ist, dass viele ernsthafte Menschen in die Hölle kommen werden, die an einem falschen Evangelium festgehalten haben, weil sie die Wahrheit nie zu hören bekommen haben. Und doch gibt es keinen natürlichen oder logischen Grund, warum Christen es so schwierig finden, die Wahrheit zu verkündigen. Es liegt nicht daran, dass wir keine Gelegenheit hätten, das Predigen des Evangeliums zu erlernen. Dieses Buch ist nur eins von vielen Büchern zu diesem Thema. Wir haben das Internet, Video, DVD, Fernsehen, Radio, prächtige Möglichkeiten der grafischen Gestaltung und des Ausdruckens. Was stand Wesley oder Luther zur Verfügung? Nur ein Pferd, eine Bibel und der Heilige Geist!

Es mangelt auch nicht an den Finanzen. Natürlich haben alle Missionsgesellschaften ihre Mühen – und wir könnten viel mehr Lehrgänge durchführen und mehr Geld zur Verfügung haben, wenn treu sorgende Christen opferbereiter für diese Sache wären – aber, aufs Ganze gesehen ist Geldmangel keine Entschuldigung, wenn jemand nur von ganzem Herzen verkündigen oder das Verkündigen lernen wollte. Es fehlt auch nicht an Kraft, es zu tun. Gottes Kraft ist unbegrenzt. In der Apostelgeschichte wurde den Gläubigen der Heilige Geist gegeben, sodass sie »Zeugen« sein konnten (Apostelgeschichte 1,8), und wir wissen, dass es derselbe Heilige Geist ist, der heute in jedem Gläubigen wohnt. Liegt es dann daran, dass der Auftrag zu kompliziert und zu unverständlich ist? Nein, er ist schlicht und einfach: *»Geht hin in die ganze Welt und predigt der ganzen Schöpfung das Evangelium«* (Markus 16,15). Und wir wollen uns nicht davor verstecken. Denn es gibt viele Menschen, denen wir die Botschaft bringen können. Bedenke die Größenordnung unseres Auftrags! Es gibt jetzt über sieben Milliarden Menschen auf der Welt. Überwältigt uns das? Das ist nicht nötig. Wir haben Jesu Versprechen, das wir auf uns persönlich beziehen dürfen: *»Ich bin bei euch alle Tage bis zur Vollendung des Zeitalters«* (Matthäus 28,20). Wir dürfen nicht erlauben, dass Angst oder Mangel an Hilfsmitteln oder wenig Selbstvertrauen uns aufhalten.

Wenn wir über all das nachdenken, kann man kaum begreifen, dass die Ausführung des Großen Auftrags in der westlichen Welt beinahe zum Erliegen gekommen ist. Es scheint einen natürlichen oder logischen Grund dafür zu geben, warum wir dahin gekommen sind, dass Christen nichts mehr von dem Auftrag wissen – oder ihn nicht mehr für nötig halten –, das wahre Evangelium zu predigen. Immerhin: Je mehr man die Bibel studiert und über der Situation betet, umso klarer wird, dass hinter dem »Zusammenbruch« des Großen Auftrags Gewalten und Mächte und deren Anführer, Satan, stehen. Das ist erschreckend, nicht wahr? Ja, das mag sein – aber wir haben bereits klargestellt, dass wir uns als Christen in einem geistlichen Krieg befinden. Und wenn wir uns vorwärtsbewegen, sollten wir uns so deutlich wie die Gemeinde zur Zeit des Neuen Testaments daran erinnern und uns ganz sicher sein, dass wir »*Söhne des Lichts*« und »*Söhne des Tages*« sind (1. Thessalonicher 5,5). »*Wir aber, die von dem Tag sind, lasst uns nüchtern sein, angetan mit dem Brustharnisch des Glaubens und der Liebe und als Helm mit der Hoffnung der Errettung. Denn Gott hat uns nicht zum Zorn gesetzt, sondern zur Erlangung der Errettung durch unsern Herrn Jesus Christus.*« (1. Thessalonicher 5,8-9).

Sind wir also nun bereit, in den Kampf zu ziehen? Sind wir bereit, uns für den Krieg in den himmlischen Örtern bereit zu machen, indem wir die Waffenrüstung ergreifen, die Christus uns anbietet? Lass es dir deutlich vor Augen stehen, dass die Seelen deiner Freunde, deiner Familie und anderer Mitmenschen auf dem Spiel stehen – und darum such nach praktischen Wegen, wie du den Großen Auftrag wieder in deinem Herzen und in dem Bewusstsein deiner Gemeinde verankern kannst.

Zum Nachdenken

▶ Weißt du von irgendwelchen »falschen Evangelien« in deinem eigenen Gemeinde-Umfeld? Welches hältst du für das am weitesten verbreitete?

▶ Hat es in deinem Leben eine Zeit gegeben, in der du an irgendwelche »falschen Evangelien« geglaubt hast oder auf sie vertrautest? Wie war es dazu gekommen? Wie merktest du, dass du auf etwas anderes vertrautest als auf das volle, wahre Evangelium?

▶ Was ist deine Reaktion, wenn du über die Konsequenzen eines »falschen Evangeliums« nachdenkst und über die vielen Millionen, die nie das wahre Evangelium gehört und verstanden haben?

10
Der Mann im Spiegel

Wenn wir an die Botschaft von Jesus Christus glauben, wenn wir persönlich »unser Vertrauen auf Christus setzen«, wenn wir die Gnade Gottes in Anspruch nehmen, weil wir wissen, dass Gott uns entgegenkam und uns die Arme bedingungsloser Liebe entgegenstreckte, als wir noch weit von ihm entfernt waren, dann sind auch wir berufen und genötigt, ihn zu lieben. Und wenn wir zu lieben genötigt sind, sind wir auch zu retten genötigt. Nicht, um uns selbst zu retten – denn das ist einzig und allein Gottes Werk (Markus 2,7; 1. Thessalonicher 1,5) –, sondern wir setzen alles daran, das zu tun, worum der Geliebte uns bittet. Ja, wir wollen ihm unser ganzes Leben darbringen. Man kann kein Jünger Christi sein, ohne sich ihm hinzugeben. Und um ihm ganz ergeben zu sein, müssen wir uns an seinem Erlösungswerk beteiligen, um seinem Namen Ehre zu machen.

Da wir aber denselben Geist des Glaubens haben (gemäß dem, was geschrieben steht: »Ich habe geglaubt, darum habe ich geredet«), so glauben auch wir, darum reden wir auch, da wir wissen, dass der, der den Herrn Jesus auferweckt hat, auch uns mit Jesus auferwecken und mit euch darstellen wird; denn alles ist um euretwillen, damit die Gnade, überreich geworden durch die Vielen, die Danksagung zur Herrlichkeit Gottes überströmen lasse. (2. Korinther 4,13-15)

In Kapitel 7, »Die Worte des Evangeliums«, haben wir gezeigt, dass die Entscheidung für Himmel oder Hölle eine Sache des eigenen Willens und der »Gerechtigkeit« ist. Aber wir möchten an dieser Stelle nicht missverstanden werden: Das Evangelium selbst hat grundsätzlich und vollkommen mit dem Thema »Liebe« zu tun – mit einer aufopfernden, erlösenden und bedingungslosen Liebe, die größer, tiefer und weiter ist, als es sich je ein menschliches Hirn vorstellen kann – einer Liebe, von der uns versprochen ist, dass sie uns nie verlassen noch versäumen wird. Der Apostel

Paulus hat uns im Römerbrief viel darüber zu sagen, was es heißt, sich als ein Miterbe Christi zu benehmen, Christi Gerechtigkeit zu teilen und die Welt mit den neuen Augen zu sehen, wie der Heilige Geist, der in uns wohnt, sie uns verliehen hat. So verstehen wir auch, dass wenn wir jemandem das Evangelium verkündigen, wir es deshalb tun, weil wir diesen Menschen aus reinem Herzen lieben und getrieben werden, ihn vor dem Zugriff des Bösen zu bewahren. Woran erkennt man diese Liebe? Wir brauchen nur auf die bekannte Stelle in 1. Korinther 13 zu blicken, um zu wissen, was Liebe ist und was sie nicht ist: Sie ist geduldig und freundlich, sie rechnet das Böse nicht an, sondern freut sich an der Wahrheit; sie vertraut, hofft und hält durch. Sie neidet nicht, sie prahlt nicht, sie ist weder stolz noch grob, sie sucht nicht das Ihre und lässt sich nicht leicht zum Zorn reizen.

So bin ich wieder bei einer persönlichen Herausforderung gelandet. Denn wenn die Liebe nicht echt ist, so ist sie wertlos. Glaubst *du* an die Gute Nachricht? Hältst *du* es für wahr, dass du geliebt wirst und durch den allmächtigen Gott errettet worden bist? *Kennst* du Jesus als deinen Retter, deinen Herrn, deinen Fürsprecher, deinen Bräutigam, deinen Freund? Versteh mich nicht falsch. Ich frage hier nicht nach der Tiefe oder der Qualität deiner Beziehung zu Jesus. Denk dran: Jesus berief nicht die geistlichen Riesen, die hochgelehrten oder offensichtlichen »Gerechten«, sondern die Schwachen, die Verletzlichen, die Ungebildeten, die Versager und die gänzlich Unbedeutenden. Genau solche wie jene, die bei ihm waren, die Zeugen seiner Wunder waren, die ihm dienten, mit ihm umherzogen und seine Anziehungskraft erlebten – und die ihn verließen, als es ernst wurde. Wären wir im Garten Gethsemane etwa nicht eingeschlafen? Hätten wir unseren geliebten Freund nicht dreimal verraten – oder gar noch häufiger? Das waren die schwachen, ängstlichen und mangelhaften Menschen, die Jesus nur zu gut kannte. Er wusste, dass sie versagen würden. Er wusste, dass sie ihn verlassen und verleugnen würden, und doch wählte er sie dazu aus, die »Gründer« der Gemeinde zu werden, die er auf dieser Erde schaffen wollte. Nein, Jesus erwartete von ihnen nicht, geistliche Riesen zu sein. Das hat er damals nicht getan, und das tut er auch heute nicht.

Erinnerst du dich an Kapitel 7, als wir über die »Worte« des Evangeliums nachdachten? Der Suchende braucht nichts weiter, als willig zu sein, Buße zu tun und sich Gott zu unterwerfen, damit Gott seinem »verlorenen Sohn« oder seiner »verlorenen Tochter« mit weit geöffneten Armen entgegenlaufen kann. Als die ersten Jünger Jesus nachfolgen wollten, taten sie es mit nichts weiter als mit willigen Herzen. Sie wussten nicht, was sie erwartete, was sie tun oder erleben sollten oder was am Ende aus ihnen werden würde. Ein williges Herz und die Bereitschaft, sich ihm hinzugeben, ist alles, was zunächst verlangt wird, wenn wir uns zu Jesus wenden. Und diese echte Leidenschaft und Aufrichtigkeit, die uns zu der ersten bewussten Entscheidung zur Nachfolge führten, sind auch die einzigen Dinge, die uns während unseres ganzen Christenlebens erhalten bleiben müssen. Natürlich werden sie in den rauen Gewässern des Lebens manchmal hart geprüft. Wie oft kommt es uns vor, als gingen wir in unserem Glauben einen Schritt voran und zwei zurück? Aber wenn wir immer wieder in Buße und Unterwerfung umkehren, wächst diese einfache Willigkeit, alles Gottes Führung zu überlassen, zu immer tieferem Vertrauen, wenn wir den schmalen Pfad an seiner Hand entlangwandern. Selbst der Apostel Paulus mit all seiner Erfahrung und seiner »Erkenntnis« seines Retters offenbart uns ein beständiges Begehren nach »mehr«: »... *um ihn zu erkennen und die Kraft seiner Auferstehung und die Gemeinschaft seiner Leiden, indem ich seinem Tod gleichgestaltet werde, ob ich auf irgendeine Weise hingelangen möge zur Auferstehung aus den Toten*«, schrieb er den Philippern (Philipper 3,10-11), während er sie ermutigte, dem Ziel entgegenzustreben und den Siegespreis zu erringen. Selbst Paulus in all seiner offenbaren Stärke und der wunderbaren Gemeinschaft mit Christus war sich immer noch des Mangels an »Erkenntnis« des Herrn bewusst. Er wusste, dass es immer noch *mehr* gibt – dass alles, was wir jetzt sehen und jetzt haben, nichts ist im Vergleich zu der großartigen Erkenntnis Jesu, wenn wir mit ihm in der Herrlichkeit vereint sein werden.

Immer wieder wird uns im Neuen Testament gezeigt, dass Gott echte, aufrichtige Herzen sucht – mehr als alles andere. Das war es, was Jesus erkannte, sobald er jemandem ins Angesicht blickte. Wenn ich meinen eigenen Kindern ins Gesicht schaue, erkenne ich oft, dass sie etwas Böses im Schilde führen, manchmal auch schlechte Laune haben und manchmal unaufrichtig sind. Wenn ich jedoch wirklich ihre Aufmerksamkeit erringe und wir uns gegenseitig in die Augen blicken, sehe ich viel häufiger reine Liebe und unverbrüchliches Vertrauen. Es ist kein Fehler, dass Jesus uns sagt, wir sollten wie die Kinder werden. Alles, was er von uns fordert, ist unsere Liebe und unser Vertrauen, was wiederum zu ergebenem Gehorsam führt. Dann können wir aus diesem aufrichtigen Herzen heraus – mag es noch so schwach, fehlerhaft und schwankend sein – anfangen, andere zu überreden – nicht zu beschwatzen –, zu unserem Vater zu kommen.

Ich kann diesen Punkt nicht oft genug ansprechen. Zu häufig finde ich Menschen, die zu mir sagen: »Gut, das mag alles für dich gelten, Tony, du hast eben einen richtig starken Glauben!«, oder: »Du weißt, wie man das macht«, oder: »Du hast Gott machtvoll handelnd erlebt – da kannst du natürlich andere überzeugen ...« Solche Worte können mich ganz schön aufregen, denn als ich meine Geschichte *Den Tiger zähmen*[35] veröffentlichte, war es mein Anliegen, das Evangelium durch das Zeugnis anderer, wahrscheinlich »normalerer« Christen darzustellen. Ich erzählte das Zeugnis meines Freundes Mike, der in einem christlichen Zuhause aufwuchs, der weder Tag noch Stunde angeben konnte, wann er Christus sein Leben übergeben hatte. Er wusste nur, dass Jesus sein Retter war, und als er älter wurde, wuchs auch sein Vertrauen. Meine Frau hat einen ähnlichen Hintergrund, und viele andere Freunde bezeugen einen natürlichen, jedoch nicht weniger entschiedenen Glauben an Gott, obwohl sie nie die Erfahrung einer Art »Straße-nach-Damaskus-Bekehrung« hatten, wie ich sie erlebte. Warum sind wir darauf aus, uns an anderen Christen zu messen? Wir vergleichen uns mit anderen Christen und kommen uns niedriger, unpassender und mangelhafter als andere vor. Jesus misst oder vergleicht uns nie und verlangt von uns nie mehr, als wir leisten können. Wir haben alle ein Herz und die Fähigkeit zu lieben, und das seinetwegen und durch ihn, der uns zuerst geliebt hat. Wohin bringt uns die Liebe? Liebe bringt uns zum Gehorsam und zur Fülle. Und ein leiden-

---

35 Das Buch erschien 2009 bei CLV; Originaltitel: »Taming the Tiger« (Authentic, 2004).

schaftliches Leben wird – wie jedem einleuchtet – andere anziehen, die wissen möchten, warum man so anders ist. Kurz gesagt: Wenn wir so wandeln, wie wir reden, wenn also alles in unserem Leben durch die Liebe motiviert wird und der Heilige Geist in unseren Herzen regiert, dann haben wir eine gewisse Anziehungskraft und bekommen Gelegenheiten, das zu sagen, was wir sagen sollen.

Lange vor Christi Geburt schuf der Philosoph Aristoteles (384–322 v. Chr.) das grundlegende Werk für erfolgreiche Kommunikation und Ausdrucksfähigkeit – über Veränderung einer Haltung durch »Überzeugen«. In seinem Klassiker *Rhetorik* beschreibt er drei Arten des Überzeugens, die man auf die Methoden anwenden kann, wie man anderen Menschen von Christus Zeugnis gibt. Am überzeugendsten käme die Botschaft an, wenn wir alle drei Elemente miteinander verbinden könnten, um unser Ziel erfolgreich zu erreichen.

Die erste Art ist das *ethos*, der Charakter. Von *ethos* leitet sich interessanterweise das Wort *Ethik* her – das sind die moralischen Prinzipien, die wir ernst nehmen. Dieses *ethos* bezieht sich direkt auf den Sprecher und seinen Charakter, und wie dieser sich durch das offenbart, was der Sprecher deutlich machen will. Damit die Botschaft glaubhaft sein kann, muss man der Person des Sprechers Glauben schenken können. Das ist etwas, wonach der Hörer beständig Ausschau hält, weil er gern etwas Vertrauenswürdiges und wirklich eine erkennbare Ernsthaftigkeit feststellen möchte. Wir brauchen nur in die Welt der Politik zu schauen, um zu sehen, wie das funktioniert. 2009 erlitt die britische Politikerklasse nach dem »MP's-expenses'-Skandal« einen absoluten Vertrauens-Tiefststand. Das Meinungsforschungsinstitut MORI berichtete, dass »die Politiker zurzeit die Berufsgruppe sind, der man am wenigsten zutraut, die Wahrheit zu sagen«. Nur 13 % der Bevölkerung glaubten, dass man ihnen vertrauen könne.[36] Als Christen müssen wir eifrig darüber wachen, dass wir durch unsere Worte, unser Verhalten und unsere Taten stets ein gutes Beispiel abgeben. Wenn unsere Lebensführung nicht mit unseren Worten übereinstimmt, dann sind wir

---

36 MORI-Bericht, zitiert auf http://www.guardian.co.uk/politics/2009/sep/27/trust-politicians-all-time-low (abgerufen am 3. Mai 2012).

nichts anderes als Heuchler oder wie Händler, die ein Produkt an den Mann bringen wollen, das sie selbst nicht haben wollen, weil sie schlichtweg selbst nicht davon überzeugt sind.

Henry Stanley sagte über den schottischen Missionar und Forscher David Livingstone: »Er hat nie versucht, mich zu bekehren, aber wenn ich noch eine Weile bei ihm verweilt hätte, wäre ich ein Christ geworden.«[37] Welch ein Zeugnis! Wenn die Menschen um uns herum die Realität Christi in unserem Leben sehen, nehmen sie auch unsere Worte ernster. Das sollte uns nachdenklich darüber machen, wie wichtig Vertrauen (*ethos*) für uns in Bezug auf unsere eigenen Familien und unsere Bekannten ist. Wenn wir feststellen, dass uns jemand belogen oder sein Versprechen nicht eingehalten hat, fällt es uns schwer, ihm noch einmal zu vertrauen. In 1. Thessalonicher 4,12 werden die Gläubigen ermahnt: »*damit ihr ehrbar wandelt vor denen, die draußen sind ...*«. Dieses Bewusstsein sollte uns immer bei allem, was wir tagein, tagaus tun, gegenwärtig sein.

Führen wir ein heiliges Leben, so werden wir Aufmerksamkeit auf uns ziehen, was wiederum zu Fragen Anlass gibt. Dann müssen wir allerdings in der Lage sein, das Evangelium zu sagen, wie Petrus uns belehrt: »*Seid jederzeit bereit zur Verantwortung gegen jeden, der Rechenschaft von euch fordert über die Hoffnung, die in euch ist, aber mit Sanftmut und Furcht; indem ihr ein gutes Gewissen habt ...*« (1. Petrus 3,15).

Ich kann nicht anders, als mit allem Nachdruck zu betonen, dass unsere Worte den größten Eindruck hinterlassen würden, wenn wir diese mit dem positiven Zeugnis unseres persönlichen Lebenswandels unterstreichen können.

Pathos (Gefühl) ist die zweite der aristotelischen Rhetorikformen und ist die sprachliche Wurzel von »Sympathie« und »Empathie«, also von Mitleid und Einfühlungsvermögen. Das gefällt den Hörern, weil sie merken, dass der Redner ihre Lasten und Empfindungen und Standpunkte und Kämpfe wahrnimmt und sie versteht. Denk einmal an die Werbung im Fernsehen oder in der Zeitung. Viele der erfolgreichsten Werbespots und -anzeigen be-

---

37 Zitiert aus David C. Egner, *Our Daily Bread* (tägliches Andachtsbuch), 17. Januar 2002, RBC Ministries.

dienen wenigstens bis zu einem gewissen Grad die Gefühle. Berichte über Kriege oder Hungersnöte in fernen Ländern werden plötzlich viel bedeutungsvoller für uns, wenn uns die Bilder der unschuldig Leidenden in unser Zuhause geschickt werden.

Fürsorge, Mitleid und Mitgefühl sind zentrale und unerlässliche Bestandteile unserer Evangeliumsverkündigung. Die Menschen sind viel leichter zu überzeugen, wenn ihre Gefühle von der Botschaft erregt wurden. Selbstverständlich kann nur Gott allein einen Menschen überwinden, dass dieser sein Leben Christus übergibt (Johannes 6,65). Aber es ist schön für uns, wenn wir sehen, dass in solchen von Gott arrangierten Situationen die menschlichen Gefühle bestimmend dafür sind, wie ein Hörer mitmacht und auf die Botschaft reagiert. In evangelistischen Hauskreisen haben sich viele Menschen zu Christus gewandt, weil man sie in ein angenehmes und liebevoll gestaltetes Umfeld brachte. Die Mahlzeit und das persönliche Geplauder, das solche Treffen meistens einleitet, entwickelt eine gewisse Dynamik des Anfreundens, der sich die Einzelnen kaum entziehen können. Dadurch wird auch die Diskussion offener, freier, ehrlicher und zweckdienlicher. Immer wieder zeigt sich, dass die Menschen in den einzelnen Gruppen zu festen und dauerhaften Beziehungen finden, besonders, wenn sie gemeinsam vorankommen und sich gemeinsam Christus übergeben.

Neulich hörte ich von einer Gruppe von Studenten aus einem christlichen College, die während einer Europareise ihrem Busfahrer Zeugnis gab. Ein Mädchen sagte mit Tränen in den Augen: »Wenn Sie Jesus nicht annehmen, kommen Sie in die Hölle! Bitte, bitte, nehmen Sie doch Jesus an!« Das war ein emotionaler Appell, der mich an Paulus' leidenschaftliches Werben um den König Agrippa in Apostelgeschichte 26 erinnerte. Vielleicht mag der Busfahrer das junge Mädchen weggeschickt haben, weil er es bloß für eine »verrückte Betschwester« hielt. Aber ich möchte auch hoffen, dass ihr Zeugnis, zusammen mit dem ihrer Mitstudenten, etwas in dem Busfahrer bewegt hat und dass ihre echten Tränen und ihre aufrechten Worte etwas in seinem Herzen bewirkt haben, wodurch der Heilige Geist bei ihm anfangen konnte zu wirken. Echtes Pathos ist nicht so leicht beiseitezuschieben, denn es ist diese einzigartige menschliche Verfassung, die eine natürliche Resonanz in unseren Mitmenschen erweckt.

Es gab einmal einen Schauspieler, der weit und breit für seine Lesungen und Rezitationen von Shakespeares Dichtung bekannt war. Er beendete seine Vorstellung jedes Mal mit einer dramatischen Lesung des 23. Psalms. Jeden Abend – und das ausnahmslos – hörte die Menge höchst gespannt zu, wenn er begann: »Der HERR ist mein Hirte, mir wird nichts mangeln ...«. Und dann, am Ende des Psalms, erhob sich immer tosender Beifall als Anerkennung für die unglaubliche Fähigkeit des Schauspielers, diese Lebensworte vorzutragen.

Eines Abends – der Schauspieler wollte gerade seine übliche Rezitation von Psalm 23 beginnen, rief ein junger Mann aus dem Publikum: »Sir, hätten Sie etwas dagegen, wenn ich heute Abend den dreiundzwanzigsten Psalm lesen würde?« Der Rezitator war ziemlich sprachlos angesichts dieser ungewöhnlichen Bitte, doch erlaubte er dem jungen Mann, nach vorn zu kommen, sich mitten auf die Bühne zu stellen und den Psalm aufzusagen. Er war sich sicher, dass die Fähigkeiten dieses ungeübten Jugendlichen niemals an sein Talent heranreichen könnten.

Mit leiser Stimme begann der junge Mann die Worte der Bibel zu rezitieren. Als er fertig war, gab es keinen Applaus, keine »Standing Ovations« wie an den anderen Abenden. Was man als Einziges hören konnte, war ein mehrfaches Weinen. So sehr hatte dieser Vortrag das Publikum bewegt.

Höchst erstaunt darüber sagte der Schauspieler zu dem jungen Mann: »Das verstehe ich nicht. Ich trage seit Jahren den 23. Psalm vor. Ich habe eine lebenslange Erfahrung und Übung darin. Aber ich habe noch nie ein Auditorium in der Weise erschüttern können wie Sie an diesem Abend. Sagen Sie mir, was ist Ihr Geheimnis?« Der junge Mann antwortete bescheiden: »Na ja, Sir, Sie kennen den Psalm ... aber ich kenne den Hirten.«

Es reicht nicht, nur den Inhalt der Bibel zu kennen – ihre Geschichten, Aussagen und Lehren. Wenn wir den Autor nicht kennen, ist die Bibel nicht größer als jedes andere Buch. Wenn man aber sein Vertrauen auf Jesus Christus setzt und in eine persönliche Beziehung zu Gott dem Vater eintritt, dann wird die Bibel in

Wahrheit »*lebendig und wirksam und schärfer als jedes zweischneidige Schwert*« (Hebräer 4,12).

Um die Worte des Evangeliums wirklich in Kraft zu verkündigen, müssen wir deren Quelle kennen. *Logos* ist die dritte der aristotelischen Rhetorikformen. Das Wort wird sowohl mit »Vernunft« als auch mit »Wort« übersetzt. Für Aristoteles war das *Logos* – der eigentliche Inhalt dessen, was wir sagen – das wichtigste Element. Die Worte und der Inhalt unserer Verkündigung müssen durch *Ethos* und *Pathos* unterstützt und bestätigt werden – aber vor allem kommt es darauf an, dass durch alles, was wir sagen oder schreiben, die Botschaft *vollständig* überbracht wird. Das stimmt meiner Meinung nach auch mit der Bibel überein, weil das Wort Gottes jeden Gläubigen auffordert, die Worte des Evangeliums zu verkündigen. Schließlich mögen wir die ehrlichsten und fürsorglichsten Menschen der Welt sein, und andere mögen uns für wunderbar halten – und doch ist kaum zu erwarten, dass sie Christen werden, wenn sie die wahre Botschaft der Bibel nicht zu hören bekommen.

Die Worte sind entscheidend für unsere Arbeit, und es ist einfach gewaltig, wenn wir uns klarmachen, woher die Worte kommen. Sobald wir der Autorität des göttlichen Wortes vertrauen, das durch uns geredet wird, befreit uns das von aller Befangenheit beim Predigen des Evangeliums. Jedes kurze Bibelstudium sollte uns erregen und inspirieren, wenn wir dabei bedenken, dass durch Gottes Wort die Welt erschaffen wurde. In Psalm 33,6 lesen wir: »*Durch das Wort des* HERRN *sind die Himmel gemacht worden, und all ihr Heer durch den Hauch seines Mundes.*« Beachte, dass Gott sagte: »›*Es werde Licht!*‹ *Und es wurde Licht.*« Er sagte: »›*Es werde eine Ausdehnung inmitten der Wasser*‹ ... *Und es wurde so.*« (1. Mose 1,3.6-7).

Sogar als Christus – der selbst das im Fleisch geoffenbarte *Wort* war (Johannes 1) – vom Teufel in der Wüste versucht wurde, stützte er sich auf das Wort Gottes. Matthäus 4,4 berichtet: »*[Jesus] aber antwortete und sprach: Es steht geschrieben: ›Nicht von Brot allein soll der Mensch leben, sondern von jedem Wort, das durch den Mund Gottes ausgeht.*‹« Jesu Antwort zeigt hier, dass wir nicht nur biologische Maschinen sind, vielmehr ist Gottes Wort die Voraussetzung für unser Leben. Der Hauptmann (Matthäus 8,8-9) schien das verstanden zu haben. Als er Jesus bat: »*Sprich nur ein Wort, und mein Knecht wird geheilt werden*«, erkannte er an, dass Jesu Worte größere Kraft enthielten als irgendetwas, was in der materiellen Welt existiert. Vers 10 dieses Kapitels zeigt uns die Reaktion Christi: »*Als aber Jesus es hörte, verwunderte er sich und sprach zu denen, die nachfolgten: Wahrlich, ich sage euch, selbst nicht in Israel habe ich so großen Glauben gefunden.*«

Wenn wir uns der Autorität Gottes unterstellen, können unsere Worte in Gottes Autorität auf die Schöpfung einwirken. Jesus unterstreicht, dass es nichts gibt, was wir durch das Wort Gottes nicht tun könnten, solange wir Glauben haben: »*Wenn ihr Glauben habt wie ein Senfkorn, so werdet ihr zu diesem Berg sagen: Werde versetzt von hier nach dort!, und er wird versetzt werden*« (Matthäus 17,20). Von Anfang an wollte Gott, dass die Menschen eine so deutliche Autorität über die Schöpfung haben sollten. Es gefiel ihm, uns an seinem Schöpfungswerk teilhaben zu lassen, als er die Tiere zu Adam brachte, um zu sehen, wie er sie nennen würde. Die Handlung des Namen-Gebens weist auf eine Art Besitzrecht hin, was Gottes Willen unterstreicht, der Menschheit einen besonderen Platz zu geben, über allen anderen Geschöpfen. Er hat die Menschen in seinem Bild geschaffen und sie mit der ehrenvollen Aufgabe betraut, auf seine wunderbare Schöpfung achtzugeben. Er handelt wie ein Vater, der seine Freude an einem nagelneuen und überaus kostbaren Sportwagen mit seinem Sohn teilen möchte. Darum überreicht er ihm die Schlüssel und sagt: »Fahr los! Ich habe alles Rechtliche geklärt, damit auch du damit fahren kannst, und ich habe den Tank für dich gefüllt. Freu dich daran und pass nur auf, dass er keine Schramme bekommt.«

Weil unsere Herzen verdorben sind, sind auch unsere Worte nicht vollkommen. Und weil uns die Sünde beherrscht, können wir unseren Mund nicht beherrschen. Unsere Worte sind unvollkommen geworden, und wir führen unser Leben außerhalb der Autorität, die Christus uns gern gewähren wollte. Jakobus erinnert uns daran: »*Die Zunge aber kann keiner der Menschen bändigen; sie ist ein unstetes Übel, voll von tödlichem Gift*« (Jakobus 3,8). Römer 3,13-14 erschreckt uns noch mehr, wenn dort von einem Schlund wie ein offenes Grab und von Zungen geredet wird, die trügerisch sind, von Lippen voller Schlangengift und von einem Mund voller Fluchen und Bitterkeit. Das sind wahrlich ernste Anklagen! Aber die Erinnerung an die Erbsünde und an unseren gefallenen Zustand sind keine Entschuldigungen für uns. Als Christen müssen wir Gott gehorchen, indem wir auf die Lauterkeit und Korrektheit unserer Worte achten. Sprüche 4,24 unterweist uns: »*Tu von dir die Verkehrtheit des Mundes, und die Verdrehtheit der Lippen entferne von dir.*« Und überall in der Bibel finden wir Warnungen vor dem Lügen und vor falschen Zeugnissen.

Weil wir unserem Reden nicht völlig vertrauen können, müssen wir auf eine zweite Komponente bei unseren Worten hinweisen. Wenn unsere Worte dem entsprechen, wovon unser Herz voll ist, sollten wir über die Absichten unseres Herzens nachdenken, wenn wir Worte aussprechen. So kommen wir wieder dahin, dass wir prüfen müssen, ob unser Herz richtig vor Gott steht. Ist unser Herz mit ihm verbunden, dann spricht Gottes Wort aus uns, weil wir unter seiner Herrschaft stehen.

Neben dieser Autorität ist die Authentizität, die Echtheit, eine weitere Komponente, die bei unseren Worten eine Rolle spielt. Das von Aristoteles erwähnte *Ethos* legt den Nachdruck auf einen guten Charakter und auf Vertrauenswürdigkeit, wenn es darum geht, jemanden überzeugen zu können. Doch bei dem Werk der Ausbreitung des Evangeliums müssen wir ein weit größeres Bild vor Augen haben. Echt zu sein, ist unerlässlich für unsere Beziehung zu anderen Menschen – aber es ist noch viel wichtiger, wenn es um die Beziehung zu Gott geht. Die Echtheit unserer Hingabe an ihn bestimmt, wie wir alles beurteilen und worauf unser ewiges Ziel gerichtet ist. Unsere Echtheit macht uns nicht nur brauchbarer für die Verkündigung des Evangeliums, sie stellt auch sicher, dass wir uns selbst dafür geeignet machen. Indem Paulus sich mit einem Athleten vergleicht, der für einen Wettkampf trainiert, erzählt er, wie er sich selbst diszipliniert, »*... damit ich nicht etwa, nachdem ich anderen gepredigt habe, selbst verwerflich werde*« (1. Korinther 9,27). In ähnlicher Weise berichtet das Matthäus-Evangelium von Jesu Warnung, dass am Tag des Gerichts viele zu ihm sagen werden: »*Herr, Herr, haben wir nicht durch deinen Namen geweissagt und durch deinen Namen Dämonen ausgetrieben und durch deinen Namen viele Wunder-*

werke getan?« Und er wird ihnen dann erklären: »*Ich habe euch niemals gekannt!*« (Matthäus 7,22-23).

Das richtige Herz, um das Evangelium verkünden zu können, ist nicht etwas, was man an irgendeinem Tag »bekommt«, oder etwas, was man fortwährend »hat«. Man findet es, wenn man tief von dem Werk Christi am Kreuz und von großer Dankbarkeit dafür durchdrungen ist. Während eines Aufenthalts in Kanada hatte ich das Vorrecht, einen guten Freund zu seinen regelmäßigen Treffen bei den »Anonymen Alkoholikern« zu begleiten. Ich saß in ihrem Kreis und hörte, wie sie alle ihre ganz persönlichen Erfahrungen und Erlebnisse der letzten Woche berichteten. Bevor sie zu reden begannen, begrüßten sie die Runde mit den Worten: »Hallo, mein Name ist [Gary], ich bin ein Alkoholiker.« Weil ich mit dieser Art von Sucht nie etwas zu tun gehabt hatte, fragte ich mich, wie ich mich vorstellen sollte, wenn ich an der Reihe war. Ich kam zu dem Schluss, etwa so etwas sagen zu wollen wie: »Hallo, ich heiße Tony, und ich bin ein Sünder.« Wie ich es verstanden habe, ist das Erfolgsrezept bei den »Anonymen Alkoholikern« eine anhaltende Liebe, die auf der Überzeugung beruht, dass keine wirkliche Veränderung erreicht werden kann, bevor die Menschen zugeben, dass sie machtlos gegenüber dem Alkohol sind und dass sie ihr Leben nicht mehr im Griff haben. Geht es uns nicht genauso? Wir müssen aufrichtig und innerlich zerbrochen eingestehen, dass wir Sünder sind – unbrauchbar und zum Untergang verurteilt –, wenn wir wirklich zu Christus kommen wollen. Wenn wir dahin gekommen sind, kann das »Rettungsprogramm« einsetzen. Wenn wir ehrlich gegenüber uns selbst und gegenüber Gott werden, dann – und nur dann – können wir authentische Hilfe anbieten und andere zu ihm bringen. So ist es. Charles Spurgeon hat einmal gesagt, Evangelisation sei nichts weiter, als dass ein Bettler dem anderen sagt, wo es Brot gibt. Ist damit nicht alles gesagt?

Die für das Ausbreiten des Evangeliums richtige Herzenshaltung ist also das Ergebnis unserer ganz persönlichen, täglich erneuerten Beziehung zu Christus, wenn wir als Antwort auf sein Opfer täglich neu sterben. Ist unsere Beziehung zu Christus nicht echt und authentisch, dann ist auch unsere Sorge um das ewige Wohl anderer ein Betrug, durch den deren Hinwendung zum Evangelium praktisch unmöglich gemacht wird. Vielmehr tun wir nichts anderes als ein Marktschreier, der für einen religiösen Club wirbt, was die meisten Menschen durchschauen, die sich deshalb dann verschließen, kaum dass wir den Mund aufgemacht haben. In Sprüche 13,17 (Schlachter 2000) heißt es: »*Ein gottloser Bote stürzt ins Unglück, aber ein treuer Gesandter bringt Heilung.*« Wir sind Gesandte Christi, Austeiler des Evangeliums, und es ist nichts anderes als recht, dass wir ihm gefallen, statt ihm zu missfallen. Wir müssen echt sein, um der anderen willen, um unsertwillen und vor allem um Christi willen, damit er bekommt, was er mit seinem Blut bezahlt hat: Seelen, die passend gemacht wurden für seine Herrlichkeit.

Das Schlüsselelement der Evangelisation ist schwieriger (und paradoxerweise auch viel einfacher) als das Auswendiglernen einer Evangelisationspredigt oder das Austeilen von Traktaten oder dass man mit einer aufgewärmten Predigt auf der Bühne oder Kanzel steht. Die vornehmste – und eigentlich einzige – nötige Bedingung, um die Gute Botschaft von Jesus Christus in rechter Weise weitergeben zu können, ist allein ein echtes, authentisches Herz vor Gott, das er dazu bereit gemacht hat.

Der Autor Robert Fulghum erzählt die Geschichte seines Professors, eines weisen Menschen mit Namen Alexander Papaderos:

> Bei der letzten Sitzung am letzten Morgen eines zweiwöchigen Seminars über griechische Kultur drehte sich Dr. Papaderos um und stellte die übliche Frage: »Gibt es noch Fragen?«
> Es blieb totenstill im Raum. Diese zwei Wochen hatten so viele Fragen aufgebracht, dass es für ein ganzes Leben ausreichte – aber jetzt blieb alles still.
> »Keinerlei Fragen?« Papaderos' Augen wanderten durch den ganzen Raum. So fragte ich: »Dr. Papaderos, was ist der Sinn des Lebens?«
> Das übliche Gelächter erfolgte, und die Seminaristen machten Anstalten zu gehen. Papaderos hob die Hand und beruhigte die Klasse, wobei er mich lange anschaute und mich mit seinen Augen fragte, ob ich es aufrichtig meinte – was er meinen Augen dann auch ablesen konnte.
> »Ich will Ihre Frage beantworten.«

Dann zog er seine Brieftasche hervor und suchte in einer Lederhülle herum, aus der er einen kleinen runden Spiegel holte, etwa so groß wie ein 2-Euro-Stück. Was er dann sagte, klang etwa so: »Als ich ein kleines Kind war, während des Kriegs, waren wir sehr arm und wohnten in einem abgelegenen Dorf. Eines Tages fand ich auf der Straße die Stücke eines zerbrochenen Spiegels. Ein Motorrad war dort verunglückt.

Ich versuchte, alle Teile zu finden, um sie wieder zusammenzusetzen, aber das ging nicht, so behielt ich nur das größte Stück. Dieses hier. Und indem ich es an einem Stein schliff, machte ich es rund. Ich nahm es als Spielzeug und war von der Tatsache fasziniert, dass ich Licht in dunkle Ecken reflektieren konnte, dorthin, wo die Sonne niemals leuchtete, in tiefe Löcher, Felsspalten und finstere Ecken. Ich machte mir einen Spaß daraus, Licht in die unzugänglichsten Stellen zu bringen, die ich finden konnte.

So behielt ich den kleinen Spiegel, und auch, als ich älter wurde, nahm ich ihn bei Langeweile gern hervor, um mein Spielchen fortzusetzen. Als ich dann erwachsen war, begriff ich mit der Zeit, dass dies nicht nur ein Kinderspiel war, sondern ein Bild für das, was ich mit meinem Leben anfangen sollte. Mir wurde deutlich, dass ich nicht das Licht oder dessen Ursprung war. Aber es gibt Licht – Wahrheit, Verständnis und Erkenntnis –, doch wird es in manche dunklen Orte nur leuchten, wenn ich es dorthin reflektiere.

Ich bin ein Fragment eines Spiegels, dessen Aufgabe und Gestalt ich nicht kenne. Trotzdem kann ich mit dem, was ich habe, Licht in die dunklen Orte dieser Welt reflektieren, auch in die dunklen Winkel menschlicher Herzen, um bei einigen von ihnen ein wenig Änderung zu erreichen. Vielleicht sehen und machen es andere so ähnlich wie ich. Das ist es, worum es mir geht, und darin erkenne ich den Sinn des Lebens.«

Und dann nahm er den kleinen Spiegel, hielt ihn vorsichtig in die hellen Sonnenstrahlen, die durchs Fenster strömten, und spiegelte sie in mein Gesicht und auf meine Hände, die gefaltet auf dem Tisch lagen.[38]

---

38 Robert Fulghum wie zitiert aus Wayne Rice: *Hot Illustrations for Youth Talks*, Zondervan, 1994.

Jesus hat gesagt: »Ich bin das Licht der Welt« (Johannes 9,5), und als seine Nachfolger sollten auch wir wie dieser kleine Spiegel sein und das Licht Christi in die dunklen Ecken dieser Welt spiegeln. Das ist der Sinn des Christenlebens.

Das ist Authentizität, und das überzeugt am Ende.

Lasst euer Licht leuchten vor den Menschen, damit sie eure guten Werke sehen und euren Vater, der in den Himmeln ist, verherrlichen. (Matthäus 5,16)

Zum Nachdenken

So wird mein Wort sein, das aus meinem Mund hervorgeht: Es wird nicht leer zu mir zurückkehren, sondern es wird ausrichten, was mir gefällt, und durchführen, wozu ich es gesandt habe. (Jesaja 55,11)

▶ Jesus beschreibt das Wort als »Samen«, also als Quelle des Lebens und des Wachstums. Vertraust du darauf, dass wenn du das Evangelium verkündigst, es eine solche Wirksamkeit hat?

▶ Die Welt sieht Waffen als das Mittel an, um Feinde zu vertreiben. Welchen Eindruck macht es auf dich, wenn du die Kraft des Wortes (des von dir verkündigten Evangeliums) wie die Kraft eines zweischneidigen Schwertes ansiehst? (Hebräer 4,12; Offenbarung 1,16).

▶ Wie ist es um dein persönliches Echtsein bestellt?

▶ Wie, meinst du, sehen Nichtchristen deine Gemeinde? Strahlt sie authentisch aus, was eine Gruppe von Christen eigentlich ausstrahlen sollte?

11
Schiefe Türme

Persönliche Authentizität ist von entscheidender Bedeutung, um andere Menschen zu Christus zu führen. Doch wir müssen auch immer darauf achten, das Gesamtbild im Auge zu behalten. Erinnerst du dich noch an unseren »Meistermaler« am Anfang des Buches? Jeder arbeitete an seinem kleinen Teil. Niemand hatte eine Vorstellung davon, welches Bild sie schufen. Das war auch in Ordnung, weil der »Meistermaler« einen Plan im Kopf hatte und sehr wohl wusste, wie er alles am Ende zusammenbringen wollte, um das Gesamtbild zu vollenden. Bis dahin hing der Erfolg des Projekts von jedem Einzelnen ab. Jeder musste sich mit aller Sorgfalt dem Detail widmen, das ihm zugeteilt war. Wenn jemand völlig von den genauen Vorschriften für seine Malerei abwich, wäre das ganze Bild verdorben gewesen, nachdem es zusammengefügt wurde. Das Entscheidende an der gesamten Arbeit lag darin, dass jeder – wenn man so will – den Instruktionen des Meisters »treu« geblieben war.

Wenn es um die Verkündigung des Evangeliums geht, ist es von entscheidender Bedeutung, dass wir eine deutliche Vorstellung von der *Wahrheit* haben. Was ist Wahrheit? Hast du jemals innegehalten und wirklich überlegt, ob das, was du glaubst, die Wahrheit des Evangeliums ist? Es ist immer wieder eine interessante Erfahrung, wenn man in einer Diskussionsgruppe überlegen muss, ob man mit deren »Wahrheit« übereinstimmen kann. Wir haben bereits davon gesprochen, dass unsere Gemeinden von falschen Lehren infiltriert wurden und dass diese in unser Verständnis vom Wesen des Evangeliums und von der Bedeutung des Großen Auftrags Aufnahme gefunden haben. Wie stellen wir, als Christen, unter diesen Umständen fest, ob unser Glaube der wirklichen Absicht Gottes entspricht? Was ist Wahrheit? Nun, eigentlich ist die Antwort einfach: »Gottes Wort, denn die Bibel ist die Wahrheit.« Doch wenn man 20 bibelgläubige Christen fragt, was »Evangelisation« bedeutet, erhält man vielleicht 20 verschiedene Antworten. Wer von ihnen sagt die Wahrheit, und wie bekommen wir das heraus? Ich hoffe, dass wir für uns selbst die Bibel studieren und beten und den Heiligen Geist bitten, uns zu erleuchten. Und doch ist die Sache nicht immer ganz einfach, oder? Wäre sie das, gäbe es nicht so viele Meinungsverschiedenheiten zwischen den Gemeinden, und Zersplitterungen in verschiedene Konfessionen und Denominationen wären eine Anomalie.

Was machen wir also mit unseren 20 Definitionen? Soll jeder in seinem Klübchen einfach weitermachen, so wie man es gewohnt ist, das Beste hoffen und den Rest einfach ignorieren?

Nein. Wenn ein Bauherr ein Haus bauen will, muss er das Fundament richtig legen, falls aus dem Projekt etwas werden soll. Er verlässt sich auf die Autorität eines Architekten, der sorgfältig die Maße, Mengen und Materialarten berechnet. Am Anfang wird immer erst ein Plan angefertigt. Ohne diese grundlegende Arbeit hat der Bauherr am Ende nur zufällige Teile von Ziegelwänden, die keinen Sinn ergeben und zu nichts nützen. Die Bibel ruft uns auf, wie gute Baumeister zu arbeiten, die wissen, dass sie die Bibel genau studieren müssen. Auch wir sollten uns zu Herzen nehmen, was Paulus dem Timotheus in 2. Timotheus 2,15 schreibt: *»Befleißige dich, dich selbst Gott als bewährt darzustellen, als einen Arbeiter, der sich nicht zu schämen hat, der das Wort der Wahrheit recht teilt.«*

Der Schiefe Turm von Pisa ist ein prächtiges Beispiel für das, was ich hier deutlich machen möchte. Seit seiner Errichtung im Jahr 1173 ist der Turm zu einem weltbekannten Denkmal geworden, doch geht es dabei nicht um den korrekt erbauten Turm, den die Baumeister geplant hatten. Irgendwie lief etwas gänzlich »schief«. Die Fundamente waren nicht sorgfältig genug gelegt worden. Denn niemand hatte mit dem nachgebenden Untergrund gerechnet, der dem Turm bald zu der berühmten Neigung verhalf. Was können wir dazu sagen? Er ist ein Glockenturm, der seinen Dienst erfüllt. Er hat sogar im Lauf der Zeit durch die Touristen viel Reichtum nach Pisa gebracht, doch er steht nicht entsprechend der Wahrheit, die ihm seine Erbauer zugedacht hatten. Er ist kein besonders gutes Zeugnis für seinen Architekten und seinen Erbauer.

Es mag sein, dass die Frage »Was ist Wahrheit?« bei mir wegen der vielen Menschen, denen ich auf meinen Reisen begegne, sehr im Vordergrund steht. Ich bin immer wieder bestürzt über so viele

Menschen, die sich auf Ideologien und Regeln verlassen, über die sie wenig wissen und die sie auch nicht hinterfragen. So werde ich nie das Gespräch mit einem Londoner Taxifahrer vergessen, der mir von seinen Erfahrungen mit dem »Ouija-Brett« (einem Wahrsage-Gerät) berichtete. Er war ganz aufgeregt und schwärmte von seiner ersten »Séance«, in der dieses Brett ihm Informationen über die anderen Mitglieder der Gruppe gegeben habe. »Nun muss ich eine wirklich schwierige Entscheidung treffen«, erzählte er mir, »und ich weiß einfach nicht, was ich tun soll. Was ich auch mache, alles wird irgendjemandem Schaden zufügen, so brauche ich eine Botschaft, die mir sagt, was der richtige Weg ist.« Ich hörte ihm traurig zu und konnte gar nicht fassen, dass sein Vertrauen zu diesem Brett so augenblicklich entstanden und so unerschütterlich fest war. Tief bewegt versuchte ich ihm das Evangelium zu sagen, wobei ich vorsichtig zu zeigen versuchte, dass er zu Unrecht sein Vertrauen auf diese »Séance« setzte. »Woher wissen Sie, dass das alles wahr ist? Woher, meinen Sie, kommt diese Botschaft?«, fragte ich ihn. »Was ist, wenn Sie sich irren?« Das waren alles Fragen, die er sich bisher nicht gestellt hatte. Schließlich bahnte ich mir den Weg, um ihm die Wahrheit zu vermitteln. Aber die Sache ist die, dass viele Menschen wegen ihrer ewigen Zukunft auf gänzlich Zufälliges vertrauen und »bauen«, ohne wirklich nach der Wahrheit zu fragen und nach ihr zu suchen.

Wo finden wir die Wahrheit?

Ein Mensch leidet an einem Herzproblem. Er wird an einen hervorragenden Kardiologen verwiesen, der eine Reihe ausgeklügelter Tests auf höchstem Niveau durchführt und zu dem Schluss kommt, dass eine Operation unumgänglich ist. Der Arzt versichert dem Menschen, er sei bei ihm in guten Händen, und dass er die gleiche Operation schon viele Male an ähnlichen Patienten ausgeführt habe. Der Mensch geht und erzählt das dem Nachbarn. Der Nachbar ergreift die Hand seines Freundes und sucht ungeschickt an seinem Handgelenk herum, bis er den Pulsschlag findet. Der Freund wartet gespannt, wie der Nachbar zehn Sekunden lang zählt. Dann sagt der: »Ach was, mach dir keine Sorgen, dir fehlt nichts, vergiss das alles, ich denke, es ist alles in Ordnung mit dir.« Wem vertraut dieser Mensch? Weil er sich nicht sicher ist, hält er nach

Beweisen Ausschau. Der Kardiologe ist einer der meistrespektierten und bekanntesten seiner Zunft. Er verfügt über dreißigjährige Erfahrung und hat über sein Fachgebiet viele Bücher gelesen und geschrieben. Der Nachbar hingegen weiß überhaupt nicht, wovon er spricht, außer dass er in einem Artikel in einer Zeitschrift einige Tipps darüber gelesen hat, wie man sein Herz gesund erhält. Wem wird dieser Mensch vertrauen?

Das ist ein einfaches und etwas absurdes Beispiel. Aber ich hoffe, dadurch die Augen dafür geöffnet zu haben, dass wenn wir unsicher sind, es wichtig ist, sich an eine »Autorität« oder an einen Experten zu wenden – einen, der berechtigt ist, in dieser Sache etwas zu sagen. Das ist doch der Grund, weshalb das Neue Testament die Notwendigkeit von Leiterschaft und Autorität in den Gemeinden aufzeigt. Wir sollten dankbar dafür sein, in unserer Zeit mit vielen solchen Menschen gesegnet zu sein und mit vielseitigen Kommunikationsmöglichkeiten, durch die sie uns ihre von Gott verliehene Weisheit mitteilen können. Der Apostel Paulus hatte in der Gemeinde zur Zeit des Neuen Testaments schwierige Probleme zu lösen, wenn die jungen Christen ihre gemeinsamen Gottesdienste zu gestalten versuchten. In seinem ersten Brief an die Korinther rät er: »*Propheten aber lasst zwei oder drei reden, und die anderen lasst urteilen*« (1. Korinther 14,29). Dieses »Urteilen« ist meiner Meinung nach heute noch viel wichtiger. Wir leben in einer Zeit, in der liberale Ideologien in Bezug auf die Bibel und den Glauben der Christen im Kommen sind, und es gibt viele Themen, in denen respektierte Autoritäten unterschiedlicher Meinung sind. Die christliche Gemeinde hat genügend »heiße Eisen«, für die alle Zeit der Welt nicht ausreichen würde, sie zu beseitigen. Aber es mag dich überraschen, dass unter den Gelehrten quer durch alle Konfessionen und Kulturen eine bemerkenswerte Einmütigkeit besteht, wenn es um die Definition von Evangelisation geht.

Warum ist es so wichtig, sich um eine Definition von Evangelisation zu bemühen, und darum, was es heißt zu evangelisieren? Nun, wie wir am Beispiel der Suppenküche meiner Freunde gesehen haben, gibt es viele gutherzige Christen, die meinen, sich an einer Evangelisation zu beteiligen, während sie doch überhaupt keine Evangelisation betreiben. Das heißt, sie sind in vielerlei Aktivitäten verwickelt, die sie »Evangelisation« nennen, ohne dass ihre Bemühungen die Ausbreitung des Evangeliums einschließen. Darauf könntest du nun fragen: »Wer sagt, Evangelisation sei nur die Verkündigung des Evangeliums?« An dieser Stelle sollten wir uns einigen »Autoritäten« auf diesem Gebiet zuwenden. Zwei weltweit führende Bibelgelehrte wie Dr. John Stott und Dr. J. I. Packer bestätigen beide, dass Evangelisation ganz einfach die »Verkündigung des Evangeliums« ist.[39] Außerdem wurde in Anerkennung der Bedeutung dieses Themas in jüngerer Geschichte das »Lausanner Komitee für Weltevangelisation« gegründet. Dieses Komitee versucht Begriffe zu definieren und über den Rahmen der verschiedenen Denominationen hinaus in diesen Dingen Übereinstimmung und Verständnis zu erzielen. Als dieses Komitee 1974 zum ersten Mal zusammentrat, war seine erste einstimmig angenommene Aussage: »Evangelisieren heißt, die gute Nachricht zu verbreiten ...«[40]

Interessanterweise kommt das Wort »Evangelisieren« oder »Evangelisation« in den vier Evangelien kaum vor. Doch durch alle Jahrhunderte hindurch empfand die christliche Gemeinde es als passende Beschreibung für den Großen Auftrag, für die Verkündigung des Evangeliums. Ursprünglich war ein »Evangelist« ein Läufer, der eine »gute Botschaft« von einem militärischen Sieg zu überbringen hatte. Er musste vom Schlachtfeld zum siegreichen König laufen, vor ihm niederknien, eine Rolle entfalten und den Sieg verkünden. Er war ganz und gar nur der Botschafter der guten Nachricht. Die Rolle, auf der die gute Nachricht stand, nannte man »Evangelium«, und »Evangelisation« war der Ausdruck, mit dem man den Akt der Verkündigung des Sieges vor dem König bezeichnete.

Wenn wir diese Terminologie im Bereich des Christentums verwenden, dann können wir zu Recht behaupten, dass der tatsächliche Akt der Verkündigung des Evangeliums an die Nichtchristen und der Sicherstellung, dass diese es auch verstanden zu haben, »Evangelisation« genannt werden darf.

---

39 John Stott, *Christian Mission in the Modern World*, IVP, 1975, S. 39.
40 Lausanner Komitee für Weltevangelisation. http://www.lausannebewegung.de/data/files/content.publikationen/55.pdf (abgerufen am 3. Mai 2012). Abdruck mit Erlaubnis.

In diesem Zusammenhang muss noch etwas Wichtiges angemerkt werden, und zwar dies: Die Botschaft hat einen Anfang, eine Mitte und ein Ende. Sie ist darum ein »Ereignis« und kein »Prozess«. Ich weiß natürlich, dass ich mit dieser deutlichen Aussage scharf dem widerspreche, was manche Menschen unter Evangelisation verstehen. Aber betrachte es einmal so: Wenn wir im Garten etwas pflanzen wollen, bereiten wir den Boden vor, dann legen wir die Samen hinein, bedecken sie mit Erde und bewässern sie. Wir kommen nicht am nächsten Tag mit der Hacke zurück und wühlen alles wieder um, auch nicht am folgenden Tag und auch nicht am darauffolgenden Tag. Die Samen haben wir gepflanzt, einmal. Obwohl manche Vorbereitungen vorausgegangen sein mögen, um den Boden vorzubereiten und die richtigen Voraussetzungen für ein gedeihliches Wachstum zu schaffen, und obwohl noch manche liebevolle Fürsorge stattfinden muss, damit alles gut wächst, so ist doch der Akt des Pflanzens ein für alle Mal erledigt. Genauso ist es, wenn wir das Evangelium in das Leben eines Menschen säen. Entweder wir säen, oder wir säen nicht. Die Bedeutung dieser Tatsache kann nicht zu hoch bewertet werden, was in unserer weiteren Diskussion noch deutlicher herausgearbeitet werden wird. Somit folgt aus unserer Definition, dass jemand, der das Evangelium verkündigt, »evangelisiert« und als »Evangelist« tätig ist. Allerdings lehrt uns die Schrift, dass einige Menschen in der Gemeinde das haben, was wir gewöhnlich »die Gabe der Evangelisation« nennen. Paulus schrieb an die Gemeinde in Ephesus von den besonderen Gaben und Berufungen, die Gott einigen Einzelnen in der Gemeinde verliehen hat: »*Und er hat die einen gegeben als Apostel und andere als Propheten und andere als Evangelisten und andere als Hirten und Lehrer, zur Vollendung der Heiligen, für das Werk des Dienstes, für die Auferbauung des Leibes des Christus*« (Epheser 4,11-12).

Wenn ich das Werk von John Wesley, George Whitefield, Charles H. Spurgeon, Hudson Taylor und aus neuerer Zeit von Luis Palau oder Ray Comfort und anderen betrachte, dann fühle ich den gleichen Herzensschrei. Solche Männer kann man wahrlich als »Epheser 4,11-12«-Evangelisten bezeichnen. Welch ein Vorrecht, vor Hunderten und Tausenden an den Straßenecken oder auf Bühnen und in Stadien reden zu dürfen und zu erleben, wie Gott so manche Seele zu seiner Verherrlichung bekehrt! Zu Avanti Ministries gehören mehrere Evangelisten – Männer und Frauen, die sich für von Gott berufen halten, die Evangeliumsverkündigung zur Priorität ihres Lebens zu machen. Umstände und gesellschaftliche Hintergründe sind bei ihnen höchst unterschiedlich – was sie aber alle gemeinsam haben, ist der ernste Wille, ihrer Berufung und Begabung zu entsprechen. Überall auf der Welt gibt es andere Menschen, die diese Berufung teilen. Manche haben sich mit evangelistischen Missionsgesellschaften verbunden, wie Avanti Ministries oder Open Air Campaigners, Jugend für Christus, Campus für Christus oder Teen Challenge, um nur einige zu nennen. Aber es gibt auch andere, die einfach ihrer täglichen Arbeit nachgehen und doch Evangelisten sind. Mein Freund Chris ist Fensterputzer von Beruf. Er hat nicht die Berufung, vor großen Massen und von einer Bühne aus zu reden, und vor jeglichem Rampenlicht versucht er sich zu verbergen. Doch alle, die Chris kennen, wissen, dass er ein begabter Evangelist ist, eben ein solcher, wie Paulus ihn in seinem Brief an die Epheser beschreibt. Es vergehen nur wenige Tage, an denen Gott ihm keine Begegnung mit einem Menschen schenkt, der das Evangelium von diesem demütigen, doch äußerst begabten Mann zu hören bekommt.

Ich stelle mir manchmal vor, man könnte Evangelisten eigentlich mit Hunden vergleichen. Wir gehören alle zu derselben Art, und doch sind wir alle unterschiedlich. Einige gleichen einem kläffenden Terrier, der einfach nicht still sein kann, einerlei, wo er ist oder wen er vor sich hat. Einige sind wie Bulldoggen, streng entschieden und schrecklich angriffslustig. Andere wieder sind wie Schäferhunde, die eifrig für ihren Herrn arbeiten, aber immer darauf achten, nur dann zu gehen, wenn der Herr es befiehlt, und dorthin, wohin er sie schickt. Andere sind wie Zirkushunde, die es besonders schön verstehen, vor ein Publikum zu treten, um überzeugend ihre Botschaft weiterzugeben. Andere sind wie Windhunde, schnell, feurig und bereit, sich völlig zu verausgaben, um den Siegespreis zu erringen. Dann gibt es den guten, alten, treuen Labrador – sanft, vertrauenswürdig, einfühlsam –, der gut mit Kindern umgehen kann und ein Leiter der Blinden ist. Alle sind unterschiedlich. Aber alle sind sie »des Menschen bester Freund«. Man möge es mir nachsehen, wenn ich die Evangelisten alle »des Menschen beste Freunde« genannt habe. Es geht mir darum zu zeigen, dass alle die gleiche Leidenschaft, das gleiche Sendungsbewusstsein teilen. Doch ist es wichtig zu verstehen, dass unsere »Persönlichkeit« uns immer wieder vorschreiben möchte, wie wir unsere Arbeit tun sollen.

Das wurde mir auf meiner ersten Missionsreise nach Neuseeland deutlich. Ich war zusammen mit einem anderen Evangelisten zum Mittagessen im Haus eines der Ehepaare eingeladen, die das Ganze organisiert hatten. Es ist immer schön, wenn man zu einer Familie eingeladen wird, doch unsere neuen Freunde waren so ehrlich, zuzugeben, dass sie uns mit einer besonderen Absicht eingeladen hätten. Sie machten sich große Sorgen um ihre älteste Tochter, die keine Christin war, und hofften nun, dass unser Zusammentreffen sie herausfordern würde. Als der Zeitpunkt der Verabredung kam, machten sich der andere Evangelist und ich bereit – wie Soldaten für den Krieg. Wir beteten zusammen und bauten uns innerlich auf in der Erwartung, das Evangelium kraftvoll weiterzusagen. Beide haben wir den Charakter einer Bulldogge, wenn es um die Ausbreitung des Evangeliums geht – bis an den Rand der Aggressivität. Ich müsste vielleicht auch bekennen, dass es so etwas wie ein wenig Wettstreit zwischen uns beiden gab, wem es wohl gelingen würde, das Mädchen für Christus zu gewinnen!

Die Familie nahm uns sehr herzlich auf, und alles lief gut, als wir mit der gemeinsamen Mahlzeit begannen. Doch ich merkte, dass mein Freund darauf brannte, »zur Sache zu kommen«. Es dauerte gar nicht lange, als er das allgemeine Geplauder unterbrach und sich in einer recht herausfordernden Art dem jungen Mädchen zuwandte. Kein Wunder, dass sie angespannt wirkte und auf Widerstand schaltete, als mein Freund wegen ihres fehlenden Glaubens mit seinen Fragen eine direkte und harte Linie verfolgte. In gutem Glauben und in der Leidenschaft, sie zu gewinnen, ging mein Freund immer weiter, indem er ihr die Botschaft der Bibel deutlich vorhielt. Ich merkte schnell, dass man in diesem Fall ganz anders vorgehen musste. Ganz entgegen meinen natürlichen Instinkten hielt ich meinen Mund und beschloss, nicht einmal den Versuch zu wagen, ihr das Evangelium zu predigen, zumindest nicht in dieser Situation. Stattdessen suchte ich ihre Augen und lächelte sie an. Als ich einmal meinen Freund kurz unterbrechen konnte, lenkte ich das Gespräch auf andere Dinge und fragte sie nach ihrem Beruf, ihren Freunden und was sie sonst so machte und erzählte von meinen Kindern und zeigte ihr Bilder von ihnen, vermied aber absichtlich alles, was mit Christentum zusammenhängt. Das Essen war gut, und nachdem wir uns am Nachmittag erholt hatten, gingen mein Freund und ich, um uns auf die Evangelisation am Abend vorzubereiten.

Am nächsten Tag erhielt ich einen emotionsgeladenen Anruf von unseren neuen Freunden. Obwohl die Eltern diese Evangelisation organisiert hatten, hatte sich das junge Mädchen eigentlich geschworen, die Abendveranstaltung nicht zu besuchen. Doch ich hätte mich eigentlich nicht darüber wundern sollen, dass ich sie durch mein absichtliches Schweigen vom Evangelium neugierig gemacht hatte. Sie war während des Nachmittags »aufgetaut« und hatte sich nach diesem und jenem aus meiner Geschichte erkundigt. Natürlich erzählte ich auch an diesem Abend, wie immer, meine Geschichte als eine Art Hilfsmittel, um das Evangelium klar und deutlich zu präsentieren. Ich muss zugeben, dass mir die Tränen kamen, als der Vater mir berichtete, dass das Mädchen zusammen mit ein paar Freunden die Versammlung besucht und auf die Botschaft reagiert hatte und nach vorne gekommen war, um Christus anzunehmen.

Wenn wir das Evangelium präsentieren, müssen wir es mit Liebe, Gnade und Sanftmut tun. Das ist die Voraussetzung, die im vierten Artikel der »Lausanner Verpflichtung« von 1974 so zusammengefasst ist: »Für Evangelisation ist unsere Präsenz als Christen in der Welt unerlässlich, ebenso eine Form des Dialogs, die durch einfühlsames Hören zum Verstehen des anderen führt.«[41]

Manchmal kann ich feststellen, dass wir »Epheser 4,11-12«-Evangelisten so von unserer Bestimmung, das Evangelium mitzuteilen, ergriffen sind, dass wir diese Wahrheit vergessen. Wie Bulldoggen, Terrier und Windhunde können wir dazu neigen, zu sehr auf uns und unseren Auftrag zu blicken, was zum Scha-

---

41 Lausanner Komitee für Weltevangelisation. http://www.lausannerbewegung.de/data/files/content.publikationen/55.pdf (abgerufen am 3. Mai 2012). Abdruck mit Erlaubnis.

den derer ausschlägt, denen wir zu dienen meinen. Genauso ist es eine traurige Tatsache, dass Zirkushunde mit ihrem Ego im Clinch liegen. Sie beginnen dann eher an ihre eigenen Kräfte und Fähigkeiten zu glauben als an die ihres Herrn. Sie reagieren oft ganz anders als John Bunyan, auf den – nachdem er einer großen Menge gepredigt hatte – ein Mann zukam und sagte: »Sir, lassen Sie mich der Erste sein, der Ihnen zu dieser wunderbaren Predigt gratuliert.« »Nein, Sie sind nicht der Erste«, antwortete Bunyan, »der Teufel hat es auch schon getan.« Dann gibt es noch die anderen, die keine Staralllüren kennen, sich aber von evangelistischer Berufung getrieben fühlen. Doch lassen sie sich schnell niederdrücken, neigen zu Depressionen und lassen sich von den Sorgen des Lebens »ins Bockshorn jagen«, und das trotz ihrer Leidenschaft für das Evangelium, die noch immer in ihren Leibern brennt.

Es gibt viele Fallgruben bei der Arbeit der »berufenen« Evangelisten. Die meisten Evangelisten, die ich kenne, werden – wenn sie ehrlich sind – diese bezeichnenden Kämpfe zugeben. Viele von uns leiden deutlich an Mutlosigkeit und Isolation. Allzu oft merken wir, dass uns die Heimatgemeinden in unserer Rolle als Evangelisten nicht besonders gut unterstützen. Und manchmal ist die Tatsache, dass offensichtlich längst nicht jeder Christ die gleiche Leidenschaft für die Errettung der Verlorenen mit uns teilt, ein Grund zu tiefster Depression. Viele von uns leiden unter der Enttäuschung über die Arbeit der Missionsgesellschaft oder Organisation, oder wir kommen mit der Entlohnung nicht zurecht oder mit den geistlichen Disziplinen wie Bibellese und Gebet. Der Teufel greift uns immer innerhalb unserer engsten Kreise an, und das heißt durch unsere Familien, durch unsere Freunde, durch unsere Gesundheit, durch die Gemeinde und durch solche, die uns in unserem Dienst unterstützen sollten – alles Dinge, die nahe an unseren Herzen sind und die wir nötig brauchen, damit wir unserer Berufung so folgen können, wie wir sollen. Mein Freund und Mentor, George Verwer, hat mich einmal deutlich zur Ordnung gerufen, als ich bei ihm Unterstützung für eine Missionsarbeit in Indien suchte. »Wir können in Indien arbeiten«, sagte er mir, »aber ich meine, da gibt es irgendwo sonst noch etwas, wo du zunächst noch eine Weile arbeiten solltest.«

»Wo?«, fragte ich eifrig.

»In deinem eigenen Glaubensleben«, war seine ziemlich demütigende Antwort.

Wenn man etwas genauer nachdenkt, ist es nicht verwunderlich, dass der Teufel alle möglichen Fallen zu stellen versucht. Wenn wir in der vordersten Kampflinie stehen, müssen wir damit rechnen, dass er uns mit voller Wucht und mit allen seinen Schlingen und Pfeilen angreift. Da fällt es schwer, einen anderen Rat zu geben, als wachsam und auf der Hut gegen den Bösen zu sein. Petrus ermahnt uns: »*Seid nüchtern, wacht; euer Widersacher, der Teufel, geht umher wie ein brüllender Löwe und sucht, wen er verschlinge*« (1. Petrus 5,8). Das bedeutet, besonders unsere Beziehungen sorgfältig zu hüten und unser moralisches Verhalten in Gedanken und Taten und in unserem Zeugnis anderen gegenüber beständig zu überprüfen.

Ich bin mir sicher, dass wenn du selbst nicht ein solcher Evangelist bist, du dies und jenes, wovon ich hier rede, bei jenen Evangelisten festgestellt hast, die du kennst.

Eins ist immerhin klar: Evangelisten sind ganz sicher von der Bibel her dazu berufen, der Menschen beste Freunde zu sein. Und das bedeutet mehr, als nur den Ungläubigen das Evangelium zu verkündigen. Denk noch einmal an Epheser 4,11-12: »*... andere als Evangelisten und andere als Hirten und Lehrer, zur Vollendung der Heiligen, für das Werk des Dienstes, für die Auferbauung des Leibes des Christus ...*«. Hier geht es um eine Sache, von der ich bemerke, dass sie in unseren Gemeinden und im Leben der sogenannten »Evangelisten« oft nicht genug beachtet wird. Wie wir aus unserer bisherigen Diskussion und aus der Deutlichkeit des Großen Auftrags wissen, sind *alle* Christen aufgerufen, sich am Werk der Evangelisation zu beteiligen. Alle sind aufgefordert, die gute Botschaft von Jesus Christus auszubreiten, allerdings haben nicht alle die Gabe, das Evangelium ganz natürlich unter die Menschen tragen zu können. Hier fängt das Werk der dazu begabten Evangelisten an. Sie müssen *die Gemeinde* dazu anleiten, also Gottes Volk »für das Werk des Dienstes« zuzurüsten. Ich bin mir sicher, dass wenn Gott einen Evangelisten in eine bestimmte Gemeinde stellt, er es darum tut, damit er die übrige Gemeinde in der Kunst der Ausbreitung des Evangeliums unterweist. Währenddessen sind andere mit Aufgaben betraut, die andere Begabungen erfordern – lehren, predigen, zur Jüngerschaft anleiten oder Tee kochen ... Leider ist es so, dass die meisten Christen nicht wissen, wie man das Evangelium verkündigt. Kommt es daher, dass sie nie darin unterrichtet wurden? Kommt es daher, dass solche, die zum Evangelisieren berufen zu sein scheinen, ihrem biblischen Auftrag nur unvollständig nachkommen? Kommt es daher, dass andere Leiter in der Gemeinde sie nicht als Evangelisten anerkennen?

Nur Gott kann die Gabe zum Evangelisieren schenken. Doch wenn jemand mit dieser Gabe andere dazu anleitet, das Evangelium zu verkündigen, beginnen diese als Evangelisten zu handeln. Und wenn das geschieht, gehorcht ein erweiterter Kreis in der Gemeinde dem Auftrag Jesu an uns *alle*, wie er in dem Großen Auftrag formuliert ist.

Begriffe klären, die Wahrheit kennen, den wirklichen Autoritäten vertrauen und die Berufungen erkennen, all das ist grundlegend wichtig für das Wachstum einer Gemeinde. Bist du ein »Epheser-4,11-12«-Evangelist? Wenn du meinst, dies sei deine Begabung, bist du dir dann der Verantwortung dieser Rolle wirklich bewusst? Verkündigst du regelmäßig das Evangelium den Nichtchristen und ermunterst du andere Gemeindeglieder und leitest sie an? Oder bist du ein Gemeindeleiter, der daran erinnert werden muss, die anderen Gaben in der Gemeinde einzusetzen? Du magst ein großartiger Prediger oder Lehrer sein, aber es wird dir nicht gelingen, die Gemeinde mit den Fähigkeiten und dem Schwung auszustatten, das Evangelium in eurer Umgebung auszubreiten, wenn du die Gabe des Evangelisten nicht einsetzt. Musst du erst noch diejenigen herausfinden, die die Gabe zum Evangelisieren haben, und musst du sie erst ermuntern und dazu drängen, ihre biblisch verordnete Arbeit zu beginnen? Und was ist mit all den anderen? Was ist, wenn deine Gabe die Gastfreundschaft ist oder das Lehren oder das Vorlesen, das Beten, das Teekochen oder das Teppichsaugen, nachdem alle anderen heimgegangen sind zum Mittagessen? ... Was ist, wenn du ganz froh bist, ganz sicher kein »Epheser 4,11-12«-Evangelist zu sein? Nun, ich hoffe, dass dir dann trotzdem als Nachfolger Christi klar wird: »Ich bin in jedem Fall berufen, mich für den Großen Auftrag zu engagieren!«

Sicher brauchst du nur ein wenig Nachhilfe, damit du beginnst, deine Gabe entsprechend einsetzen.

Zum Nachdenken

▶ Warum ist es so wichtig, dass Christen solche Schlüsselworte wie »Evangelisation« klar und präzise erklären können? Lies 2. Timotheus 2,15.

▶ Wie gehen wir mit den vielen Interpretationen der »Wahrheit« in der Bibel um?

▶ Bist du vielleicht ein »Epheser 4,11-12«-Evangelist? Wenn dem so ist: Lebst du das in allen relevanten Bereichen wirklich aus?

▶ Kennst du einen »Epheser 4,11-12«-Evangelisten in deiner Gemeinde oder in deinem Wohnort? Leitet er andere dazu an, das Evangelium auszubreiten? Erfährt er Unterstützung und Ermutigung? Wenn nicht, was meinst du, woran das liegt?

12
Berufen und befähigt

Gott beruft nicht die Fähigen – er befähigt die Berufenen. Im vorigen Kapitel ging es um die Bedeutung, die »Epheser 4,11-12«-Evangelisten unter uns zu erkennen, zu stärken und zu unterstützen. Doch die eigentliche Absicht dieses Buches ist es, die Leidenschaft *aller* Christen zu entfachen, all diejenigen zu inspirieren und auszurüsten, die behaupten, den Herrn Jesus Christus zu lieben, damit sie sich den Großen Auftrag auf einem ganz persönlichen Niveau zu eigen machen.

In Apostelgeschichte 1,8 verhieß der Herr seinen Nachfolgern: *»Aber ihr werdet Kraft empfangen, wenn der Heilige Geist auf euch herabkommt; und ihr werdet meine Zeugen sein, sowohl in Jerusalem als auch in ganz Judäa und Samaria und bis an das Ende der Erde.«* Wir wollen wieder einige Beispiele dafür untersuchen, in denen wir sehen, wie Jesus seinen Jüngern befiehlt, in seinem Namen »hinzugehen«. Ich habe schon mehrfach auf Markus 16,15 und Matthäus 28,18-20 verwiesen, aber es gibt auch in den Evangelien von Lukas und Johannes Stellen, die viele als den Großen Auftrag verstehen:

Er sprach aber zu ihnen: Dies sind meine Worte, die ich zu euch redete, als ich noch bei euch war, dass alles erfüllt werden muss, was über mich geschrieben steht in dem Gesetz Moses und den Propheten und Psalmen. Dann öffnete er ihnen das Verständnis, die Schriften zu verstehen, und sprach zu ihnen: So steht geschrieben, dass der Christus leiden und am dritten Tag auferstehen sollte aus den Toten und in seinem Namen Buße und Vergebung der Sünden gepredigt werden sollten allen Nationen, angefangen von Jerusalem. Ihr aber seid Zeugen hiervon; und siehe, ich sende die Verheißung meines Vaters auf euch. Ihr aber, bleibt in der Stadt, bis ihr angetan werdet mit Kraft aus der Höhe. (Lukas 24,44-49)

Als es nun Abend war an jenem Tag, dem ersten der Woche, und die Türen da, wo die Jünger waren, aus Furcht vor den Juden verschlossen waren, kam Jesus und stand in der Mitte und spricht zu ihnen: Friede euch! Und als er dies gesagt hatte, zeigte er ihnen seine Hände und seine Seite. Da freuten sich die Jünger, als sie den Herrn sahen. Jesus sprach nun wieder zu ihnen: Friede euch! Wie der Vater mich ausgesandt hat, sende auch ich euch. Und als er dies gesagt hatte, hauchte er in sie und spricht zu ihnen: Empfangt den Heiligen Geist! Welchen irgend ihr die Sünden vergebt, denen sind sie vergeben, welchen irgend ihr sie behaltet, sind sie behalten. (Johannes 20,19-23)

Es besteht wohl kein Zweifel daran, dass der Große Auftrag allen Jüngern Jesu Christi gegeben wurde. Ursprünglich empfingen Jesu erste Nachfolger ihn in der Zeit kurz vor Jesu Himmelfahrt, wodurch Jesus ihnen zeigte, was er von seinen Jüngern während seiner Abwesenheit erwartete. Doch weil Jesus ihnen sagte, sie sollten die anderen lehren, alles zu halten, was er sie gelehrt hatte, gilt das *fortlaufend*. Allein die Tatsache, dass Jesus ausdrücklich auf die Predigt des Evangeliums an die gesamte Schöpfung hinweist, erweitert die Zeitspanne von den ersten Gläubigen bis heute und bis zu dem Zeitpunkt, an dem der Herr wiederkommen wird. Das ist wahrlich eine Aufgabe, die als Vermächtnis der gesamten christlichen Gemeinde gilt.

Wir kehren jetzt zu Apostelgeschichte 1,8 zurück und stellen fest, dass uns hier eine sehr deutliche Evangelisations-Strategie vorgestellt wird. Wenn wir uns jemals unsicher waren, wen Jesus zum Zeugendienst aufgefordert hat, dann finden wir die Antwort leicht, indem wir diese machtvolle Schriftstelle genauer betrachten. Zunächst verheißt uns der Herr, dass der Heilige Geist uns Autorität und Kraft für die vor uns liegende Arbeit verleihen wird. Wenn er vom »Zeugen-sein« spricht, dann meint er, dass wir Menschen sein sollen, die das, was sie gesehen und erlebt haben, solchen Menschen weitersagen, die das noch nicht gesehen und erlebt haben.

Wo leben solche Menschen? Jesus erzählt uns das als Erstes: Sie leben zunächst in Jerusalem, zweitens in Judäa, drittens in Samaria, und schließlich überall, bis an das Ende der Erde. Was bedeutet das für uns heute?

Denken wir zunächst an Jerusalem. Ein Grund dafür, dass der

Herr Jesus seine Jünger unterwies, in dieser Stadt anzufangen, war der, dass sie dort bekannt waren. Und welcher Ort eignet sich am Anfang besser als die eigene Türschwelle! Unser »Jerusalem« ist also unser nächster Freundeskreis, unsere Familie, die Nachbarn, Kollegen usw.

Nimm dir hier ein Herz! Jesus weiß, dass unser »Jerusalem« eine mächtige Herausforderung darstellen kann.

Bedenke, welche Spuren sie in Jerusalem bisher hinterlassen hatten. Als Jesus gefangen genommen wurde, »desertierten« die Jünger und flohen von ihm. Petrus verriet ihn dreimal (Matthäus 26,56.69-75). Jerusalem war ein schwieriges Pflaster für die Jünger, um dort ihre Missionsarbeit zu beginnen. Aber Jesus hatte sie ausdrücklich dorthin geschickt, wo sie ihre größten Fehler gemacht hatten. Die unbequeme, aber entscheidende Tatsache, die wir hieraus zu lernen haben, lautet also: Wir müssen dort mit dem Zeugnis-Geben anfangen, wo wir vielleicht am unbrauchbarsten als Zeugen sind. Wenn wir in unserem »Jerusalem« Zeugnis geben können, können wir es überall tun. Glaube also niemals, Gott würde dich nicht berufen, denjenigen Zeugnis zu geben, bei denen du dir als großer Versager vorkommst!

Leichter gesagt als getan? Viele von uns haben Verwandte und Freunde, denen wir nie etwas über den Glauben sagen konnten, oder solche, bei denen wir es versuchten und anscheinend nichts erreichten oder gar auf massiven Widerstand stießen. Wenn es scheint, als ob wir mit diesem großen Auftrag vor verschlossenen Türen stehen, dann muss unser erster Schritt sein, anhaltend um viel Liebe für diese Menschen zu beten.

Um solchen Menschen Zeugnis geben zu können, kann eine Entschuldigung hilfreich sein. Sag: »Es tut mir leid – aber ich habe dir noch nie gesagt, was mir das Wichtigste ist«, oder: »Entschuldige, wenn ich zu aufdringlich erscheine, aber ich möchte dir erzählen, was mir das Wichtigste ist.« Wenn wir ehrlich sagen, was wir meinen, werden das die Hörer spüren und uns in einem neuen Licht sehen. Liebe, Respekt und Freundlichkeit zu zeigen, ist unerlässlich.

Manchmal sind da Menschen, die wir schon jahrelang kennen, und doch war der Glaube niemals Gesprächsstoff. Ist es nun zu spät dafür? Vielleicht haben wir das Gefühl, dass unsere Lebensführung und das Bild, das wir abgeben, nicht mit dem übereinstimmen, was wir vermitteln möchten – dann kommt es nicht selten vor, dass man sich unwohl fühlt und verlegen wird. Aber dann denke doch daran, was Jesus einem jungen Gläubigen befahl:

> *Geh hin in dein Haus zu den Deinen und verkündige ihnen, wie viel der Herr an dir getan ... hat.* (Markus 5,19)

Jesus lehrte beständig, dass wenn wir seine Nachfolger sind, unser Leben den Stempel echter Liebe tragen wird – Liebe zu Gott, zu uns selbst und zu unseren Nächsten. Unsere »Soziologie« sollte ein Widerschein unserer Theologie sein. In unserem engsten Familienkreis und unter unseren Freunden sollten wir ein lebendiges »Evangelium« sein, das zu Fragen und Gesprächen darüber, was und warum wir glauben, Anlass gibt. Wie wir andere behandeln, zeigt am deutlichsten, wie wir uns Gott vorstellen. Ich denke immer wieder daran, was mein lieber Freund Michael Wright einmal sagte: »Es ist sehr gut möglich, dass du die erste Bibel bist, die ein Mensch zu lesen bekommt.« Das stimmt doch, oder? Die meisten werden in unserem Leben lesen, lange bevor sie in der Bibel lesen. Du und ich, wir sind Zeugen, ob wir wollen oder nicht – entweder gute oder schlechte. Wir können auf diese Weise durch unser Leben gute oder schlechte Botschaften überbringen.

Aber wie bringen wir das Evangelium ins Gespräch, wenn vorher noch nie einmal das Gespräch darauf gekommen war? Jesus will, dass wir mutig vorangehen. Ich habe es als nützliche Methode erkannt, dem betreffenden Menschen in einem Brief oder am Telefon zu sagen: »Könnte ich einmal mit Ihnen über etwas sprechen? Mir ist plötzlich bewusst geworden, dass wir uns nun schon so lange kennen und dass Sie mich schon oft zur Gemeinde haben gehen sehen und Sie mich sicher irgendwie für ›religiös‹ halten. Aber ich habe mit Ihnen noch nie über das gesprochen, was mir das Wichtigste in meinem Leben ist. Entschuldigen Sie bitte, dass ich so indiskret werde – aber ich hätte es Ihnen doch gern einmal erklärt ...« Natürlich bin ich dann gefordert, entweder das Evangelium in meine eigene Lebensgeschichte einzuarbeiten oder es in einer allgemeineren Darstellung zu präsentieren, wie es in Kapitel 7 oder am Ende des Buches beschrieben wird.

Wie mag dieser Mensch reagieren? Wenn er mich als Freund wertschätzt, wird er sicher meine so eingeleiteten Worte respektieren, besonders, wenn man um Verzeihung dafür bittet, es nicht eher getan zu haben. Darauf müsste eine Reaktion erfolgen und die Bereitschaft zuzuhören. Mit einer Entschuldigung kann man Zuneigung gewinnen, und sie ist ein deutliches Zeichen dafür, dass etwas Bedeutsames in meinem Leben passiert sein muss. Indem ich einem Freund so begegne, vermittle ich ihm vor allem diese Botschaft: »Ich schätze dich wert – lass mich dir nun sagen dürfen, was mir das Wichtigste ist.«

Wenn wir also in dieser Weise über unser »Jerusalem« nachdenken, sollten wir überlegen, wie wir unserer Fürsorgepflicht nachkommen wollen, *ohne* von diesen Dingen zu reden. Halte dabei im Gedächtnis, dass wir ihnen nichts vorpredigen – auf keinen Fall! Es sollte aber immer die Hoffnung vorherrschen, dass die Zeit kommen wird, in der sie uns bitten, unsere christliche Hoffnung und das herrliche Evangelium gründlicher zu erklären. Dabei kann allerdings ein Punkt niemals zu stark beachtet werden: In unserem »Jerusalem« sind wir sehr oft nur berufen, den Grundstein zu legen, was allerdings eine sehr wichtige Sache ist. Viele Christen erleben, dass ihr Einfluss und ihr Zeugnis für einen Freund oder geliebten Menschen ein Anstoß ist, der sie zu jemandem führt, den Gott gebraucht, um ihn oder sie zu einer vollständigen Übergabe an Christus zu bringen.

Für alle Christen ist »Jerusalem« der Ort, an dem wir zu aller Zeit in der Lage sein müssen, einige Samenkörner von der in uns wirksamen Gnade Gottes auszustreuen. Es ist zweifellos der Ort, an dem die Mehrzahl der »gewöhnlichen« Gläubigen am wirksamsten für das Evangelium ist. Wenn wir glauben, dass Gott uns »für eine Zeit wie diese« (vgl. Esther 4,14) geschaffen hat, dann müssen wir darauf vertrauen, dass alle unsere Begegnungen von Gott angeordnet wurden. Indem wir uns daran erinnern und täglich bitten: »Herr, hilf mir, deinen Willen zu tun!«, werden wir unausweichlich mutiger werden und mehr Liebe in unsere Begegnungen mit jenen Menschen investieren, von denen wir erkennen, dass sie als Teil des

»großen Bildes« in unser Blickfeld gerückt wurden. Während die »Epheser 4,11-12«-Evangelisten viel Lärm in der öffentlichen Arena machen, sind es die »Fußsoldaten«, die gewöhnlichen Männer und Frauen des Glaubens, die den größten und dauerhaftesten Einfluss auf jemandes Reise zu Gott ausüben. Aber unsere Reise fängt nicht in »Jerusalem« an, um dort zu enden. Jesus will, dass wir über die Stadt hinausblicken ...

Als Nächstes war Judäa für die Jünger an der Reihe, und das gilt auch für uns. Judäa repräsentiert die Evangelisierung der Freunde und Geschäftspartner, die wir nicht dauernd sehen, auch die entferntere Verwandtschaft etwa, und solche, die wir vielleicht eher »entfernte Bekannte oder Kollegen« nennen als »enge Freunde«. Der Umgang mit ihnen ist aber derselbe. Überall, wo eine Unterhaltung stattfindet, entstehen auch Gelegenheiten:

»Wie war Ihr Wochenende?«

»Prima! Danke. Wir waren am Samstag im Zoo, dann, wie gewöhnlich, am Sonntag im Gottesdienst ...«

Solche Dialoge sind immer recht hilfreich. Hab keine Furcht, in eine gewöhnliche Unterhaltung etwas über die Gemeinde oder etwas anderes in das Gespräch einzustreuen, was dich als Christen erkennbar macht. Es kann sein, dass der Gesprächspartner völlig überhört, dass du dich als Gottesdienstbesucher zu erkennen gegeben hast, und du solltest ihm auch immer Raum und Gelegenheit geben, nicht darauf einzugehen. Weil aber längst nicht mehr alle Menschen am Sonntagmorgen zum Gottesdienst gehen, kann sich eventuell eine Reaktion ergeben, die Anlass zu einem weitergehenden Gespräch ist.

Wenn Jerusalem und Judäa für die ersten Jünger schon eine Herausforderung darstellten, dann mögen sie die Notwendigkeit der Kraft des Heiligen Geistes besonders empfunden haben, als Jesus Samaria erwähnte. Ich kann mir vorstellen, dass sie ein paar Mal hart geschluckt haben, als sie diesen Teil des Großen Auftrags vernahmen. Samaria, das Land der Samariter, stellt das Land der Feinde der Juden dar. Was bedeutet das für uns? Ich nehme an, dass Jesus uns dadurch auffordert, unter solchen zu evangelisieren, bei denen es uns schwerfällt, sie zu lieben und mit ihnen auszukommen, und denen auch an uns herzlich wenig liegt. Das mag sehr schwierig sein, aber wiederum: Wo Beziehungen sind, und seien sie auch noch so klein, da ist Kommunikation möglich, und wo diese möglich ist, dahin kann auch das Evangelium gebracht werden. Jesus lehrte uns: »*Liebt eure Feinde; tut wohl denen, die euch hassen; segnet die, die euch fluchen; betet für die, die euch beleidigen*« (Lukas 6,27-28). Der erste Brief des Johannes sollte auch unsere Herzen herausfordern:

Wir lieben, weil er uns zuerst geliebt hat. Wenn jemand sagt: Ich liebe Gott, und hasst seinen Bruder, so ist er ein Lügner. Denn wer seinen Bruder nicht liebt, den er gesehen hat, wie kann der Gott lieben, den er nicht gesehen hat? Und dieses Gebot haben wir von ihm, dass, wer Gott liebt, auch seinen Bruder liebe. (1. Johannes 4,19-21)

Je mehr wir Gott lieben, umso eher werden wir auch die Menschen lieben können, wer immer sie sein mögen. Und wir können niemanden lieben, ohne für ihn Sorge zu tragen. Vielleicht wird in einigen Fällen als Voraussetzung für »Liebe« die »Vergebung« nötig sein. Jesus hat sich in dem Gleichnis von dem unbarmherzigen Knecht in Matthäus 18,21-35 sehr deutlich zu diesem Punkt geäußert. Da bat ein Knecht zu den Füßen seines Herrn um die Gnade, ihm eine riesige Schuld zu erlassen, die er niemals bezahlen konnte. Der Herr hatte Mitleid mit ihm, erließ ihm die ganze Schuld und ließ ihn frei. Doch kurz darauf – so wird uns berichtet – ging dieser Knecht zu einem Mitknecht, der ihm eine relativ kleine Summe schuldete. Trotz der Bitten des Mannes blieb der erste Knecht erbarmungslos und warf seinen Mitknecht ins Gefängnis. Sein Herr hörte von dieser Bosheit und stellte den bösen Knecht zur Rede:

Du böser Knecht! Jene ganze Schuld habe ich dir erlassen, da du mich batest; hättest nicht auch du dich deines Mitknechtes erbarmen sollen, wie auch ich mich deiner erbarmt habe? (Matthäus 18,32-33)

Wir bekommen ein vergebungsbereites Herz, wenn sich unser Herz der Vergebung durch den Herrn bewusst ist. Das »Zentrum« des Evangeliums ist die Vergebung, die Vergebung der Sünden, meiner Sünden. Und die direkte Folge der göttlichen Vergebung ist, dass auch ich vergeben muss: »*Wie auch der Christus euch vergeben hat, so auch ihr*« (Kolosser 3,13). Wahre Vergebung zu menschlichen Bedingungen ist äußerst schwierig und in manchen Fällen unmöglich. Doch Gottes Vergebung macht, ihrem Wesen entsprechend, alle Dinge möglich. Für einige Menschen spricht die Erfahrung, dass du wirklich vergeben hast, lauter als alle Worte von der Wahrheit der Gnade Christi, die in deinem Leben wirksam wurde. Vielleicht hat »Samaria« dann das größte Potenzial für evangelistische Bemühungen und für die Kraft des Evangeliums, die sich zweifach offenbart: einmal durch unser Zeugnis des Vergebens und einmal durch die Tatsache, dass uns vergeben wurde.

»Samaria« mag die ersten Jünger herausgefordert haben, wie auch uns heute. Aber wieder können wir nur auf Jesus als unser Vorbild verweisen. Menschen, die von anderen als »schwierig« oder unliebsam eingestuft wurden, umgaben ihn Tag für Tag. Doch er wurde »Freund der Sünder« genannt (vgl. Matthäus 11,19). Eines der erstaunlichen Dinge, die uns in der Bibel von Jesus berichtet werden, ist, dass er gern bei Sündern war – und sie gern bei ihm waren. Dabei darf man nicht vergessen, dass er sich nicht einfach nur nett mit ihnen unterhielt, sondern sie über das Reich Gottes belehrte und sie vor Entscheidungen stellte.

Die »Gefahr« bei unserer Familie, bei Freunden, Kollegen, Nachbarn, Bekannten und, ja, sogar bei Feinden, besteht darin, dermaßen mit der Beziehungspflege beschäftigt zu sein, dass wir dabei das Evangelisieren vergessen. Es gibt aber keine Beziehung auf dieser Erde, die über unserer Loyalität zu Jesus Christus steht, und wir müssen – vor allem anderen – sein Beispiel im Blick behalten. So zeigte Jesus dem Nikodemus, einem älteren Mann mit beträchtlichem Ansehen und großer Bibelkenntnis, ruhig und sachlich, dass dieser von himmlischen Dingen nichts verstand (Johannes 3). Und er machte der Samariterin liebevoll deutlich, dass sie Gott auf keinen Fall anbeten konnte, bevor sie nicht mit ihren moralischen Sünden gebrochen hatte (Johannes 4). Was lernen wir daraus? Ich glaube, es zeigt uns, dass die Beziehungen, die Jesus aufbaute – seien sie eng oder distanziert –, direkt zur Konfrontation und manchmal zur Verwerfung führten. Das kann auch für uns die Konsequenz sein, wie wir schon besprochen haben – denn wir wissen, dass geistliche Mächte und Gewalten am Werke sind. Wenn wir uns um die Seelen kümmern, befinden wir uns deutlich und eindeutig im Kriegsgebiet. Verwerfung und sogar Verfolgung sollten uns eigentlich nicht überraschen. Doch wie sieht das Vorbild des Herrn aus? *»Jesus aber blickte ihn an, liebte ihn«*, heißt es von dem Heiland bei seiner Begegnung mit dem jungen Mann, der mit Jesu Botschaft nicht umgehen konnte (Markus 10,21). Und welche weit größere Liebe sollte noch angesichts von Verwerfung sichtbar werden, als Jesus betete: »Vater, vergib ihnen«, während die Menge Schmähungen ausstieß, als er sterbend am Kreuz hing (vgl. Lukas 23,34).

Unsere Botschaft wird verworfen, und manchmal bedeutet das auch, dass wir selbst verworfen werden. Doch fasse bitte Mut und halte durch! Denn wenn wir auch manchmal auf steinigem und felsigem Boden gehen müssen, so sind wir doch von reichem und fruchtbarem Boden umgeben, der zubereitet ist und darauf wartet, mit dem Samen des Evangeliums besät zu werden.

»Jerusalem«, »Judäa« und »Samaria« – das sind Gegenden, die entschiedenen persönlichen Einsatz erfordern. Genauso wie Mose mit seinem Volk durch die Wüste gehen musste, so müssen auch wir uns darauf einstellen, lange und mühevoll durchhalten zu müssen, in der Hoffnung und der Erwartung, unser Zeugnis möge unsere Freunde, Lieben und Bekannten zu Gottes verheißenem Segen geleiten.

Unsere Wüstenwanderung hält noch an. Doch lass uns nun unseren Rucksack mit einer Reihe neuer Fähigkeiten schnüren, um dann Neuland zu betreten. Genauso, wie Jesus es meinte, als er sagte (Apostelgeschichte 1,8): »*... bis an das Ende der Erde.*«

Zum Nachdenken

▶ Wer sind die Personen in deinem »Jerusalem«, »Judäa« und »Samaria«?

_____   _____

_____   _____

_____   _____

_____

_____

_____

▶ Bete für diese Menschen und bitte Gott, dir diejenigen zu zeigen, für die du anhaltender beten solltest. Bitte ihn, dir Möglichkeiten zu eröffnen, damit du ihnen wirksam »Zeugnis geben« kannst in der Kraft des Heiligen Geistes.

▶ Überlege, wie du die Evangeliumsbotschaft durch die Geschichte weitergeben kannst, die Gott mit dir in deinem Leben »geschrieben« hat. Es ist manchmal hilfreich, sich Stichpunkte zu seiner eigenen Geschichte aufzuschreiben, damit du die Botschaft des Evangeliums in deinem Zeugnis vollständig übermitteln kannst.

13
Bis an das Ende der Erde

»Bis an das Ende der Erde« Zeugnis zu geben, bedeutet, denen das Evangelium zu verkündigen, die wir nicht kennen, die uns nicht kennen, die sich womöglich überhaupt nicht für uns interessieren und die sich noch viel weniger für das interessieren, was wir glauben, ihnen sagen zu müssen.

Warum ist es eine so schwierige und leicht entmutigende Arbeit, mit einem Fremden über das Evangelium zu sprechen? Warum würden wir lieber einen Marathonlauf machen, als solch ein Wagnis auch nur in Erwägung zu ziehen? Wir wollen wieder auf die Definition von Evangelisation blicken. Das Lausanner Komitee für Weltevangelisation war sich darin völlig einig, dass »Evangelisieren heißt, die gute Nachricht zu verbreiten ...«,[42] und das wird auch von der großen Mehrheit der evangelikalen Gelehrten als eine annehmbare Definition akzeptiert. Bevor wir also unsere Laufschuhe schnüren, wollen wir uns einige Vorstellungen darüber ansehen, wie wir vielleicht dieses »Ausbreiten der Guten Botschaft« erledigen können, ohne dabei ins Schwitzen zu kommen.

Dazu wollen wir uns zunächst eine Vorgehensweise anschauen, zu der überhaupt keine Fähigkeiten nötig sind. Sie ist ganz einfach, man bleibt anonym und erfährt keinerlei Demütigungen. Alles, was wir tun müssen, ist ein Traktat (ein kleines Stück Papier, auf dem die Evangeliumsbotschaft gedruckt steht) irgendwo fallen zu lassen. Es sind viele gute Traktate erhältlich. Du kannst sie diskret in deinem Mantel versteckt halten – bereit, »herauszufallen«, wenn du deinen Platz im Bus verlässt. Oder du lässt eins auf der Parkbank oder auf dem Tisch im Restaurant liegen. Man kann sie auch in ein geliehenes Buch aus der Bibliothek oder auf einem Sitzplatz im Kino »verlieren«. Wenn du tatsächlich besorgt bist, dass man dich erkennt, warum fährst du dann nicht mitten in der Nacht

---

42 Lausanner Komitee für Weltevangelisation. http://www.lausannerbewegung.de/data/files/content.publikationen/55.pdf (abgerufen am 3. Mai 2012). Abdruck mit Erlaubnis.

in eine andere Stadt, um diese Arbeit zu tun? Du könntest sogar einen angeklebten Bart oder falsche Nummernschilder verwenden, um völlig unerkannt zu bleiben. Avanti Ministries druckt Traktate, die wie Geldscheine aussehen. Sie sind allerdings ganz legal hergestellt und Falschgeld überhaupt nicht ähnlich. Da gibt es vielerlei Geldsorten: britische Pfund, Euro, Dollar, malaysische Ringgit ... Wer könnte widerstehen, einen Geldschein aufzuheben? Ich lasse diese Dinger oft ringsumher fallen und beobachte dann die Menschen, wie sie diese vermeintlichen Geldscheine aufheben. Es ist interessant, die unterschiedlichen Reaktionen der Menschen zu beobachten. Viele heben sie ganz schnell auf und stecken sie in die Tasche, ohne sie genau anzuschauen. Dabei blicken sie sich vorsichtig um, ob sie auch nicht beobachtet wurden. Andere wiederum blicken sich um, ob sie vielleicht erkennen können, wer das Geld verloren haben mag, ehe sie es schnell einstecken. Wenn sie den »Geldschein« aufklappen, lesen sie: »Lass dich nicht täuschen – Jesus ist Realität!« Auf der anderen Seite finden sie dann eine kurz gefasste Erklärung des Evangeliums.

Es gibt eine große Auswahl an Traktaten, die auf diese Weise ausgeteilt werden können. Aber ich habe festgestellt, dass die »Geldscheine« überall auf der Welt, wo ich sie ausgestreut habe, sehr freundlich aufgenommen wurden. Allerdings sollte ich hier eine Warnung anbringen, weil ich fürchte, damit eine Aktivität zu propagieren, die man auch als Umweltverschmutzung betrachten könnte. Bei allem, was wir tun, müssen wir weise und besonnen vorgehen. Könnte man das Verteilen von wirklichen Geldscheinen als Umweltverschmutzung bezeichnen? Jedenfalls tut es der glückliche Finder nicht! Und ich meine, ein Traktat mit der Evangeliumsbotschaft ist noch viel wertvoller. Andererseits will ich das achtlose Herumwerfen von Traktaten in großen Mengen nicht gutheißen, wenn dadurch das gute Benehmen in der Öffentlichkeit in Mitleidenschaft gezogen wird. Ganz bestimmt glaube ich an den Wert, den guten Samen auszustreuen in der Hoffnung, dass vielleicht wenigstens einer auf gutes, fruchtbares Land fällt. Es gibt die Ansicht, der Kommunismus habe sich in manchen Ländern nur deshalb schneller ausgebreitet als das Christentum, weil die Kommunisten mehr Literatur dorthin brachten.

Vor einiger Zeit fuhr ich in der Londoner U-Bahn von Epping aus nach Hause. Es scheint, als ob die Pendler die Eigenart haben, ihre Zeitungen auf ihrem Platz liegen zu lassen, während andere diese gewöhnlich aufheben, um darin zu lesen. Dieser Zyklus setzt sich fort, bis das Reinigungspersonal ausfegt und die zerfetzten Reste der Zeitungen in den Müll steckt. An diesem Tag kaufte ich absichtlich eine Zeitung, um ein Traktat hineinzulegen. Der Wagen, in dem ich fuhr, war nicht sehr voll, und niemand merkte, wie ich die Zeitung auf einen Platz legte in der Hoffnung, jemand werde die neue Zeitung aufheben, um darin zu lesen. Ich setzte mich auf einen Platz auf der anderen Seite des Mittelgangs. Beim nächsten Halt stieg eine Dame in den Zug. Ich betete schnell: »Bitte, Gott, lass sie sich doch auf den Platz neben meiner Zeitung setzen!« Tatsächlich tat sie es, und ich beobachtete, wie mein Traktat auf ihren Schoß fiel, als sie die Zeitung aufhob, um darin zu lesen. Ich konnte kaum ein Grinsen verbergen, als ich sah, wie sie das Blättchen umdrehte, offensichtlich in die Botschaft vertieft. Die ganze Zeit über pries ich Gott und bat, die Botschaft möge ihr Herz anrühren. Von meinem Platz aus konnte ich, wenn ich mich gegen das Fenster lehnte, heimlich meine Hand auf die Reflexion ihres Kopfes im Fensterglas legen und für sie beten, der Heilige Geist möge ihr Herz überzeugen. Während sie das Traktat las, war es, als ob ich selbst ihr das Evangelium verkündigte. Nach einiger Zeit steckte die Dame das Traktat in ihre Tasche. Ich wusste, dass ein Samenkorn gepflanzt war.

Wunderst du dich etwa, wenn du nun liest, dass einige Tage später in unserem Büro eine Dame anrief, die in einer U-Bahn ein Traktat gefunden hatte? Sie wollte Christ werden und suchte nach einer Gemeinde. So hatte sie bei einer Telefonnummer angerufen, die auf der Rückseite des Traktats stand. Avanti Ministries konnte sie mit einer örtlichen Gemeinde in Kontakt bringen. Traktatarbeit und Traktate-Verteilen *ist* Evangelisation. Einige mögen Traktate für schrecklich altmodisch halten. Aber sie vermitteln das ganze Evangelium jedem, der sie lesen will. Wenn du darüber nachdenkst, dass die meisten Geschäfte kleine Flugblätter und Kataloge herstellen, um damit ihre Waren, Dienstleistungen usw. bekannt zu machen, dann ist doch klar, dass auch Christen die Botschaft des Heils auf ähnlich ansprechende Weise verbreiten können. Ich habe einen Kollegen, der immer wieder Toilettenpapierrollen in einem kleinen Warteraum eines Flughafens aufrollte und Traktate dazwischen legte und sie dann wieder an ihren Ort brachte. Bei dem Gedanken daran wird einem schwindelig! Aber welch eine Möglichkeit, verlorene Seelen zu erreichen!

Es gibt fast endlos viele Möglichkeiten für diesen Dienst. Ich lasse immer ein Traktat zurück, wenn ich aus einem Bus aussteige. Oft habe ich vor der Abfahrt des Busses gesehen, dass jemand, der neben mir saß und mir völlig unbekannt war, das Blatt aufhob und es las. Das geht so einfach. Warum nimmst du dir nicht vor, ein Traktat auf den Fußboden deiner Werkstatt, der Kantine oder der Küche oder auf die Auslage deiner »Stamm«-Buchhandlung fallen zu lassen? Traktate kann man in Spinden von Sporthallen, in Automaten, Imbissbuden, Büchereien und Fahrstühlen, auf Treppen und in Telefonhäuschen und sogar in Briefkästen fallen lassen. Und wenn du ein wenig mutiger wirst, kannst du es jemandem anbieten mit den Worten: »Haben Sie dies verloren?«, oder: »Gehört einem von Ihnen dies hier?« OK, das kann ein bisschen kess klingen – aber immerhin hat ein Mensch wenige Augenblicke darauf geschaut!

Traktate-Verteilen ist eine sehr einfache Weise, sich am Auftrag des Evangelisierens zu beteiligen, und es bewahrt dich völlig von jeder Art von Konfrontation, Verlegenheit oder Befragung. Wenn du dich ein bisschen sicherer fühlst, aber trotzdem noch kein Gespräch über das Evangelium führen möchtest, kannst du Traktate immer noch verwenden, indem du sie persönlich weitergibst. Wenn ich in einem Hotel meine Rechnung bezahle, übergebe ich der Person an der Rezeption oder dem Kellner auch ein Traktat. Steige ich aus dem Taxi, lege ich dem Fahrer zusammen mit dem Fahrgeld ein Traktat in die Hand. Das Gleiche mache ich beim »Drive-in-Shop« oder am Fahrkartenschalter. Alles, was dazu erforderlich ist, ist ein schlichtes: »Das ist für Sie!«, oder: »Ich denke, das könnte Sie interessieren.« Damit fordert man die Menschen keinesfalls heraus. Beide Parteien haben gemerkt, dass irgendetwas stattgefunden hat – doch besteht noch genügend Freiheit, die Sache auf sich beruhen zu lassen. Es braucht nichts weiter dazu gesagt zu werden.

Im Allgemeinen habe ich festgestellt, dass die Menschen in solchen Situationen selten ein Stückchen Literatur ablehnen. Sie mögen es sofort in den Papierkorb werfen, sobald sie erkannt haben, um was es geht – aber anders, als wenn du ihnen auf der Straße einfach nur ein Blättchen hinhältst, wo dir die Menschen bewusst ausweichen könnten, kannst du auf diesem niedrigen Kontakt-Niveau den Menschen meistens eine Freude machen, wenn sie etwas von dir bekommen – vor allem, wenn du es ihnen zusammen mit einer praktischen Hilfe überreichst. Einer meiner Freunde bezahlt an bemannten Zollschranken für sein eigenes Auto und fragt, ob es in Ordnung ist, wenn er auch für den Freund nach ihm bezahlt. Dann bittet er: »Können Sie ihm bitte dieses Blättchen geben, wenn er durchfährt?«

Den brauchbaren Ideen sind keine Grenzen gesetzt.

Haben wir eine Ausrede, nicht irgendetwas dergleichen zu versuchen? Ich meine: Solange wir Atem in der Lunge haben, können wir etwas tun, um anderen Menschen das Evangelium vor Augen zu bringen. In Auckland (Neuseeland) begegnete ich einer Dame, die an einer schweren Lähmung litt. Fast täglich lässt sie sich von ihrer Freundin in ihrem Rollstuhl auf die Straße hinausschieben. Sie kann sich nur ganz wenig bewegen, ist aber in der Lage, ein Traktat zwischen den Fingern zu halten und auf ziemlich unverständliche Weise zu rufen: »Traktat, Traktat!« Auf den ersten Blick ist alles ein erschütterndes Bild. Aber diese Frau ist eine richtige Kämpferin für Gott. Trotz ihrer schweren Behinderung kann sie die Aufmerksamkeit der Passanten auf sich lenken, und manche mitleidig Gesinnten haben den Mut, anzunehmen, was sie ihnen mit ihrer verkrüppelten Hand anbietet. Welch ein Zeugnis! Welch eine Inspiration für viele von uns, die körperlich so viel besser dran sind als sie!

Mein alter Freund und Mit-Evangelist Jon und ich waren einmal auf der Fahrt zu einem Evangelisationseinsatz in England. Wir stoppten an einer Autobahnraststätte. Jon kam aus dem Laden, in dem er ein paar Getränkeflaschen gekauft hatte, und strahlte übers ganze Gesicht. »Tony, hast du ein paar Traktate bei dir?«, fragte er. Ich wühlte in meinen Hosentaschen, denn ich hatte meine Jacke im Auto gelassen. »Ich meine wirklich, dass ich der Dame an der Ladenkasse ein Traktat geben sollte«, sagte Jon. »Ich glaube, Gott hat dort eine Verbindung hergestellt«, sagte er und fuhr fort, seine eigenen Taschen zu durchwühlen. Natürlich hatten wir Tausende von Traktaten in unserem Wagen, und nachdem wir zum Parkplatz zurückgekehrt waren, entschloss sich Jon, zu der Dame zurückzukehren. Während ich wartete, betete ich für die Sache, doch je mehr ich an den Laden dachte, umso mehr gingen meine Gedanken spazieren. Dass ich Schokolade liebe, ist überall bekannt, und wenn ich Appetit darauf bekomme, ist es mit der Disziplin nicht weit her. Ich begegnete Jon am Eingang, als ich hineinstürmte. »Sie hat sich wirklich riesig gefreut«, berichtete er und grinste immer noch. »Ich ging nur auf sie zu und sagte: ›Gott bat mich, Ihnen dies hier zu geben‹, und überreichte ihr das Traktat.« Ich lächelte ihn an, weil ich spürte, wie ihn dieses kleine Ausstreuen des Samens erfreut hatte.

Als ich in den Laden zurückging, hatte ich das Vorrecht zu sehen, was Jon nicht gesehen haben konnte. Als ich zum Ladentisch ging, hatte die Frau das Traktat in der Hand. Sie nahm wenig Notiz von mir, weil sie ihrer Kollegin von dem Herrn erzählte, der ihr gerade dieses Blättchen gegeben hatte, weil »Gott ihn darum gebeten hatte«. Ich nahm ihr nicht übel, dass sie nicht ganz bei der Sache war, als sie mein Geld annahm und die Schokolade aushändigte. Stattdessen freute ich mich darauf, meinem Freund zu erzählen, welchen Eindruck er hinterlassen hatte. Wer weiß, ob sie nicht inzwischen eine Christin geworden ist!? Wer weiß, ob sie überhaupt den ganzen Text gelesen hat – obwohl ich vermute, dass sie es tat. Vielleicht war das ein weiterer Schritt auf der langen Straße, die sie zu gehen hat. Jedenfalls: Jons kleine Geste wurde an jenem Tag bedeutungsvoll. Ich vermute, dass dieses Ereignis diese Frau bis an ihr Lebensende begleiten wird.

Es gibt so viele zwischenmenschliche Begegnungen, bei denen wir die Möglichkeit haben, mit Traktaten zu evangelisieren. Wir brauchen tatsächlich nicht hart zu arbeiten oder zu schwitzen, wenn wir einen Fremden ansprechen wollen. Andererseits kann es sogar eine Menge Spaß machen – besonders in einer Gruppe von Gläubigen –, neue Strategien zu entwickeln, um die Aufmerksamkeit der Menschen auf sich zu ziehen.

Wir hatten eine fruchtbare Zeit bei der »Southend Air Show«. Das ist eine Veranstaltung in einer Stadt ganz in der Nähe meines

Wohnorts. In den letzten fünf Jahren kamen jedes Mal eine halbe Million Menschen aus ganz England dorthin, um einen schönen Tag zu erleben. Wir haben manchmal einen Stand in einem der Ausstellungszelte. Aber unser Team mischt sich auch gern mal unter die Besucher, um mithilfe eines Fragebogens das Evangelium zu verkündigen. Einen Fremden auf diese Weise in ein Gespräch zu verwickeln, ist wirklich nicht so schwierig, wie es dir erscheinen mag, besonders wenn du einen guten Grund hast, weshalb die Menschen mit dir sprechen wollen. Eine unserer Methoden war es, Flaschen mit Wasser und Luftballons für die Kinder zu verschenken. Vor den Erfrischungszelten stehen oft lange Schlangen. So waren die meisten sehr froh, wenn sie von uns angesprochen wurden, dass sie eine Flasche Wasser und einen Luftballon geschenkt bekommen würden, wenn sie uns ein paar Fragen beantworten würden. Die Fragen waren gewöhnlich sehr einfach, und man musste für die Antworten nicht viel nachdenken:

1. Wie ist Ihr Vorname?
2. Sind Sie das erste Mal hier auf der Flugschau?
3. Woher sind Sie heute Morgen gekommen?
4. Gefällt es Ihnen hier?
5. Was halten Sie für das Interessanteste hier?
6. Hätten Sie einen Verbesserungsvorschlag für diese Flugschau?
7. Könnte die Stadtverwaltung etwas zur Verbesserung der Flugschau beitragen?
8. Könnten die örtlichen Kirchen und christlichen Gemeinden etwas zur Verbesserung der Flugschau beitragen?
9. Gehen Sie selbst zur Kirche oder zu einer christlichen Gemeinde?
10. Haben Sie schon eines dieser kleinen Bücher erhalten?

»Vielen Dank! Noch einen schönen Tag!«

Das sind alles sehr leichte und leicht zu beantwortende Fragen, und gewöhnlich sind die Menschen auch schnell bereit, ihre Antworten zu geben. Damit verfolgen wir zwei Ziele: Erstens hoffen wir, der betreffenden Person ein Traktat in die Hand geben zu können, das sie später liest. Zweitens gibt dieses Vorgehen den Team-Mitgliedern die Möglichkeit, mit den Menschen ins Gespräch zu kommen. Dabei brauchen sie das Evangelium gar nicht selbst zu predigen, daher braucht man dazu keine besondere Fähigkeit. Man muss nur auf einen Fremden zugehen und ihm etwas anbieten. Wenn du dies liest und dich schon bei dem Gedanken daran krümmst, dann ist das offensichtlich nichts für dich – bitte lass dir etwas anderes einfallen. Dies ist aber ein Verfahren, von dem ich gemerkt habe, dass es sich in Gruppen gut verwirklichen lässt, besonders für junge Leute, die an Straßenevangelisation interessiert sind. Wir haben erlebt, dass junge Leute viel Freude dabei hatten, sich mit den Volksmengen zu befassen, wobei sie alle passende T-Shirts und Mützen trugen.

Das Schöne an so etwas wie einer Befragungsmethode besteht darin, dass niemand gezwungen wird, das Evangelium selbst zu predigen. Diese Idee erlaubt dir einfach, am Ende des Gesprächs ein Traktat weiterzugeben.

Bei einer anderen Methode, die wir bei Ereignissen wie dieser Flugschau ebenfalls anwandten, machten wir ebenfalls eine Umfrage, die aber zu der Möglichkeit führte, das Evangelium in Worte zu fassen.

Dann läuft unser Dialog meistens so: »Entschuldigen Sie, können Sie mir helfen? Ich arbeite mit vielen Konfessionen zusammen, und führe jetzt eine Kurzbefragung durch, indem ich den Menschen 10 Fragen stelle, aus denen man entnehmen kann, wie gut Sie als Mensch sind. Dann würde ich Ihnen gern die beste Darstellung geben, die Sie jemals über die Bibel gesehen haben. Allerdings müssten Sie ehrlich sein. Wollen Sie mir behilflich sein?«

Wir haben festgestellt, dass die meisten Menschen bereit sind, einige Minuten für unsere Umfrage zu opfern:

Hier ist eine Tabelle von 0 bis 10. Auf ihr bedeutet 0 »niemals«, 5 »manchmal« und 10 »immer«. Wie würden Sie sich bei folgenden Aussagen selbst einschätzen?

- Ich spende für wohltätige Zwecke.
- Ich bete.
- Ich helfe Fremden in Not.

- Ich lese in der Bibel.
- Ich vergebe Menschen, die mich verletzt haben.
- Ich liebe und unterstütze Familienangehörige.
- Ich halte meinen Freunden die Treue.
- Ich kümmere mich zuerst um das Wohl der anderen, wenn sie mich brauchen, erst danach um mein eigenes Wohl.
- Ich bin in allem, was ich sage und tue, ganz aufrichtig. (Lügner geben hier meistens 10 an!)
- Ich sehe immer das Beste im anderen.

Dann wird zusammengezählt und eingeordnet:

85-100 Punkte: Sie sind engelsgleich!
70-84 Punkte: Sie sind wie ein Heiliger!
55-69 Punkte: Sie sind gut!
40-54 Punkte: Sie haben noch sehr zu kämpfen.
Unter 40 Punkte: Suchen Sie Hilfe!

Diese Einstufungen sind nicht ganz ernst zu nehmen. Aber wir fahren dann fort, ein Traktat zum Beispiel mit folgenden Worten zu überreichen: »Offenbar sind Sie ein guter Mensch! Doch nun möchte ich Ihnen sagen, was die Bibel zu solchen Menschen wie Sie zu sagen hat.« Das führt dann zu einer Präsentation des Evangeliums, etwa so, wie wir sie in Kapitel 7 beschrieben haben – oder auch so, wie man sie am Schluss dieses Buches finden kann.

Lass mich aber betonen, dass dies nur eine von vielen Möglichkeiten ist, die Aufmerksamkeit der Fremden zu erhalten. Auch gibt es viele Illustrationen für das Evangelium.

Es gibt zahllose Möglichkeiten, anderen Menschen mutig das vollständige Evangelium vorzustellen. Für viele mag das ein furchterweckender Gedanke sein. Wenn das auch bei dir der Fall ist, bleibe bei den Traktaten. Andererseits hoffe ich, dass – mit dem richtigen Werkzeug ausgerüstet – noch mancher die Fähigkeit entwickelt, mutig und direkt von der Liebe Gottes und der Guten Botschaft von Jesus Christus zu reden. Ich rede nicht davon, irgendjemanden auf der Straße festzuhalten und ihm Bibelsprüche um die Ohren zu hauen. Nein! Es gibt viele Situationen im Leben, in denen uns Menschen über den Weg laufen, denen wir die großartigste Geschichte der Welt erzählen können, die man überhaupt erzählen kann.

Ich liebe die Gelegenheiten, die das Fliegen im Flugzeug liefert. So bin ich mir sicher, dass jeder ungefähr dasselbe denkt, wenn er an Bord geht. Wer wird neben mir sitzen? Werde ich genügend Ellbogenfreiheit haben? Es gibt immer wieder solche kurzen aufregenden Augenblicke, in denen du die Menschen beim Einsteigen beobachtest und du sie darum bittest, der Platz neben dir möge doch frei bleiben. Wir kennen das doch alle, oder etwa nicht?

Natürlich gehört es zum guten Benehmen, wenn du höchstwahrscheinlich für viele Stunden neben jemandem auf so beschränktem Raum sitzen musst, dass man eine nette Unterhaltung anfängt. Im Allgemeinen habe ich festgestellt, dass die Menschen gern über sich selbst etwas erzählen. Einige kann man kaum einmal unterbrechen, wenn sie erst einmal merken, dass man bereit ist, sich für sie zu interessieren. Gewöhnlich mögen die Menschen es, wenn man ihnen zuhört. Da braucht man nur wenige Fragen zu stellen – nach dem Ziel ihrer Reise, warum sie diese Reise unternehmen, nach ihrer Familie, ihrer Arbeit – und meist beginnen sie schon recht schnell völlig entspannt und vergnügt mit ihrer Konversation. Da bekommt man am Ende etwas zu hören von der Freundin des Enkels, von der Aufregung mit der Goldhamsterzucht und warum es so schwierig ist, in ihrem Garten Mohrrüben zu ziehen! Stell genügend Fragen, und wenn sie nicht tatsächlich ihre Ruhe haben wollen, werden sie immer zurückfragen. In meinem Fall ist es besonders leicht, die Unterhaltung zu lenken. Einfach wegen des Berufs, den ich ausübe, und wegen der Gründe für meine Reise. Gewöhnlich sage ich: »Ich bin Schriftsteller und ich spreche in Hochsicherheits-Gefängnissen überall auf der Welt. Dabei erleben wir, dass die von mir verkündete Botschaft wirklich viele Menschenleben völlig verändert hat. Sogar auf kriminelle Wiederholungstäter hat sie ganz massiven Einfluss.« Das erweckt gewöhnlich starkes Interesse, und so kann ich über mein Leben berichten und über das, was mich dazu brachte, das zu tun, was ich heute mache. Ich flechte dann die Botschaft des Evangeliums in die Erzählung von meiner Bekehrung ein. Wie so manche Vielflieger habe ich oft meinen Laptop vor mir, und anstatt mein eigenes Zeugnis weiterzugeben, beziehe ich mich manchmal auf die »Botschaft«, von der ich sagte, sie habe so großen Einfluss auf die Gefangenen: »Hier, auf meinem Computer habe ich es, es ist nur eine Präsentation von etwa 10 Minuten, und ich suche immer noch nach Wegen, diese zu verbessern. Hätten Sie Lust, sie sich anzuschauen und mir zu sagen, was Sie davon halten?« Falls sie Interesse zeigen, führe ich sie durch eine interaktive Präsentation des Evangeliums, indem ich die gleichen Bilder verwende, die Sie vorne in Kapitel 7 finden können.

Jedem, der einen Laptop oder ein anderes in der Hand zu haltendes technisches Gerät besitzt, möchte ich Mut machen, eine gute Präsentation des Evangeliums auf dem Gerät zu installieren. Die Menschen sind oft neugierig und wollen etwas Neues auf dem Bildschirm sehen. Und es ist ein einfaches, weniger bedrohlich wirkendes Mittel, um die Botschaft »rüberzubringen«. Du kannst dir eine solche Präsentation zum Beispiel von unserer Website herunterladen: http://www.avantiministries.com/resources/videos/ (in verschiedenen Sprachen vorhanden). Ich habe diese Präsentation bei vielen Menschen mit großem Erfolg ausprobiert. Dazu verwende ich mein Handy und Kopfhörer.

Hier möchte ich eine weitere Warnung aussprechen. Ich verwende solche Evangeliumspräsentationen sehr häufig und halte sie für höchst effektiv. Trotzdem enthalten solche »verpackten« Einstiege in das Evangelium auch Gefahren, und dazu muss ich dich an das erinnern, was ich in Kapitel 10 über »Pathos« gesagt habe. Lass mich das wiederholen: Immer wenn wir das Evangelium vorstellen, müssen wir es mit Bedacht und einfühlsam tun und, wenn irgend möglich, mit einem Empfinden für den jeweiligen Zustand des Hörers. Ich meine, wir alle sollten eine Art der Präsentation des Evangeliums erlernen. Aber das ist genauso wichtig für den eigenen Gebrauch – damit wir die Botschaft klar und deutlich in unseren Kopf bekommen – wie auch als Werkzeug für die Öffentlichkeit. Betrachte es als Aufstockung deiner Waffenrüstung. Wenn du von deiner Präsentation des Evangeliums überzeugt bist, kannst du sie auch anwenden und den jeweiligen Umständen anpassen. Wenn ich in ein Taxi steige und der Fahrer verwickelt mich in ein Gespräch über das schreckliche Erdbeben-Unglück in Haiti 2010, zitiere ich dann dem Taxifahrer den Text meiner Evangeliumspräsentation?

Nein! Und doch kann ich während unseres Gesprächs darauf hoffen, einen Punkt zu finden, an dem ich ihm ganz natürlich von meiner Hoffnung erzählen kann und von meinem Glauben an die Souveränität, Gerechtigkeit und Liebe meines Schöpfers. Dränge ich in dieser Situation meinen freundlichen Fahrer zu einer Entscheidung für Christus? Nein, höchstwahrscheinlich nicht. Und doch hoffe ich, ihm etwas von dem Licht des Evangeliums gezeigt zu haben und dass sich für ihn noch eine andere Möglichkeit bietet ...

Ich glaube wirklich, dass Gott uns Möglichkeiten schenkt, und diese ergeben sich aus unseren tagtäglichen Begegnungen. Wenn du so lebst, dass dir das stets gegenwärtig ist, entdeckst du, dass du immer darauf aus bist, jeder Situation einen Schritt voraus zu sein, immer danach Ausschau haltend, wie man ganz natürlich in die Lage versetzt wird, das Evangelium weitersagen zu können. Der Schlüssel dazu – und ich bin mir sicher, darauf schon hingewiesen zu haben – ist, wirklich echt zu sein. Dann wirst du auch ein hörendes Ohr finden, wenn es zur Präsentation der allerwichtigsten Botschaft kommt. Als Jesus die Frau am Brunnen traf, begann er die Unterhaltung auf ganz natürliche Weise. Er bat um etwas Wasser. Natürlich dauerte es überhaupt nicht lange, bis er begann, vom Wasser des Lebens zu reden. Doch die erste Annäherung geschah durch eine freundliche, höfliche Unterhaltung, wie sie täglich stattfindet. Als Jesus später, nach seiner Auferstehung, zwei Wanderern auf der Straße nach Emmaus erschien, begann er wieder die Unterhaltung. Lukas 24,16 berichtet: »... *aber ihre Augen wurden gehalten, sodass sie ihn nicht erkannten.*« Da fragte Jesus sie: »*Was sind das für Reden, die ihr im Gehen miteinander wechselt?*« Das Evangelium berichtet uns, dass Kleopas nicht glauben konnte, dass der Fremde nichts wusste: »*Bist du der Einzige, der in Jerusalem weilt und nicht erfahren hat, was in ihr geschehen ist in diesen Tagen?*« Jesus sah es für richtig an, sich noch nicht zu offenbaren, sondern fragte: »*Was denn?*« Der Bericht fährt damit fort, dass die beiden Wanderer ihrem neuen Weggefährten erzählten, was Jesus nur allzu gut wusste. Warum tat Jesus das? Vielleicht weil er sich ihnen erst offenbaren wollte, wenn ihr Herz aufgeschlossen war? Er wollte sich mit ihnen beschäftigen, ihre Beschwerden ernst nehmen, ihre Sicht der Ereignisse anhören, die sie so sehr bedrückten. Als scheinbarer Fremdling wollte er sein

Interesse an ihnen bekunden, ihnen auf ihrem Niveau begegnen und ihnen Zeit geben, etwas über sich selbst zu entdecken, bevor er sich zu erkennen gab, zur richtigen Zeit und auf höchst bedeutsame Weise.

Was machte den Apostel Paulus zu einem so großen Vermittler des Evangeliums? Zweifellos war es seine Leidenschaft dafür, seine *machtvolle* Leidenschaft, die nicht aus »Emotion«, sondern aus der Überzeugung gespeist wurde, dass jeder Mann und jede Frau entweder den Himmel oder die Hölle zu erwarten hat. Was sehen wir, wenn wir unsere Kinder zur Schule schicken, oder wenn wir bei der Arbeit sind oder beim Einkaufen? Was sehen wir, wenn wir die Menschen betrachten? Ist es nur ihre Kleidung, der Wagen, den sie fahren, oder ihr finanzieller Status? Denken wir in solchen Situationen irgendwann einmal daran, was sie nach dem Tod zu erwarten haben? Paulus tat es. Tatsächlich sah er das vor und über allem anderen. Nimm zum Beispiel einmal seinen Besuch in Athen. Paulus beeindruckte die Großartigkeit und die Pracht der griechischen Gesellschaftsordnung nicht. Weder die auf dem Berg thronende Akropolis noch deren schönster Tempel überwältigten ihn, während er seine Runde durch das am höchsten zivilisierte und am besten ausgebildete Kulturzentrum der Alten Welt machte. Was Paulus wahrnahm, waren die einzelnen Athener mit ihren verführten und verlorenen Seelen.

Eine andere wesentliche Eigenschaft von Paulus war sein ständiges Verlangen, mit den Menschen ins Gespräch zu kommen.

> *Paulus aber stand mitten auf dem Areopag und sprach: Männer von Athen, ich sehe, dass ihr in jeder Beziehung den Göttern sehr ergeben seid. Denn als ich umherging und die Gegenstände eurer Verehrung betrachtete, fand ich auch einen Altar, an dem die Aufschrift war: Dem unbekannten Gott. Was ihr nun, ohne es zu kennen, verehrt, das verkündige ich euch.* (Apostelgeschichte 17,22-23)

Merkst du, wie Paulus den Menschen auf einem gemeinsamen Boden begegnet? Er nannte sie »den Göttern sehr ergeben« und führte dann einen bestimmten Gott an und sagte ihnen dann, er kenne diesen Gott. Er fuhr dann aber mit einer deutlichen Präsentation des Evangeliums fort. Lies einmal Apostelgeschichte 17,22-31. Das war es, was Paulus am besten verstand! So, wie Jesus mit der Frau am Brunnen ins Gespräch kam oder mit den Freunden auf der Straße nach Emmaus, so fand auch Paulus seinen »Angelhaken«. Er entnahm den Hörern etwas, um die Botschaft in einen verstehbaren Kontext zu stellen. Ich bin davon überzeugt, dass uns der Heilige Geist auch diese Möglichkeiten, das Gespräch zu eröffnen, Tag für Tag schenken will. Ein weiterer Punkt, den wir diesem Teil der Bibel entnehmen können, ist die Schlichtheit von Paulus' Evangeliumspräsentation. Er führt drei einfache Punkte aus: 1. Gott ist der Schöpfer und Besitzer des Universums. 2. Gott will, dass alle ihn kennen. 3. Darum müssen alle Menschen an allen Orten Buße tun, denn der Tag des Gerichts kommt. Paulus machte das Evangelium nicht komplizierter als es ist, und das sollten wir auch nicht tun.

Schließlich dürfen wir diesem Bericht über das Wirken des Apostels in Athen auch Trost entnehmen. Paulus muss festgestellt haben, dass er überall, wo er das Evangelium verkündigte, Spott und Verwerfung erfuhr. Er war daher realistisch in seinen Erwartungen. In Vers 32 wird uns gesagt: *»Als sie aber von Toten-Auferstehung hörten, spotteten die einen ...«* Entmutigte ihn das? Nein. Er wusste, dass es andere gab, die ihn weiter hören wollten, und siehe da: Wir lesen, dass einige zu Nachfolgern und Gläubigen wurden. In gleicher Weise müssen auch wir, wenn wir das Evangelium vor Fremden verkündigen, nüchtern bleiben und uns auf Verwerfung einstellen. Aber wir dürfen nie aufgeben, weil es immer welche geben wird, die weiter zuhören wollen.

Auf einem Rückflug aus Ungarn kam ich mit einem ungarischen Mädchen ins Gespräch. Timi reiste nach London, um dort Arbeit zu finden. Sie begann mir von ihrem Leben in Ungarn und von ihren Zukunftshoffnungen zu erzählen. Es dauerte nicht lange, und sie zog eine Digitalkamera hervor und zeigte mir Bilder von ihrer Familie und ihrem Dorf. Wir saßen in einer Dreierreihe mit einem leeren Sitz in der Mitte, und ich konnte kaum die winzigen Bilder auf ihrer Digitalkamera erkennen. Als sie den Laptop auf meinen Knien sah, sagte sie: »Vielleicht wollen Sie die Bilder lieber auf Ihrem Computer betrachten.« Sofort verließ mich mein Mut, weil der Computer mir signalisierte, dass ich nur noch für zwölf

Minuten Strom hatte, und ich hatte keine Möglichkeit, das Gerät in der Economy Class aufzuladen. Und ich hatte gehofft, diese kostbaren Minuten irgendwann einsetzen zu können, um ihr die Evangeliumspräsentation zeigen zu können. Ganz gewiss wollte ich nicht unhöflich sein, und sie schien mir ihre Bilder so gern zeigen zu wollen, so nahm ich die Speicherkarte und steckte sie in meinen Laptop. Da kam nun ein Bild nach dem anderen von ihrem Haus, ihrer Mutter, ihrem Vater, ihrem geliebten Opa, ihrem Bäckerladen im Dorf und wo sie sich mit ihren Freunden traf, von ihrem Freund, ihren Ferien in Tunesien ... Timi schien das Reden zu gefallen, und ich gab mir Mühe, genauso viel Interesse zu zeigen, trotz meines Kummers wegen der fast leeren Batterie. Schließlich hatte ihre Vorführung ein Ende. »Ob mein Computer noch durchhält?«, fragte ich mich. Ich *musste* ihr unbedingt meine Botschaft überbringen. »Danke«, sagte ich, »das war schön. Hätten Sie Lust, eine erstaunliche Präsentation anzuschauen, die ich auf meinem Laptop habe?« Timi war sofort begeistert davon. »Es ist nur eine kleine Präsentation, die zeigt, warum ich an Gott glaube und wie dieser Glaube aussieht«, sagte ich, während ich ihren Namen in die interaktive Box eintippte.

Als die Präsentation dem Ende entgegenging, schien Timi sehr nachdenklich geworden zu sein. Jetzt kam der entscheidende Punkt, als ihr Name auf dem Bildschirm erschien. Ich fragte sie leise: »So, Timi, wenn Sie heute Nacht sterben müssten, wohin gingen Sie dann?«

»Ich bin mir nicht sicher«, sagte sie mit unsicherer, ein wenig bebender Stimme.

»Na, dann will ich Ihnen den Rest zeigen, damit Sie sich sicher sein können.«

Ich wiederholte, was ich schon über die Notwendigkeit gesagt hatte, sozusagen eine Art makelloses Zeugnis vorlegen zu können, um in den Himmel zu kommen. Es gibt zwei Wege, ein solches Zeugnis ausgestellt zu bekommen: Man kann eine vollkommene Person sein, aber diese Möglichkeit haben wir alle verspielt – oder man bittet Jesus um sein vollkommenes Zeugnis. Die Präsentation zeigte ihr, dass wir Jesu perfektes Zeugnis annehmen müssen, damit uns vergeben wird. »Damit uns vergeben werden kann, müssen wir uns von den falschen Dingen in unserem Leben wegwenden und Jesus um Vergebung bitten«, machte ich ihr freundlich klar. »Das Zweite ist: Wir müssen unser Leben Jesus in jeder erdenklichen Weise ausliefern.« Timi sah aus, als hätte sie Mühe, das zu verstehen. »Bevor wir diese beiden Dinge nicht getan haben, Timi«, sagte ich, »ist es uns unmöglich, in den Himmel zu kommen, und das ist so betrüblich, weil Jesus deshalb für dich gestorben ist.« Die Präsentation ging zu Ende.

Timi erzählte mir von ihrem 82-jährigen Großvater, der schwerkrank in einem Krankenhaus in Ungarn lag. Sie hing sehr an ihm und war sehr betrübt, weil sie nach dem Tod ihrer Großmutter im vergangenen Jahr nun auch sein Sterben kommen sah. »Ich werde ihn vielleicht nie wieder sehen«, sagte sie mir traurig.

»Darf ich für Sie beten?«, fragte ich vorsichtig, »und vielleicht sollte ich auch für Ihren Großvater beten.« Sie sah mich mit Tränen in den Augen an und lächelte bereitwillig. Ich schloss meine Augen und betete leise, wobei ich versuchte, so vorsichtig wie möglich zu sein, weil ich sie weinen hörte. Als ich fertig war, schien sie ziemlich erregt zu sein. »Es tut mir leid«, sagte ich bekümmert, weil ich dachte, dass ich sie zu sehr aufgeregt hatte. »Nein«, antwortete sie, als sie mich durch ihre Tränen hindurch anlächelte, »es ist nur, weil noch nie jemand zuvor für mich gebetet hat, und niemand hat sich die Mühe gemacht, so zu mir von Gott zu reden.«

Die junge Frau war durch die Botschaft des Evangeliums und das Gebet ziemlich aufgewühlt. Aber ich erkannte, dass sie nicht an dem Punkt war, hier und jetzt ihr Leben Gott zu übergeben. Doch sie begann, viele Fragen zu stellen. Das Erstaunliche war, dass die Computerbatterie genau so lange hielt, bis ich ihre Adresse an mein Büro gemailt hatte, damit einer aus dem Team ihr Literatur schicken konnte. Ich konnte gerade noch auf »Senden« klicken, als die Batterie endgültig leer war …

Ein wunderschönes Gleichnis für unsere Beziehung zu Gott kann man im Sonnensystem erkennen. Der Mond leuchtet nicht von sich aus, sondern reflektiert nur das von der Sonne empfangene Licht. Die Sonne ist die Quelle des Lichts. Wenn die Erde in den Lichtstrahl der Sonne zum Mond tritt, reflektiert der Mond weniger, als er könnte, wie man es bei einer Mondfinsternis sieht.

Genauso ist Gott die Quelle allen Lichts und aller Wahrheit, und wenn wir die »Welt« zwischen ihn und uns bringen, reflektieren auch wir weniger von seinem Licht, als wir es sollten. Wir sind berufen, den Glanz seiner Herrlichkeit in unserem Leben leuchten zu lassen. Das ist nicht immer ganz einfach, nicht wahr? Unsere verderbte menschliche Natur veranlasst uns, zu manipulieren und auf eigene Faust etwas zu machen. Ich merke, dass ich persönlich stark gedrängt werde, das Evangelium zu verkündigen, damit Seelen gerettet werden. Das mag wie ein lohnender Auftrag aussehen, so sollte ein »guter Christ« handeln. Doch alles wird nichts, wenn ich es von mir aus tue und aus eigener Kraft. Wie könnte dies Christus verherrlichen? Nein, um wahrhaft Christus zu reflektieren, muss ich mich zurücknehmen, einfältig werden und ihn durch mich hindurchscheinen lassen, wobei ich ihn in allem suche – in allem, was ich tue und was ich bin. Das Ergebnis ist, dass ich einfühlsamer mit anderen werde. Ich lasse mir Zeit, ich versuche, mich auf ihren Kummer einzustellen, und denke immer daran, dass wenn mein Leben Christus reflektiert, meine Worte effektiv werden.

Der John Hancock Tower in Boston ist das höchste Gebäude in Neuengland (USA). Er steht mit seiner glänzenden Fassade ganz für sich am Copley Square, weit weg von den Hochhäusern im Bostoner Stadtzentrum. Dieses moderne Gebäude ragt 60 Stockwerke in die Höhe und hat eine gläserne Außenhaut, die sie stark kontrastiert zu der im romanischen Baustil erbauten Trinity Church und der im italienischen Renaissancestil errichteten Boston Public Library, einer öffentlichen Bibliothek auf der anderen Straßenseite.

Aber obwohl er an diesem Ort einfach riesig erscheint, wirkt er wegen seiner reinen, kristallförmigen Geometrie und seiner reflektierenden Glashaut doch nicht gänzlich erdrückend. Das erste Ziel des Architekten war es, die beiden Wahrzeichen der Stadt zu würdigen, indem der Tower sie reflektierte. Darum herum verwirklichte er seine anderen Intentionen. Als Ergebnis kam heraus, dass die Reflektion der beiden historischen Gebäude der beherrschende Eindruck ist, wenn man nahe daran vorbeigeht. Nur Gestalt und Farbe erscheinen in der Glaswand des John Hancock Towers ein klein wenig verzerrt.

Wenn wir das Evangelium nicht so präsentieren, dass sich die Menschen in unserer Darstellung selbst erkennen können, werden sie immer wieder daran scheitern, das von uns Gesagte in sich aufzunehmen. Um sie zu gewinnen, müssen wir den Menschen helfen, sich in dem zu erkennen, was wir erzählen. Was wir ihnen mitteilen, muss auf ihrem Niveau sein und ihre Bedürfnisse reflektieren. Solange sie sich in unserer Botschaft nicht wiedererkennen, sind unsere Worte nichts weiter, als was unsere eigenen Ohren gern hören möchten. Einerlei, ob in Jerusalem, in Judäa, in Samaria oder am Ende der Welt: Dies ist vielleicht das Allerwichtigste, woran wir denken sollten, wenn wir auf Menschen in der Hoffnung zugehen, ihnen das Evangelium nahebringen zu können.

Zum Nachdenken

▶ Im ersten Teil dieses Kapitels stellte ich eine Reihe von Aktivitäten vor und machte verschiedene Vorschläge, die unterschiedlich viel Mut und Begabung verlangen. Die Absicht dabei war vor allem, Mut zu machen und zu zeigen, dass Evangelisation nichts anderes ist als die Ausbreitung des Evangeliums. Das ist eine Tätigkeit, die jeder tun kann und jeder tun muss. Könntest du dir vorstellen, einen oder mehrere der auf der nächsten Seite genannten Vorschläge selbst umzusetzen?

▶ Kannst du selbst noch weitere Vorschläge machen, wie man das Evangelium ausbreiten kann?

Vorschläge, wie man das Evangelium ausbreiten kann	Aktivität	Benötigte Fähigkeiten	Erkennbarkeit als Christ	Einen Nichtchristen in ein Gespräch verwickeln
1	Traktate fallen lassen	Keine	Nicht öffentlich und unsichtbar	Nein
2	Traktate fallen lassen	Keine	Öffentlich und unsichtbar	Nein
3	Traktate austeilen	Wenige	Öffentlich und sichtbar	Ja – »Habe ich Ihnen schon eins hiervon gegeben?«
4	Umfrage eins zu eins mit Fremden	Wenige	Öffentlich und sichtbar (am Ende ein Traktat aushändigen)	Ja – »Gehen Sie hier in irgendeine Kirche oder Gemeinde?« (keine Konfrontation)
5	Umfrage eins zu eins mit Fremden	Mäßige	Öffentlich und sichtbar	Ja (am Ende wird das vollständige Evangelium präsentiert)
6	Keine Umfrage eins zu eins mit Fremden	Hohe	Öffentlich und sichtbar	Ja (Verbalisierung des vollständigen Evangeliums vor Menschen)
7	Verkündigung vor Gruppen	Mäßig bis hohe	Öffentlich und sichtbar	Ja (Verbalisierung des vollständigen Evangeliums vor Menschengruppen)

14
Nenn mich verrückt!

Klar, Timis Geschichte ist großartig – aber sie ist nicht besonders ungewöhnlich. Ich zeige den Menschen meine Computer-Präsentation gern. Je mehr ich sie verwende, umso lieber wird sie mir, und je lieber ich sie habe, umso mehr möchte ich sie anderen zeigen. Ob wir ein Traktat austeilen oder ob wir eine elektronische Präsentation zeigen oder ob wir selbst die Evangeliumsbotschaft weitergeben – wir müssen immer darauf vorbereitet sein, dies mit Feingefühl und Liebe zu tun. Ich habe schon gesagt, dass das Evangelium eine Herzenssache ist – und dass dann eine junge Frau so emotional reagiert, wenn sie die Botschaft hört und für sie gebetet wird, sollte uns nicht wundern. Es gibt Millionen von »Timis« überall in der Welt – Menschen, für die nie gebetet wurde und denen niemals mit göttlichem Mitleid zugehört wurde. Neben wem auch immer ich meinen Platz im Flugzeug finde: Immer bete ich, ich möge den anderen mit Gottes Augen sehen, nicht mit meinen eigenen Augen. Es gab Zeiten, da hoffte ich, der Platz neben mir bliebe leer, damit ich mich ein wenig mehr entspannen kann und Ellbogenfreiheit behalte. Jetzt bitte ich meinen Meister, mich neben jemanden zu setzen, der die Botschaft der Errettung hören muss, und einerlei, welche Vorurteile ich anfangs jeweils habe, erinnere ich mich stets daran, dass ich berufen bin, gegenüber jedem, der mir begegnet, Jesus durch mein eigenes Leben und Reden widerzuspiegeln.

Wie muss es gewesen sein, Jesus ins Angesicht zu schauen? Sein Mitgefühl für die Menschen war etwas, was ich mir nie vorstellen kann. Es hängt bei unseren Begegnungen mit Fremden so viel davon ab, dass wir Interesse an ihnen als Menschen zeigen. Wenn wir sie nicht anlächeln, ihnen nicht zuhören können und kein Interesse an ihrem Leben haben, wie können wir dann erwarten, dass sie uns zuhören, wenn wir ihnen unsere Botschaft ausrichten wollen? Die Evangeliumsbotschaft ist die großartigste Geschichte, die je berichtet wurde, und wenn wir dran sind, sie zu erzählen, dann sollte sie aus uns herausfließen wie ein frischer

Wasserstrahl aus einer übervollen Quelle. Ein Teil dieses Fließens liegt in dem, *was wir sind*, und in dem Erbarmen, das wir für unsere Mitmenschen haben. Das Gespräch mit einem Fremden wird zu einer völlig anderen Erfahrung, wenn wir ihm ins Gesicht blicken und uns sagen: »Gott liebt diesen Menschen, und er will ihn zum Eigentum haben.«

Auf einem anderen Flug hatte ich das Vergnügen, neben einem bekannten Rastafari-Reggae-Musiker zu sitzen. Wir kamen schnell ins Gespräch, und er erklärte mir, er habe sich von einem Drogen-Leben abgewendet und sei nun im ganzen früheren Ostblock unterwegs, um Reggae-Musik-Workshops zu inszenieren und durchzuführen und andere dazu zu ermutigen, ein positives Leben zu führen und vom Drogenmissbrauch die Finger zu lassen. Ich hörte ganz begeistert zu, was ihm wichtig war und wie er sich gedrängt fühlte, anderen zu helfen. »Wir haben eine ganze Menge gemeinsam«, sagte ich ihm. Und es war leicht, das Gespräch zu lenken. Und genauso wie das ungarische Mädchen war auch er willig, meine Botschaft zu hören. Als ich fast fertig war, liefen meinem neuen Freund auch die Tränen über die Wangen, und er weinte richtig laut, als er betete und dann und dort im Flugzeug sein Leben Christus übergab.

Jeder am Ende des vorigen Kapitels vorgestellte Vorschlag ist nach meiner Meinung sehr leicht für jeden Christen ausführbar. Versteh mich aber bitte nicht falsch. Diese Vorschläge sind nicht als eine Reihe von Schritten gedacht, die du zu erklimmen versuchen sollst. Der Sinn der Tabelle am Ende des vorigen Kapitels und unserer Diskussion davor bestand darin, zu zeigen, dass wenn wir gesund an Leib und Geist sind, es keinen Grund gibt, warum wir uns nicht in einigen ganz einfachen Aktivitäten engagieren sollten, um eine evangelistische Haltung in unserem Leben aufzubauen. Die Vorschläge 1 bis 6 können leicht und zu jeder Gelegenheit im täglichen Leben verwirklicht werden. Der Vorschlag Nr. 7 möchte auf den ersten Blick wohl eher in das Gebiet der »Epheser 4,11-12«-Evangelisten fallen, von denen in Kapitel 11 die Rede war. Dazu gehört ja die Verkündigung des Evangeliums vor Menschengruppen. Sie erfordert mäßige bis hohe Fähigkeiten zum Predigen und ist äußerst öffentlich und sichtbar.

Du magst dich wundern, wenn ich jetzt bekenne, dass ich nach all den Jahren öffentlichen Dienstes immer noch zitternd dastehe, wenn ich vor einer Hörerschaft stehe. Ich fühle immer noch ein Flattern im Bauch, mir bricht immer noch der Schweiß aus und ich fantasiere im letzten Augenblick immer noch davon, einfach wegzulaufen, und sehr oft fühle ich mich körperlich krank. Da spielt es keine Rolle, wer da vor mir sitzt, wie groß die Menge ist oder wie die Umstände sind: Immer bleibt mein Dienst eine massive Zweiteilung zwischen meiner Berufung und meiner Leidenschaft, das Evangelium zu predigen einerseits und dem Fluchtinstinkt wegen meiner Schüchternheit und meiner feigen Natur andererseits.

Die Southend Air Show 2005 war nass. Sie begann mit einem herrlichen Morgen, doch als Tausende auf den Flugplatz strömten, begann sich der Himmel zu verdunkeln, und man hörte die ersten Regentropfen auf den Planen der Ausstellungszelte. Avanti Ministries hatte einen kleinen Stand in einem Zelt, in dem noch andere Wohltätigkeitswerke ihre Waren ausgestellt hatten. Uns gefiel es da. Nie wurde es dort zu eng, und die Hereinkommenden waren gewöhnlich höfliche Mitmenschen, die sehr gern unsere Blättchen annahmen, um sie ihrer Sammlung von Reklameschriften hinzuzufügen. Vor allem war unser Stand die Basis für unser Team, das darauf brannte, sich mit seinen Schreibunterlagen unter das Volk zu mischen. Wir wollten Lutscher und Flaschen mit Wasser austeilen und uns mit freundlichen Menschen unterhalten, die an unserer Umfrage teilnehmen und denen wir dann Evangeliumstraktate aushändigen würden. Als der Regen heftiger wurde, fiel die Temperatur merklich ab, und wir alle wurden immer mutloser. Trotz ihrer Regenjacken hatten die meisten Menschen keine Lust, in der Kälte draußen zu stehen, um Fragen zu beantworten. Die Flaschen mit kaltem Wasser konnten mit dem Verlangen nach heißem Kakao in einem Erfrischungszelt nicht mehr mithalten. Wir saßen elend an unserem Stand, brachten unsere Literatur in Ordnung und lächelten den Vorbeikommenden entgegen. Der Wind frischte zu einem Sturm auf, der die Zeltwände laut knallen ließ. Da kam mir plötzlich der Gedanke: Wir brauchten gar nicht mehr zu den Menschen nach draußen zu gehen. Sie waren hier, immer mehr strömten herein, wo es trocken und nicht ganz so kalt war. Es dauerte nicht lange, und das ganze Zelt war vollgestopft mit dampfenden Körpern, und es kam richtig zu einem Aufruhr, als Männer versuchten, die große Zelttür zu schließen, die in dem nun mächtig tobenden Sturm gefährlich hin und her schlug.

Ich begann zu schwitzen. Aber das hatte nichts mit der plötzlichen Feuchtigkeit im Zelt zu tun. Das war ein Heimspiel, denn ich erkannte Menschen, die ihre Kinder in dieselbe Schule brachten wie ich die meinen. Andere hatte ich im Supermarkt oder an der Bushaltestelle gesehen. Ich scheuchte den Gedanken fort. Aber er wollte nicht weichen. Ich versuchte zu überhören, was Gott mir sagte. Doch je mehr ich kämpfte, umso deutlicher wusste ich, was Gott von mir erwartete. Dies hier war eine Hörerschaft, die nicht fortlaufen konnte: Diese Menschen hatten sich einen Tag freigenommen, um unterhalten zu werden. Wäre ich ein Sänger oder Tänzer, ein Künstler, Musiker oder Politiker gewesen, dann hätte ich hier eine großartige Möglichkeit gehabt, meine Talente zur Geltung zu bringen, um die Menge für mich zu gewinnen. Aber an diesem Tag war weder ein Sänger noch ein Tänzer, noch ein anderer Künstler im Zelt. Da war nur ich – mit meiner mächtigen Botschaft. Als ich mein Team anblickte, merkte ich, dass niemand mehr niedergedrückt war. Auch sie hatten begriffen, welche Gelegenheit hier bestand. Was mich ärgerte, war nur, wie sie alle auf mich schauten! Da schob mein alter Freund Jo Martin auch schon einen Stuhl nach vorn, und schließlich stieg ich – sterbenselend – hinauf und begann, die Menge anzusprechen …

Aus dieser Erfahrung habe ich viel gelernt. Als Erstes war da große Scham. Ich schämte mich, bei einer solchen Gelegenheit gezögert zu haben. Dann schämte ich mich meiner Heuchelei, dass ich ein ganzes Team ermutigt hatte, hierherzukommen, um an dem Großen Auftrag teilzunehmen, und nun fürchtete ich eine Schande, die mich davor zurückschrecken ließ, dieser durch das Wetter gefangenen Menge das Evangelium zu sagen. Wenn ich aber an die Schande denke, kann ich mich nur darin trösten, dass der Herr hier bei uns war und alles selbst erduldet hatte. Die Schande des Kreuzes war unermesslich! Ist nicht Petrus, der enge Freund des Herrn, weggelaufen und hat sich versteckt, statt sich auf Jesu Seite zu stellen? Wenn ich an die Angst und an die Versuchung denke, mich lieber unter dem Tisch zu verstecken, als auf den Stuhl zu steigen, dann brauche ich mich nur an die Apostel zu erinnern, die sich davor fürchteten, öffentlich mit Christus identifiziert zu werden. Ich habe vorhin schon gesagt und wiederhole es hier: Gott weiß, dass wir ihn verleugnen werden. Er weiß, dass es immer wieder Zeiten des Versagens geben wird. Aber wie ein liebender Vater lädt er uns trotzdem ein, wieder von vorn anzufangen. Obwohl wir uns verirren und ihn böse verleugnen, bereitet er trotzdem ein Festessen für uns, wenn wir zurückkommen und um Vergebung bitten. Er hat uns nicht *nötig,* um sein Bild zu malen. Er ist der Anfänger und der Vollender von allem, der Schöpfer der Farben und der Leinwand und von allem, was schön ist. Und doch lädt er uns ein, die Pinsel in die Hand zu nehmen und weiterzumachen, und wenn wir hässliche Flecken auf seiner vollkommenen Leinwand gemacht haben, dann verändert und schiebt und liebt er die Szene zurecht, bis sie etwas Wunderbares geworden ist.

Wenn ich auch immer noch die Schande wegen meiner Zögerlichkeit an jenem Tag spüre, so überwiegt doch ein tolles Glücksgefühl. Als ich mich stotternd und stammelnd durch meine Botschaft zu quälen begann, wurde es in der Menge ganz still. Sie waren willige Hörer, die mir die Höflichkeit erwiesen, aufmerksam zu sein. Meine Ansprache war kurz und bündig. Viele wurden nun neugierig, warum ich diese Gelegenheit ergriffen hatte und warum die anderen Team-Mitglieder heute nicht bei ihren Familien, sondern bei dieser Flugschau waren. Sie alle lud ich ein, ein kostenloses Exemplar des Buches *Den Tiger zähmen*[43] und andere Evangeliumsschriften von unserem Stand mit nach Hause zu nehmen.

Zu meiner Überraschung und Freude drängten sich die Menschen nach vorn, und schon bald hatten wir keinerlei Literatur mehr. Ist es nicht verwunderlich, wie wenig wir damit rechnen, dass die Menschen *doch* etwas von Gott hören wollen? Nur Gott weiß, was dieser Tag gebracht hat. Wie Jesus vorhergesagt hatte, werden viele Samen auf harten Boden fallen, vom Unkraut überwuchert oder vom Wind fortgeblasen. Aber ich bin mir sicher, dass auch Samenkörner in gutes Land eingebettet wurden, die seitdem

---

43 Das Buch erschien 2009 bei CLV; Originaltitel: »Taming the Tiger« (Authentic, 2004).

gewachsen sind und Frucht gebracht haben. Doch das ist Gottes Angelegenheit, nicht meine. Alles, was ich jemals hoffen kann zu tun, ist, getreu meiner Berufung die Samenkörner auszustreuen, sodass der Heilige Geist wirken kann, wo immer sie hingefallen sind.

Ich erzähle diese Geschichte nicht, um anzugeben wegen dieses einen Tages, an dem ich glücklicherweise treu gewesen bin. Stattdessen schäme ich mich, zugeben zu müssen, dass ich viel häufiger dem Fluchtinstinkt nachgegeben habe. Vielmehr erzähle ich diese Geschichte, um dir den Fehdehandschuh hinzuwerfen. Vielleicht kann ich dich herausfordern, den biblischen Zusammenhang zu entdecken zwischen der Verkündigung des Evangeliums und der »Fülle des Lebens«, welche das Evangelium denen verheißt, die sich ganz dieser Botschaft hingeben. »*Ich danke meinem Gott und gedenke allezeit an dich in meinen Gebeten, ... damit deine Gemeinschaft im Hinblick auf den Glauben für Christus Jesus wirksam werde durch die Erkenntnis all des Guten, das in euch ist*« (Philemon 4.6; Schlachter 2000). Kannst du dir vorstellen, wie sich das anfühlt? Nur allzu oft meine ich in einer Welt des Zwielichts zu leben, in der wir unserer täglichen Arbeit nachgehen und nur ein winziges bisschen davon schmecken, was es bedeutet, »Leben« in Christus zu besitzen. Aber hier wird uns die »Erkenntnis all des Guten« versprochen, wenn wir nur bereit sind, das mitzuteilen, was wir wissen. Ich weiß aus eigener Erfahrung, dass das stimmt. Wenn ich mein Empfinden nach der Southend Air Show mit »tollem Glücksgefühl« bezeichnet habe, so berührt das nur die Oberfläche der Freude, die damals in meinem Herzen war. Charles Spurgeon hat auf brillante Weise zusammengefasst, was ich damals spürte:

> Selbst wenn ich ausschließlich an mich selbst dächte und nichts anderes als mein eigenes Glück im Sinn hätte, wünschte ich mir vor Gott, ein Seelengewinner zu sein. Denn tatsächlich habe ich nie eine vollkommenere und so überfließende und unaussprechliche Glückseligkeit der reinsten und höchsten Art gekannt, als da, wo ich zum ersten Mal von einem hörte, der durch mich den Heiland gesucht und gefunden hatte. Ich erinnere mich noch an die Schauer der Freude, die mich durchströmten! Keine junge

Mutter hat sich jemals so über ihr erstgeborenes Kind gefreut, kein Krieger so über einen hart errungenen Sieg gejubelt![44]

Lass mich noch einmal deutlich machen, was ich glaube: Anonymes Traktate-Verteilen ist eine empfehlenswerte Weise zu evangelisieren. Aber im gleichen Atemzug muss ich jeden dazu ermuntern, der es wagt, sich nach Vorschlag Nr. 7 in unserer Tabelle zu engagieren: die öffentliche Verkündigung vor einer Gruppe von Menschen.

Hier ein ganz verrückter Vorschlag: Warum rufst du nicht das nächste Mal im Zug oder im Wartezimmer oder an einem anderen öffentlichen Ort jemanden an und sprichst mit dem Angerufenen über das Evangelium? Dabei kannst du mit der Neugier der Menschen um dich herum rechnen, die meist gern mithören. Glaube mir: Ich habe das schon oft gemacht, und es ist erstaunlich, wie das ganze Abteil oder das Wartezimmer wie versteinert dasitzt. Aber auch wenn niemand den Mut hat, darauf zu reagieren, ist es eine großartige Übung für dich!

Es gibt natürlich sehr viel spannungsfreiere, ganz »natürliche« Möglichkeiten. Um vor Menschen zu sprechen, brauchst du nicht unbedingt eine Bühne oder eine Kanzel oder einen Stuhl vor einer Menschenmenge. Man braucht auch keinen Fremden einzubeziehen. Die meisten von uns haben einen Freundeskreis oder ein soziales Umfeld, in dem wir manchmal in einer kleinen Gruppe von uns selbst berichten. Und wenn wir über unser Leben sprechen können, können wir auch – wenn auch nur stückweise und in Abständen – über das Evangelium sprechen. Gehörst du zu einem Sportverein, zum Elternbeirat einer Schule, zu einer Mutter-Kind-Gruppe, zu einem Seniorenclub oder zu einem Geflügelzuchtverein? Vielleicht gehst du mit bestimmten Menschen regelmäßig essen, oder du bist auf deiner Arbeit gerade in der Küche, und während du darauf wartest, dass das Wasser kocht, gesellt sich ein Kollege dazu. Überlege doch einmal, wie du beim nächsten Mal das Gespräch lenken kannst, wenn dich jemand fragt, was du während der letzten Woche so gemacht hast oder was dich motiviert, das zu tun, was du gerade tust. Wenn Christus in dir lebt, dann fordere ich

---

[44] Charles H. Spurgeon, *The Soul Winner*, BiblioBazaar, 2008.

dich auf: Lass das Evangelium aus dir herausfließen – oder wenigstens herauströpfeln. Du wirst merken, dass höchstwahrscheinlich mehr als ein Mensch zuhören möchte.

In den letzten paar Jahren habe ich mein Gesicht überall in der Welt auf Reklamewänden und Werbepostern kleben sehen. Ich habe mich im Fernsehen gesehen und meine Stimme im Radio gehört und bin von Menschen erkannt worden, die ich nie gesehen habe. Sie baten mich, mein Buch zu signieren, als sei ich eine Art Berühmtheit. Das ist etwas, woran ich mich wohl nie gewöhnen werde. Tatsächlich macht mich der Gedanke geradezu krank, dass Menschen von dem Ereignis angelockt werden, mich, Tony Anthony, zu sehen und zu hören. Was erwarten sie von mir? Kung-Fu-Demonstrationen und Geschichten über meine Verdorbenheit? Manchmal komme ich mir vor wie Russell Crowe in dem Film *Gladiator*. »Unterhält man euch nicht genug? Unterhält man euch nicht genug? Seid ihr nicht dazu hier?«, schreit er, während er einen weiteren Gladiator abschlachtet, wodurch er die blutdürstige Menge in Raserei versetzt.[45] Ich verstehe natürlich, dass meine Geschichte viel Interessantes enthält. Aber oft denke ich, wie verkehrt es ist, dass riesige Menschenmengen kommen, um lieber diese kranke und schändliche Geschichte zu hören als den größten Rettungsplan aller Zeiten, eingepackt in wunderbare Geschichten der Erlösung. Und wenn man's recht bedenkt, sind meine Veranstaltungen im Grunde nur eine Möglichkeit des öffentlichen Bekenntnisses. Aber die Menschen kommen! Ich bitte Gott um den Tag – obwohl ich fürchte, er wird nie kommen –, an dem man Menschen wie mich nicht mehr zum Reden einlädt, einfach, weil dann so viel mehr gewöhnliche Christen aufgestanden sein werden, die bereit sind, ihre eigenen Geschichten des Glaubens zu erzählen. Wie wäre es mit »Christian Schmidt« oder »Barbara Mayer« oder irgendeinem anderen Christen? Das mögen Menschen sein, die ein sehr unspektakuläres Leben führen. Doch wenn sie Nachfolger Christi sind, haben auch sie eine interessante, aufregende, dramatische, lebensverändernde Geschichte zu erzählen, vollgepackt mit »Action«.

---

45 *Gladiator*, Dream Works, 2000.

Stell dir vor, wie herrlich es wäre, wenn man erlebte, dass Menschen ganze Stadien füllen, nicht, um die leeren Geschichten einer »weltberühmten« Person zu hören, sondern die beste Neuigkeit der Weltgeschichte – die Geschichte von Jesus Christus? Und wer würde sie erzählen? Nun ... warum nicht du? Wieder erinnere ich an Michael Wright, den gewöhnlichen Mann mit der gewöhnlichen Geschichte, der mich und andere zu Christus führte wegen seiner Beziehung zu dem besten Autor und dem großartigsten Wundertäter, den die Welt jemals kennenlernen wird.

Beim Schreiben dieses Kapitels wird mir der Zwiespalt bewusst, in dem ich mich befinde. Meine Arbeit hat viele segensreiche Aspekte. Ich kann durch die ganze Welt reisen und treffe wunderbare Menschen. Aber wenn ich reise, bin ich von meinen Lieben getrennt. Jedes Mal, wenn ich für einen längeren Einsatz aus meinem Haus gehe, überlasse ich es meiner Frau, als »Alleinerziehende« die »Ein-Eltern-Familie« aufrechtzuerhalten. Meinen Jungen muss es oft wie eine Ewigkeit erscheinen, bis Papa wieder zu Hause ist, um sie wieder einmal ins Bett zu bringen. Ich vermisse ihre Schwimmstunden, ihre Fußballspiele, ihre Abende mit uns Eltern, ihre Weihnachts- und Erntedankfeiern und viele der kostbaren Dinge, die eine Familie stärken und festigen. Da lasse ich den Komfort, aber auch die Kraft beständiger Gemeinschaft hinter mir – denn wenn ich reise, bin ich allein, jedoch ständig im Rampenlicht ... und das alles für einen Beruf, den ich eigentlich gar nicht mag. Ja, man kennt mich dafür, dass ich mich darüber ereifere, wie sehr ich das Evangelisieren hasse. Das ist leider so. Ich hasse das Evangelisieren.

Ich hasse das Evangelisieren in der Weise, wie ein Sanitäter es hasst, zu einem Verkehrsunfall zu kommen, bei dem Menschen in ganz verzweifelten Situationen sterben. Ich hasse es insofern, als ich wünschte, diese schreckliche Lage wäre nie eingetreten. Warum muss man Menschen überreden, von der Straße des Verderbens fortzugehen? Und doch ist dies gerade dasjenige, was ich mit unentwegter Leidenschaft liebe. Ich liebe es wie der Sanitäter, der weiß: Er kann dort eingreifen und Leben retten. Dann schießt das Adrenalin ins Blut, und es macht nichts mehr aus, wie erschütternd, wie blutig und wie gefährlich die Situation ist. Er vergisst sich selbst und taucht dort an Ort und Stelle in seinen Dienst ein.

Eine auf dem Fahrersitz eingeklemmte Mutter ruft nach ihren Kindern. Der Sanitäter bringt Erste Hilfe und Leben erhaltenden Sauerstoff. »Es geht ihnen gut, ich kann sehen, dass sie leben, wir können alle retten«, versichert er der verängstigten Frau. »Sie müssen nur auf mich hören. Sie müssen sich von mir helfen lassen.« Mitten in dem Drama muss er an seine eigenen Kinder denken, die er zu Hause zurückließ, und dann weiß er: Er wird alles tun, um diese Kleinen hier zu retten. Der Sanitäter hasst das, was passiert ist, aber er liebt seinen Dienst.

Wie der Sanitäter will ich mit allem, was ich habe, dafür kämpfen, dass Leben gerettet wird. Ich will ringen um Timi und um den Rastafari-Reggae-Musiker, um solche, die gekommen sind, um eine Kung-Fu-Demonstration zu erleben, und um all die anderen, denen ich das Evangelium weitersagen darf. Willst du dich in diesem Kampf mit mir verbünden? Willst du das nächste Mal, wenn du in der Imbissstube ein Trinkgeld gibst, auch ein Traktat überreichen? Wirst du dem Menschen ein Traktat aushändigen, mit dem du dich im Bus unterhalten hast? Wirst du mit deinen Kollegen in der Werkskantine darüber sprechen, warum du am Sonntagmorgen zum Gottesdienst gehst, oder von einem tollen Buch, das du gerade gelesen hast, erzählen, das von der Realität Gottes handelt und beschreibt, wie Gott in das Leben der Menschen von heute eingreift? Ach, möchtest du doch darum beten, dass auch du an dem Vorrecht teilhaben darfst, die Geschichte deines Glaubens bei der nächsten Vereinssitzung oder beim nächsten Treffen der Mutter-Kind-Gruppe weiterzusagen. Ich bitte dich, jetzt sofort, dich der geistlichen Waffenrüstung zu versichern, die dir doch gehört. Komm mit, wenn du willst, an die Front ... wir wollen hingehen und einen Blick auf den Feind werfen.

Zum Nachdenken

- War es für dich eine Überraschung, zu lesen, dass Barmherzigkeit und gute Werke, ein frommes Leben und die Fürsorge für den Nächsten keine Evangelisation sind?

- Weißt du, was deine Freunde für Evangelisation halten?

- Wenn du über dieses Kapitel nachdenkst, meinst du dann, dass auch du mehr Evangelisation in dein Leben einbauen könntest?

- »*Ich danke meinem Gott und gedenke allezeit an dich in meinen Gebeten, ... damit deine Gemeinschaft im Hinblick auf den Glauben für Christus Jesus wirksam werde durch die Erkenntnis all des Guten, das in euch ist*« (Philemon 4.6; Schlachter 2000). Kennst du etwas von dem Segen, von dem Paulus hier spricht?

- Wenn mehr Christen den Zusammenhang zwischen der Ausbreitung des Glaubens und einem erfüllten Leben verständen, würden sie dann wohl auch mehr das Evangelium verkündigen?

15
Salziger Tee

Wir haben uns schon darüber unterhalten, dass wir uns in einem geistlichen Krieg befinden. Als Christen sind wir in einen Kampf verwickelt, der sich in den himmlischen Örtern abspielt. Dieser Kampf tobt seit dem Sündenfall, seit der Zeit, in der Gott aus reiner Liebe Männer und Frauen mit einem Willen begabte. Wir aber haben uns stolz für unabhängig erklärt und wandten uns weg von der wunderschönen Beziehung zu Gott, die er uns zugedacht hatte. Als Christen sind wir in diese Beziehung wieder zurückgebracht, nachdem wir unsere Hoffnung auf Christus setzten und uns ihm unterstellten. Nun sind wir aber auch mit der himmlischen Waffenrüstung ausgestattet und sollen uns unserem Herrn anschließen im Kampf um die noch immer verlorenen Seelen. Wer von uns aber kämpft wirklich? Natürlich, das ist altmodisch und passt nicht zu unseren modernen Wohlfühl-Gemeinden von heute. Aber wenn die alten Erweckungsprediger Höllenfeuer und Verdammnis verkündeten, dann waren sie ganz gewiss näher an der Verkündigung der biblischen Wahrheit dran als wir, die wir uns aus Bequemlichkeit nicht mehr trauen, davon zu reden.

Ich wurde einmal während meiner Präsentation des Evangeliums öffentlich von einem Pastor angegriffen. Er hatte mich eingeladen, ein Grußwort an die Gemeinde zu richten. Als ich allerdings zu meiner Präsentation kam, erhob er Einspruch gegen die Behauptung, die Hölle und der Teufel seien Realität und dass es etwas koste, wenn man mit Gott seinen Weg gehen möchte. Ich glaube, der Teufel hatte großen Spaß an diesem Angriff des Pastors. Wenn wir nicht an seine Existenz glauben, dann achten wir auch nicht auf ihn, und er kann ganz ruhig und unbemerkt sein Zerstörungswerk direkt um uns herum fortführen. Wir haben unsere Gottesdienste, wir singen unsere Loblieder und machen alles, was »gute Christenmenschen« tun. Und währenddessen sitzt der Teufel hinten in der Küche der Gemeinde und vertauscht still und heimlich überall die Schilder für Zucker und Salz, und niemand merkt's. Dann wundern wir uns, warum der Tee so schlecht schmeckt ... oder was noch schlimmer ist, wir nehmen den Geschmack so hin, ohne mit der Wimper zu zucken. So arbeitet Satan. Er verändert den Inhalt von Worten wie »Evangelium« und »evangelisieren«. Dann werden wir schnell an der Nase herumgeführt. Wir meinen, wir breiteten das Evangelium aus, und wir meinen, wir würden evangelisieren, obwohl wir das in Wirklichkeit nicht tun.

Viele Menschen zweifeln an der Existenz Gottes. Noch viel mehr Menschen zweifeln an der Existenz des Teufels, und das ist gerade das, was ihm am meisten dient. Während wir nicht an ihn glauben, kann er unerkannt und ungehindert seine Denkweise in unser Lebenskonzept integrieren. Der Teufel war für Jesus real. Jeder der synoptischen Evangelisten legt Wert darauf, uns Jesu Begegnung mit dem Teufel während der vierzig Tage in der Wüste zu schildern. Und ich bin mir sicher, dass diese Berichte nicht nur zufällig an die vierzigjährigen Erfahrungen bei der Wanderung des Volkes Israel erinnern, damals in der Wüste. War damals der gleiche Teufel am Werke? Es war sicher nicht Gottes Plan, dass sein auserwähltes Volk zu Fall kommen und zu Götzendienern werden sollte. Ich denke mir die Sache so: Als der Heilige Geist Jesus in die Wüste führte, wollte er uns sicher zeigen, was passiert wäre oder hätte passieren können, wenn Gottes alttestamentliches Volk doch nur treu und vertrauensvoll geblieben wäre. Natürlich: Jesus bleibt Jesus. Und trotzdem lautet die Lektion daraus, dass als der Teufel ihn zu versuchen trachtete – und wie heftig hat er es versucht! –, sich Jesus auf Gottes Wort und seine Verheißungen stützte und sie als Schutzschild benutzte.

Ja, der Teufel war für Jesus Realität. Er erschien ihm. Sich einzubilden, dass er dies mit Christi Nachfolgern nicht tun kann oder tun wird, ist bestenfalls Naivität. Ich möchte an dieser Stelle so deutlich sein. Der Teufel ist unser Feind, und wie für jeden aktiven Soldaten im Krieg ist es wichtig, etwas über den Feind zu wissen. Dann können wir uns auf die Schlacht einstellen, weil wir seine Absichten, seine Pläne und seine Waffen kennen.

Der Theologe und Buchautor Dr. Michael Green zeigt uns in seinem Buch *I believe in Satan's Downfall*,[46] warum der Teufel so fanatisch darum kämpft, das Evangelium zu behindern:

> Worin besteht die Motivation, die den Versucher anstachelt, unentwegt den Menschen zu Fall zu bringen? Die Antwort heißt: Ehrsucht. Sein Gott ist nicht mehr der Herr, sondern er selbst. Er muss den allmächtigen Gott beseitigen. Er will selbst den Ehrenplatz einnehmen. Darum ist sein Ziel, jeden Mann, jede Frau und jedes Kind dazu zu bringen, seine Herrschaft anzuerkennen. Er hat dabei phänomenalen Erfolg. 2. Korinther 4,4 ist eine wichtige Stelle, die Licht auf seine letztendliche Strategie wirft. Er blendet den Verstand der Ungläubigen, sodass sie das Evangelium nicht erfassen können. Satan ist der große unsichtbare Feind. Er schaut nicht freundlich zu, wenn er sieht, wie sein Reich zerstört und seine Gefangenen freigelassen werden. Er hat im Leben vieler Menschen auf praktisch allen Gebieten die Stelle Gottes eingenommen. Vor allem geht es ihm darum, die Sonne des Evangeliums von Jesus Christus, der das Ebenbild Gottes ist, daran zu hindern, in ihren Herzen aufzugehen.[47]

Wenn wir also mit Dr. Greens Ausführungen übereinstimmen, begreifen wir, dass der Satan mehrere Gründe hat, weshalb er die Ausbreitung des Evangeliums verhindern möchte. Zunächst sind es Ehrsucht und Ruhm. Er will den Ehrenplatz im Universum einnehmen. Er will den Ruhm bekommen, der allein Jesus gebührt. Zweitens arbeitet er an der Ausbreitung seines Reiches. Er will die Nichtchristen in geistlichen Kerkern gefangen halten. Sie wurden in sein Reich hineingeboren, und dort will er sie behalten. Und die Bibel sagt ganz klar, dass es an dieser Stelle keine Grauzone gibt. Es mag manchem ein ärgerlicher Gedanke sein, dass wir alle ohne Ausnahme entweder dem Teufel oder Jesus dienen. Christus selbst hat gesagt: »*Wer nicht mit mir ist, ist gegen mich*« (Lukas 11,23). Drittens ist der Teufel in höchstem Maß daran interessiert, die Predigt des

---

[46] Auf Deutsch so viel wie: »Ich glaube an den Untergang Satans«.
[47] Michael Green, *I believe in Satan's Downfall*, Hodder & Stoughton, 2. überarbeitete Auflage 1995.

Evangeliums zu unterbinden, um dadurch vielleicht irgendwie seinen Untergang hinauszuschieben. Lies noch einmal den Bericht, wo der Teufel den Herrn Jesus in der Wüste verführen will. Da sehen wir, wie gut er die Bibel kennt. Er zitiert und benutzt die Weissagungen und liest dort so deutlich wie du und ich, dass eine Zeit kommen wird, in der er schließlich untergehen wird. Diese »Zeit« – so scheint mir – beginnt mit der Verkündigung des Evangeliums. Jesu Worte in Matthäus 24,14 offenbaren diesen großartigen göttlichen Plan: »*Und dieses Evangelium des Reiches wird auf dem ganzen Erdkreis gepredigt werden, allen Nationen zum Zeugnis, und dann wird das Ende kommen.*« Und was geschieht an diesem Ende? Schlag schnell Offenbarung 20,10 auf: »*Und der Teufel, der sie verführte, wurde in den Feuer- und Schwefelsee geworfen, wo sowohl das Tier ist als auch der falsche Prophet; und sie werden Tag und Nacht gepeinigt werden von Ewigkeit zu Ewigkeit.*« Da ist es kein Wunder, wenn unser großer Feind mit aller Kraft darum kämpft, *diesen* Tag hinauszuschieben!

Krieg ist immer mehr als nur das reine Kampfgeschehen. Hinter jedem Krieg stecken Strategie und Heimlichkeiten. Die zahlreichen Widerstandsgruppen im Zweiten Weltkrieg sind keine Legende, und sie haben ganz sicher zum Sieg über die Diktatur der Nationalsozialisten beigetragen. Solche »Untergrund-Operationen« fanden mitten in den besetzten Gebieten statt. Da wurden Juden versteckt, Dokumente gefälscht, es gab Sabotage und absichtlich schlechte Arbeit durch solche, die gezwungen wurden, für den Feind Rüstungsgüter zu produzieren, es wurden Telefonleitungen und Versorgungseinrichtungen zerstört ... Der Erfolg und die Schlagkraft aller Widerstandsbewegungen beruht auf Intelligenz, Heimlichkeit und Irreführung, sodass größtmöglicher Schaden verursacht wird, bevor der Gegner es merkt und Gegenmaßnahmen ergreifen kann. Macht es der Teufel nicht genauso? Sein Ziel ist es, die Ausbreitung des Evangeliums aufzuhalten, sie zu stören, sie zu unterbrechen und genau das aufzuhalten, was letztendlich den Sieg erringen wird. Natürlich gibt es Umstände, bei denen sein Einwirken äußerst sichtbar ist und wo man den vollen Einsatz aller seiner Zerstörungsmächte erkennt: in Armut, Korruption, Hunger, Depressionen, Missbrauch, Krankheiten, moralischer Unreinheit, ganz zu schweigen von seinen Angriffen auf die Familie, aber auch auf einzelne Personen. Aber Satan ist auch schlau und listig, und er hat mit seinen Angriffen am meisten Erfolg in einer Gesellschaft, in der er nicht wahrgenommen wird und in der die meisten Menschen meinen, dass es ihn gar nicht gibt, und noch mehr dort, wo das Evangelium von Jesus Christus keine Rolle mehr in der Lebensführung spielt. Davon ist die Rede in 2. Korinther 4,3-4: »*Wenn aber auch unser Evangelium verdeckt ist, so ist es in denen verdeckt, die verlorengehen, in denen der Gott dieser Welt den Sinn der Ungläubigen verblendet hat, damit ihnen nicht ausstrahle der Lichtglanz des Evangeliums der Herrlichkeit des Christus …*«

Wundert es dich da, wenn du hörst, dass auch die meisten Christen so blind sind wie diese Ungläubigen? Natürlich hat der Teufel seine Waffenarsenale prall gefüllt. Und welche bessere Methode gäbe es, die Blinden in ewiger Dunkelheit zu halten, als auch die Kinder des Lichts glauben zu lassen, sie könnten oder sollten diesen Blinden nicht den richtigen Weg zeigen? In Fernsehreportagen wird manchmal das Gesicht einer Person verwischt, um deren Identität zu schützen. Daran muss ich oft denken, wenn ich sehe, auf welche Art und Weise viele Christen die Bibel lesen und sie auslegen. Nimm zum Beispiel einmal den ganz berühmten Text aus Markus 8,35, in dem der Herr darüber spricht, was es tatsächlich bedeutet, ihm nachzufolgen. Oft bitte ich Teilnehmer in meinen Ausbildungsseminaren, diesen Vers aus dem Gedächtnis aufzusagen. Und sehr viele zitieren ihn so: »Denn wer sein Leben erretten will, wird es verlieren, und wer sein Leben verliert um meinetwillen, wird es retten.« Ich vermute, dass du bestimmt auch gerade dieses Zitat gelesen hast, ohne den gefährlichen Fehler wahrgenommen zu haben. Nun sieh dir den Vers noch einmal an, wie er in der Bibel steht: »*Wer irgend sein Leben erretten will, wird es verlieren; wer aber irgend sein Leben verlieren wird um meinet- und des Evangeliums willen, wird es erretten.*« Hast du es gemerkt? Aus irgendwelchen Gründen lassen viele sehr oft beim Aufsagen diese entscheidenden Worte »*und um des Evangeliums willen*« aus? Das ist in meinen Augen Raub am helllichten Tag. Das scheint so geringfügig, und man übersieht es leicht – aber letztendlich verändert es die Botschaft der Bibel.

Wie verstehen wir das »Verlieren unseres Lebens«? Das muss nicht notwendigerweise bedeuten, dass wir unser physisches Leben drangeben müssten (obwohl es dies tatsächlich für viele Gläubige der frühen Christenheit und für nur allzu viele unserer Zeitgenossen in anderen Ländern bedeuten kann, die auch in der heutigen Zeit unter schrecklichen Verfolgungen leiden und oft auch hingerichtet werden). Doch ich meine, dass dieses »das Leben verlieren« für die meisten von uns Christen in der westlichen Welt bedeutet: Wir gehen zu den Gottesdiensten, nehmen uns Zeit dafür, zu beten und Gott zu preisen, dienen in unserer Nachbarschaft und opfern viel Zeit und Geld. Hoffentlich werden bei uns Christen diese Dinge durch die Liebe zu Gott motiviert, und nicht durch Eigenliebe. Wir tun um Gottes willen manches. Wir stehen sonntags rechtzeitig auf und gehen zum Gottesdienst, statt im Bett oder bei der Familie zu bleiben, auch geben wir den Zehnten, statt das Geld für uns selbst zu verwenden, oder wir besuchen die Gebetsstunden, während andere ins Kino gehen oder sich mit ihren Freunden treffen. Wir tun viele »gute Werke« um Jesu willen. Doch wenn wir Markus 8,35 ernst nehmen, sind wir ebenso aufgerufen, Opfer für »das Evangelium« zu bringen. Und was ist das Evangelium? Nichts mehr und nichts weniger als die »Gute Nachricht« – eine Botschaft, die gehört, verbreitet, verkündigt und mitgeteilt werden muss. Wenn wir also unseren Nachbarn helfen, wenn wir Geld spenden, wenn wir Hauskreise besuchen und jeden Sonntag zum Gottesdienst gehen, auf die Ausbreitung des Evangeliums aber keinen Gedanken verschwenden, dann sind wir nur der einen Hälfte dieses Verses gehorsam – und damit nur der Hälfte der Botschaft Jesu. Jesus fordert uns auf, unser Leben für das Evangelium zu verlieren. Das scheint doch zu bedeuten: Wir sollen uns *ganz* für das Evangelium einsetzen ... Dann ist es doch wohl das Allerwenigste, dass wir es weitersagen – meinst du nicht auch?

Zu viele Christen sind für diese Art von Raub blind. Wir machen so weiter wie bisher, tun unser Bestes – und begreifen überhaupt nicht, dass wir nicht in der vollen Wahrheit der Gebote und Verheißungen Jesu stehen. Dann wundern wir uns, wenn wir beunruhigt und depressiv werden – durch Verlust von Ansehen oder durch das neueste persönliche Unglück –, oder wir werden müde oder erleiden einen Burn-out durch immer die gleiche Routine, wegen des immer gleichen Gottesdienstbesuchs an jedem Sonntag, immer singen wir die gleichen Lieder, hören uns ähnliche Predigten an und beten die gleichen Gebete. So werden wir durch endlose »Selbsthingabe« mutlos. Obwohl wir uns nach Erweckung sehnen und dafür beten, bleibt in unseren Gemeinden alles beim Alten. Das kommt, wie ich fürchte, daher, dass wir uns ein komfortables Leben aufgebaut haben, zu dem eine Version von Christentum gehört, die sich so weit von dem wahren Wesen des Evangeliums entfernt hat, dass wir höchstwahrscheinlich eines Tages wach werden und merken, dass uns schrecklich viel fehlt. Wenn uns das Leben den nächsten heftigen Schlag versetzt, kann uns solch ein Glaube wenig Hilfe bieten, weil es ein »Glaube« an unsere *eigene* Kraft ist, oder sogar an den Glauben unserer Glaubensgeschwister in der Gemeinde, statt ein Glaube an *die* Wahrheit. Dabei kann die Gemeinde sehr viel für Hilfsbedürftige tun. Man kann Blumen oder Karten oder Nahrungsmittelpakete verschicken oder sich für Kinder einsetzen oder bei anderen Nöten Gottes Liebe praktisch sichtbar werden lassen, wie es in einem englischen Lied heißt: »We all need somebody to lean on« – »Wir alle brauchen einen, der in der Not uns stützt«, und da kann die Gemeinde wirklich leuchten! Aber die Wahrheit des Evangeliums ist weit mehr als das. Als Christen müssen wir uns auf Christus stützen, und nicht nur auf unsere Glaubensgeschwister in der Gemeinde. Wir müssen durch die Kraft Gottes, durch die verändernde Kraft des Evangeliums und durch die ursprüngliche, volle Wahrheit auferbaut werden. Ravi Zacharias erzählte einmal eine Geschichte, welche die ernste Warnung von Römer 1,18 deutlich macht:

Ein Mann suchte Arbeit. Er war ein Bodybuilder, der durch viel Üben starke Muskelwülste vorweisen konnte. Weil er gar nicht mehr damit rechnete, eine Stelle nach seinen Wünschen zu bekommen, nahm er schließlich ein Angebot in einem lokalen Zoo an. Als er dort ankam, erschrak er, als er erfuhr, dass seine Arbeit darin bestehen solle, einen Affen nachzuahmen. Der Zoo hatte keine Affen mehr, wollte aber die vielen Kinder nicht enttäuschen, die immer kamen, um die Affen zu sehen. Der Mann zögerte zunächst. Aber er brauchte das Geld, und so nahm er die Stellung an. Vor Sonnenaufgang schon, damit niemand ihn sah, schlüpfte er in sein Affenkostüm und kroch in den Affenkäfig. Alles, was er zu tun hatte, war, im Käfig umherzugehen und einen Affen zu spielen, indem er zwischen Baumästen hin und her zu schwingen hatte und die Erdnüsse und Bananen essen musste, die man ihm zuwarf. Alles ging eine ganze Weile gut. Doch nach acht Stunden konnte er keine Bananen mehr sehen, und er begann, sich ganz elend und erschöpft zu fühlen. Er begann ein weiteres Mal, sich von Baum zu Baum zu schwingen, als er plötzlich den Halt verlor – und in den Löwenkäfig fiel. Als der Löwe plötzlich erschien, schrie er vor Schreck ganz laut: »Hilfe! Hilfe!« Aber zu seiner Verwunderung sagte der Löwe nur: »Sei still! Wenn du nicht aufhörst zu schreien, verlieren wir beide unseren Job!«

Das ist natürlich eine ausgedachte Geschichte. Aber was sie sagen will, ist dies: Viele Menschen führen ein ähnliches Spiel in mancherlei Arenen des Lebens auf. Wir wollen Zivilisationen aufbauen und wissen nicht, was es heißt, zivilisiert zu sein. Wir versuchen, Philosophen zu sein, und wissen nicht, wer der Meister-Philosoph ist. Wir versuchen, etwas von Kunst zu verstehen, ohne zu wissen, wer der Meister-Künstler ist. Wir entwickeln moralische Maßstäbe für das Leben und kennen nicht den Geber der Moralgesetze. Wir versuchen, Utopien und Träume zu verwirklichen, ohne zu merken, dass sie immer wieder zusammenbrechen und alle unsere ehrgeizigen Pläne nicht umgesetzt werden können. Und in dem Augenblick, wenn ein solcher Mensch »Hilfe! Hilfe!« schreit, entdeckt er, dass sein Nachbar selbst das gleiche Spiel betreibt.[48]

Blicken wir aber auf Christen, die in voller Wahrhaftigkeit leben und sich in allen Dingen auf Christus stützen, dann erkennen wir den Unterschied sehr deutlich. Einige werden verfolgt, einige leben und dienen in tiefster Armut, einige leben nur aus Glauben und die-

---

48 Diese Geschichte erzählte Ravi Zacharias in seiner Predigt »*The Lostness of Man*« (auf Deutsch so viel wie: »Die Verlorenheit des Menschen«), die er auf der Konferenz Amsterdam '86 hielt und die auf »Let My People Think«, einer Radio-Sendereihe von Ravi Zacharias International Ministries (www.rzim.org) später ausgestrahlt wurde. Abdruck in veränderter und gekürzter Fassung mit Erlaubnis von RZIM.

nen den Mitmenschen mit dem Evangelium. Die Freude, die diese Christen erfahren, indem sie das Evangelium ausleben, indem sie ihr Leben im Dienst für Christus hingeben, kommt aus der gleichen Quelle, von der Paulus in seinem 2. Brief an die Korinther über die Gemeinden in Mazedonien schrieb: »*... dass bei großer Drangsalsprüfung das Übermaß ihrer Freude und ihre tiefe Armut übergeströmt sind in den Reichtum ihrer Freigebigkeit*« (2. Korinther 8,2).

Paulus war selbst ebenfalls fest entschlossen, sein Leben für das Evangelium hinzugeben: »*Aber ich nehme keine Rücksicht auf mein Leben als teuer für mich selbst, damit ich meinen Lauf vollende und den Dienst, den ich von dem Herrn Jesus empfangen habe, zu bezeugen das Evangelium von der Gnade Gottes*« (Apostelgeschichte 20,24). Paulus hatte es bestimmt nicht leicht! In 2. Korinther 11, 23-27 erfahren wir etwas über seine Drangsale:

In Mühen überreichlicher, in Gefängnissen überreichlicher, in Schlägen übermäßig, in Todesgefahren oft. Von den Juden habe ich fünfmal empfangen vierzig Schläge weniger einen. Dreimal bin ich mit Ruten geschlagen, einmal gesteinigt worden; dreimal habe ich Schiffbruch erlitten, einen Tag und eine Nacht habe ich in der Tiefe zugebracht; oft auf Reisen, in Gefahren durch Flüsse, in Gefahren durch Räuber, in Gefahren von meinem Volk, in Gefahren von den Nationen, in Gefahren in der Stadt, in Gefahren in der Wüste, in Gefahren auf dem Meer, in Gefahren unter falschen Brüdern; in Mühe und Beschwerde, in Wachen oft, in Hunger und Durst, in Fasten oft, in Kälte und Blöße.

Und doch spricht Paulus von überströmender Freude!

Stell dir einmal einen Wasserhahn in Afrika vor. Er steht ganz allein in einem trockenen, dürren Land. Er ist alt und verrostet. Aber er wird einmal im Jahr aufgedreht. Welcher Mensch mit normalem Verstand würde das erste Glas Wasser aus diesem Wasserhahn trinken wollen? Wie wird das Wasser aussehen? Es wird abgestanden, stinkend, braun vom Rost und schmutzig sein und höchstwahrscheinlich voller scheußlicher, wenn nicht sogar tödlicher Krankheitskeime sein. Dann befindet sich in einem Dorf in der Nähe ein zweiter Wasserhahn, der tatsächlich das ganze Jahr über von morgens bis abends aufgedreht bleibt. Die Menschen benutzen ihn zum

Baden und zum Wäschewaschen. Die Kinder spielen in seinem frischen Wasserstrahl, und das ganze Dorf trinkt daraus. Das Wasser fließt dauernd, es ist frisch und voller Leben. Wenn du wählen könntest, ob du aus dem ersten oder aus dem zweiten Wasserhahn trinken möchtest, für welchen würdest du dich entscheiden? Natürlich für den zweiten. Ganz gewiss sollten wir Christen wie dieser Wasserhahn sein, immer aufgedreht, immer bereit, das Evangelium zu verbreiten und dem Lebenswasser zu erlauben, hindurchzufließen – uns selbst reinigend und erfrischend –, um dann zu den anderen Menschen zu gelangen.

Wenn wir unsere Gesellschaft im Licht von 2. Korinther 4,3-4 betrachten, können wir klar erkennen, wie deutlich der Teufel bei den Ungläubigen seine Ziele erreicht. Doch wie sieht es mit dem Plan des Teufels aus, den Christen das Leben zu verderben? Erinnerst du dich daran, dass Charles Spurgeon von »vollkommener, überfließender, unaussprechlicher Glückseligkeit der reinsten und höchsten Art« sprach?[49] Tatsächlich aber wissen wir, dass Spurgeon mit schrecklichen Depressionen zu kämpfen hatte. Trotzdem kann er von unaussprechlicher Glückseligkeit sprechen, wenn er an die Freude darüber, ein Seelengewinner zu sein, denkt. Wir reden nicht davon, dass das Leben eines Christen ein Rosenbett sei, sondern wir fordern zu der Frage heraus: »Gleiche ich dem rostigen Wasserhahn, der nur krank machendes Wasser enthält, oder weiß ich tatsächlich etwas von dem beständig überfließenden frischen Wasser?« Für Spurgeon kam sein Hochgefühl direkt daher, dass er ein »Seelengewinner« war. Aber dieses Vorrecht gilt nicht nur für den Apostel Paulus oder andere große Evangelisten, die etwas von dem Zusammenhang zwischen der Verkündigung des Evangeliums und dem »Leben in all seiner Fülle« verstehen. Es ist ein Vorrecht – dessen bin ich mir sicher –, das mir und dir und jedem gewöhnlichen Christen zuteilwird, der willigen Herzens ist, endlich anzufangen, diesen Auftrag auszuführen.

Das Evangelium zu verkündigen, kann für jeden Gläubigen, der es wirklich tut, ein unvergleichliches Leben zur Folge haben. Das »Leben in all seiner Fülle« steht uns jetzt und hier auf der Erde zur

---

49 Charles H. Spurgeon, *The Soul Winner*, BiblioBazaar, 2008.

Verfügung. Es ist eine göttliche Verheißung, und doch erhaschen so viele von uns nur einen schwachen Lichtstrahl, einen winzigen Vorgeschmack, einen flüchtigen Duft davon. Ich glaube, dass für den Christen die Ewigkeit jetzt beginnt. Von dem Augenblick an, wo wir unser Leben Christus übergeben haben, erleben wir unsere Ewigkeit. Vielleicht hat Jesus auch das gemeint, als er sagte: »*Das Reich Gottes ist nahe gekommen*« (vgl. Markus 1,15). Während wir also Ausschau halten mögen nach großen Dingen, die vor uns liegen, und nach unvorstellbarem Glück, wenn wir bei ihm in der Herrlichkeit sein werden, dürfen wir genauso jetzt schon hier auf Erden auf eine gute Portion des »vollen Lebens« hoffen (selbst wenn wir an Depressionen leiden und das Leben mühevoll ist), und das umso mehr, je klarer wir uns als Miterben Christi sehen.

Die ersten Christen fanden dieses »Leben«, indem sie das Evangelium mit der Bereitschaft verkündigten, um des Großen Auftrags willen den Märtyrertod zu erleiden. Um dahin zu kommen, bedarf es mehr als starrsinniger Tapferkeit. Ganz sicher lebten diese geschätzten Gläubigen das Leben in all seiner Fülle aus. Für sie muss der Schleier zwischen dem physischen und dem himmlischen Reich so dünn gewesen sein, dass sie gern bereit waren, ihr irdisches Leben hinter sich zu lassen, um die noch größere Fülle dessen zu empfangen, was sie jetzt schon genossen. Ich kann es hier nur vermuten, und doch: Wenn ich immer mehr von dieser Euphorie empfinde und für mich selbst den Zusammenhang zwischen der Verkündigung des Evangeliums und der Fülle des Lebens begreife, beginne auch ich, so zu denken wie jene, die viel lieber bereit waren, ihr Leben zu lassen, als von Jesus Christus zu schweigen. Über die ersten Christen wird berichtet, dass sie zu Tode gesteinigt, erschlagen, verbrannt, enthauptet, gekreuzigt, erstochen und erhängt wurden. Waren das die Ersten, die die Realität des Zusammenhangs zwischen der Verkündigung des Evangeliums und der Fülle des Lebens begriffen hatten? Wenn ja, dann bahnten sie den Weg für ein Vermächtnis, das die Jahrhunderte überdauerte und bis zum heutigen Tage reicht. Was sollen wir sagen von William Tyndale, Jim Elliot, John Bunyan und den vielen anderen, von denen wir wissen, dass sie verfolgt wurden oder ihr Leben für das Evangelium ließen? Und was sollen wir sagen von den vielen

Tausenden von Christen, deren Geschichte niemals erzählt wird? Für kurze Zeit waren im Oktober 2008 die Schlagzeilen voll von der grausamen Ermordung von Gayle Williams, einer 34-jährigen Entwicklungshelferin, die in Afghanistan umgebracht wurde. Während Regierungsstellen sich beeilten, jede »Proselytenmache« zum christlichen Glauben zu leugnen, wissen alle, die Gayle kennen, dass ihr Herz darauf brannte, jungen behinderten Menschen in einem muslimischen Land zu helfen. Dabei wurde sie durch ihre tiefe Überzeugung und ihre Liebe zu Jesus Christus geleitet. Sie war bereit – wenn es dazu kommen würde –, ihr Leben für das Evangelium hinzugeben. Welchem der beiden Wasserhähne glichen all diese Menschen?

Ganz gewiss: Wir reden hier von einem anderen »Leben«, als die meisten von uns kennen. Wenn wir in Johannes 1,4 lesen: »*In ihm war Leben, und das Leben war das Licht der Menschen*«, dann steht dort im Griechischen für »Leben« das Wort *zoe*. Deutlicher übersetzt müsste es heißen: »ein Leben, das real und echt, aktiv und tatkräftig ist«. Manchmal fürchte ich, dass wir manche Reichtümer der Bibel gar nicht kennen, weil wir auf unsere Übersetzungen angewiesen sind. Wir verweisen oft darauf, dass es im Griechischen, der Originalsprache des Neuen Testaments, mehrere Wörter für das eine Wort »Liebe« gibt, zum Beispiel *agape* für die väterliche Liebe Gottes zu den Menschen und für die Liebe der Menschen zu Gott und den Mitchristen und *phileo* für Freundschaft und Zuneigung. Wenn wir hier den Unterschied erkennen, wird unser Verständnis dadurch erhellt. So ist es auch mit *zoe*. Im Allgemeinen sehen wir in dem Wort nur noch etwas Funktionales und wenig Tatkräftiges – die Fähigkeit, zu wachsen und Funktionen wie Stoffwechsel, Reize, Bewegung durchzuführen. In Wirklichkeit ist »Leben« in der Bibel, aber auch in unserer Sprache etwas viel Größeres, viel Unfassbareres, Aktiveres, Tiefergehendes und Tatkräftigeres. Das Leben, von dem Johannes am Anfang seines Evangeliums spricht, ist etwas so Gewaltiges, dass wir es nie ergründen können. Und ich rede hier gewiss nicht von dem, was man erlebt, wenn man zu schwitzen beginnt, weil man bei der neuesten Lobpreis-Musik so oft und wild auf- und abgesprungen ist. Vielmehr ist dies ein Leben, bei dem das irdische Leben gar nicht mehr bedeutsam ist, sodass du es willig für Christus hingibst und du willig deinen Freunden von ihm erzählst oder du zu völlig Fremden gehst und versuchst, sie für das Evangelium zu gewinnen. Das ist das Leben, das dich veranlasst, etwas Außergewöhnliches zu tun, und das einzig aus *agape* und überfließender Dankbarkeit.

Wenn Nichtchristen über unseren Zaun gucken und sehen, dass wir ein Leben führen, das auch nur etwas weniger als *zoe* ist, werden sie keine Lust haben, noch einmal hinzuschauen. Wenn sie uns betrachten und kaum mehr als eine irdische Existenz wahrnehmen, die sich höchstens zum sonntäglichen Gottesdienstbesuch aufrafft, dann wird sie nichts dazu bringen, praktisch von einem geistlichen Gefängnis nur in ein scheinbar anderes umzusteigen. Wenn die Nichtchristen nichts von der Tatkraft und der Freude und dem echten, aktiven Leben sehen, von dem die Bibel spricht, tun wir dem Teufel einen großen Gefallen. Da braucht er gar nicht erst versuchen, unsere Bemühungen für das Evangelium zu verhindern. Wir selbst sind schon unsere eigenen und, ganz sicher, des Evangeliums ärgste Feinde. Da können wir Bibelschulen besuchen und Lobpreis-Seminare, Gebetsstunden und Wohltätigkeits-Konferenzen für unsere Stadt oder Sommerlager oder Einkehrzeiten oder noch andere Sachen. Doch ich frage, ob das alles uns die Fülle des Lebens gibt, die Christus für uns in diesen, unseren Tagen bereithält. Denk an Philemon 4.6! »*Ich danke meinem Gott und gedenke allezeit an dich in meinen Gebeten, ... damit deine Gemeinschaft im Hinblick auf den Glauben für Christus Jesus wirksam werde durch die Erkenntnis all des Guten, das in euch ist*« (nach der Schlachter 2000-Übersetzung). Hier gibt uns Paulus die Lösung. Er sagt nicht: »Wenn du ein Fünf-Tage-Seminar besuchst, wenn du einen anderen Kurs mitmachst, wenn du das neueste Material durcharbeitest oder noch eine weitere Konferenz besuchst, wirst du all das Gute verstehen ...« Versteh mich bitte richtig. Ich will all das Genannte wirklich nicht kleinreden. Es ist sehr wichtig, zu studieren und die Weisheit von Gott begabter Männer anzuzapfen. Tatsächlich sollten wir uns darüber freuen, dass so viele Laien in den heutigen Gemeinden von dem Irrtum aufgewacht sind, sie könnten versuchen, mit geistlicher Babymilch und eingeweichten Keksen zu überleben. Doch wenn wir all das benutzen, um klügere und bessere Menschen zu werden, es aber nicht zur Ausbreitung des Evangeliums gebrauchen, dann hat das alles kaum einen Sinn. Wir können dann immer noch unsere Milch aus der Babyflasche saugen, während die wenigen, die sich danach sehnen, den Auftrag Jesu zu beherzigen, schöne Steaks genießen und mit dem Apostel Paulus einstimmen, der nach der Aufzählung seiner vielen Verfolgungen immer noch erklärt: »*Ich bin ganz überströmend in der Freude bei all unserer Bedrängnis*« (2. Korinther 7,4). Wenn alle diese von den Gemeinden veranstalteten Kurse und Lehrveranstaltungen einen Sinn haben sollen, dann doch den, dass sie nur das Mittel zu einem bestimmten Zweck sind. Und dieser große Zweck ist die Weltevangelisation.

Während ich die letzten Zeilen dieses Kapitels schreibe, hoffe ich, es möchte dich dazu gebracht haben, dein Leben zu überdenken. Besteht dein Lebenssinn nur darin, zu existieren und irgendwie zu funktionieren, oder hast du *zoe* – ein Leben voller Tatkraft und Überfluss, ein Leben mit »Pfeffer« und mit der Art von Vertrauen und freudiger Sicherheit, die dich antreibt, dein Leben für Christus zu wagen? Paulus hatte diesen »Pfeffer«, sogar eine Menge davon. Dasselbe gilt für den alttestamentlichen Propheten Elia. Ich muss immer wieder laut loslachen, wenn ich die Geschichte lese, wo er die Propheten Baals herausfordert. Elias ironische Verhöhnung der heidnischen Rituale in 1. Könige 18,27 ist einfach herrlich: »*Er ist in Gedanken, oder er ist beiseitegegangen, oder es ist auf der Reise; vielleicht schläft er und wird aufwachen!*« Elia verspottet sie, während sie ihren falschen Gott anrufen. Die Geschichte berichtet weiter, dass sie immer rasender werden und immer wilder tanzen und zu Baal rufen und sich selbst verstümmeln, um die Gottheit aufzuwecken. Aber die Bibel berichtet: »*Aber da war keine Stimme und keine Antwort und kein Aufmerken*« (V. 29). Daraufhin setzte Elia die Verspottung fort, indem er veranlasste, dass sie Wasser über den zerstörten Altar des Herrn ausgossen. Dreimal befahl er, das Holz zu durchtränken, damit das Opferfeuer sich unmöglich von selbst entzünden konnte. Und was geschah dann? Elia betete zu dem einzig wahren Gott. Er bat ihn, seine Allmacht zu zeigen, damit das Volk die Herzen zu ihm bekehren möge. Ich möchte wissen, was Elia in diesen Augenblicken fühlte. Er hatte das Volk so sehr verhöhnt, dass sein Gottvertrauen schon als Arroganz gelten mochte. Einige würden sagen:

Er hatte sehr hoch gepokert. Doch was lesen wir in den Versen 38 und 39? »*Da fiel Feuer des* Herrn *herab und verzehrte das Brandopfer und das Holz und die Steine und die Erde; und das Wasser, das im Graben war, leckte es auf. Und als das ganze Volk es sah, da fielen sie auf ihr Angesicht und sprachen: Der* Herr, *er ist Gott! Der* Herr, *er ist Gott!*«

Die Bibel berichtet von vielen Menschen, die bereit waren, diese Art von Risiko für Gott auf sich zu nehmen. Sie alle waren Menschen, die das Leben im Überfluss kannten, Menschen, die *zoe* kannten. Das waren Menschen, die sich nicht davor fürchteten, sich in die Schlacht zu werfen, und die dafür lebten, die Botschaft des Lebens, das ewige Evangelium von Jesus Christus, mutig und beständig zu verkündigen (Johannes 1). Einerlei, wie dein Leben als Christ aussieht, frage dich bitte: »Befasse ich mich statt mit dem Besten, was Gott mir geben möchte, nur mit dem Zweitbesten? Glaube ich wirklich, dass ich durch aktive und regelmäßige Verkündigung des Evangeliums Fremden oder auch Bekannten gegenüber etwas mehr von diesem »*zoe*-Leben« erfahren werde? Was ich erreichen möchte, ist – auch wenn du dir nicht sicher bist –, dass du es wenigstens ausprobierst. Fang an! Beweise mir, dass ich falsch liege!

Zum Nachdenken

- Was empfindest du bei der folgenden Aussage?

  Ein Christenleben ohne regelmäßige Verkündigung des Evangeliums an Ungläubige ist die Voraussetzung für ein Leben in Gottes »Zweitbestem«.

- Wie fühlst du dich, wenn du an das Leben der ersten Christen denkst?

- Hast du überhaupt jemals die Begeisterung gespürt, die das Verkündigen des Evangeliums an Ungläubige hervorruft?

- Stell dir vor, jeder Christ in der Welt würde täglich das Evangelium ausstreuen.

  - Welchen Einfluss hätte das auf die Welt?
  - Meinst, dass die Gemeinden dann wachsen würden?
  - Welche Eindrücke gewännen Nichtchristen von der christlichen Gemeinde und ihrer Botschaft?

16
Ein Grad daneben

Good Will Hunting ist einer meiner Lieblingsfilme. Will Hunting ist ein junger Mann mit einem fotografischen Gedächtnis, er verfügt über außergewöhnliche Intelligenz und ein beispielloses Talent für Mathematik. Doch trotz all dieser prächtigen Gaben haben ihn die Misshandlungen während seiner Kindheit unfähig gemacht, einer geregelten Arbeit nachzugehen und ein vernünftiges Sozialverhalten an den Tag zu legen. Stattdessen bleibt er einem primitiven Macho-Gehabe verhaftet, und sein Leben spielt sich nur zwischen Aushilfsarbeiten und dem Rumhängen mit seiner Clique ab. Immer wieder gerät er in Schlägereien, was ihm weitere Scherereien einbringt. Die Geschichte handelt von Rettung, Hoffnung und Heilung, nachdem Will endlich lernt, anderen zu vertrauen und sich gegenüber solchen Menschen zu öffnen, die ihm Liebe und Fürsorge schenken. Für mich ist eine der denkwürdigsten Szenen, als Wills Freund seit Kindertagen, Chuckie, ihm sein vergeudetes Leben vorwirft. Obwohl er sein eigenes Ansehen als Macho damit aufs Spiel setzt und das Risiko eingeht, dass Will wütend wird, bekennt Chuckie ihm, dass er Wills Begabungen erkannt hat und nun hofft, sein Freund werde eines Tages eine Fahrkarte aus diesem zerstörerischen Leben kaufen, zu dem er, Chuckie, selbst für alle Zeit verdammt sei.

> Jeden Tag komme ich bei dir vorbei, ich nehme dich mit und wir ziehen los. Wir trinken ein bisschen, lachen mitunter und fühlen uns gut. Aber weißt du, was das Beste jeden Tag für mich ist? Die zehn Sekunden, die ich von der Gartenpforte bis zu deiner Tür brauche, weil ich dann immer denke: Vielleicht komme ich hin, und wenn ich anklopfe, bist du nicht mehr da. Kein Auf-wiedersehen! Kein Tschüss! Du bist einfach weg. Ich weiß nicht viel, aber das weiß ich.[50]

---
50 *Good Will Hunting*, Miramax Films, 1997.

Die Moral der Geschichte besteht im Grunde darin, dass du nicht zulassen solltest, dass deine Vergangenheit dich daran hindert, das volle Potenzial deines Lebens auszuschöpfen. Wenn Will sich endlich dazu aufraffen würde, loszugehen, würde das ein großes persönliches Risiko bedeuten. Als er nämlich seine gegenwärtige verpfuschte Lage hinter sich lässt, um seiner Freundin zu folgen, die sich von ihm getrennt hat, öffnet er sich der Liebe und dem Leben, und wir haben das Gefühl, er werde aufblühen, weil er die Wahrheit darüber annimmt, was er ist und was er noch werden könnte. Ich erzähle die Geschichte in diesem Film mit sehr schlichten, vielleicht sogar zu abgedroschenen Worten. Aber ihre Schönheit besteht darin, dass sie den Zustand des Menschen in seiner ganzen Komplexität beschreibt, in seinen Verletzungen, in seinem Zögern, Vertrauen zu fassen, in seiner Furcht vor dem Versagen und in seinem Instinkt, auf Nummer sicher zu gehen, selbst wenn das unvorstellbare Verschwendungen bedeutet.

Will Hunting war für sein Potenzial blind (zumindest lief er vor ihm weg), weil er bei einem Pflegevater aufgewachsen war, der ihn missbraucht hatte und ihm erklärt hatte, er würde doch zu nichts taugen. Vielleicht verstehst du, warum dieser Film mir so viel zu sagen hat? Es mag auch sein, dass du für dich selbst zu erkennen beginnst: Dies ist genau der Ort, an dem uns der Teufel haben will: an einem Ort der Finsternis und geblendet für das Potenzial an »*zoe*-Leben«. Wahrhaftig, wenn du dir das mit erleuchteten Augen anschaust, kannst du leicht erkennen, wie der Teufel die Nichtchristen – und leider auch viele Christen – für die Wahrheit des Evangeliums blind macht: für die Wirklichkeit einer Existenz nach dem leiblichen Tod, für das Opfer, das Jesus brachte, um die Menschen vor der Hölle zu retten, für die Liebe und die Macht des Kreuzes, für das Wunder der Auferstehung und für die Gabe der Vergebung. Für Nichtchristen gibt es entscheidende und drängende Themen, die ihnen überhaupt nie bewusst werden. Sie sind tatsächlich blind für die Kürze des Lebens, für die Schwere und den Ernst ihrer Sünde, für die Realität und die schrecklich versklavende Macht der Sünde und schließlich für das kommende Gericht über alle, die ohne Christus sind: »*Und ebenso wie es den Menschen gesetzt ist, einmal zu sterben, danach aber das Gericht ...*« (Hebräer 9,27). Und

Johannes 10,10 warnt uns: »*Der Dieb kommt nur, um zu stehlen und zu schlachten und zu verderben.*« Und es scheint wirklich so zu sein, dass der Teufel die Nichtchristen blind macht für das, was er heimlich mit ihrem Leben vorhat. Will Hunting hatte überhaupt keine Vorstellung davon, wie er an seine Lage gefesselt war. Aus der Tiefe seines verwundeten Ichs und aus dem Kokon seiner kleinen, aus Selbsterhaltungstrieb gespeisten Existenz konnte er nicht die Wirklichkeit durchschauen, wie andere sie wahrnahmen. Zum Glück für Will waren andere da – motiviert durch Freundschaft, von Berufs wegen und aus Liebe –, die sich der Aufgabe stellten, diesen jungen Mann für die Wahrheit seiner wahren Bestimmung zu befreien – solche, die ihn bei der Hand nahmen und ihn auf einen Weg der Freiheit, des Lichts, der Wahrheit und des Lebens brachten, um das Leben zu führen, das einem Mann mit einer solchen Begabung möglich war. Gilt nicht das Gleiche für uns Christen? Wir, die wir wissen, dass da so viel mehr ist – auch wir kennen die Wahrheit über Sünde und Gerechtigkeit und Tod, genauso aber auch die Wahrheit über Jesus und Vergebung und Errettung. Ist es da nicht unsere Pflicht, ja, unsere Ehre, das zu tun, was Christus von uns getan haben will zu seiner Verherrlichung?

Nur wenn wir uns unserer Bekehrung sicher und für die Errettung entsprechend dankbar sind, wenn unsere Augen für die Realität ringsumher geöffnet sind und wir die Wahrheit über unsere »Gefängnisse« sehen, fangen wir an, etwas zu riskieren: Dann beginnen wir, unserem Meister zu vertrauen, und reden öffentlich von ihm, aus Liebe und herzlichem Mitleid für die anderen. Dann fangen wir an, zuzuhören und in Gehorsam, Dankbarkeit und Liebe zu handeln.

Es gibt eine wunderbare wahre Geschichte von dem Quäker-Missionar Stephen Grellet. Eines Tages wurde Stephen Grellet geleitet, in eine Waldgegend Amerikas zu gehen, in der viele Forstarbeiter tätig waren. Er sollte dort predigen, und der Heilige Geist drängte ihn gewaltig dazu. Als er in dem Holzfällerlager ankam, fand er alles verlassen vor. Alle Hütten standen leer. Er erkannte, dass die Arbeiter irgendwo anders hingezogen waren. Trotzdem war er sich sicher, von Gott in dieses leere Lager geschickt worden zu sein. Und so hielt er den leeren Wänden die Predigt, die Gott ihm aufs Herz gelegt hatte. Dann ging er wieder heim. Immer noch konnte er nicht begreifen, warum Gott ihn in einer leeren Hütte hatte predigen lassen.

Viele Jahre später ging er über eine Brücke, als ein Mann ihn am Arm packte und sagte: »Endlich habe ich Sie gefunden!«

»Ich glaube, Sie irren sich«, sagte Grellet.

»Nein, haben Sie nicht vor einigen Jahren in einer leeren Hütte gepredigt?«

»Ja«, gab Grellet zu, »aber da war niemand.«

»Ich war der verantwortliche Vorarbeiter der Holzfäller«, erklärte der Fremde. »Wir waren an eine andere Stelle gezogen. Aber schnell merkte ich, dass ich meine Werkzeuge liegen gelassen hatte. Ich kehrte um, um sie zu holen, und vernahm in einer der Hütten eine Stimme. Ich spähte durch ein Astloch und sah Sie. Sie haben mich nie zu sehen bekommen. Aber ich hörte mir den Rest der Predigt an. Gott berührte mein Herz an jenem Tag, und ich wurde mir meiner Sünden so sehr bewusst, dass ich mir nach einiger Zeit eine Bibel kaufte, Buße über meine Sünden tat und Christ wurde. Dann begann ich, andere für Christus zu gewinnen. Ihre Predigt hat über tausend Menschen zu Christus gebracht, und drei von ihnen sind mittlerweile Missionare geworden!«

Diese Geschichte begeistert mich. Zuallererst stell dir vor, eine solche Gewissheit zu haben! Aber ist das nicht jene Beziehung zu unserem Herrn, die wir bei uns allen erwarten sollten, und sollten wir nicht alle erwarten, dass er uns so führt? Ich möchte wissen, was durch Grellets Kopf ging, als er in den Wald zog. Ich meine, er war sich völlig sicher, dort Gottes Werk zu tun. Ich bin mir sicher, dass er dort eine große Menschenmenge vermutete. Viele von diesen Männern würden rau, weltlich, vielleicht uninteressiert an seiner Predigt sein. Vielleicht betete er um Bewahrung, und dass der Heilige Geist ihre Herzen sanftmütig stimmen möge ... Doch was mag er gedacht haben, als er dorthin kam und die Stelle verlassen vorfand? Das muss ihn einfach sprachlos gemacht haben. Ich fürchte, ich wäre sehr verwirrt gewesen, wenn mir so etwas passiert wäre – den Platz verlassen vorzufinden. Ich wäre mit Sicherheit auf der Stelle frustriert und ärgerlich umgekehrt. Ja, ich weiß und glaube, dass Gottes Wort nie leer zurückkommt. Doch das wäre mir einen Schritt zu weit gegangen. Nicht so Grellet.

Zweifelte er an Gott? Zweifelte er an sich selbst? Nein, er machte gehorsam weiter und tat das, was er für Gottes Willen hielt. Er hielt seine Bekehrungspredigt einer leeren Hütte mit ihren leeren Wänden. Es wird uns nicht berichtet, ob sein Geist erregt oder verwirrt war, als er an jenem Tag heimging. Vielleicht war es so. Aber ich nehme eher an, dass er mit Frieden im Herzen nach Hause wanderte – denn obwohl er noch nichts verstand, war er sich bewusst, den Willen seines Meisters getan zu haben. Vielleicht musste er noch wochenlang an dieses Ereignis zurückdenken, dann aber wird es langsam verblasst sein. Als dann etliche Jahre später ein Fremder ihn auf einer Brücke ansprach, erinnerte er ihn auf überaus herrliche Weise an diesen Nachmittag, an dem er sich entschlossen hatte, gehorsam zu sein. Welch ein Segen liegt darin, dass es Gott wohlgefiel, ihm zu offenbaren, was an jenem Nachmittag wirklich geschah! Manchmal überrascht uns Gott auf diese Weise und lässt uns die Frucht unserer Worte und Taten sehen, selbst wenn viele Jahre darüber vergangen sind. Stell dir Grellets Freude vor, als er begriff, dass sein Gehorsam, seine scheinbare Torheit, zur Errettung so vieler Seelen geführt hatte, so vieler Seelen, wie er es niemals vermutet hätte! Wir sollten niemals überrascht sein, solche Geschichten zu hören, und sollten immer erwarten, dass wenn wir Gottes Willen tun, wenn wir seiner Berufung gehorchen, wir Teil des »ewigen Bildes« sind, jenes Bildes, das zum jetzigen Zeitpunkt uns viel zu groß zu sein scheint und das wir womöglich in unserem ganzen Erdenleben nicht überschauen können.

Und weshalb erzähle ich diese Geschichte? Ich möchte damit unterstreichen, dass Gehorsam gegenüber unserer Berufung wichtiger als alles andere ist. Niemals dürfen wir von der Wahrheit abweichen oder uns durch das, was unsere Augen sehen, verführen lassen. Mag der Teufel auch versuchen, uns zu blenden und uns klarzumachen, dass in der Hütte niemand ist, der zuhören könnte – wir müssen unsere Blicke in dankbarem Gehorsam auf die Verkündigung des Evangeliums richten. Damit wollen wir Gott von ganzem Herzen verherrlichen, ihn, der die größere Geschichte sieht, weil er der Autor des gesamten Buches ist.

Dabei muss uns stets bewusst sein, dass der Teufel listig und schlau ist. Erinnerst du dich noch an das Vertauschen von Zucker und Salz in der Gemeindeküche? Wo könnten seine Angriffe verheerender sein als unter den Soldaten Gottes – also in der Gemeinde selbst? Aber sind solche Angriffe denn wirklich möglich?

Während meiner Arbeit als Bodyguard leitete ich die Grundausbildung vieler verschiedener Geheimagenten. Menschen, die mit der Erkennung von Falschgeld zu tun hatten, faszinierten mich immer sehr. Interessant ist, dass sie Falschgeld nicht zu erkennen lernten, indem sie alle möglichen »Blüten« studierten, sondern indem sie richtige Geldscheine studierten. Sie untersuchen ganz genau jede kleine Einzelheit. Kommt ihnen dann ein Schein mit ganz minimalen Unterschieden unter die Augen, können sie ihn sofort als Falschgeld identifizieren. Bei diesem Beruf muss man ausgezeichnete Augen und viel Geduld haben!

In den letzten Jahren habe ich in Gemeinden überall auf der Welt über das »Ein-Grad-daneben-Prinzip« gesprochen. Damit wollte ich zeigen, wie sich ganz kleine Unaufrichtigkeiten und Fehler in unser Christenleben eingeschlichen haben, die wir kaum als Fälschungen erkennen können. Vielleicht verstehst du jetzt, warum ich in diesem Buch so ausführlich über die Bedeutung der Wahrheit und über korrekte Wortdefinitionen gesprochen habe, was »Evangelisation« und »Evangelium« bedeutet. Ich denke, dass du überrascht sein wirst über das, was jetzt kommt.

In Kapitel 11 definierten wir »Evangelisieren« so: »Evangelisieren heißt, die gute Nachricht zu verbreiten ...«. Du wirst dich sicher noch daran erinnern, dass wir diese Definition auf die gelehrte Meinung von Bibellehrern und Theologen aus vielen Konfessionen gründeten. Aber es gibt auch eine Definition, die der Teufel uns gern einreden möchte, und die lautet:

Evangelisation ist das Gewinnen von Seelen.

Es könnte sein, dass du den letzten Satz noch einmal lesen musst. Ja, ich behaupte allen Ernstes, dass diese Definition, »Evangelisation ist das Gewinnen von Seelen«, *nicht* richtig ist.

Er ist stattdessen eine Fälschung, die aber von vielen wohlmeinenden Christen geglaubt wird, aber vom Teufel durch sein »Ein-Grad-daneben-Prinzip« in Umlauf gebracht wurde. Satan bedeckt den Haken des Irrtums mit dem Köder der Wahrheit. Stell dir einen Fisch vor. Auf den ersten Blick erkennt er nichts als den wahren, echten Köder, doch darin sitzt der Haken – ein Bestandteil, der ins Verderben führt. Des Teufels listiger Plan besteht darin, dass er den Irrtum mit etwas verdeckt, was wie Wahrheit aussieht. Unser größter Wunsch besteht für uns Christen darin, Seelen für die Herrlichkeit Gottes zu gewinnen. Natürlich ist das Wahrheit, doch der Irrtum besteht darin, *dass wir die Evangelisation als das Gewinnen von Seelen bezeichnen.*

Der Missionar John Oswald Sanders schrieb darüber, wie der Teufel Wahrheit mit Irrtum vermischt, um uns hinters Licht zu führen, Folgendes:

> Seine Strategie besteht darin, so viel Wahrheit in seine Lehren einzuschleusen, dass sie sowohl glaubhaft als auch wohlschmeckend erscheinen. So vieles scheint gut und wahr zu sein, sodass der beigefügte Irrtum nicht erkennbar ist. Um das zu erreichen, wird der Teufel die Bibel richtig und auch falsch zitieren, wie es seinen Absichten jeweils am besten entgegenkommt. Er ist sehr erfindungsreich. Er benutzt eine bibeltreu klingende Sprache, wobei er den alten Wörtern einen neuen und falschen Inhalt gibt. Das gilt besonders für theologische Kreise, wo theologische Doppelzüngigkeit die Begriffe durcheinanderwirbelt und den Irrtum verbirgt.[51]

Erkennst du, dass durch diese winzige »Ein-Grad-Veränderung« schädlicher Irrtum unseren »Irrlehre-Radar« unbemerkt unterlaufen kann? Ist der Irrtum eingedrungen, kann der Teufel andere Christen manipulieren, die Bibel zu benutzen, um seine neue Definition von Evangelisation zu bestätigen. Weil sie diese Machenschaften nicht durchschauen, verweisen sie auf Stellen wie Lukas 19,10 und sagen: »Hat nicht Jesus selbst gesagt, er sei ›*gekommen, zu suchen und zu erretten, was verloren ist*‹? Hat nicht auch Paulus gesagt: ›*Ich bin allen alles geworden, damit ich auf alle Weise einige errette*‹ (vgl. 1. Korinther 9,22)? Reden nicht die Gleichnisse vom verlorenen Schaf, vom

---

[51] J. Oswald Sanders, *Satan Is No Myth*, Moody Press, 1995.

verlorenen Sohn und von der verlorenen Münze vom Suchen und Erretten von Menschen? Ganz gewiss ist Evangelisation das Retten und Gewinnen von Seelen.«

Tatsächlich, diese neue Definition von Evangelisation als Seelenrettung klingt ganz richtig, und viele Bibelstellen scheinen dies zu bestätigen. Da ist es kein Wunder, dass des Teufels geheime »Irrlehre-Bomber« unbemerkt unser Radar unterflogen und ihre Bombenladung mit erstaunlicher Genauigkeit und viel Erfolg abgeladen haben. Frage die Mehrheit der Christen, ob Evangelisation »das Gewinnen von Seelen« sei, und die meisten werden laut »Ja« sagen!

Die Wahrheit ist, dass jeder echte Gläubige die Verlorenen suchen und retten möchte. Die Tragik aber ist, dass der Teufel dieses Ziel benutzt, um dafür zu sorgen, dass der Große Auftrag nicht ausgeführt wird. Das ist nichts Neues. Jesus selbst kannte die schlaue Strategie des Feindes, Irrlehre in die Gemeinde zu säen, wie er bei dem Gleichnis von dem Weizen und dem Unkraut (Matthäus 13,24-30) zeigt: »*Herr, hast du nicht guten Samen auf deinen Acker gesät? Woher hat er denn Unkraut? Er aber sprach zu ihnen: Ein feindseliger Mensch hat dies getan.*«

Du wirst jetzt sicher fragen, was denn falsch an dieser Definition von Evangelisation ist, dass sie »das Gewinnen von Seelen« bedeutet? Ich denke, wir müssen nicht allzu tief schürfen, um zu erkennen, dass dieses anscheinend kleine semantische Detail in Wirklichkeit katastrophale Folgen für den Großen Auftrag hat. Aus meiner eigenen Erfahrung kann ich deutlich mindestens fünf Punkte erkennen, warum die Definition, Evangelisation sei das Gewinnen von Seelen, tatsächlich die Christen aufhören lässt, das Evangelium zu verkündigen.

Erstens machen wir die Christen für ein Scheitern verantwortlich. Wenn wir das Evangelium jemandem verkündigen, tun wir das natürlich mit der deutlichen Erwartung, dass unser Gegenüber Christus annimmt. Aber Tatsache ist, dass die meisten Menschen nicht auf der Stelle gerettet werden, wenn sie zum ersten Mal das Evangelium hören. Es gibt viele interessante Statistiken darüber, wie oft ein Mensch im Durchschnitt die Botschaft hören muss, bevor er ernsthaft reagiert. Für die predigenden Christen besteht die Gefahr, dass sie oft nicht die Zeugen einer unmittelbaren Bekehrung werden und sich dann für Versager halten. Das Evangelium wurde verkündigt – doch wenn keine Seele gewonnen wurde, kann der Prediger meinen, etwas falsch gemacht zu haben und bei Evangelisationen »erfolglos« zu sein. Eine solche Erfahrung kann ihn leicht zu der Überzeugung führen, Evangelisation sei nicht sein Ding, nicht seine Begabung, weil er es anscheinend nicht richtig zu machen versteht. Er sagt sich: »Ich war niemals in der Lage, jemanden zu Christus zu führen. Da kann ich auch aufhören und es den Experten überlassen.« Du hast diese Erfahrung vielleicht selbst schon gemacht. Viele Christen verurteilen sich selbst und fühlen sich fehl am Platze und unfähig, angesichts der unmöglichen und unbiblischen Erwartung, jedes Mal Seelen zu gewinnen, sooft sie das Evangelium weitersagen. Daraus folgt ganz einfach, dass sie sich diesem Versagen nicht wieder aussetzen möchten – oder sie glauben, ihre Unfähigkeit lege den Gedanken nahe, Evangelisation sei eben die Aufgabe der dafür »Begabten« – und sie selbst geben auf.

Zweitens kann die Definition, Evangelisation sei das Gewinnen von Seelen, dazu führen, dass man anfängt, die Menschen zu bedrängen. Dadurch werden Christen zu »Marktschreiern«. Ich habe Zeugnisse von vielen gehört, die sich gedrängt, manipuliert und genötigt fühlten, »das Gebet zu sprechen«, und das durch einen wohlmeinenden, aber aufdringlichen Christen. Das Ergebnis kann sein, dass der Nichtchrist sich für lange Zeit distanziert, oder er wird zu einer Übergabe gezwungen, zu der er eigentlich noch nicht bereit war. Wenn man das macht, trampelt der Christ die Überführung durch den Heiligen Geist nieder, weil er mit dem Kopf durch die Wand will, um ein Ergebnis vorzuweisen.

Geistliche Leiter können ohne es zu ahnen solch eine falsche Definition von Evangelisation propagieren, wenn sie immer nur von Erfolgen reden. Wenn wir von evangelistischen Bemühungen reden, dann zählen wir oft jene, die ihr Leben offensichtlich Christus übergeben haben. Auf diese Weise pflichten wir der falschen Definition bei, dass Evangelisation das Gewinnen von Seelen *ist*. Auch vermitteln wir oft den Eindruck, dass jedes Mal, wenn wir das Evangelium verkündigt haben, Menschen errettet wurden. Ich kann dir versichern, dass das einfach nicht wahr ist, und ich habe das Empfinden, dass es den Menschen guttut, wenn sie von den Gelegenheiten hören, bei denen ich abgelehnt wurde, wenn ich anderen die Botschaft sagte. Oft stieß ich bei einer Predigt auf träges Desinteresse, und noch viel häufiger habe ich das Evangelium weitergesagt und wusste, dass es höchst unpassend wäre, die Menschen zu einem Übergabegebet zu führen. Bin ich dadurch entmutigt, verzagt und kurz vorm Aufgeben? Ich hätte allen Grund dazu – wenn ich glauben würde, Evangelisation sei das Gewinnen von Seelen.

Drittens kann diese falsche Definition von Evangelisation dazu führen, dass die Botschaft verwässert wird. Um »Seelen zu gewinnen«, können wir uns genötigt fühlen, die Botschaft des Evangeliums abzuschwächen. Das geschieht unvorstellbar häufig, besonders in der heutigen Gesellschaft. Die Menschen wollen keine schlechten Nachrichten hören. Sie wollen nichts über Sünde und Tod und Gericht vernehmen, daher neigen wir dazu, ein mit Zucker bestrichenes Evangelium zu »verkaufen«, das sich etwa auf Gottes Liebe und die Vorteile im Bereich des sozialen Lebens beschränkt, die eine Zugehörigkeit zu einer christlichen Gemeinde mit sich bringt. Das entfesselt gleich eine ganze Legion von Gefahren. Nichtchristen finden es leicht, »Ja« zu diesem verwässerten und verdünnten Evangelium zu sagen – aber es ist nicht das *wahre* Evangelium! Sie werden betrogen, und die Tragik ist, dass wir sie gegen das wahre Evangelium und gegen Christus »geimpft« haben. Erzählt ihnen dann später jemand das wahre Evangelium, so sagen sie: »Nein danke! Ich habe es schon probiert – aber es klappte nicht!«

Was ist unsere Motivation hier? Ist es die Liebe zu den Nichtchristen? Ist es die Verherrlichung Gottes? Oder ist es die Befriedigung, einen »Erfolg« beim Evangelisieren vorweisen zu können? Das Verwässern ist ein gefährliches Geschäft. Wenn wir die Botschaft verwässern, gehen die wesentlichen, mächtigen und Leben spendenden Inhalte des wahren Evangeliums durch den Gully. Ein »Evangelium mit Abstrichen« führt zu Verführung und raubt Christus die Ehre. Außerdem betrübt es den Heiligen Geist und kann einen Freund für alle Ewigkeit im Kerker des Teufels halten!

Unausweichlich wird dann der Druck auf die Christen zu groß – auf der einen Seite der von Menschen erzeugte Druck, Seelen zu gewinnen, auf der anderen Seite das Drängen des Heiligen Geistes, die ganze Wahrheit des Evangeliums zu sagen, selbst wenn das in diesem Fall offenbar »kein Ergebnis« bedeutet. Ist der Druck zu hoch, dann ist die Versuchung groß, einfach aus der Aktion »auszusteigen« und sich am Großen Auftrag überhaupt nicht mehr zu beteiligen.

Sowohl das Bedrängen als auch das Verwässern sind im Nachhinein leicht auszumachen – doch dann ist der Schaden schon entstanden. Damit komme ich zum vierten Punkt: Nichtchristen, die unter Druck oder nicht ehrlich »das Gebet gesprochen haben«, werden keine von den Früchten wahrer Errettung zeigen und werden wohl schon bald nichts mehr vom Glauben wissen wollen. Sehen dann die Christen so wenig gute Frucht von ihren Verkündigungsbemühungen, werden sie bald entmutigt und geben die Verkündigung des Evangeliums ganz und gar auf. Dann kann der Teufel lauthals sagen: »Voller Erfolg!«

Fünftens stelle ich fest, dass der Glaube, Evangelisation sei »Seelengewinnen«, viele Millionen Gemeindeleiter dazu veranlasst, mutlos zu werden und zu handeln wie beim Foulspiel im Fußball. Sie ziehen die Rote Karte und stoppen viele gute evangelistische Anstrengungen und Projekte. Wenn sie sehen, dass eine Methode, das Evangelium zu predigen, nicht zu augenblicklicher Ernte von Seelen in ihren Gemeinden führt, dann meinen sie, es sei »nicht richtig« oder »nicht von Gott«. Doch was sagt Jesus in Markus 4,26-29?

Und er sprach: So ist das Reich Gottes, wie wenn ein Mensch den Samen auf das Land wirft und schläft und aufsteht, Nacht und Tag, und der Same sprießt hervor und wächst, er weiß selbst nicht wie. Die Erde bringt von selbst Frucht hervor, zuerst den Halm, dann die Ähre, dann vollen Weizen in der Ähre. Wenn aber die Frucht es zulässt, schickt er sogleich die Sichel, denn die Ernte ist da.

Hier sehen wir, dass Jesus ausdrücklich lehrt, wir sollten mit einer zeitlichen Verzögerung zwischen dem Pflanzen des Samens des Evangeliums und der Ernte rechnen. Beachte auch, dass die einzige Rolle, die der Mensch hier spielt, das Aussäen des Samens ist. Alles andere geschieht durch unbekannte Kräfte, während der Mensch weitergeht, um sich um seine anderen Aufgaben zu kümmern. Immer wieder sehen wir solchen Irrtum in unseren Gemeinden. Das Schlimmste ist, dass einige Leiter, die keine sofortigen Ergebnisse von ihren Bemühungen, das Evangelium zu verkündigen, sehen, böse Gerüchte über andere geistliche Leiter über deren verfehlte Strategie verbreiten. Das geschieht durchaus nicht in schlechter Absicht, aber durch Unverstand ist es tief in ihren Herzen verankert. Verständen sie das Evangelisieren als ein Ausstreuen des Samens, würden sie ihre Bemühungen als hoch produktiv einschätzen, doch wenn sie dabei bleiben, in die falschen Statistiken zu blicken, bleiben sie weiter entmutigt. Sehr bald wird dann auch die übrige Gemeinde müde und zögert, das Werk mit ganzer Kraft anzupacken, das ein starkes, wahrhaft evangelistisches Werk hätte werden können. Nachdem sie eine echte Verkündigung des Evangeliums abgelehnt haben, weil sie oft nicht zu sofortigen Ergebnissen führt, geben viele alles auf. Eine Rote Karte wird gezückt, und die Spieler werden vom Platz geschickt! Stattdessen wenden sich solche Gemeinden zu aalglatten Marketing-Methoden oder sogar zu verschiedenen »christlichen« Programmen, um die Verlorenen zur Gemeinde zu führen. Das ist alles ganz schön – die Gemeinde wächst, für Menschen wird etwas getan – aber alles um den Preis, so fürchte ich, einer vollständigen Verkündigung des wahren Evangeliums. Sind wir zu »fruchtorientiert« – statt »wurzelorientiert«? Sind wir so eifrig dabei, die Menschen in unseren Versammlungen zu zählen, dass wir vergessen, die Aufmerksamkeit fest auf die Wurzel gerichtet zu halten, nämlich auf Jesus Christus und sein Wort? Haben wir den Großen Auftrag so umformuliert: »Geht in die ganze Welt und lockt Nichtchristen in die Gemeinden« – statt: »Geht hin in die ganze Welt und predigt der ganzen Schöpfung das Evangelium«?

Noch einmal: Bei uns sind Wahrheit und Irrtum durcheinandergemischt. Die *Wahrheit* ist, dass es viele gute Möglichkeiten gibt, wie wir die Mauern zwischen der Gemeinde und der sie umgebenden Gesellschaft niederreißen können. Die *Wahrheit* ist, dass wir alles mit einer gewissen Professionalität und Vollkommenheit tun sollten. (Ich für meinen Teil bin ein großer Freund von Technologie und moderner visueller Präsentation.) Die *Wahrheit* ist, dass wir von ganzem Herzen wünschen, die Gemeinde möge für Nichtchristen attraktiv sein, und wir sollten immer daran arbeiten, kreative und neue Wege der Wortverkündigung zu finden. *Wahr* ist auch, dass alles, was das Christenleben ausmacht, sich positiv und kraftvoll auf die Nichtchristen auswirken sollte. Aber der *Irrtum* in dem allem – und es ist ein schwerer Irrtum – liegt darin, dass wir uns um all diese Dinge bemühen können und dabei die tatsächliche Verkündigung des Evangeliums unterlassen.

Bedeutet das alles, wir seien nicht an dem Gewinnen von Seelen interessiert? Absolut nicht! Wenn wir evangelisieren, müssen wir das immer mit der höchsten Erwartung tun, Seelen zu gewinnen. Dafür sollten wir beten und leidenschaftlich handeln und sehnlich erhoffen, dass unsere Bemühungen am Ende zu einer Ernte führen. Aber trotzdem ist Evangelisation letztendlich nicht das Gewinnen von Seelen. Evangelisation ist die Verkündigung des Evangeliums, nicht mehr, nicht weniger und nichts anderes.

Martin Luther definierte Evangelisation als »... nichts anderes als Predigen, das Verkünden der göttlichen Gnade und Barmherzigkeit, die uns der Herr Jesus Christus verdient und durch seinen Tod erworben hat«.[52] Hunderte Jahre später schrieb der Theologe J. I. Packer, dass zur Klärung, ob in rechter Weise evangelisiert wurde, nicht die Frage gehöre, ob Bekehrungen aufgrund deines Zeugnisses bekannt geworden sind. Vielmehr müsse man fragen, ob die Botschaft des Evangeliums in Treue verkündigt wurde.[53]

Mein Gebet ist, dass du beim Nachdenken über den Inhalt dieses Kapitels von einem falschen Denken befreit wurdest, dass du nicht mehr Druck auf Nichtchristen ausübst, eine Entscheidung zu treffen, und dass du dich nicht mehr versucht fühlst, die Botschaft des Evangeliums zu verwässern. Auch bete ich dafür, dass deine Augen erleuchtet werden, damit dich ein scheinbarer Misserfolg nicht mehr entmutigt. Auch solltest du dich nicht mehr für die »Rote Karte« stark machen, wenn es um Evangelisationsprogramme geht, welche die Menschen nicht augenblicklich zwecks Hingabe auf die Knie zwingen. Ich bete darum, dass du mit erneuter Kraft und

---

52 Darius Salter, *American Evangelism: Its Theology and Practice*, Victor Books, 1996.
53 J. I. Packer, *Evangelism and the Sovereignty of God*, IVP, 1991.

Zuversicht für die Wahrheit eintrittst und die Ernte dem Meister überlässt – und du ein williger Arbeiter auf seinen Feldern bist und alles tust, was du kannst, um den Samen auszusäen, indem du die vollständige und wahre Botschaft unseres herrlichen Evangeliums verkündigst.

Zum Nachdenken

▶ Sei dir der Gefahr bewusst! Verändert sich deine Haltung gegenüber Evangelisation, wenn du verstehst, dass sie nicht das Gewinnen von Seelen bedeutet?

▶ Definiert man Evangelisation als das Gewinnen von Seelen, hält man Christen auf fünffache Weise von der Verkündigung des Evangeliums ab:

1. Versagen
»Jedes Mal, wenn ich das Evangelium verkündige und die Zuhörer werden nicht errettet, dann habe ich versagt!«

2. Nötigen
»Ich muss die Menschen dazu bringen, ein Übergabegebet zu sprechen, nachdem ich ihnen die Botschaft des Evangeliums gesagt habe.«

3. Verwässern
»Das vollständige, wahre Evangelium scheint eine so schroffe Botschaft zu sein. Vielleicht sage ich meinen Freunden lieber, wie viele nette Menschen sie kennenlernen werden, wenn sie mit zur Gemeinde kommen, oder ich lenke ihre Blicke darauf, wie sich ihr Leben verbessern wird, wenn sie anfangen zu beten …«

4. Fruchtlosigkeit
»Einer meiner Freundinnen bekannte sich schließlich zum Christentum. Ich weiß, dass sie es nur tat, weil ich sie zum Übergabegebet überredet hatte, und sie fing an, in die Gemeinde mit-

zukommen. Ein anderer meiner Freunde kam zunächst auch, nachdem ich ihn überzeugt hatte, sein Leben würde glücklicher werden, wenn er mit dem Beten anfinge. Aber keiner ist dabeigeblieben. Das ist höchst entmutigend!«

5. Die Rote Karte

»Unsere Gemeinde versuchte im letzten Jahr zu evangelisieren. Aber es klappte nicht. Wir richteten in unserem Dorf einen Autowaschdienst ein und verteilten haufenweise Traktate. Einige der Mutigeren sprachen die Menschen sogar direkt auf das Evangelium an. Es war eine großartige Zeit, doch nur ganz wenige kamen am nächsten Sonntag in den Gottesdienst. Nun haben wir entschieden, dass dies alles den Aufwand nicht wert war. Wir werden uns wohl demnächst auf etwas konzentrieren.«

17
Ein neues Lied

»*Wenn nun der Sohn euch frei macht, werdet ihr wirklich frei sein*« (Johannes 8,36).

Wenn du meine Lebenszeugnis gehört oder gelesen hast, wirst du verstehen, wie kostbar gerade dieser Bibelvers für mich ist. Er war höchstwahrscheinlich der entscheidende Auslöser zu meiner Bekehrung zu Christus. Damals war ich ein Gefangener im buchstäblichen Sinn – eingesperrt in einem Gefängnis auf Zypern –, aber das Gefängnis, in dem meine Seele steckte, war noch viel einkerkernder als die dicken Mauern des Zentralgefängnisses von Nikosia. Als Michael Wright, der Missionar, der mich dort besuchte, diese Bibelstelle zitierte, geriet ich außer mir. Zuerst verlieh ich meiner Wut Gehör: »Wie kann dieser Idiot, dieser ›Bibel-Typ‹, von Freiheit reden, während ich hinter Gittern verrotte?« Ich war zu jener Zeit ein gewalttätiger und brutaler Kerl und brauchte nur einen kleinen Anlass, um dahin zu kommen, dass ich meiner Wut freien Lauf ließ, obwohl Michael Wright irgendwie ein Freund für mich geworden war. Ich denke immer noch mit Schrecken daran, wie ich mit der Versuchung gekämpft habe, ihn schnell und grausam zusammenzuschlagen.

Aber jetzt weiß ich, dass der Heilige Geist am Werk war, und Gott in seiner unendlichen Liebe und Erbarmung erhörte Michaels Gebete und die der treuen Glaubensgeschwister in seiner Gemeinde und in der »Logos School«, die namentlich für mich beteten – für einen Kerl, der eigentlich nur ihre Verachtung verdient hätte.

Diese kostbare Schriftstelle drang an jenem 3. Mai 1990 wie ein zweischneidiges Schwert tief in mein Herz. Freiheit, Reinheit, herrliche Befreiung – das war es, was ich zum ersten Mal in meinem Leben empfand. Diese bemerkenswerten Worte – »*Wenn nun der Sohn euch frei macht, werdet ihr wirklich frei sein*« – gruben sich tief in meine Seele ein, und schon in den nächsten Tagen begriff ich dankbar und völlig klar, dass ich niemals wieder zu meinem Leben der Gebundenheit und der Eigenliebe zurückkehren würde.

Seitdem bekomme ich immer eine Gänsehaut, wenn ich diesen Bibelvers lese oder höre, und ich preise Gott, dass ich immer noch um die Freiheit weiß, kein Sklave, sondern ein Sohn des Meisters zu sein. Ja, ich bekenne, in gewisser Weise neue »Ketten« auf mich genommen zu haben. In meiner Leidenschaft für die Verlorenen, motiviert durch die Dankbarkeit für meine eigene Rettung, bin ich mir der Tendenz bewusst, eine Bürde auf mich zu nehmen, die von Rechts wegen nicht die meine ist. Ich begreife, dass dies ein ähnliches Schicksal ist wie jenes, unter dem der große China-Missionar Hudson Taylor litt. Jahrelang kämpfte er unter großem persönlichen Opfer dafür, den »verlorenen Millionen« Chinas das christliche Evangelium zu bringen. Obwohl seine Anstrengungen nichts von ihrem Eifer verloren, gab es eine Zeit, in der er von einer verzweifelten Depression wegen seiner Arbeit berichtete. Er betete, kämpfte, fastete und versuchte, alles besser zu machen und neue Entschlüsse zu fassen:

> Jeden Tag, ja jede Stunde stand ich unter dem Druck der Sünde. Ich wusste, dass alles gut sein würde, wenn ich nur in Jesus bliebe; aber ich *konnte* nicht. Ich begann den Tag mit Gebet und war entschlossen, meine Augen nicht einen Augenblick von ihm abzuwenden. Aber der Druck der Pflichten, die bisweilen sehr schwer waren, die beständigen Unterbrechungen, die so ermüdend wirkten, veranlassten mich oft, ihn zu vergessen. In diesem Klima werden die Nerven so leicht erregt, dass Versuchung zur Reizbarkeit, harten Gedanken und auch bisweilen zu unfreundlichen Worten viel schwieriger zu kontrollieren sind als anderswo. Jeder Tag brachte ein ganzes Register von Sünde und Zukurzkommen, von Mangel an Kraft. Wohl hatte ich allezeit das Wollen, aber das Vollbringen fand ich nicht.[54]

Hudson Taylor rang und kämpfte den ganzen Sommer 1869 hindurch. Doch dann wird berichtet, dass ihm endlich eine neue Offenbarung zuteilwurde, durch die er verwandelt wurde und für seinen Dienst neue Kraft empfing:

---

54 James Hudson Taylor, *Das ausgetauschte Leben*, Verlag der Liebenzeller Mission, 1966.

Als ich an den Weinstock und die Reben dachte, da strömte der werte Heilige Geist kostbares Licht in meine Seele. Wie groß erschien mir der Fehler, den ich begangen hatte, indem ich wünschte, dass ich den Saft, die Fülle aus ihm heraus durch meine Anstrengungen bekommen möchte. Ich erkannte nicht nur, dass Jesus mich nie verlassen würde, sondern auch, dass ich ein Glied an seinem Leibe bin, von seinem Fleisch und seinem Gebein. Ich sah auch, dass der Weinstock nicht nur die Wurzel ist, sondern alles: Wurzel, Stamm, Reben, Ranken, Blätter, Blüten, Früchte. Und Jesus ist nicht nur das, er ist auch Erdboden und Sonnenschein, Luft und Regen und zehntausendmal mehr als alles, was wir geträumt, gewünscht und verlangt haben. O die Freude, diese Wahrheit zu verstehen! ... Das Lieblichste ... ist die Ruhe, welche das volle Sicheinswissen mit Jesus bringt. Wenn ich dies erfasst habe, so bin ich nicht länger ängstlich über irgendetwas; denn ich weiß, er kann seinen Willen ausführen, und sein Wille ist auch mein Wille.[55]

Ich bin mir sicher, dass viele, die im geistlichen Dienst stehen, aus eigener Erfahrung um die Verzweiflung wissen, die dieser große Gottesmann durchmachen musste. Trotz aller guten und frommen Absichten fallen viele von uns in die Falle, die Bürde auf uns zu nehmen, und bevor wir uns dessen bewusst sind, wird unsere persönliche Verbindung mit unserem Erretter beeinträchtigt, weil wir meinen, noch dringend dies und das tun zu müssen. Ich weiß, dass ich mich in dieser Hinsicht schrecklich schuldig gemacht habe. Aber wie Hudson Taylor erinnere ich mich dann an den erleuchtenden und befreienden Augenblick, als ich über die Wahrheit nachzudenken begann, die mich motiviert, am Kampf für das Evangelium teilzunehmen.

Im vorigen Kapitel sprachen wir über die Torheit, Evangelisation als »das Gewinnen von Seelen« zu definieren. Ich hoffe, du erlebst schon eine riesige Befreiung, wo wir jetzt diese Torheit und Lüge als solche entlarvt haben. Aber es gibt noch mehr, noch sehr viel mehr, was wichtig ist zu erkennen. Was motiviert uns *wirklich* zu

---

55 James Hudson Taylor, *Das ausgetauschte Leben*, Verlag der Liebenzeller Mission, 1966.

evangelisieren? Dies ist eine Frage, die sich durch alle Fasern dieses Buches webt, und es ist eine Frage, die ich oft den Teilnehmern von Evangelisations-Trainings-Konferenzen stelle. Die Antworten – und das ist völlig richtig und verständlich – eröffnen Diskussionen über Jesu Gebote, den Großen Auftrag, unsere Liebe zu den Verlorenen, unsere Dankbarkeit für unsere eigene Rettung usw. Das sind alles gute, ehrenwerte und anscheinend biblische Motive. Aber ich glaube, dass der Heilige Geist durch die Beschäftigung mit dieser Frage und das Nachdenken über sie mir eine Einsicht gewährt hat in eine sehr viel höhere, reinere und wahrhaft wahre Motivation. Ich preise Gott für diese Offenbarung, weil sie völlig befreit, erfrischt und mit Kraft erfüllt. Einfach gesagt – denn es ist die *einfachste* und schönste Sache –, kommt die Motivation, die dem Ausbreiten des Evangeliums zugrunde liegt, ganz natürlich und in erster Linie aus dem Wunsch, Christus zu verherrlichen.

Dr. Martyn Lloyd-Jones schreibt in seinem hervorragenden Buch *The Presentation of the Gospel*: »Der höchste Sinn der Evangelisationsarbeit ist es, Gott zu verherrlichen, und nicht, Seelen zu retten.«[56] In der Tat meine ich, dass wenn Christus im Zentrum steht, der Blick von *uns* und von unserer »Aufgabe« des Evangelisierens abgewendet wird. Das verschiebt auch unsere Konzentration auf die »Verlorenen« und auf den überwältigenden Auftrag, diese zu erreichen. Stattdessen sind unsere Augen fest auf Jesus gerichtet, auf alles, was er ist, und auf alles, was er für alle Ewigkeit bewirkt hat.

Wenn wir nur auf Christus blicken und darauf, ihn zu verherrlichen, vermeiden wir auch von selbst die Fallen, von denen wir vorhin sprachen. Der Druck zum Bekehren ist weg, es gibt keine Versuchung, das Evangelium zu verwässern, und kein Gefühl der Verzweiflung, dass unsere evangelistischen Bemühungen vereitelt werden oder unpassend oder nutzlos sind. Ich gebe zu, dass es Zeiten gab, in denen ich mich jeden Tag gedrängt fühlte, hinauszugehen, um jemanden zu bekehren. Ich hatte also die Bibel völlig missverstanden, die uns sagt, wir sollten »zu Jüngern machen« (vgl. Matthäus 28,19). Ich war entschlossen, das Evangelium so vielen Menschen wie möglich zu sagen, damit sie ihr

---

56 Dr. Martyn Lloyd-Jones, *The Presentation of the Gospel*, Inter-Varsity Fellowship, 1949.

Leben auf der Stelle Christus übergeben möchten. Als ich aber erkennen durfte, dass meine Motivation zum Evangelisieren in nichts anderem bestehen sollte, als Jesus zu verherrlichen, änderte sich mein Ansatz völlig. Ich bin immer noch darauf aus, jeden Tag möglichst vielen Menschen das Evangelium zu sagen, doch heutzutage ist mir dabei bewusst: Ich kann mich in gewisser Weise entspannen. Denn meine Hauptmotivation ist doch, Jesus zu verherrlichen, ihn groß zu machen – und meinen himmlischen Vater, der mich liebt und mich erschaffen hat. Ich soll mein Gegenüber auf keinen Fall vor den Kopf stoßen und nicht versuchen, ihn zu bekehren, denn das Bekehren ist Gottes Sache. Wenn ich bereit bin, mich vom Heiligen Geist leiten zu lassen, wird er mir zeigen, ob ich einen Menschen zu einem Übergabegebet führen soll. Aber ich soll, ja, ich brauche das alles nicht in meiner eigenen Kraft tun. Sondern ich arbeite dann mit dem dreieinigen Gott zusammen – damit Jesus verherrlicht wird. Ich mache einfach meinen Teil, verkünde die Gute Nachricht und vertraue darauf, dass Gott den vollkommen richtigen Zeitpunkt kennt.

Ich werde meine Begegnung mit Charlie im Bus der Linie 29 nie vergessen. Ich arbeitete bei einer Versicherungsgesellschaft und nahm jeden Tag denselben Bus. Damals machte ich meine eigenen, zu Hause ausgedruckten Traktate, die ich den Menschen aushändigte. Das war einfach ein Stück Papier mit meinem kurzen Zeugnis auf der einen Seite und der Botschaft des Evangeliums, einem Gebet und meiner Kontaktadresse auf der anderen Seite. Eines Tages beobachtete ich einen älteren Herrn, wie er in den Bus stieg. Ich merkte, wie meine Hand nach den Traktaten griff, schon bevor er Platz genommen hatte. Nachdem ich aufgestanden war, um auszusteigen, hielt ich bei dem Mann an und sagte: »Entschuldigen Sie bitte, ich würde Ihnen gern dieses Blättchen geben.« Er sah ein wenig überrascht aus, doch dankte er mir, lächelte und nahm es an.

Eine Woche später rief jemand an: »Sind Sie der Mann in dem Bus? Sie haben mir im Bus der Linie 29 ein Blatt Papier gegeben, nicht wahr?«

Ich machte mich auf einen Angriff gefasst, weil ich ähnliche Anrufe kannte, und erwartete eine Beschimpfung. »Ja, das war ich«, sagte ich.

»Warum haben Sie es mir gegeben?«

Ich hole tief Luft. Na, dann man los! Er will wohl wirklich auf mich losgehen.

»Na, es mag Ihnen blöd vorkommen. Aber ich merkte, dass Gott mir auftrug, es Ihnen zu geben.« Dann war es kurz still, und ich erwartete wieder eine Beschimpfung.

»Mein Name ist Charlie«, sagte er. »Und ich habe mich sehr darüber gefreut, dass Sie das taten.« Ich muss zugeben, dass mir beinahe das Telefon vor Erstaunen aus der Hand gefallen wäre. »Ich war als junger Mann Soldat«, fuhr Charlie fort. »Einmal steckten wir im Schützengraben und wurden beschossen, und ich dachte, meine letzte Stunde hätte geschlagen. Mein Freund neben mir konnte beten, und er sagte mir die Botschaft des Evangeliums. Das interessierte mich aber nicht. Darum sagte ich ihm, er solle abhauen und beten und mich damit in Ruhe lassen.« Charlies Stimme wurde ganz leise, und er konnte kaum weitersprechen, als er fortfuhr: »Mein Freund ermahnte mich damals, und ich wies ihn ab. Sie sind der erste Mensch seit vierzig Jahren, der versucht hat, mir dieselbe Botschaft mitzuteilen. Diesmal wollte ich sie nicht ausschlagen. Ich habe gestern Abend das Gebet gesprochen und mein Leben Gott übergeben. Ich will wirklich anders werden und zu einer Gemeinde gehen. Können Sie mir sagen, was ich als Nächstes tun muss?«

Charlies Geschichte ist mir fast immer gegenwärtig, und ich denke oft an den treuen Soldaten, der ihm dort im Schützengraben das erste Mal das Evangelium sagte. Ich bete, dass er sich nie als Versager gefühlt hat und nie entmutigt wurde. An dem Tag, als er Jesus verherrlichte und seine Geschichte einem Freund weitersagte, hatte er den ersten Samen ausgestreut. Die ganzen Jahre über hatte ich das Vorrecht zu sehen, wie das Werk des Heiligen Geistes in Charlie Frucht brachte, und ich schätze, die beiden Männer werden eine besondere Umarmung miteinander erleben, wenn sie sich in der Herrlichkeit begegnen werden. Dr. John MacArthur schreibt:

> Eine der großartigsten Möglichkeiten, Gott zu verherrlichen, ist die Verkündigung des Evangeliums. Seine Botschaft strahlt die Herrlichkeit Gottes mehr aus als alles andere im Universum. Wenn wir das Evangelium verkündigen, reden wir über den

klarsten und mächtigsten Aspekt der göttlichen Herrlichkeit. Darum ist die Ausbreitung des Evangeliums eine der höchsten und reinsten Formen der Anbetung, weil dadurch die Herrlichkeit Gottes am deutlichsten zum Ausdruck gebracht wird.[57]

Was MacArthur und viele andere Gelehrte und Laien übereinstimmend feststellen, ist, dass dies eine himmlische Strategie für die Evangelisation ist, die in der Gemeinde bekannt gemacht werden muss. Evangelisation sollte durch nichts mehr und nichts weniger motiviert sein als durch die Verherrlichung Jesu. Weil die Gemeinde darüber nichts weiß und andere Motivationen für Evangelisation vorzieht, ist sie für die Angriffe des Bösen offen und leicht verwundbar.

Natürlich wird es solche geben, die das alles hinterfragen oder bekämpfen. Während einer meiner Missionsreisen nach Australien meinte eine Pastorin, dass es auch andere Möglichkeiten gebe. Sie verwies auf ein erfolgreiches Speisungsprogramm in ihrer Gemeinde, das tatsächlich bewundernswert war. »Dies ist unsere Weise zu evangelisieren. Wir erweisen den Menschen Liebe«, sagte sie mir. »Was ist wichtiger, als Liebe zu erweisen?« Ich will nicht leugnen, dass ihre Worte auch Wahrheit enthalten. Natürlich müssen wir uns um die Menschen kümmern, aber wie ich schon sagte, machen das gute Muslime, gute Hindus, gute Buddhisten und gute Atheisten auch. Das gehört zu unserem Menschsein irgendwie dazu – Gott sei Dank dafür! OK, so mögen vielleicht viele der dort gespeisten Armen gemerkt haben, dass die Speisung von einer christlichen Gemeinde ausging. Aber auch dann können diese Menschen bestenfalls sehen, dass Menschen um der Liebe Gottes willen gute Werke tun. Doch immer noch hören sie nichts von der *göttlichen Liebe zu ihnen*. Ihnen bleibt verborgen, dass wegen dieser wunderbaren Gottesliebe Jesus auf die Erde kam, brutal getötet wurde und wiederauferweckt wurde, *um sie zu retten*.

Liebe zu erweisen, ist ein gutes Motiv für alle Arten von Aktionen. Aber es ist *nicht* die *Haupt*motivation zum Evangelisieren. Genauso bestürzte mich die Predigt eines unserer Avanti-Evan-

---

57 Dr. John MacArthur, *The Legacy of Jesus*, Moody Press, 1986. Abdruck mit Erlaubnis.

gelisten, die er hielt, als wir einer Gruppe junger Missionare in Finnland dienten, um sie zu ermutigen. Mein Freund ist ein fabelhafter Evangelist, voller Eifer und Leidenschaft. Ich reise und arbeite gern mit ihm. Doch in seinem Enthusiasmus, andere zu ermutigen, das Evangelium weiterzusagen, begann er bei einer Gelegenheit, eine Idee unters Volk zu bringen, die biblisch plausibel erscheinen mag, in Wirklichkeit aber von der wirklichen Wahrheit dessen ablenkt, was unsere Motivation zum Evangelisieren sein sollte.

»Ich hasse den Teufel«, sagte er vor einer interessierten und hoch motivierten Hörerschaft. »Der Teufel steckte Krebs in meinen Körper, und darum hasse ich ihn. Er hat schon viele Male versucht, mich fertigzumachen«, fuhr er fort. »Aber wisst ihr, was ich mache? Kennt ihr den Weg, wie man den Teufel am besten loswird? Predigt das Evangelium. Das müsst ihr machen. Wenn ihr den Teufel fortscheuchen wollt, Jungs, dann verkündigt das Evangelium!«

Später habe ich meinen Freund wegen dieser Vorstellung sanft zur Rede gestellt. Sollte unsere Evangeliumsverkündigung ein Angriff auf den Teufel sein? Nein. Das ist absolut nicht die Weise Christi. Es ist wahr, dass der Teufel alle möglichen Angriffsstrategien benutzt. Aber wir dürfen uns nie auf sein Niveau herunterziehen lassen. Was tat Jesus? Kam er mit Legionen von Engeln, um das Heer des Teufels zu zerschlagen und den Teufel anzugreifen? Nein, er kam in absoluter Demut und reiner Liebe, in Niedrigkeit wie ein Lamm zur Schlachtung. Wir sollten das Evangelium nie aus Hass, Bosheit oder Zorn gegenüber dem Teufel predigen. Wenn wir das Evangelium verkündigen, sollte es von der reinen Liebe Christi motiviert sein und um ihretwillen geschehen. Wir sollten es tun, weil Christus es uns aufgetragen hat, und weil unser Hauptanliegen ist, ihn zu verherrlichen.

Was *bedeutet* es aber, Jesus zu verherrlichen? Nach dem *Enhanced Strong's Lexicon* bedeutet »verherrlichen«: »veranlassen, die Erhabenheit und den Wert einer bestimmten Person oder einer bestimmten Sache bekannt und anerkannt zu machen«.[58] Setze nun den Namen Jesus an die Stelle von »einer bestimmten Person oder einer bestimmten Sache« ein. Dann betrachte das Wort »Wert«. Das

---

58 *Enhanced Strong's Lexicon*, Logos Research System, Inc., 1995.

wird definiert als »eine Qualität, die Respekt und Hochschätzung beansprucht«. Jesus zu verherrlichen, heißt also, zu veranlassen, dass er geehrt, wertgeschätzt und respektiert wird und dass seine Verdienste ins richtige Licht gerückt und anerkannt werden. Und wenn wir nachsehen, was »bekannt machen« bedeutet, so lesen wir: »offenbaren und auf klare Weise darstellen«.[59] Die höchste Motivation, mit dem Evangelium zu den Nichtchristen zu gehen, ist demnach, die Verdienste Jesu offenbar zu machen, sodass sie Christus sehen, wer er wirklich ist: der größte aller Helden. Und wie wird Christus vor Nichtchristen verherrlicht? Nur wenn du und ich dazu beitragen, dass dies geschieht.

So betrachtet wird uns sicher ganz klar, dass Evangelisieren im Grunde nichts anderes als »Anbetung« ist. Wir könnten genug Material finden und ein genauso dickes Buch wie dieses hier über dieses Thema schreiben. Aber ich möchte hier gern sagen: Ich habe Gefallen an dem Gedanken, dass dein Geist sich erhebt, wenn du über die vielen Facetten des Edelsteins nachdenkst, der »Anbetung unseres Schöpfers und seines wunderbaren Sohnes Jesus Christus« heißt.

Wenn wir in die Welt gehen und das Evangelium verkündigen, sind wir Anbeter Gottes. Es gibt viele Bibelstellen, in denen das deutlich gesagt wird. Psalm 96,1-4 ist wie der Klang einer Posaune:

Singt dem HERRN ein neues Lied, singt dem HERRN, ganze Erde!
Singt dem HERRN, preist seinen Namen, verkündet Tag für Tag seine Rettung!
Erzählt unter den Nationen seine Herrlichkeit, unter allen Völkern seine Wundertaten!
Denn groß ist der HERR und sehr zu loben ...

Wenn wir Nichtchristen das Evangelium weitersagen, erklären wir, wie groß Jesus ist, wir verkündigen seinen Wert. Wir zeigen dem Herrn und den Menschen, dass er es »wert ist«, dass wir uns selbst ihm in diesem Sinn opfern, dass wir ihm unsere Zeit, unser Geld,

---

59 *The American Heritage Dictionary of the English Language*, Houghton Mifflin Company, Delta, 2001.

unsere Anstrengungen darbringen, um ihn zu erheben, weil er es wert ist. Der Apostel Paulus sagt in Galater 6,14: »*Von mir aber sei es fern, mich zu rühmen, als nur des Kreuzes unseres Herrn Jesus Christus ...*« Das war Anbetung. Wenn wir unseren Stolz und unsere Ängste, unsere Ungeeignetheit und unser geschäftiges Treiben beiseitetun, um zu evangelisieren, wenn wir deshalb Verfolgung und Ablehnung erleiden, bestätigen wir, dass Jesus das alles wert ist, und Gott siehst das mit Sicherheit als einen Akt der Anbetung an.

Die Vorstellung, Opfer zu bringen und mit Freuden zu schenken, findet man auch in anderen Lebensbereichen. Wie ist es, wenn man verliebt ist? Wenn ein Mann eine Frau liebt, weiht er ihr alles. Er möchte bei ihr sein, er ist bereit, andere Dinge aufzugeben, um sie zu sehen, er gibt Geld für sie aus, er hört sich ihre Sorgen und Nöte an und hält sich andere Termine vom Hals in dem natürlichen Bedürfnis, so viel Zeit wie möglich bei ihr und zu ihrem Gewinn zu verbringen. Kein Wunsch ist ihm zu groß und keine Last zu schwer! Einer meiner Freunde erzählte mir die Geschichte von seiner Frau, die im Anfangsstadium ihrer Schwangerschaft ein riesiges Verlangen nach Apfelsinen hatte. Sie genossen gerade einen Wochenend-Urlaub in London, als seine Frau mitten in der Nacht aufwachte, weil sie sich so mit der Sehnsucht nach Apfelsinen quälte. Was konnte er tun? Es gab dort zu dieser Stunde keinen Zimmerservice. So zog er sich seine Kleidung über den Schlafanzug und lief in die Nacht hinaus, um irgendwo Apfelsinen für seine Geliebte zu bekommen, die er so gern erfreuen wollte. Warum? Weil sie es ihm wert war.

Wenn wir nun an Jesus denken, wollen auch wir alles unternehmen, um anderen von ihm zu erzählen, seinen Wert den Völkern zu proklamieren, ohne irgendwelche Kosten und Mühen zu scheuen.

Und ich sah einen anderen Engel inmitten des Himmels fliegen, der das ewige Evangelium hatte, um es denen zu verkündigen, die auf der Erde ansässig sind, und jeder Nation und jedem Stamm und jeder Sprache und jedem Volk, indem er mit lauter Stimme sprach: Fürchtet Gott und gebt ihm Ehre. (Offenbarung 14,6)

Zum Nachdenken

▶ Was fällt dir ein, wenn du an die Anbetung Gottes und seine Verherrlichung denkst?

▶ Hast du schon einmal darüber nachgedacht, dass Evangelisation eine der höchsten Formen der Anbetung ist?

▶ Was bedeutet es, *wurzel*orientiert und nicht *frucht*orientiert zu sein? Wie sollte dies deine Aktivitäten in deiner Gemeinde bestimmen? Wie sollte dies dein übriges Leben beeinflussen?

▶ Denk einmal darüber nach, wie ein *wurzel*orientiertes Leben dabei hilft, für die unvermeidliche *Frucht* ebenfalls Gott den Dank und die Ehre zu geben.

18
TON

Na, wie schmecken nun der Tee und der Kaffee? Ist immer noch Salz im Zuckertopf, wo wir doch den Teufel und seine Lügen jetzt offenbar gemacht und seine schlauen Manöver aufgedeckt haben, mit denen er den Radarschirm der Gemeinde unterlaufen hat, um die Gedanken der Treuen zu verunreinigen? Weiter vorne, in Kapitel 15, haben wir über den Schaden gesprochen, der dadurch entsteht, dass man der Lüge glaubt, Evangelisation sei das Gewinnen von Seelen. Wärst du überrascht, zu entdecken, dass unser großer Widersacher es dabei nicht bewenden lässt? Es gibt eine zweite »falsche Definition« von Evangelisation, die in dem Kampf um Seelen offenbar gemacht werden muss.

Evangelisation ist die Verkündigung des Evangeliums. Dass dies eine klare Darstellung der Wahrheit ist, erkennen wir nun. Was hältst du aber von dieser Behauptung?:

> Evangelisation ist jede christliche Tätigkeit, die einen Nichtchristen der Bekehrung näher bringt.

Der Missiologe Dr. James Engel entwickelte eine Skala, um zu erklären, wie ein Mensch zum Glauben kommt. Nach seiner Skala beginnen alle Menschen bei −8 mit der Erkenntnis des Evangeliums. Indem ihre Kenntnis des Evangeliums ansteigt, bewegen sie sich auf den Punkt 0, auf die Bekehrung, zu. Werden sie erwachsen im Glauben, kommen sie auf dieser Skala bis nach +5 oder noch weiter.[60]

Leider ist diese prächtige Skala missverstanden worden. Tatsächlich scheint es, als hätte der Teufel alles durcheinandergebracht. Das erweist sich als weiterer niederträchtiger Plan, die Gemeinde nur ein kleines bisschen von der Wahrheit abzubringen, was sich aber als äußerst gefährlich herausstellt. Engel war klar, dass wenngleich

---
60 Übernommen aus Mark McCloskey, *Tell it Often – Tell it Well*, Thomas Nelson, 1986.

ein Mensch in einem »Prozess« zum Glauben gebracht wird, nur die Verkündigung des Evangeliums als »Evangelisation« bezeichnet werden darf. Doch wenn man mit vielen Christen spricht, sieht man schnell, dass sich in der Gemeinde eine falsche Vorstellung breitgemacht hat. Die verdrehte Botschaft in den Köpfen vieler ernsthafter Gläubiger lautet: Alle christlichen Aktivitäten, die einen Nichtchristen näher an die Bekehrung heranführen, *sind* Evangelisation. Ein kleiner Irrtum, vielleicht – aber diese so hübsch verpackte Verführung geht mit katastrophalen Folgen einher.

Wir verstehen das sicher besser, wenn wir den Prozess des Heranbringens zu Christus etwas genauer unter die Lupe nehmen. Dazu wollen wir ihn in sechs Schritte aufteilen, die alle mit Worten aus dem Bereich der Landwirtschaft beschrieben werden:

1. Pflügen
2. Säen
3. Bewässern
4. Wachsen
5. Ernten
6. Dreschen

Unter »*Pflügen*« verstehen wir solche Aktivitäten, die das Herz des Nichtchristen für die Aufnahme des Samens des Evangeliums vorbereiten. Dazu mögen Gebete und Fürbitten, Loblieder, Anbetung und Fasten gehören, oder auch solche Aktivitäten, die ein Nichtchrist wahrnimmt, wie gute Werke, gemeinsame Unternehmungen, Freundlichkeit, das Vorbild eines gottgeweihten Lebens, das Mitbekommen wunderbarer Gebetserhörungen oder Worte wahrer Weisheit usw. Solche Aktionen des Pflügens sind von entscheidender Bedeutung. Denn es ist doch klar, dass ungepflügter, verhärteter Boden kaum jemals eine gute Ernte bringt. Das Pflügen ist also ein wesentlicher Teil des Prozesses.

Denn es ist unsertwegen geschrieben, dass der Pflügende auf Hoffnung pflügen und der Dreschende auf Hoffnung dreschen soll, um daran teilzuhaben. (1. Korinther 9,10)

Hier gebraucht der Apostel Paulus Worte aus der Welt der Natur, um eine geistliche Wahrheit zu demonstrieren. Die Menschen des Neuen Testaments wussten um die Bedeutung der Vorbereitung des Bodens, bevor man säen konnte. Das geistliche Pflügen der Christen erledigt denselben wichtigen ersten Schritt. Vorbereitungen sind absolut notwendig, wenn es eines Tages zu einer Ernte kommen soll.

Aber sind diese »Pflug-Aktivitäten« Evangelisation? Nein, sie sind es nicht! Und die Gefahr besteht, dass wenn wir das als »Evangelisation« definieren, die Menschen in der Gemeinde sehr bald meinen, sie würden *evangelisieren*. Die natürliche Schlussfolgerung? »Ja, wir tragen unseren Teil zur Evangelisation bei.« Aber hoffentlich können wir den eklatanten Irrtum aufdecken: Es fehlt das wichtigste Element: *die Verkündigung des Evangeliums*.

Der zweite Schritt in dem Prozess, die Nichtchristen zu Christus zu ziehen, ist das »*Säen*«. Laurence Singlehurst liefert in seinem sehr empfehlenswerten Buch *Sowing, Reaping, Keeping: People Sensitive Evangelism*[61] einen wunderbaren Beitrag zu diesem Thema, wenn er erklärt, was es heißt, im Glauben zu säen und die Ernte einzubringen, nachdem die Saat des Glaubens Wurzeln geschlagen hat, und wie man den Glauben während des Wachstums nährt.

Das Säen *ist* die Verkündigung des Evangeliums. Säen heißt, die Gute Nachricht von der Errettung durch Jesus Christus weiterzugeben. Wenn wir unsere Worte so einsetzen, arbeiten wir mit Gott zusammen als sein »Bodenpersonal«. Wir mögen uns für stotternde, stammelnde und fehlerhafte menschliche Wesen halten. Aber wenn wir auf Gott blicken und die Gabe der Sprache betrachten und unsere Fähigkeit, uns mitzuteilen, dann ist das einfach überwältigend. Das Sprachvermögen ist der entscheidende Faktor, der uns über alle anderen Lebewesen erhebt. Durch unsere Worte und unser Kommunikationsvermögen wurden schon große Dinge erfunden, Gesetze erlassen, Kenntnisse über Generationen hinweg vermittelt und große Menschen und Ereignisse gefeiert. Durch die Gabe der Sprache können wir Gott Ehre geben, ihm Loblieder singen und ihn anbeten, aber auch Bitten vor ihn bringen. Gott selbst

---

61 Laurence Singlehurst, *Sowing, Reaping, Keeping: People Sensitive Evangelism*, IVP, 2006.

schuf das Universum, indem er es ins Dasein *rief*. (Er sprach: »Es werde ...« Und es wurde!) Mit Worten schlug Jesus den Versucher in die Flucht, stillte den Sturm und heilte den Knecht des Hauptmanns. In Römer 1,16 schreibt Paulus von dem Evangelium: »*Denn ich schäme mich des Evangeliums nicht, denn es ist Gottes Kraft zum Heil jedem Glaubenden, sowohl dem Juden zuerst als auch dem Griechen.*« Dieser Vers weist voraus auf Römer 3,2, wo er sagt, den Juden seien »*die Aussprüche Gottes anvertraut worden*«. Wenn wir das Evangelium proklamieren, vereinigen wir uns mit der gesamten Schöpfung darin, die Großartigkeit Gottes zu verkündigen:

Die Himmel erzählen die Herrlichkeit Gottes,
und die Ausdehnung verkündet seiner Hände Werk.
Ein Tag berichtet es dem anderen,
und eine Nacht meldet der anderen ihre Kunde.
Keine Rede und keine Worte, doch gehört wird ihre Stimme.
Ihre Mess-Schnur geht aus über die ganze Erde,
und ihre Sprache bis an das Ende des Erdkreises. (Psalm 19,2-5)

Wir brauchen nur zum sternenübersäten Nachthimmel zu blicken, und er spricht zu uns von der Allmacht Gottes. Die ganze Schöpfung ist eine Bestätigung seiner Macht, und wenn wir die Sprache gebrauchen, um das Evangelium mitzuteilen, dann stimmen wir in die das ganze Weltall umfassende Proklamation seiner Herrlichkeit ein. Beschenkt mit der Macht des Sprechens und des Schreibens, ist es unser oberstes Ziel, den Weg der Errettung und der Wiedervereinigung mit dem allmächtigen Gott weiterzusagen.

Wenn wir das Evangelium verkündigen, säen wir den Samen. Das ist eine Handlung, die sehr vom Pflügen abhängig ist, aber doch ganz verschieden von der Handlung des Pflügens ist. Paulus macht das in seinen Auseinandersetzungen mit den ersten Gläubigen sehr deutlich, indem er schreibt: »*Ich habe gepflanzt, Apollos hat begossen, Gott aber hat das Wachstum gegeben*« (1. Korinther 3,6).

Obwohl es sehr wichtig ist, zwischen Pflügen und Säen einen Unterschied zu machen, so dürfen wir doch keinesfalls das eine über das andere stellen. Wir haben sie eben für das anzusehen, was sie sind – ohne das eine mit dem anderen zu verwechseln. In vielen

Fällen haben Gemeinden, ohne es selbst zu merken, fast sämtliches Augenmerk auf das Pflügen gelegt, ohne die Christen anzuspornen, nun auch wirklich die Botschaft des Evangeliums zu verkünden. Dienste der Liebe sind unverzichtbar. Denn in die Wärme eines offenen Herzens kann man den Samen streuen. Trotzdem: Wenn niemals gesät wurde, dann bleibt auch das am besten gepflügte Feld für immer unfruchtbar.

Natürlich muss der Bauer, nachdem er gepflügt, das Land vorbereitet und besät hat, den nächsten wichtigen Schritt tun: das »*Bewässern*«. Auch hier findet sich eine beachtenswerte Parallele zu dem Prozess des Ziehens zu Christus. Wenn der Same des Evangeliums ausgestreut wurde, ist es lebenswichtig, für gute Wachstumsbedingungen zu sorgen. Zu solchen Tätigkeiten können Gebete und Fürbitten gehören, auch Lob und Anbetung, Fasten, gute Werke usw. Tatsächlich sind die meisten dieser Tätigkeiten auch schon beim »Pflügen« aufgezählt worden. Wenn ein Mensch beginnt, das Evangelium und dessen Auswirkungen an uns zu erforschen, wird er zweifellos genauer auf das Vorbild der Christen schauen. Weil wir das wissen, sollten wir immer achtsam und auf der Hut sein, weil wir, der Leib Christi auf Erden, den Hauptteil des Prozesses des »Bewässerns« zu leisten haben. Ich hörte von einer Gemeinde, die ein junges Pärchen zu einem evangelistischen Hauskreis eingeladen hatte. »Tut uns leid«, sagten beide, »wir haben kleine Kinder und keinen Babysitter.« Die Gemeinde machte aus Liebe heraus einen Plan, wie man reihum das Kinderbetreuen regeln konnte, damit das Paar zu den Kursen kommen konnte. Schon nach einigen Wochen begann das Paar, die Gottesdienste zu besuchen und Freunde zu gewinnen, während sie weiterhin die Kurse besuchten. Eines Abends brauchten sie einen Babysitter, weil sie zu einer anderen Veranstaltung gehen wollten. Zu ihrer Enttäuschung wurde ihnen gesagt, die Babysitter der Gemeinde ständen nur für den Besuch des evangelistischen Hauskreises zur Verfügung. So kehren wir wieder zu Jesus und seinem Gleichnis vom barmherzigen Samariter zurück, jenem Mann, der von seinem Weg abbog und mehr zu geben bereit war, als er verpflichtet war, um eine Illustration zu sein für das Gebot »Du sollst deinen Nächsten lieben wie dich selbst.« Was ich hiermit deutlich machen wollte, ist: Wenn etwas wachsen soll, muss es begossen und umhegt werden, und man muss in vielerlei Hinsicht für gute Wachstumsbedingungen sorgen.

Das »*Wachsen*« ist das übernatürliche, rettende Werk des Vaters und des Heiligen Geistes. Wir können pflügen, wir können säen – aber wir machen uns selbst etwas vor, wenn wir glauben, dass jemand ein Christ wird, würde einzig von unseren Bemühungen abhängen. Jesus redet in dieser Sache Klartext, wie wir in Johannes 6,65 lesen können: »*Und er sprach: Darum habe ich euch gesagt, dass niemand zu mir kommen kann, wenn es ihm nicht von dem Vater gegeben ist.*« Später im Johannes-Evangelium macht Jesus auch deutlich, was der Heilige Geist bei der Überführung eines Menschen wirkt: »*Und wenn er gekommen ist, wird er die Welt überführen von Sünde und von Gerechtigkeit und von Gericht*« (Johannes 16,8).

Sara hat sehr oft mit unseren beiden Jungs Bohnen gepflanzt. Es hat ihnen immer Spaß gemacht, kleine Töpfe mit Erde zu füllen, die Bohnen hineinzustecken und sie zu begießen. Dann mussten sie warten und hoffen, dass der erste Keim hervorbrach. Gewöhnlich wurden sie nach wenigen kurzen Wochen mit einer kleinen Pflanze belohnt, die sie dann in den Garten pflanzen konnten, damit sie dort weiterwachsen konnte. Manchmal aber – und das wird jeder Gärtner bezeugen – blieben die Töpfe unfruchtbar. Es war die gleiche Erde, der gleiche Same aus der gleichen Tüte, die Töpfe waren alle gleich bewässert – aber aus einem unerklärlichen Grund kam es nicht zum Keimen. Ein Geheimnis, eine raue Realität, die uns letztlich vor Augen führt: Alles, was wir tun können, ist das Vorbereiten des Bodens und das Säen, während das Wachsen in den Händen einer höheren Macht liegt.

Unser fünfter Schritt in dem geistlichen Prozess der Hinführung zu Christus ist das »*Ernten*«. Dadurch wird ein neuer Christ dem Leib Christi hinzugefügt. Dieses Ernten geschieht wohl auf zwei Weisen. Einmal kann Gott ohne uns ernten. Er hat es völlig in der Hand, und es liegt auch in seinem Willen, jemanden in die Gemeinde zu bringen, ohne dass sonst noch irgendjemand eingreift. Es gibt viele bestätigte Berichte, nach denen Menschen erlebten, wie das Wort Gottes sie direkt überzeugt hat, meistens durch einen dramatischen Traum.

Khalil war ein radikaler ägyptischer Terrorist, der von vielen in seiner Umgebung gefürchtet wurde. Weil er Christen und Juden hasste, hatte er es darauf abgesehen, die Bibel schlechtzumachen. Er fand aber nichts darin, was seinen Plänen entgegenkam. Vielmehr begann er die Grundlagen seines eigenen muslimischen Glaubens zu hinterfragen. In seiner Verzweiflung schrie er zu dem wirklichen Gott, er möge sich ihm offenbaren. In jener Nacht hatte er einen Traum, in dem Jesus Christus in Frieden und Liebe zu ihm kam. Khalil wurde auf der Stelle ein anderer Mensch, und seine Nachbarn wurden Zeugen davon, wie aus einem mörderischen »Saulus« ein vergebungsbereiter »Paulus« geworden war.

Die Geschichten von Khalil und vielen anderen haben sich als wahr erwiesen und wurden sorgfältig von »More Than Dreams« (www.morethandreams.org) dokumentiert. Das Team von »More Than Dreams« hat viele Geschichten von Menschen erforscht, die ohne Kontakt zu Christen selbst Nachfolger Christi geworden sind, weil Christus ihnen direkt begegnet ist.

Solche Berichte sind wunderbar überzeugende Belege für die Tatsache, dass Gott direkt mit der Menschheit in Kontakt treten kann und es auch tut. Häufiger jedoch gefällt es ihm, aus Liebe zu seinen Kindern den Leib Christi, uns also, als Helfer bei der Ernte zu gebrauchen. Wenn wir Nichtchristen einladen, Jünger Jesu zu werden, sind wir wieder einmal in diesen wunderbaren Plan Gottes einbezogen, Menschen zu Gott zurückzubringen. Welch eine Ehre ist das! Braucht Gott uns dazu? Nein. Wenn Menschen uns mitunter um etwas bitten, tun sie das, weil sie unsere Hilfe wirklich brauchen. Das ist bei Gott nicht so. Im Gegenteil frage ich mich mitunter, was er sich dabei gedacht hat, mich zu bitten, ihm bei der Arbeit zu helfen, Menschen zu ihm zu bringen. Ganz gewiss hat er mich nicht nötig. Ganz bestimmt kann er die Arbeit ohne mich viel besser erledigen. Und doch bittet er mich! Denn durch seine Gnade und Liebe gehöre ich nun zu seiner Familie – also darf ich auch in sein »Familiengeschäft« miteinsteigen. In seiner göttlichen Weisheit und Macht erlaubt er mir, daran teilzuhaben, und scheint erstaunlicherweise Gefallen an meinen Anstrengungen zu haben.

Mein ältester Sohn Ethan war gut zwei Jahre alt, als Sara vorschlug, ein Spielhaus im Garten zu errichten. Ich verbringe nicht viel Zeit zu Hause mit meiner Familie, und mir war klar, dass dies eine Menge Arbeit bedeuten würde. Und so war es kein Wunder, dass Sara das gesamte Wochenende dafür eingeplant hatte. So hatte ich mir ein erholsames Wochenende nicht vorgestellt. Aber ich zog los, um Holz und andere Materialien einzukaufen. Auf diese Weise wurde ich ein »Mann mit einer Mission« in Sachen Gartenhaus. Ich hatte ein Ziel und wollte alles daransetzen, dass es das beste Spielhaus der Welt würde. Sobald ich anfing, die Bretter zu zersägen, erschien Ethan auf der Bildfläche, ausgerüstet mit seinem »Bob-der-Baumeister-Werkzeugkasten«. Darin befanden sich sein Plastikhammer und andere Werkzeuge. Bald begann er, gegen die Bretter zu hämmern, die Schachtel mit den Nägeln umzustoßen und auf meinen Kopf zu klopfen, wobei er manche Gefahren heraufbeschwor und sowieso dauernd im Weg stand. Ich versuchte es mit den üblichen Ablenkungsmethoden, wurde aber selbst immer frustrierter. »Sieh mal, Ethan, du musst einfach weggehen. Lauf in dein Zimmer und spiele da irgendetwas ... Kannst du nicht sehen, dass ich dies hier für dich tue?«, sagte ich erschöpft. Sofort wich das Lächeln aus seinem Gesichtchen, und seine Lippen begannen zu zittern. Er drehte sich um und ging langsam zum Haus zurück. Ich fühlte mich ganz elend. Wie konnte ich so niederträchtig sein? Er wollte doch nur mithelfen! »Komm her, Ethan, es tut mir leid!«, rief ich hinter ihm her. »Schau, ich brauche deine Hilfe jetzt gerade. Wir müssen die Nägel einschlagen.« In Sekundenschnelle war er wieder an meiner Seite. Er strahlte, als ich einen Nagel hinhielt, damit er ihn einschlagen konnte.

»Es geht nicht, Papa, er geht nicht rein.«

»Na, dann musst du doller zuschlagen.« Ethan schlug und schlug. »Na los! Du kannst doch wohl besser zuschlagen als so!«, hänselte ich ihn.

»Nein, Papa, es geht nicht«, sagte er, als der Plastikhammer schon entzweiging wegen des Nagelkopfes. »Papa, ich brauche wirklich den großen Hammer, dann kann ich das.«

»OK«, sagte ich zögernd, »aber sei vorsichtig!« Ich reichte ihm meinen Hammer, während ich immer noch den Nagel hielt. Ehe ich mich versah, hob Ethan den Hammer über seinen Kopf und ließ ihn niedersausen. Natürlich verfehlte er den Nagel und traf meinen

Finger – ziemlich heftig. »Tut mir leid, Papa, sorry, sorry, sorry!«, weinte Ethan. Es tat wirklich weh, doch ich wollte ihm nicht zeigen, wie sehr. »Macht nichts, wir machen weiter!«, sagte ich mit zusammengebissenen Zähnen. Ethans Lächeln kehrte zurück, und für kurze Zeit beschäftigte er sich selbst damit, auf weitere Nägel zu hämmern, die ich für ihn zum Teil eingeschlagen hatte. Zwischendurch reichte er mir immer wieder Werkzeuge, die ich gar nicht brauchte. Wie alle kleinen Kinder hatte auch er nur wenig Ausdauer. Er verließ mich bald und schlenderte ins Haus zurück. Nun konnte ich in aller Ruhe das Werk vollenden und mich um meine Verletzung kümmern.

Einige Zeit später besuchten uns Freunde, und wir gingen in den Garten. »Das Haus hab ich mit Papa gebaut«, sagte Ethan stolz. Ich muss zugeben, dass ich damit durchaus nicht einverstanden war. Ein Teil in mir dachte: »Nein, du hast das Haus nicht gebaut. Du hast meinen Finger verletzt. Ich habe das Haus gebaut!« Andererseits ist mir bei aller Frustration später doch klar geworden, dass etwas sehr Wichtiges an diesem Tag geschehen war. Wir hatten etwas, an das wir uns erinnerten. Ich begriff, dass immer wieder, wenn Ethan die etwas windschief zusammengenagelten Bretter sieht, er denken wird: »Das ist das Haus, das ich mit Papa zusammen gebaut habe.« Die Wahrheit ist, dass ich ihn nicht zum Helfen brauchte. Ich wäre eher fertig gewesen, ohne dass er dazwischen herumlief, auch hätte ich keinen verletzten Finger gehabt. Aber dass Ethan und ich zusammengearbeitet haben, das ist es, was eine Familie ausmacht. Genauso ist es, wenn Gott sich zu uns wendet und uns beauftragt, in die Welt zu gehen und das Evangelium zu predigen. Der einzige Unterschied ist der, dass wir Menschen nicht seinen Finger trafen, sondern seine Hand durchbohrten.

Ernte ist Familiensache. Gott braucht uns nicht, um das zu tun. Aber wenn wir daran mitwirken, tun wir das Werk unseres Schöpfers und bauen für die Zukunft unserer Familie. Ist es dann nicht eine Schande, dass wir »Evangelisation« beinahe in ein Tabuwort verwandelt haben? Manchmal erlebe ich, dass es als eins der Wörter aus der »Sprache Kanaans« betrachtet wird, dessen wir uns schämen und das wir vermeiden und nicht benutzen wollen. Wäre es dagegen nicht einfach wunderbar, wenn wir wie ein begeistertes

Kind mit Feuereifer und voller Freude unserem Vater helfen würden, sein Haus zu bauen?

Wie jeder Bauer bestätigen wird, ist die Ernte nicht das Ende des Prozesses. Ist die Ernte eingebracht, beginnt das »*Dreschen*«. Bei unserer Bemühung, jemanden zu Christus zu ziehen, können wir in dem Dreschen das Erziehen sehen, durch das neue Gläubige reif werden, sodass sie anfangen zu blühen und sich ihrerseits in diesen Prozess mit seinen sechs Schritten einspannen lassen, damit andere Menschen zu Christus kommen.

Betrachte nun einmal jede der in Epheser 4,11-12 genannten Gaben:

Und er hat die einen gegeben als Apostel und andere als Propheten und andere als Evangelisten und andere als Hirten und Lehrer, zur Vollendung der Heiligen, für das Werk des Dienstes, für die Auferbauung des Leibes des Christus ...

Jede dieser »Gaben« (pass auf, dass du unter »Gaben« nicht besondere Menschen verstehst) wird hauptsächlich für einen oder auch für mehrere Schritte in diesem Prozess von sechs Schritten eingesetzt:

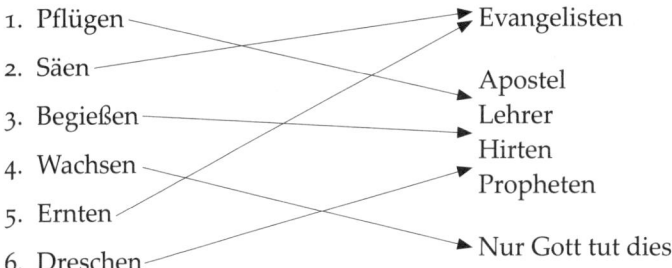

Apostel, Lehrer, Hirten und Propheten werden sich vor allem auf das Pflügen, Begießen und Dreschen konzentrieren. Nur Gott bewirkt das Wachsen. Währenddessen werden sich die Evangelisten (d. h. solche, die die »Gabe« des Evangelisierens haben, völlig unabhängig davon, welche »Stellung« sie innerhalb der Gemeinde einnehmen mögen) auf das Säen und Ernten konzentrieren. Trotzdem ist es bei unserem Dreschen – in unseren Jüngerschaftsprogrammen – von entscheidender Wichtigkeit, dass die Christen auf allen Gebieten geschult werden. Wenn Gemeindeleiter und Älteste nicht auch beständig üben lassen, wie man das Evangelium in der Gemeinde für jedermann verständlich verkündigt und ausbreitet, dann haben ihre Schulungsprogramme entscheidende Mängel. Stell dir eine Landwirtschafts-Akademie vor, die ihre Schüler nur zu tüchtigen Pflügern ausbildet und daneben vergisst, ihnen beizubringen, wie man Weizen sät, oder den Schülern nicht die Bedeutung des Säens beibringt. Ein solcher Lehrplan ist schrecklich mangelhaft und die ganze Akademie ein Unsinn. So steht es um unsere Gemeinden. Als Jünger sind wir doch Lehrlinge und Auszubildende, oder etwa nicht? Wir sind in der Schule des Herrn Jesus und der Apostel der Urgemeinde. Was war eine ihrer Hauptaufgaben? Natürlich die Verkündigung des Evangeliums. Wie können wir sagen, unsere Gemeinden »machten Jünger«, wenn wir versäumen, den Menschen beizubringen, wie man das Evangelium ausbreitet, und ihnen nicht deutlich vor Augen stellen, dass diese Aufgabe einen wesentlichen Bestandteil unseres Wandels mit Gott darstellt.

Ich habe dieses Bild aus der Landwirtschaft gebraucht, um durch die Abfolge der sechs Schritte zu zeigen, dass ein Mensch durch einen Prozess zu Christus gezogen wird, der aus einer Reihe verschiedener, sich ergänzender Faktoren besteht. Die Evangelisation ist ein *Ereignis innerhalb dieses Prozesses*. Alle Evangeliumsverkündigung ist Mission – aber nicht alle Mission ist Evangeliumsverkündigung. Jede Evangeliumsverkündigung ist Hinwendung zu Menschen – aber nicht alle Hinwendung zu Menschen ist Evangeliumsverkündigung. Werden durch dich und deine Gemeinde alle sechs Schritte abgedeckt? Pflügt, sät und begießt ihr? Erlebt ihr, wie Gott die Einzelnen wachsen lässt, und arbeitet ihr zusammen mit ihm an der Ernte? Hat man dich geschult und bildest du andere aus, damit die Ernte reichlicher ausfällt? Versuchst du, Jesus in deine Aktivitäten einzubeziehen?

Wir können den Boden pflügen, und wir können ihn bewässern, wenn wir aber niemals säen, bleibt alles unfruchtbarer TON-Boden. Wofür steht TON in diesem Fall? Für **T**raurig **O**hnmächtige **N**achfolge.

Zum Nachdenken

»Evangelisation ist jede christliche Tätigkeit, die einen Nichtchristen der Bekehrung näher bringt.«

▶ Wie sehr herrscht nach deiner Meinung diese falsche Definition in den Gemeinden / unter Christen vor?

▶ Auf welche der sechs Schritte konzentrierst du dich hauptsächlich?

1. **Pflügen** (*Erweichung der Herzen der Menschen, damit sie das Evangelium aufnehmen*)
2. **Säen** (*Ausstreuen des Samens des Evangeliums*)
3. **Begießen** (*günstige Bedingungen für das Wachstum der Saat des Evangeliums schaffen*)
4. **Wachsen** (*das übernatürliche Wirken des Vaters und des Heiligen Geistes, um Seelen zu retten*)
5. **Ernten** (*das Einladen von Nichtchristen, Nachfolger Christi zu werden*)
6. **Dreschen** (*die Erziehung zu Jüngern*)

▶ Das Evangelium zu verkündigen, war eine der Hauptaufgaben Jesu. Warum lassen so viele Gemeinden die Ausbreitung des Evangeliums bei ihrer Jüngerschaftsschulung aus?

▶ Werden in deiner Gemeinde alle sechs Schritte abgedeckt? Wenn nicht, wie könntest du das Bewusstsein dafür schärfen, und wie könntest du mit dazu beitragen, dass an den Schwachpunkten gearbeitet wird?

19
Der Gehorsam eines »Nobodys« und seine Auswirkungen

Edward Kimball machte sich Sorgen über einen seiner Sonntagsschüler, der in einem Schuhladen mitten in Chicago arbeitete. Eines Tages besuchte er ihn im Geschäft. Er fand den jungen Mann hinten im Lager, wo er Schuhe einräumte. Sie sprachen ein wenig miteinander, und Kimball führte den Schüler dort, zwischen all den Schuhen, zu Christus. Dwight L. Moody verließ bald darauf das Geschäft und wurde einer der größten Evangelisten aller Zeiten.

Moodys internationale »Evangelisations-Feldzüge« brachten ihn nach England, wo er in einer kleinen Gemeinde predigte, die von einem Mann namens Frederick Brotherton Meyer geleitet wurde. In dieser Predigt erzählte Moody eine emotionsgeladene Geschichte von einem Sonntagsschullehrer, den er in Chicago kennengelernt hatte und der persönlich zu jedem Schüler seiner Klasse ging und jeden von ihnen zu Christus brachte.

Diese Botschaft veränderte Meyers gesamten Dienst und inspirierte ihn, ein Evangelist wie Moody zu werden. Jahre später ging er mehrmals nach Amerika, um zu predigen. Einmal saß ein junger Prediger hinten in der letzten Reihe und hörte Meyer sagen: »Wenn du nicht willig bist, alles für Christus zu geben, bist du dann willig, willig gemacht zu werden?« Diese Bemerkung führte John Wilbur Chapman dazu, dem Ruf Gottes für sein Leben zu folgen.

Chapman wurde von da an einer der erfolgreichsten Evangelisten seiner Zeit. Ein Freiwilliger mit Namen Billy Sunday half ihm bei der Durchführung seiner Evangelisations-Veranstaltungen. Dabei lernte er von Chapman, wie man predigen muss. Schließlich übernahm Sunday Chapmans Dienst und wurde einer der bekanntesten Evangelisten des 20. Jahrhunderts. In den größten Stadien Amerikas wurden durch Billy Sundays Predigten viele Tausende zu Christus geführt.

Inspiriert durch Evangelisations-Veranstaltungen von Billy Sunday in Charlotte, North Carolina, USA, entschloss sich 1924 eine

Gruppe von Christen ernstlich, diese Stadt für Christus zu gewinnen. Das Komitee lud den Evangelisten Mordecai Ham ein, 1934 eine Reihe von Evangelisations-Veranstaltungen durchzuführen. Ein schlanker 16-Jähriger saß eines Abends mitten in der riesigen Menge und wurde von der Botschaft des weißhaarigen Predigers gefesselt. Ihm war, als riefe er ihn und als zeige sein Finger immer nur auf ihn. Abend für Abend kam der junge Mann, und schließlich ging er nach vorn, um sein Leben Christus zu übergeben. Der Teenager hieß Billy Graham.

Diese Männer sind in die Geschichtsbücher eingegangen. Aber womit fing diese Reihe von Bekehrungen und stärkerer Hingaben an Christus an? Mit einem einzelnen Sonntagsschullehrer, einem »Nobody« mit Namen Kimball, der einen seiner Schüler in dessen Schuhgeschäft aufsuchte. Er war kein großer Redner auf Massenveranstaltungen und kein gefeierter Theologe. Er war nur ein Mann mit einer Leidenschaft für die ewige Zukunft anderer. Die Folgen jenes Besuchs sind jedoch in die Geschichte eingegangen. Millionen wurden als Folge dessen berührt, dass er sich entschied, in das Schuhgeschäft zu gehen, um einem Einzelnen das Evangelium weiterzusagen. Und noch weitere Millionen werden die Folgen dieses Ereignisses zu spüren bekommen.

Das sind die Geschichten, die mir Schauer über den Rücken treiben, und ich hoffe, dir geht es genauso. Du brauchst kein »berufener Evangelist« zu sein, um das Evangelium weiterzusagen. Du musst nur ein Nachfolger Christi sein, der dem Großen Auftrag treu ist. Vielleicht liest du dieses Buch und dir wird klar, dass du das Evangelium tatsächlich noch niemandem weitergesagt hast. Stell dir dann vor, du legtest dieses Buch jetzt hin und gingst jetzt los, vielleicht zum ersten Mal, heute! Stell dir vor, deinetwegen hört ein weiterer Mensch das Evangelium und übergibt Christus sein Leben, nicht notwendigerweise sofort. Vielleicht Jahre später. Du magst nie erfahren, wen diese Person im weiteren Verlauf der Geschichte beeinflussen wird. Vielleicht ist es ein nächster Charles Spurgeon, oder vielleicht erreicht er auch nur einen Einzigen, der vielleicht wieder einen erreicht, der wieder einen erreicht. ... Erinnere dich an den Jungen bei den gestrandeten Seesternen! Er sagte: »Ich kann diesen retten, und diesen, und diesen.«

Vielleicht hast du bis heute noch gar nicht die Notwendigkeit verspürt, oder du hast immer geglaubt, ganz ehrlich geglaubt, dass du vernünftige Entschuldigungsgründe dafür hast, nicht so zu handeln. Die traurige Wahrheit ist, dass so viele Christen nur so wenige oder auch gar keine Versuche machen, Menschen über die »Grenzen« ihrer Gemeinde hinaus zu gewinnen. Wir verbringen unsere Zeit in guter christlicher Gemeinschaft, beim Beten und in Versammlungen, um uns in unserem allerheiligsten Glauben aufzuerbauen, während die Herausforderungen des Großen Auftrags aus den Augen verloren worden sind. Wir haben schon über die vielen Missverständnisse und Ausreden unter Christen wegen der Verkündigung des Evangeliums gesprochen: »Ich kann das nicht tun.« »Ich fühle mich unfähig dazu.« »Ich weiß nicht, was ich sagen soll.« »Ich will das den besser dafür Qualifizierten überlassen.« »Ich weiß nicht einmal, ob ich selbst an die Wirklichkeit des Evangeliums, an die Existenz von Himmel und Hölle glaube.« »Ich meine, man muss sich das Recht, in ein anderes Leben hineinzureden, erst verdienen, bevor man versucht, ihm das Evangelium weiterzusagen.« »Ein anständiges Leben zu führen und ein gutes Zeugnis vor den Menschen in meinem Umfeld zu sein, ist meine Art zu evangelisieren.« »Mein Glaube ist Privatsache, Gott hat mir nicht aufgetragen zu evangelisieren – solange er mir das nicht gebietet, mache ich es nicht.« »Liebe ist das Wichtigste, um Menschen in akuter Not zu helfen.« »Ich kann das Evangelium nicht weitersagen, weil mein Leben damit nicht übereinstimmt. Ich käme mir wie ein Heuchler vor.«

Jede dieser Ausreden ist wie ein feuriger Pfeil, der vom Teufel auf unseren Herrn abgeschossen wird. Jeder dieser Pfeile und noch viele weitere sind Beweise für die heimtückischen Angriffe des Teufels auf die weltweite Gemeinde. Denn solange sich die Christen an solchen Lügen festhalten, braucht der Teufel im Kampf um die Herrschaft nicht viel mehr Neues zu erfinden. Er kann sich auf das Verderben des Lebens vieler weiterer Menschen konzentrieren und braucht kaum zu fürchten, dass Gottes Leute für seine Listen eine Bedrohung darstellen.

Darum sollten wir uns hier und jetzt in den Kampf stürzen. Du hältst dich für unwürdig, für »nicht ausreichend qualifiziert«

und »unfähig«? Dann geht es dir wie dem Großteil aller Christen. Darum will ich dir zeigen, was diese Ansicht in Wirklichkeit ist: Es ist ein Angriff des Teufels, um die Christen davon abzuhalten, das zu tun, was ein ewig barmherziger Meister von ihnen fordert. Sich für unwürdig und unfähig zu halten, basiert auf einem Mangel an Fähigkeit und auch an Vertrauen. Beide können sehr reale, ja sogar niederschmetternde Hindernisse sein. Aber im Licht des großen Krieges, in dem wir uns als Soldaten befinden, liefern beide Faktoren keine guten Entschuldigungsgründe. Fähigkeiten können erworben werden. Man kann *lernen*, wie man das Evangelium weitersagt. In Kapitel 7 dieses Buches findest du eine gute Vorlage, die dir helfen kann, biblische Wahrheiten darzustellen, und es gibt viele ähnliche Erklärungsmöglichkeiten, die »Worte« des Evangeliums weiterzusagen. Du brauchst sie nur zu verstehen, sie auswendig zu lernen und anzuwenden.

Die Frage, wie man zur nötigen »Zuversicht« kommt, ist sicher ein weit schwierigeres Problem. Es kommt nur sehr selten vor, dass ich vor einer Versammlung stehe und mich voller Zuversicht fühle. Viel häufiger fühle ich mich schrecklich befangen und richtig krank und sehr nervös. Ich zweifle an mir selbst auf der ganzen Linie, und es ist nur die Kraft des Evangeliums, die mich dazu bringt, meine Botschaft abzuliefern. Einerlei, ob ich vor einer großen Menge stehe oder mit einem Einzelnen rede: Immer habe ich mit Verlegenheit und Selbstunsicherheit zu kämpfen, und ich weiß, dass es nicht nur mir so geht. Ich denke immer noch an einen sehr selbstbewussten und fähigen Geschäftsmann, der unsere Übungskurse zum Evangelisieren in Schottland besuchte. Am Ende des Kurses nahm er sich vor, einen Fremden anzusprechen und ihm das Evangelium weiterzusagen. Vier Stunden lang wanderte er im Geschäftsviertel der Stadt herum und versuchte, so viel Mut zusammenzubekommen, jemanden anzusprechen. Völlig erschüttert von seinem Mangel an Vertrauen, kehrte er heim und fühlte sich beschämt und unbrauchbar. Er konnte es einfach nicht.

Unsicherheit, Furcht, Versagen und Verlegenheit behalten bei uns sehr oft die Oberhand. Doch wir müssen uns durch Gottes Wort wie durch eine beruhigende Arznei Mut schenken lassen. Denk nur an die lange Liste der biblischen Helden, die sich unfähig für die Aufgabe hielten, zu der Gott sie berufen hatte. In 2. Mose 4,10 lesen wir, wie Mose Gott anrief: *»Ach, Herr, ich bin kein Mann der Rede, weder seit gestern noch seit vorgestern, noch seitdem du zu deinem Knecht redest; denn ich bin schwer von Mund und schwer von Zunge.«* Beachte, dass sogar nach einer Begegnung mit dem lebendigen Gott sein Mangel an Redegewandtheit immer noch ein Thema ist. Nur weil wir unser Leben Christus übergeben haben, sind wir nicht plötzlich superbegabt und voller Zuversicht. Tatsächlich: Trotz klarer göttlicher Hilfszusicherung fing Mose sogar an, mit Gott zu verhandeln. Der HERR erinnerte Mose an die göttliche Allmacht und versicherte ihm: *»Ich will mit deinem Mund sein und dich lehren, was du reden sollst«* (V. 12). Trotzdem antwortete Mose: *»Bitte, HERR! Sende lieber einen andern, wen du willst!«* (V. 13; Menge-Übersetzung).

Ein anderes Beispiel ist der Prophet Jeremia (Jeremia 1,6-7):

Ach, Herr, HERR, siehe, ich weiß nicht zu reden, denn ich bin jung. Da sprach der HERR zu mir: Sage nicht: Ich bin zu jung; denn zu allen, wohin ich dich senden werde, sollst du gehen, und alles, was ich dir gebieten werde, sollst du reden.

So finden wir auch bei dem Apostel Paulus eine beinah lähmende Furcht und Zögerlichkeit. Die frühe Gemeinde ehrte ihn als einen großen Führer und Lehrer, doch den Gläubigen in Korinth bekannte er: *»Und ich war bei euch in Schwachheit und in Furcht und in vielem Zittern; und meine Rede und meine Predigt war nicht in überredenden Worten der Weisheit, sondern in Erweisung des Geistes und der Kraft, damit euer Glaube nicht auf Menschenweisheit beruhe, sondern auf Gottes Kraft«* (1. Korinther 2,3-5). Paulus predigte das Evangelium trotz seiner Furcht, weil er auf das Wirken des Heiligen Geistes vertraute. Er erkannte seine eigene Unfähigkeit und Schwäche an – aber er stürmte voran, trotz seiner selbst, sodass am Ende die Hörer über Paulus hinaussehen und die Kraft Gottes erleben konnten. Die Ursache dafür liegt in der Tatsache, dass Paulus durch eine geistliche Sterbenserfahrung gegangen war, wie er sie im Galaterbrief beschreibt: *»Ich bin mit Christus gekreuzigt, und nicht mehr lebe ich, sondern Christus lebt in mir«* (Galater 2,19-20).

Viele echte Christen erleben das bei ihrer Bekehrung, andere wachsen da hinein. Wie auch immer: Als Soldaten Jesu Christi müssen wir im Kampf für die Seelen beständig nach Galater 2,19-20 leben. Immer wieder müssen wir uns daran erinnern, wer wir eigentlich in Christus sind, sodass wir täglich wieder neu sterben können und alle Verlegenheit und Unsicherheit ablegen und stattdessen den in uns wohnenden Christus anziehen.

Das wiederum ist eine Gewissensentscheidung. Ich kann Mut und Entschlossenheit gewinnen, sollte aber solchen Mut in dem Bewusstsein fassen, dass Gott weiß, wie wir »gestrickt« sind. Er kennt den inneren Kampf, dem wir uns gegenübersehen. Unsere Bemühungen gehen uns nicht leicht von der Hand, doch niemals sind sie umsonst, und der Lohn ist kostbar. Das Muster wird uns in Psalm 126,5-6 genannt: »*Die mit Tränen säen, werden mit Jubel ernten. Er geht hin unter Weinen und trägt den Samen zur Aussaat; er kommt heim mit Jubel und trägt seine Garben.*« Das ist eine wunderbare Illustration: Da ist einer, der weint beim Säen. Ich muss zugeben, dass dieses Bild mir zu einer persönlichen Ermutigung geworden ist. Obwohl ich mich für einen »berufenen« Evangelisten halte, kann ich doch nicht sagen, dass ich wirklich immer eine riesige Freude empfinde, wenn ich hinausgehe, um das Evangelium zu verkündigen. Vielmehr kämpfe ich mit den gleichen Gefühlen der Unfähigkeit und der Furcht wie Mose, Jeremia, Paulus und viele andere. Auch spüre ich deutlich das Opfer, das meine Familie bringt, und manchmal kann ich die Tränen nicht zurückhalten, wenn ich an die vor mir liegende Aufgabe denke. Doch kehre ich immer wieder mit »Freudenliedern« heim, weil ich in meinem Geist spüre, dass mein Werk Gott wohlgefallen hat. Und am Ende des Tages habe ich tatsächlich nur eins zu beklagen, nämlich, dass ich gewagt habe, über mein Leid zu jammern, und das im Schatten des Kreuzes meines Herrn, der so viel meinetwegen erdulden musste!

Christen versagen *wirklich* oft in der Bezeugung ihres Glaubens. Das ist beklagenswert, aber es ist kein Grund, vom Schlachtfeld zu fliehen. Wir müssen es als eine Herausforderung lieben lernen, nicht als eine Ausrede. Samuel Shoemaker, der einen großen Einfluss auf die Gründung der Anonymen Alkoholiker hatte, sagte einmal, ob ein Mensch wirklich bekehrt ist, wäre daran zu erkennen, ob er genügend christlichen Glauben in sich trägt, dass er es zu anderen Menschen bringt. Kann er das nicht, ist etwas nicht in Ordnung. Das ist unsere Herausforderung, und es ist die Herausforderung, die unseren Alltag bestimmen sollte, eine Herausforderung, die uns anspornen müsste, neue Fähigkeiten zu erlernen, nach Hilfsmitteln Ausschau zu halten und die Waffenrüstung Gottes anzulegen, um dadurch unsere Gefühle und Unzulänglichkeiten zu überwinden – im vollen Bewusstsein, dass »Gott nicht die Qualifizierten beruft, sondern die Berufenen qualifiziert«.

Das Gefühl der Unfähigkeit ist oft das direkte Ergebnis eines wahrgenommenen »Versagens« beim Evangelisieren. Vielleicht hast du jemandem schon mehrfach das Evangelium vorgelegt. Vielleicht betest du seit Jahren für jemanden und bezeugst das Wort Gottes so oft du kannst – aber der Betreffende nimmt nichts an. Einerlei, was du tust oder sagst: Er scheint nie nahe daran zu sein, sich zu bekehren. Über dieses Thema haben wir bereits in Kapitel 15 gesprochen, als wir uns die falsche Definition von Evangelisation angeschaut haben, Evangelisation sei »das Gewinnen von Seelen«. Wenn wir unseren Erfolg im Evangelisieren an der Anzahl der Bekehrten festmachen, sind wir schon bei der ersten Hürde gestolpert. Wenn wir uns selbst für unpassend und nicht berufen und deshalb in Bezug auf den Großen Auftrag für nicht verantwortlich halten, fallen wir in die nächste Falle und in die folgende ...

Eine entscheidende Strategie, solche Hürden und Fallen zu überwinden, ist das Bemühen, eine deutlichere Vorstellung von der Souveränität Gottes und von der Verantwortung der Menschen zu bekommen. Jeder von uns hat einen Willen. Das ist ein Geschenk, das Gott uns gemacht hat. Doch wenn wir uns entscheiden, uns unter Gottes Souveränität zu stellen, fängt unser Denken an, verändert zu werden. Die natürliche Reaktion unseres Willens ist, Gott Entschuldigungen anzubieten: »Wunderbar! Dir hat Gott den Ruf zum Evangelisieren gegeben. Aber solange er mir das nicht auch klarmacht, geht mich die Sache nichts an.« »Der Heilige Geist hat mich noch nicht von meiner Furcht befreit – daher warte ich, bis er das tut.« »Ich bin keine große Reklame für das Christentum, darum bleibe ich lieber still.« Aber all das sind Ergebnisse eines falschen Denkens. Wir können uns entscheiden, Gottes Willen gehorsam zu sein, wie er uns in seinem Wort offenbart wurde. Bevor ich Christ wurde, war ich ein Sklave der Sünde. Und selbst wenn ich mich durch Gewissensbisse und menschlichen Anstand dazu entschloss, ein »besserer Mensch« zu werden, lag ich immer noch in den Fesseln der Sünde. Sogar wenn mich danach verlangte, nicht zu sündigen, konnte ich es doch nicht lassen. Erst als ich Christ wurde, gewann ich die Freiheit von diesen Ketten. Als Gott mich rettete, befreite er mich von der Sünde, aber – wie die Bibel sagt – ich bleibe ein Sklave. Aber jetzt bin ich nicht mehr der Sünde versklavt, sondern der Gerechtigkeit:

Frei gemacht aber von der Sünde, seid ihr Sklaven der Gerechtigkeit geworden. (Römer 6,18)

Wir können uns im Kreis drehen und dauernd die offensichtliche Doppeldeutigkeit des »Befreitseins zur Sklaverei der Gerechtigkeit« diskutieren – aber die Heiligen aller Jahrhunderte bezeugen immer wieder Folgendes: Je mehr wir uns Gottes souveränem »Willen« unterwerfen und gehorsam und anbetend seinen Anordnungen folgen, umso mehr schenkt er uns von dem überfließenden Leben, das er für uns bereithält. Und dann – aber auch erst dann – schenkt er uns *das Verlangen*, mehr zu tun. Unseren Willen gebrauchen wir dann nicht mehr als Ausrede. Vielmehr wird es zu einem Akt der Entscheidung, der Unterwerfung, der Anbetung und der Hingabe an unseren Souverän. Erinnerst du dich an Steven Grellet in der leeren Holzfällerhütte? Sich da hinzustellen und eine Predigt zu halten, wenn offensichtlich niemand da ist, der zuhört, scheint völlig absurd zu sein. Doch Grellet handelte in Gehorsam aus Überzeugung. Er schob seine eigenen Unsicherheiten, seine Ratlosigkeit und seinen »normalen Menschenverstand« beiseite, um seinen Willen dem göttlichen Willen zu unterwerfen.

Wenn wir in unserem Christsein reifen wollen, halte ich es für das Wichtigste, immer mehr Verständnis für dieses Zusammenspiel von unserem Willen und der Souveränität Gottes zu gewinnen. Ich selbst wurde in hohem Maß inspiriert und herausgefordert von

J. I. Packers Buch *Prädestination und Verantwortung*[62] und von Millard Ericksons *Christian Theology*.[63]

An dieser Stelle möchte ich nun noch einmal wiederholen, dass das »Säen« der eigentliche Akt der Evangelisation ist. Wenn wir unsere Gefühle des Versagens und der Unfähigkeit überwinden wollen, müssen wir als Erstes begreifen, dass unsere Aufgabe zunächst und vor allem das *Verkündigen* ist und nicht das Bekehren. Das verstanden zu haben, bringt ungeheure Erleichterung und Befreiung. Wir sind hier, um zu säen. Das Wachsenlassen ist Gottes Sache. Die Bibel sagt ganz eindeutig: Es ist der Heilige Geist, der überführt. Wenn wir also eine Unterhaltung beginnen, sollten wir das einzig und allein mit dem Ziel tun, die Botschaft weiterzugeben. Vielleicht bringt unsere Botschaft einen Menschen dazu, auf der Stelle sein Leben Christus zu übergeben. Aber das ist nicht immer der Fall. In Wirklichkeit ist es viel häufiger nicht der Fall. Aber das sollten wir keinesfalls als unser Versagen betrachten. Dies wiederum bedeutet nicht, dass wir die Menschen nicht einladen sollten, Christus anzunehmen. Natürlich muss das unser großes Anliegen sein. Aber dieses neue Denken nimmt den Druck von uns, versuchen zu müssen, jemanden mit allen Mitteln zu einer Entscheidung zu treiben. Es macht das Evangelisieren zu dem liebevollen und froh machenden Unternehmen, das es eigentlich sein soll.

Ja, »liebevoll« und »froh machend« habe ich gerade geschrieben. Wenn wir das Evangelium als die Heilsbotschaft, die Verkündigung des Sieges und die »Gute Nachricht« betrachten und uns als die Knechte ansehen, die diese Botschaft ausrufen, dann hat dies zur Folge, dass unsere Haltung von Freude, Begeisterung und Bestimmtheit geprägt sein wird. Das erinnert uns auch daran, dass wir mit einer ganz besonderen Botschaft betraut wurden, die einen ganz besonderen Inhalt hat. Da brauchen wir uns nicht unter Druck zu setzen, immer andere Formulierungen zu finden. Natürlich kann die Art der Verkündigung von den Menschen abhängig sein, zu denen wir sprechen, und auch von dem Zusammenhang,

---

62 Auf Deutsch erschienen im Verlag SCM R. Brockhaus, 2000. Originaltitel: *Evangelism and the Sovereignty of God* (IVP, 2009).
63 Millard Erickson, *Christian Theology*, Revell (Baker Publishing Group), 1998.

in dem das Evangelium in unserem Gespräch vorkommt. Aber die Gute Nachricht ist die Gute Nachricht, und die verändert sich nie. Wir brauchen sie auch nicht auszuschmücken (tatsächlich haben wir ja schon von der Gefahr gesprochen, das zu tun!), wir müssen sie nur genau kennen und sie anwenden. Es gibt viele Werkzeuge, die das Verkündigen der Botschaft »stressfreier« machen. Vielleicht bist du ein sicherer Sprecher und kannst das Evangelium gut erklären. Aber für viele von uns sind Traktate, Illustrationen, technische visuelle Hilfen, Bücher und so weiter Hilfen, »zu denen wir etwas sagen können« oder die selbst als »Evangelisten« wirken. Benutzt du Facebook, Myspace, Twitter, YouTube oder noch andere Kommunikationswege im Internet? Hast du schon überlegt, wie du diese Internetseiten für die Verkündigung des Evangeliums benutzen kannst? Es ist noch nicht lange her, dass ein Mädchen mit mir Kontakt aufgenommen hat, nachdem sie die Botschaft des Evangeliums auf meiner Facebook-Seite gelesen hatte. Sie hat Gott im Gebet ihr Leben übergeben! Ich muss zugeben, dass solche unpersönlichen Mitteilungen nicht meine erste Wahl sind, um das Evangelium weiterzusagen. Doch die Erfahrung mit diesem Mädchen beweist, dass das Evangelium auch im Internet regiert, und es wäre ein grober Fehler für Christen, dessen Potenzial nicht zu nutzen. Hat nicht der Apostel Paulus gesagt, er wolle »auf alle Weise einige erretten« (vgl. 1. Korinther 9,22)?

Wie die Menschen mit dem Internet umgehen, legt etwas Grundlegendes in der menschlichen Natur offen. Im Internet kann man sich vor der Wahrheit verstecken. Du kannst dich ausgeben als wer oder was du sein willst. Die wirkliche Wahrheit über »dich« kannst du in Dingen verstecken, die du erfunden und unter Kontrolle hast. Du kannst dich ganz nach Lust und Laune in Beziehungen und Unterhaltungen einmischen oder dich »ausschalten«, und die Person, die du vorgibst zu sein, kann zuversichtlich, tapfer und viel waghalsiger sein, als du es in einer wirklichen Unterhaltung von Angesicht zu Angesicht jemals wärst.

Was alles im Dunkeln möglich ist, zeigt eine nicht ganz ernst zu nehmende Geschichte von einem jungen Soldaten und seinem vorgesetzten Offizier, die zusammen einen Zug besteigen. Die einzigen freien Plätze sind gegenüber einer attraktiven jungen Dame, die mit ihrer Oma verreist. Während die vier miteinander plaudern, wird deutlich, dass der junge Mann und die Frau Interesse füreinander haben.

Plötzlich fährt der Zug in einen Tunnel, und es wird absolut dunkel im Abteil. Sofort hört man zwei Geräusche: einen lauten Kuss und eine Ohrfeige.

Die Großmutter denkt: »Unerhört, dass er meine Enkelin küsste, aber immerhin freue ich mich, dass sie ihm die verdiente Ohrfeige gegeben hat.«

Der Offizier denkt: »Ich werfe dem Jungen nicht vor, das Mädchen geküsst zu haben. Aber es ist doch ärgerlich, dass sie ihn verfehlte und mir eine runterhaute.«

Das junge Mädchen denkt: »Dass er mich küsste, hat mich gefreut. Aber es tut mir leid, dass Oma ihm dafür eine geknallt hat.«

Als der Zug den Tunnel wieder verlassen hat, kann der Soldat sich ein Grinsen nicht verkneifen. Er hatte es fertigbekommen, das Mädchen zu küssen und dem Offizier eine Ohrfeige zu verpassen – und beides ohne böse Folgen!

Es ist schwierig, mit irgendetwas davonzukommen, wenn es hell ist. Jesus hat das sehr schnell dem Nikodemus beigebracht. Er wusste, warum der fromme Pharisäer in der Nacht und im Schutz der Dunkelheit zu ihm kam. Seine Worte müssen dem Nikodemus einen heftigen Stich versetzt haben:

Dies aber ist das Gericht, dass das Licht in die Welt gekommen ist, und die Menschen haben die Finsternis mehr geliebt als das Licht, denn ihre Werke waren böse. Denn jeder, der Böses tut, hasst das Licht und kommt nicht zu dem Licht, damit seine Werke nicht bloßgestellt werden; wer aber die Wahrheit tut, kommt zu dem Licht, damit seine Werke offenbar werden, dass sie in Gott gewirkt sind. (Johannes 3,19-21)

Vielleicht verstehst du meinen Vergleich hier? Die Anonymität des Internets bewahrt uns vor Konfrontationen und erlaubt uns, in solchen »Schatten« mit Dingen zu experimentieren, vor denen wir uns im Licht des Tages gescheut hätten. Die finstere Seite von alldem nehmen wir sehr wohl wahr – aber darum wollen wir nicht alles gleich verdammen, denn es gibt in der Tat eine sehr positive Gegenseite. Jesu Unterhaltung mit Nikodemus ist faszinierend und hat viele Facetten.

Die religiösen Führer jener Zeit steckten in einem verknöcherten Religionssystem. Darin wurde das System als solches wichtiger als die Ursache, derentwegen es entstanden war (nicht sehr viel anders, als es bei vielen christlichen Denominationen der heutigen Zeit der Fall ist).

Nikodemus war einer dieser religiösen Führer, bei dem allerdings in Herz und Sinn etwas vorgegangen war. Aufmerksam gemacht durch die Wunder, die Jesus vollbrachte, und durch dessen gewaltigen Anspruch, der Sohn Gottes zu sein, ging Nikodemus heimlich zu ihm. Er wusste, dass seine gelehrten Kollegen diesen Anspruch Jesu für einen Schwindel erachteten und dass sogar einige meinten, Jesus sei eine Bedrohung ihrer Religion. Ihm war auch die mögliche Gefahr bewusst, dass die Führer der römischen Besatzungsmacht ihn für den Anführer eines Aufstands halten könnten.

Aber Nikodemus hatte angefangen zu staunen. War dieser Mensch am Ende tatsächlich von Gott? Denn wo sonst sollten die Wunder, die Jesus tat, ihre Quelle haben? Wie sonst hätte man sich Jesu erstaunliche Schriftkenntnis und Jesu Wissen über Gott erklären können? Nikodemus entschloss sich, das zu ergründen.

Die ganze Geschichte handelt davon, wie jemand mit Gott ins Reine kommt. Nikodemus hatte seine Vorstellungen – aber diese stammten nur aus den Traditionen, die ihm überliefert wurden und die er übernommen hatte. So war er also völlig in traditionelles Denken eingezwängt. Selbst der Versuch, etwas anderes zu erkunden, so etwas radikal anderes wie der Glaube, Jesus habe die Wahrheit gesagt, würde unter seinesgleichen einen Aufruhr ausgelöst und seinen Lebensweg drastisch verändert haben. Nikodemus kam in der Dunkelheit – aber Jesus goss über ihn das volle Licht der Wahrheit aus und ließ ihn mit dem, was er gehört hatte, allein ringen. Doch lesen wir von diesem Mann später in Johannes 7,50. Da stand Nikodemus für Jesus vor dem Hohen Rat auf. Und später lesen wir, dass er zusammen mit Joseph von Arimathia, hinging, um Jesu Leib nach der Kreuzigung zu bestatten (Johannes 19,38-39). Die Annäherung von Nikodemus an Jesus war sehr privat und persönlich und fand außerdem auf einer heimlichen Bühne statt. Doch es scheint, als ob der Herr das Verständnis dieses Pharisäers auf ein völlig neues Niveau gebracht hatte. Es sieht so aus, als ob Nikodemus tatsächlich doch den Schritt getan hatte und »von Neuem geboren« wurde.

Ich will hiermit deutlich machen, dass Menschen im Dunkeln suchen. Das Internet bietet noch dichtere Nebel der Verborgenheit, doch wenn wir als Christen diese Dunkelheit mit dem Licht des Evangeliums erfüllen wollen, werden wirklich Suchende wie Nikodemus die Wahrheit finden. Dazu stehen uns neben unserem persönlichen Zeugnis viele Kommunikationswege des Internets zur Verfügung. Darf ich's wagen, vorzuschlagen, dass jede Gemeinde ein Video mit den Zeugnissen aller ihrer Mitglieder über YouTube ins Internet stellt?

So kehren wir zu einer anderen Strategie zurück, die uns helfen sollte, unsere Entschuldigungen und das Thema des »Versagens« beim Evangelisieren zu überwinden. Mir wird manchmal ganz elend zumute, wenn ich jemanden von »geistgeleiteter Evangelisation« reden höre. Versteh mich hier bitte richtig. Ich glaube ganz sicher, dass der Heilige Geist uns sehr deutlich zu Menschen schickt und uns eine innere Gewissheit schenkt, dass Gott möchte, dass wir jetzt genau ihnen das Evangelium sagen sollen. Sehr oft habe ich die starke Überzeugung durch den Heiligen Geist gehabt, mich mit einer bestimmten Person zu befassen, und oft hat das zu einer Zeit voller Kraft geführt, manchmal sogar dazu, dass diese Person ihr Leben auf der Stelle Gott auslieferte. Aber das ist kein alltägliches Ereignis. Was muss ich dann tun? Muss ich auf die nächste »warme Glut im Innern« warten, auf das nächste »starke Gefühl« oder auf die nächste Person, die mir über den Weg läuft und nach Jesus fragt? Nein. Ganz vorne in unserem Verständnis sollte nicht das Denken stehen, dass wir auf die Menschen warten sollten, bis sie zu uns kommen. Gott hat uns Gehirne, Hände und Füße und Münder gegeben, um sie zu gebrauchen. Er hat uns den eindeutigen Auftrag zum »Gehen« gegeben, und das bedeutet, immer wieder den Anfang zu machen, Gespräche zu beginnen und nach Möglichkeiten Ausschau zu halten, dabei die Botschaft weiterzusagen. Ja, wir müssen immer auf die Eingebungen des Heiligen Geistes achten – denn es ist der göttliche Geist, der die Menschen von der Wahrheit überführt (vgl. 1. Thessalonicher 1,5). Aber uns wurde auch schon direkt durch Gottes Wort gesagt, dass wir hinausgehen und das Evangelium überall verkündigen sollten.

Ebenfalls ganz wichtig ist ein Entschluss zum Gehorchen und dass wir Gott vertrauen – einerlei, was sonst noch geschieht. Immer wieder läuft es bei dieser Diskussion auf unsere persönliche Beziehung zu Gott hinaus, nicht wahr? Und darum dränge ich dich auch immer wieder zur Selbstprüfung, ob hierin vielleicht die Ursache für deinen Mangel an Eifer, Schwung und Leidenschaft, das Evangelium auszubreiten, liegt. Roy Robertson hielt sich für einen Christen, doch er berichtet uns, auf welche Weise er den Unterschied zwischen Religion und Beziehung zu Gott erkannte. Er schreibt:

Mein Schiff, die West Virginia, lag am Abend des 6. Dezember 1941 in einem Dock von Pearl Harbour. Mit einigen Kameraden verließ ich an jenem Abend das Schiff, um an einer Bibelstunde teilzunehmen. Ungefähr 15 Seemänner saßen auf dem Fußboden im Kreis. Der Leiter hatte jeden von uns aufgefordert, seinen Lieblings-Bibelvers zu nennen. Daraufhin nannte jeder einen Vers und kommentierte ihn kurz. Ich saß da in tausend Ängsten. Ich war in einem christlichen Zuhause aufgewachsen, ging dreimal die Woche zur Gemeinde. Aber ich saß voller Schrecken da, weil ich keinen einzigen Vers aufsagen konnte. Schließlich fiel mir doch einer ein – Johannes 3,16. Leise wiederholte ich ihn mir. Immer näher rückte mir die Aufmerksamkeit auf den Pelz, während jeder seinen Vers hersagte. Dann kam der Letzte vor mir an die Reihe. Er zitierte Johannes 3,16 – meinen Vers! Während seiner kurzen Erklärung des Verses saß ich betäubt vor Beschämung da. In wenigen Augenblicken würden alle wissen, dass ich nicht einmal einen Bibelvers aus dem Gedächtnis aufsagen konnte. Als ich spät am Abend ins Bett ging, dachte ich: »Robertson, du bist ein Schauspieler!« Am nächsten Morgen wurden wir um 7:55 Uhr von den Alarmsirenen geweckt, die uns auf die Gefechtsstationen riefen. 360 Flugzeuge der Kaiserlichen Japanischen Heeresluftstreitkräfte griffen unser Schiff und die anderen militärischen Einrichtungen an. Meine Mannschaft und ich rasten zu unserer Maschinengewehrstellung – aber wir hatten nichts als Übungsmunition. So schossen wir in der ersten Viertelstunde des zweistündigen Gefechts nur Platzpatronen und hofften, damit die feindlichen Flugzeuge zu treffen. Als ich so dastand und Übungsmunition verschoss, dachte ich: »Robertson, so hast du es dein Leben lang gemacht – du hast für Christus nur Platzpatronen verschossen.« Als die japanischen Granaten unser Schiff trafen, fasste ich den festen Entschluss: »Wenn ich mit dem Leben davonkomme, will ich mit der Nachfolge Jesu Ernst machen.«[64]

Roy Robertson half Dawson Trotman dabei, die »Navigatoren« zu gründen, eine christliche Gruppe, die sich anfangs vor allem um Seeleute bemühte. Und Gott gebrauchte sein Leben auf machtvolle Weise, nachdem er von Religiosität zu echter Beziehung gelangt war.

Ich hatte mich im Gefängnis erst wenige Tage zuvor zu Gott bekehrt und mich ihm im Gebet ausgeliefert, als ich ein Messer an der Kehle spürte. »Alcaponey« war ein richtiges Ungeheuer und mein Erzrivale, dem ich erst vor Kurzem Rache geschworen hatte, weil er meinen guten Freund Shane auf brutalste Weise ermordet hatte. Sein plötzlicher Angriff traf mich unvorbereitet und brachte mich in eine lebensbedrohliche Lage. Was konnte ich machen? Ich war jetzt ein veränderter Mensch – aber Alcaponey wusste nichts davon, noch hätte er darauf Rücksicht genommen, wenn er das gewusst hätte. Meine Instinkte rieten mir, um mein Leben zu kämpfen, ihn zu verletzen und ihm eine Lektion zu erteilen – und ich wusste, dass ich das konnte. Doch mir ging die ganze Zeit eine Bibelstelle durch den Kopf. Diese Verse schienen zu mir genauso deutlich zu sprechen, wie die Bedrohung durch Alcaponeys Messer nach einer Aktion verlangte. Ich musste mich entscheiden …

Ich setzte mein Vertrauen an jenem Tag auf Gott. Ich entschied mich bewusst, seinen Geboten zu gehorchen, selbst wenn das meinen Tod bedeuten sollte. Wie im Buch *Den Tiger zähmen*[65] berichtet

---

64 Peter Kennedy, Andachts-E-Mail *Devotions in 1 Corinthians*, © 2003.
65 Das Buch erschien 2009 bei CLV; Originaltitel: »Taming the Tiger« (Authentic, 2004).

wird, lockerte ich meinen Griff und gab mich Alcaponey preis, während ich den Namen Jesu anrief. Das Ergebnis war atemberaubend. Entgegen aller menschlichen Erwartung blieb ich am Leben, um die Fülle des Lebens zu schmecken. Da wusste ich, dass ich mich Jesus völlig ausgeliefert hatte, dass er mein Retter und mein Herr geworden war und dass ich alles, wozu er mich aufrufen würde, auch in seiner Kraft tun könnte.

Es ist lebenswichtig, dass wir uns täglich wieder neu entscheiden, unser Vertrauen auf Jesus zu setzen, einerlei, worum es geht. Wir müssen diese Entscheidung, ihm zu gehorchen, treffen, um dann im Licht dieser Entscheidung unser Leben zu führen. Jeden Tag sollten wir uns daran erinnern, dass wir uns als tot für unser Selbst betrachten müssen, dass wir abnehmen müssen, während er in uns zunimmt (vgl. Johannes 3,30). Das ist die einzige Möglichkeit, die Furcht vor öffentlicher Bloßstellung zu überwinden. Wir sind nicht irgendeinem »Klub« beigetreten, sondern einem Heer, dem Heer Gottes. Wenn Jesus einhält, was er in Markus 16,15 zusagt, können wir uns diesem Auftrag nicht entziehen. Versagen? Ja, das wird geschehen. Spott und Hohn? Vielleicht. Aber dem Auftrag Christi zu folgen, bringt uns näher zu ihm und seinen Zielen. Ganz sicher werden wir dann die Schläge gegen unseren Stolz dankbar annehmen – die Enttäuschung durch Freunde, die uns für religiöse Spinner halten, die Furcht, Fremde anzusprechen, die Angst, vor einer Menge bloßgestellt zu werden –, wenn wir uns an die Front begeben, um Jesu Geschichte zu erzählen. Was ist Stolz? Und was zählt menschlicher Beifall? Durch Sprüche 29,25 werden wir erinnert: »*Menschenfurcht legt einen Fallstrick; wer aber auf den* HERRN *vertraut, wird in Sicherheit gesetzt.*« So lasst uns an der Einfachheit der Botschaft festhalten, uns üben in der Kunst des Erzählens und jeden Tag unseres Lebens Jesus gehorsam sein! Auf dieser Seite der Ewigkeit gibt es keinen größeren Lohn.

Zum Nachdenken

- Es bedeutet eine riesige Erleichterung, wenn wir begreifen, dass unsere Arbeit nur im »Ausstreuen des Samens« besteht – denn es ist Gott allein, der das »Wachsen« bewirkt. Trotzdem werden wir immer noch enttäuscht, wenn Menschen unsere Botschaft verwerfen, weil es uns schnell so vorkommt, als hätten sie uns persönlich verworfen. Welche Maßstäbe können wir stattdessen anlegen, um mit solchen Gefühlen umzugehen? Lies 1. Johannes 4,20.

- Blicken wir mehr auf Gottes Hände als auf sein Gesicht? Bedenke, wie viel mehr wir bedenken sollten, *wer Gott ist*, als das, *was er für uns tun kann*.

- Denke darüber nach, wie Roy Robertson klar wurde, dass er sein Leben lang »nur Platzpatronen für Christus verschossen« hatte. Gibt es bei dir Lebensbereiche, von denen du merkst, dass für dich das Gleiche gilt?

20
Ein Wettlauf auf der »Römer-Straße«

Ich bin davon überzeugt: Sobald wir Christi Auftrag zum Evangelisieren Folge leisten, stellen sich auch Dringlichkeit und Mitleid ein. Denn ich habe es selbst erfahren: Der Antrieb, das Evangelium von Jesus Christus auszubreiten, wächst, wenn wir Christi Auftrag gehorchen. Gerne möchte ich jeden herausfordern, es selbst auszuprobieren, um herauszufinden, ob ich damit recht habe.

Wie oft habe ich Menschen etwa Folgendes sagen hören: »Aber Tony, ich empfinde eben nicht die gleiche Leidenschaft für die Verlorenen wie du. Ich kann nichts daran ändern. Ich habe einfach nicht den gleichen Drang, vor anderen zu reden. Offensichtlich ist das nicht meine Begabung.«

Eine gute Bekannte von mir begann kürzlich mit dem Laufen. Weil sie ziemlich ungeübt und ein wenig übergewichtig war, nahm sie sich klugerweise ein sanftes Trainingsprogramm vor, zusammen mit einer Freundin mit ähnlichen Voraussetzungen. Beide Damen waren zögerliche Athleten, um es gelinde auszudrücken. Aber sie versprachen sich gegenseitig, dreimal in der Woche einen schnellen Marsch von zwanzig Minuten zu machen. Anfangs war das ziemlich mühsam, und meine Bekannte sagt, es sei nur das Versprechen gewesen, das sie einander gegeben hatten, das sie an manchen Abenden aus dem Sofa brachte. Doch dauerte es nicht lange, bis sie ihren schnellen Marsch mit langsamen Jogging-Abschnitten unterbrachen. Bald danach hatten die beiden Damen den Eindruck, sie würden es schaffen, die ganze Strecke langsam zu joggen. Schon bald legten sie Zeiten ein, in denen sie schnell liefen. Noch wichtiger war, dass sie die Zeit miteinander genossen, wobei sie außerdem bemerkenswerten Nutzen feststellten in Bezug auf Kräftigung, Fitness und Gewichtsabnahme. Die zögerlichen zwanzig Minuten wurden zu etwas, was sie herbeisehnten, und sie begannen, sich selbst Herausforderungen zu stellen, indem sie weiter, schneller und länger liefen. Nach etwa einem Monat nahmen sie an ihrem ersten 5-Kilometer-Lauf teil und absolvierten ihn in respektabler

Zeit. »Ich hätte nie geglaubt, mich einmal für eine tüchtige Läuferin halten zu dürfen«, berichtete sie mir, »aber als ich die Ziellinie überschritt und noch viele Läufer hinter mir waren, wusste ich, dass ich wirklich eine tüchtige Läuferin war. Das Erstaunlichste ist: Ich habe jetzt ein richtiges Bedürfnis zu laufen. Das hat mein Leben völlig verändert. Ich habe viel mehr Kraft und freue mich schon immer darauf, hinauszugehen und loszulaufen. Jetzt überlege ich, für einen Marathonlauf zu trainieren!«

Jeder Sportler und jeder Musiker und jeder Künstler wird bestätigen, dass man üben muss, wenn man besser werden will. Und je mehr man etwas tut, umso lieber tut man es. Das ist auch meine Erfahrung beim Evangelisieren. Als ich Christ wurde, war ich so radikal verändert und hatte eine so überströmende Freude in mir, dass ich gar nicht anders konnte, als die Gute Nachricht von Jesus weiterzusagen. Doch nach einigen Jahren und vor allem, als ich mit dem Leben außerhalb des Gefängnisses in Berührung kam, begannen mein Eifer und meine Begeisterung zu schwinden. Gott sei Dank wurde alles durch eine tiefere Leidenschaft ersetzt, als ich begann, die Bibel zu studieren und zu erfahren, was es tatsächlich bedeutet, ein Nachfolger Christi zu sein. Dazu traf ich die bewusste Entscheidung und Verpflichtung, von der ich im vorigen Kapitel sprach: Ich wollte Christi Auftrag absolut gehorchen und mich mit Fähigkeiten und Hilfsmitteln ausrüsten, damit ich das Evangelium jedem und jederzeit und überall weitersagen kann, wo immer ich Gelegenheit dazu bekomme. Nachdem ich diese Schritte getan habe, kann ich aufrichtig sagen, dass meine Leidenschaft für die Verlorenen täglich stärker wird. Je mehr ich das Evangelium bezeuge, umso mehr liebe ich das Evangelium. Man *lernt* nicht das Malen und beginnt dann mit dem *Malen*. Man *übt* nicht das Klavierspielen, und dann, wenn man das hinter sich hat, fängt man an zu *spielen*. Nein, es geht um ein dauerhaftes Handeln. Von dem Augenblick an, in dem man den Stift auf das Papier oder die Finger auf die Tasten legt, *malt* oder *spielt* man. Und gewöhnlich liebt man seine Kunst umso mehr, je mehr man sie betreibt. Genauso ist es, wenn du ein Evangelist werden möchtest: Du musst anfangen zu evangelisieren. Und wenn du damit anfängst – da bin ich mir ziemlich sicher –, wirst du auch ein immer größeres Herz für die Verlorenen bekommen.

Die Erfahrung lehrt mich, dass ich das Evangelium umso lieber ausbreite, je mehr ich das Evangelium liebe – und je mehr ich Christus liebe und das, was er für mich getan hat. Je näher ich Christus komme, umso überfließendere Freude empfange ich ... und umso mehr möchte ich evangelisieren ... Wenn mich also Menschen fragen: »Warum habe ich nicht die gleiche Leidenschaft für die Verlorenen wie du?«, so ist meine Antwort einfach: »Versuche, Christi Auftrag in Markus 16,15 Folge zu leisten! Versuche, den Großen Auftrag in die Tat *umzusetzen*!«

Ist der Krieg für diejenigen vorüber, die große Mühe haben, den Großen Auftrag auszuführen?

Ist der Krieg für dich vorüber?

Nein. Wir haben einige der Listen des Teufel bloßgelegt: 1. die Lügen, durch die verschleiert wird, dass *alle* Christen den Großen Auftrag ausführen sollen; 2. die Lüge, die uns einredet, wir seien keine »Evangelisten«, weshalb lieber andere die Arbeit machen sollten; 3. die Lüge, die uns weismacht, Freundschaften mit Nichtchristen, die Einrichtung von Speisungsprogrammen und Veranstaltungen für »Außenstehende«, bei denen aber das Evangelium nicht zur Sprache kommt, seien alle Evangelisation; 4. die Vorstellung, Evangelisation sei das Gewinnen von Seelen und dass wir in unseren Bemühungen dauernd versagen, weil wir keine »Bekehrten« sehen, wenn wir das Evangelium verkündigen; 5. die niederschmetternde Vorstellung, wir seien unfähig, unbrauchbar, unqualifiziert ...

Nein. Niemals akzeptiere ich, dass der Krieg vorbei ist für irgendeinen Menschen, der bekennt, den Herrn Jesus Christus zu lieben. Nachdem wir die Lügen bloßgelegt haben, sind wir bereit, wieder aufzustehen. Wir können Schritte tun, die uns in den Kampf zurückbringen, um aufs Neue zu entdecken – oder auch zum ersten Mal zu erleben –, dass wir eine Leidenschaft für die Verlorenen empfinden, dass wir voller Eifer das Evangelium verkündigen möchten, dass wir die Dringlichkeit spüren, Jesu Auftrag Folge zu leisten, weil wir ihn erheben möchten, weil wir ihn verherrlichen wollen und weil die Folgen für jene, die verlorengehen, zu schrecklich sind, um daran denken zu wollen.

Im vorigen Kapitel haben wir über darüber nachgedacht, dass wir uns unfähig fühlen, und ich wiederhole, dass ich trotz unzähliger Erfahrungen immer noch jedes Mal diese niederschmetternden Zweifel habe, wenn ich evangelisieren will. Jedes Mal, wenn ich auf eine Bühne oder eine Kanzel steige, ja sogar, wenn ich mit einem einzelnen Menschen in der Absicht spreche, ihm das Evangelium weiterzusagen, höre ich immer noch die leise spöttische Stimme: »Warum machst du das? Warum du? Ist da denn niemand, der es besser kann? Wozu das Ganze überhaupt? Warum hast du es nötig, dich Spott und Verachtung auszusetzen?« Wenn das geschieht, ist es wichtig zu wissen, dass dieses Gefühl der Unzulänglichkeit die normale Erfahrung all derer ist, die geistlich vorankommen wollen. Denk dran: Wenn wir uns im Krieg befinden, wird uns der Feind keinen leichten Sieg gestatten. Er weiß das, wir wissen es, Gott weiß es – und Gott ruft uns auf, ihm zu gehorchen, ihm zu vertrauen, uns auf sein Wort und auf seinen Auftrag zu stützen, um stark zu sein und die Angriffe des Feindes abwehren zu können. Als Josua die riesige und entmutigende Aufgabe vor sich sah, das Volk in das Verheißene Land zu bringen, hatte er wahrlich Grund, Angst und Unzulänglichkeit zu verspüren. Er sollte ja das Amt des großen Gottesknechtes Mose übernehmen. Viel stand auf dem Spiel. Das Volk Israel war jahrelang in der Wüste umhergezogen. Sie alle waren voller Furcht und Zweifel. Sie hatten von ihren Vätern schon das Wanderleben geerbt, und die Verheißung eines eigenen Landes muss ihnen nur noch wie eine nebulöse Realität vorgekommen sein, besonders nach Moses Tod. Doch Gott kannte ihre Herzen. Er wusste um ihre Ängste, um ihre Furcht vor dem Unbekannten. Darum sagte er Josua und dessen furchtsamem Volk, sie sollten nicht mutlos sein:

Es soll niemand vor dir bestehen alle Tages deines Lebens: So wie ich mit Mose gewesen bin, werde ich auch mit dir sein; ich werde dich nicht versäumen und dich nicht verlassen. Sei stark und mutig! Denn du sollst diesem Volk das Land als Erbe austeilen, das ich ihren Vätern geschworen habe, ihnen zu geben. Nur sei sehr stark und mutig, dass du darauf achtest, zu tun nach dem ganzen Gesetz, das mein Knecht Mose dir geboten hat. Weiche weder zur Rechten noch zur Linken davon ab, damit es dir gelinge überall, wohin du gehst. Dieses Buch des Gesetzes soll nicht von deinem Mund weichen, und du sollst dar-

über nachsinnen Tag und Nacht, damit du darauf achtest, zu tun nach allem, was darin geschrieben ist; denn dann wirst du auf deinem Weg Erfolg haben, und dann wird es dir gelingen. Habe ich dir nicht geboten: Sei stark und mutig? Erschrick nicht und fürchte dich nicht! Denn der HERR, dein Gott, ist mit dir überall, wohin du gehst. (Josua 1,5-9)

Die *NIV Study Bible* kommentiert dies in ihrer Einleitung zum Buch Josua sehr klug. Da werden Parallelen gezogen zwischen Josua und Jesus. Besonders wird auf die Absicht des Buches Josua hingewiesen, im Hinblick auf die letztendlichen Absichten Gottes ein prophetisches Licht auf das Schicksal aller Völker zu werfen:

Krieg ist der schreckliche Fluch, den sich das Menschengeschlecht selbst aufgebürdet hat bei seinem Versuch, die Erde auf seine eigene, unrechtmäßige Weise in Besitz zu nehmen. Dieser Fluch verblasst aber vor jenem Fluch, den alle zu erwarten haben, die Gottes Selbstzeugnis oder seine Warnungen nicht beachteten. Diese Menschen widerstehen der göttlichen Herrschaft und verwerfen sein Gnadenangebot. Der Gott des zweiten Josua (Jesus) ist auch der Gott des ersten Josua. Obwohl Gott jetzt eine Zeit lang dafür sorgt, dass die ganze Welt das Evangelium zu hören bekommen kann (wobei er seinen Kindern in Dringlichkeit beauftragt, sein Friedensangebot allen Völkern weiterzusagen), hält sich das Schwert von Gottes Gericht bereit – und der zweite Josua wird von ihm Gebrauch machen (siehe Offenbarung 19,11-16).[66]

Somit kommen wir hier wieder auf den unbequemen, harten Kern, auf die Wahrheit der Botschaft des Evangeliums zurück. Das ist eine Wahrheit, die uns anspornen sollte, dringend die anderen Menschen über das »Schwert des Gerichts« zu informieren. Wie wir schon gesehen haben, besteht eine natürliche, aber sehr gefährliche Tendenz unter den Christen, allerhand Einzelheiten über das Leben als Christ zu erzählen, dabei aber die ganze Wahrheit über

---

66 *NIV Study Bible*, 2. überarbeitete Auflage, Hodder & Stoughton, 1998.

Sünde und Gericht zu verschweigen. Eine solche »Verwässerung« hat katastrophale Folgen für die Nicht-Erretteten. Darum müssen wir auch »trainieren«, die komplette Botschaft des Evangeliums herüberzubringen. Dafür ist ein gutes Bibelverständnis erforderlich – denn dort, im Wort Gottes, wird der Weg der Errettung ja klar beschrieben. In Kapitel 7 wird eine Vorlage für die »Worte des Evangeliums« angeboten. Doch nun wollen wir im Einzelnen die Bibelstellen untersuchen, die dieser oder ähnlichen Präsentationen zugrunde liegen. Dabei werden wir einer weiteren typischen Ausrede begegnen, die uns manchmal von Christen angeboten wird als Begründung, das Evangelium nicht weitersagen zu müssen. Bei dieser Ausrede geht es um die eigenen Zweifel an der Wirklichkeit von Himmel, Hölle, Gericht und Errettung.

Es gibt viele Bibelstellen, die hier anzuführen wären. Aber eine der inhaltsreichsten Stellen befindet sich im Johannesevangelium. Dort können wir die Worte des Evangeliums sehr leicht finden – in den folgenden Versen, in denen Jesus über den kommenden Heiligen Geist lehrt:

Und wenn er gekommen ist, wird er die Welt überführen von Sünde und von Gerechtigkeit und von Gericht. Von Sünde, weil sie nicht an mich glauben; von Gerechtigkeit aber, weil ich zum Vater hingehe und ihr mich nicht seht ... (Johannes 16,8-10)

Wenn du diese Worte richtig verstanden hast, dürftest du nun eine große Erleichterung und Befreiung verspüren. Der Heilige Geist ist es, der die Überführung bewirkt. Das aber heißt, dass du es nicht tun musst. In Wahrheit kannst du es auch gar nicht tun. Nur der Heilige Geist kann einen Menschen überführen, deshalb brauchen wir uns keine Gedanken darüber machen, ob ein Mensch glaubt oder zweifelt. Unsere Aufgabe besteht nur darin, die Botschaft zu überbringen. Die Wahrheit ist leider, dass viele Menschen Zweifler sind. Viele werden die Botschaft ablehnen, genauso wie zur Zeit des Neuen Testaments und zu allen Zeiten seither.

Die Apostel litten schrecklich unter Ablehnung und Verfolgung – aber ihr Blick blieb fest auf die Predigt der Botschaft gerichtet, und zwar in einer klaren und freundlichen und der für die Hörer verständlichsten Weise. Erinnerst du dich an die Erklärung des Paulus vor der Gemeinde in Korinth?

Denn obwohl ich von allen frei bin, habe ich mich allen zum Sklaven gemacht, damit ich so viele wie möglich gewinne. Und ich bin den Juden geworden wie ein Jude, damit ich die Juden gewinne; denen, die unter Gesetz sind, wie unter Gesetz (obwohl ich selbst nicht unter Gesetz bin), damit ich die, die unter Gesetz sind, gewinne; denen, die ohne Gesetz sind, wie ohne Gesetz (obwohl ich nicht ohne Gesetz vor Gott bin, sondern Christus gesetzmäßig unterworfen), damit ich die, die ohne Gesetz sind, gewinne. Den Schwachen bin ich geworden wie ein Schwacher, damit ich die Schwachen gewinne. Ich bin allen alles geworden, damit ich auf alle Weise einige errette. (1. Korinther 9,19-22)

Es ist trotzdem niemals leicht, jemandem etwas über Sünde zu erzählen, oder doch? Die Lehre über die Sünde scheint eine so »altmodische« Sache zu sein. Wie wir schon feststellten, gibt es dafür gute Gründe. Der Teufel bietet alles auf, um uns den Mund zu verschließen, damit wir aufhören, von Sünde zu reden. Sein oberstes Ziel ist, das Thema Sünde aus unserer Predigt des Evangeliums zu verbannen. Wenn ihm das gelingt, präsentieren wir ein verwässertes Evangelium und gefährden die Errettung jener, die wir erreichen wollen. F. B. Meyer hämmert uns das ein, indem er den Zusammenhang zwischen dem überführenden Werk des Heiligen Geistes und unserem Auftrag, in Bezug auf die Beziehung der Menschheit zu Gott die ganze Wahrheit zu sagen, so stark betont:

Die Waffe ist hier der Heilige Geist. Er überzeugt die Menschen von der Sünde, nicht an Jesus Christus zu glauben. So müssen wir vor der christuslosen Welt von Sünde reden. Es ist ein großer Fehler, die Sünder davon abzulenken, indem man die moralische Vortrefflichkeit des Charakters Christi beschreibt und lehrt. Wir sollten sie stattdessen dazu anreizen, ein Gefühl für ihre große Sündigkeit zu entwickeln. Wenn ein Mensch begreift, dass sein Leben von einigen gefährlichen Krankheiten aufgezehrt wird, braucht er nicht weiter genötigt werden, zum Arzt zu gehen. Das ist die Schwäche der modernen Predigt, dass wir Menschen den Wert des Heilmittels erklären, die überhaupt noch nicht begriffen haben, dass sie dieses Heilmittel so schrecklich nötig haben.[67]

Nichtchristen müssen erst einmal davon überzeugt werden, dass sie verloren sind – bevor sie gefunden werden können. Wenn sie sich ihres Verlorenseins nicht bewusst sind, werden sie niemals die Notwendigkeit eines Erretters erkennen. Wie macht der Heilige Geist das? Während das Neue Testament von der Erlösung derer spricht, die unter Gesetz sind (weil ja das Gesetz ein strenger und genauer Erzieher ist [vgl. z. B. Kapitel 3 und 4 des Galaterbriefs]), erhebt die Bibel andererseits den *Wert* des Gesetzes als Werkzeug, durch das der Heilige Geist von Sünde überführt. »*Darum, aus Gesetzeswerken wird kein Fleisch vor ihm gerechtfertigt werden; denn durch Gesetz kommt Erkenntnis der Sünde*« (Römer 3,20). Aus diesem Grund hat Gott uns das Gesetz gegeben. Es hatte nie die Aufgabe, Errettung zu bewirken, sondern die Aufgabe, die Menschen von der Notwendigkeit ihrer Errettung zu überzeugen. Wir wissen doch, dass niemand das Gesetz, Gottes vollkommenen Maßstab, jemals halten konnte. Im Gegenteil: Wir Sünder übertreten es täglich, einerlei, wer wir sind, woher wir kommen oder wie »gut« wir äußerlich erscheinen mögen. »*Denn es ist kein Unterschied, denn alle haben gesündigt und erreichen nicht die Herrlichkeit Gottes*« (Römer 3,22-23). John Stott hebt in seinem Buch *Our Guilty Silence: Church, the Gospel and the World* die Aussage Luthers hervor, das Werk des Gesetzes sei es, zu erschrecken, und das Werk des Evangeliums sei die Rechtfertigung.[68] Solche Überlegungen führten den großen Prediger John Wesley zu der Behauptung: »Bevor ich Liebe, Barmherzigkeit und Gnade predige, muss ich Sünde, Gesetz und Verdammnis predigen.«[69]

Wenn ich das Evangelium verkündige, besonders in öffentlichen Veranstaltungen, beginne ich oft damit, dass ich den Anwesenden einen Test anbiete. Ich habe ihn in Kapitel 13 schon einmal vorgestellt, will dies aber hier gern noch einmal tun, um dir das Um-

---

67 F. B. Meyer, *The Gospel of John*, Christian Literature Crusade, 1992.
68 John Stott, *Our Guilty Silence: Church, the Gospel and the World*, IVP, 1997.
69 Zitiert aus Ray Comfort, *Hell's Best Kept Secret*, Whitaker House, 1989, S. 23.

blättern zu ersparen. Dieser Test ist kaum mehr als ein netter »Eisbrecher«, der aber doch hilft, einen wichtigen Punkt zu beleuchten. Ich bitte die Anwesenden, sich selbst für jede Aussage eine Zensur zwischen 0 und 10 zu geben:

- Ich spende für wohltätige Zwecke.
- Ich bete.
- Ich helfe Fremden in Not.
- Ich lese in der Bibel.
- Ich vergebe Menschen, die mich verletzt haben.
- Ich liebe und unterstütze Familienangehörige.
- Ich halte meinen Freunden die Treue.
- Ich kümmere mich zuerst um das Wohl der anderen, wenn sie mich brauchen, erst danach um mein eigenes Wohl.
- Ich bin in allem, was ich sage und tue, ganz aufrichtig. (Lügner geben hier meistens 10 an!)
- Ich sehe immer das Beste im anderen.

Wer meldet, er habe zusammen 85 bis 100 Punkte, den nenne ich dann »engelsgleich«. Wer 70 bis 84 Punkte erreicht, wird von mir mit den Worten »wie ein Heiliger« bedacht. Wer 55 bis 69 Punkte erreicht, ist »gut«. Wer nur zwischen 40 und 54 Punkte erreicht, denen sage ich: »Sie haben noch sehr zu kämpfen!« Und wer unter 40 Punkte erreicht, dem rate ich, Hilfe zu suchen.

Ich betone dann erneut, dass dies alles mehr ein Spaß ist – doch dann fahre ich fort, indem ich etwa Folgendes sage: »Nun möchte ich Ihnen zeigen, was Jesus zu einem guten Menschen wie Ihnen sagen würde.« Die Botschaft folgt dann dem Muster, wie es in Kapitel 7 dargestellt wurde. Dadurch wird den Menschen gezeigt, dass wir alle Gottes Gesetze gebrochen haben: Wir alle haben gelogen, betrogen und die Vergebung verweigert oder waren stolz, gierig oder neidisch. (Durch die Lichtbilder, die ich währenddessen zeige, und durch den Tonfall, mit dem ich diese Botschaft vortrage, ernte ich gewöhnlich fröhliche und humorvolle Reaktionen.) Dann fahre ich fort und beleuchte die Tatsache, dass wir trotzdem sehr schnell zwischen »bösen« und »guten« Menschen unterscheiden, während es in Gottes Augen keinen Unterschied gibt, *»denn alle haben* *gesündigt und erreichen nicht die Herrlichkeit Gottes«* (Römer 3,23). Wir mögen uns selbst für nette, aufrichtige Bürger halten – aber indem ich diese Reihe von Fragen stelle (natürlich auf eine lockere Art und Weise), bringe ich die Zuhörer zu der Erkenntnis, dass sie nach den Maßstäben der Bibel nicht besser als Lügner, Diebe und Mörder sind (worauf gewöhnlich ein mäßiges Kichern oder auch lautes Gelächter erschallt).

> Der Nutzen des Gesetzes besteht darin, dass es den Menschen von seiner Schwachheit überführt und ihn von der Notwendigkeit überzeugt, die Arznei der Gnade einzunehmen, die in Christus ist. Das Gesetz wurde gegeben, um dich schuldig zu machen. Die schuldig Gemachten sollten sich fürchten. Fürchtende aber sollten um Nachsicht und Gnade flehen und nicht mehr auf ihre Stärke vertrauen. Das Gesetz ist uns gegeben, um aus großen Leuten kleine Leute zu machen. (Augustinus)[70]

So erkennen wir, dass die moderne Tendenz, nicht mehr über das Gesetz zu sprechen, eine Torheit ist. Es lohnt sich, die Lehre des Paulus im Römerbrief ausgiebig zu untersuchen, damit man die Beziehung zwischen Gesetz und Gnade und Gerechtigkeit versteht. Paulus rühmt das Gesetz und betont gerade das, was wir heute so nötig hören müssen: Es gibt wirklich keinen Anlass, das Gesetz zu verschweigen oder nicht über Sünde und Hölle zu reden. *»Was sollen wir nun sagen? Ist das Gesetz Sünde? Das sei ferne! Aber die Sünde hätte ich nicht erkannt als nur durch Gesetz«* (Römer 7,7). *»Also ist das Gesetz unser Erzieher gewesen auf Christus hin, damit wir aus Glauben gerechtfertigt würden«* (Galater 3,24). John Stott hat über dieses Thema eine Menge zu sagen, indem er die Notwendigkeit betont, dass ein Mensch mit seiner ihm innewohnenden Sünde und äußerst realen Sündigkeit konfrontiert wird:

> Zunächst durch Jesus Christus selbst, wenn wir mit Christus und dessen Vollkommenheit und dessen Selbstbeherrschung und sein großes Opfer, das er für uns brachte, konfrontiert werden.

---

70 R. C. Sproul, *The Soul's Quest for God*, P&R Publishing, 2003.

Dann können wir nicht anders, als zu Jesu Knien niederzufallen und mit Petrus auszurufen: »*Geh von mir hinaus, denn ich bin ein sündiger Mensch, Herr*« (Lukas 5,8).[71]

Stott fährt fort und erinnert uns daran, dass Christus noch auf andere Weise Sünder von ihren Sünden überführt, nämlich durch andere Christen. Das Licht, das am hellsten in und durch Christus erstrahlt, scheint auch durch seine Jünger, und auch dieses Licht offenbart die Schande, die sich bisher in der Dunkelheit verstecken konnte.

Dies aber ist das Gericht, dass das Licht in die Welt gekommen ist, und die Menschen haben die Finsternis mehr geliebt als das Licht, denn ihre Werke waren böse. Denn jeder, der Böses tut, hasst das Licht und kommt nicht zu dem Licht, damit seine Werke nicht bloßgestellt werden; wer aber die Wahrheit tut, kommt zu dem Licht, damit seine Werke offenbar werden, dass sie in Gott gewirkt sind. (Johannes 3,19-21)

Nachdem das Sündenbewusstsein geweckt ist, sei es durch den Heiligen Geist und das Gesetz oder durch Christus direkt oder durch das Zeugnis eines Christen, muss das zweite Element des Evangeliums vorgestellt werden: die *Gerechtigkeit*.

Gerechtigkeit ist das zentrale Thema der Lehre des Paulus im Römerbrief. In Römer 3,21-26 betont er, das wir alle Ungerechte sind, dass aber Gott für die Menschheit Gerechtigkeit *angeboten* hat in der Rechtfertigung durch Gnade. Gott erklärt den Menschen für schuldig – löscht aber in Jesus die Schuld, die ein Mensch auf sich geladen hat, und gewährt dem Menschen Gerechtigkeit. Obwohl alle Menschen Sünder sind, erklärt Gott jeden Menschen für gerecht, der sein Vertrauen auf Jesus setzt. Die *NIV Study Bible* merkt dazu an: »Diese Gerecht-Erklärung ist deshalb gültig, weil Christus starb, um die Strafe für unsere Sünde zu bezahlen. Er führte ein Leben vollkommener Gerechtigkeit, das uns nun zugerechnet wer-

---

71 John Stott, *Romans: Encountering the Gospel's Power* (John Stott Bible Studies), IVP Connect, 2008.

den kann ... Christi Gerechtigkeit (sein Gehorsam gegenüber dem Gesetz Gottes und sein Opfertod) wird den Gläubigen als ihr persönliches Eigentum zuerkannt.«[72]

In unserer Präsentation des Evangeliums verwende ich den Gedanken von einem »vollkommenen Zeugnis«, um dieses Thema zu erklären. (Die Vorstellung eines »Zeugnisses« ist aus Offenbarung 20,12 entnommen, wo jeder ein Buch hat, in dem alle seine oder ihre Werke dokumentiert sind.) Obwohl unser »Zeugnis« – die lange Liste der Übertretungen des göttlichen Gesetzes – beweist, dass wir Gottes Maßstäben in keiner Weise genügt haben und es uns nur für die ewige Gottesferne passend gemacht hat, haben wir die Möglichkeit, unser unvollkommenes Zeugnis durch das neue, vollkommene Zeugnis zu ersetzen. Dieses neue Zeugnis bietet Jesus uns ganz umsonst an, weil er den Preis bereits bezahlt hatte und die Strafe für unsere Sünden auf sich genommen hatte.

So werden wir zunächst verwundet, wenn wir begreifen, wie sündig wir sind. Wir stehen verurteilt da und sehen, dass wir uns selbst vor Gott nicht gerecht machen können. Aber die herrliche Schönheit des Evangeliums besteht darin, dass es uns sogleich mit der Erkenntnis tröstet, dass diese Ungerechtigkeit gegen Jesu Gerechtigkeit eingetauscht werden kann. Wir können diese Gerechtigkeit als unser persönliches Eigentum beanspruchen, obwohl wir sie nicht verdient haben. Der Schrecken und die Angst der Erkenntnis, Feinde Gottes zu sein, kann gegen Frieden und Herzensruhe eingetauscht werden. Gerechtigkeit ist die Salbe, die der Heilige Geist gebraucht, um die Wunden zu heilen, die das Sündenbewusstsein geschlagen hat. Das ist in Wahrheit die Gute Nachricht.

Aber da gibt es noch mehr zu verstehen, mehr zu erfassen und mehr mitzuteilen, wenn wir das vollständige Evangelium in der Hoffnung verkündigen, dass sich jemand bekehrt. Genauso wie wir uns von Natur aus scheuen, über Sünde zu reden, so haben wir auch Schwierigkeiten, wenn es um das Erwähnen der biblischen Wahrheit des »Gerichts« geht. Doch das Gericht ist eine unausweichliche Tatsache:

---

72 *NIV Study Bible*, 2. überarbeitete Auflage, Hodder & Stoughton, 1998.

Und ebenso wie es den Menschen gesetzt ist, einmal zu sterben, danach aber das Gericht, so wird auch der Christus, nachdem er einmal geopfert worden ist, um vieler Sünden zu tragen, zum zweiten Mal denen, die ihn erwarten, ohne Sünde erscheinen zur Errettung. (Hebräer 9,27-28)

Denn wir müssen alle vor dem Richterstuhl des Christus offenbar werden, damit jeder empfange, was er in dem Leib getan hat, nach dem er gehandelt hat, es sei Gutes oder Böses. (2. Korinther 5,10)

Es gibt noch viele weitere Verse, die wir zitieren könnten. Jesus sprach zu verschiedenen Anlässen vom »Tag des Gerichts«. Bei unserer Darstellung des Evangeliums gebrauchen wir das Bild von dem Richter, vor dem der Angeklagte steht. Durch seine Stellung ist er verpflichtet, eine Entscheidung im Sinn des Rechts zu fällen. Das bedeutet – wie jeder leicht einsehen müsste –, dass alle, die schuldig befunden werden, bestraft werden müssen. Und woraus besteht die Strafe? Gelehrte sagen uns, es gebe in der Bibel drei Wörter: »Hölle« (griechisch »gehenna« – Matthäus 5,22.29.30; 10,28; Jakobus 3,6), »Hades« (ein griechisches Wort, das »Aufenthaltsort der Toten« bedeutet – Matthäus 11,23; 16,18; Lukas 16,23; Apostelgeschichte 2,27) und »Scheol« (ein hebräisches Wort, das so viel wie »Grab« bedeutet – Psalm 9,18; 18,6; 86,13).

Müssen wir daraus nicht schließen, dass die Hölle (oder wie auch immer wir sie nennen) eine biblische Realität ist? Ich stelle diese Frage deshalb, weil eine erstaunliche Anzahl Christen ihre Zweifel an der Existenz von Hölle und Gericht haben. Einige glauben, »Hölle« sei »Annihilation«, also völlige Auslöschung, Aufhören der Persönlichkeit oder ewiger Schlaf. Doch die Bibel zeichnet ein anderes Bild. In Lukas 16,19-31 lesen wir den erschütternden Bericht von dem reichen Mann und dem armen Lazarus. Worauf ich hier hinweisen will, ist der bewusste Zustand des Reichen in der Hölle. Er spricht von seinen Qualen und vom Erleiden eines entsetzlichen Durstes. Genauso berichtet auch das Markus-Evangelium von Jesu deutlicher Beschreibung des Schreckens, die Menschen erleben, wenn sie in die Hölle geworfen werden (Markus 9,42-49).

An vielen Stellen der Bibel wird das Schicksal der Unerretteten in schrecklichen und furchterregenden Darstellungen geschildert.

Und doch neigen wir bei unserer Präsentation des Evangeliums oft dazu, scheu das zu verschweigen, was wir als biblische Wahrheit anerkennen müssen. Immer wieder scheint es, als sei teuflische Einflüsterung am Werke: »Rede nicht darüber, sag den Menschen nichts Unangenehmes. Ist das nicht alles zu verletzend und viel zu weit hergeholt? Sicher gibt es einen solchen Ort intensivsten Leidens in Wirklichkeit gar nicht. Es ist doch bestimmt viel wahrscheinlicher, dass wir nach dem Tod in einen ewigen Schlaf fallen und von nichts mehr wissen, genauso wie vor unserer Geburt.«

Es mag nicht sehr populär sein, wenn wir beim Reden über die Gute Nachricht die Hölle erwähnen. Aber wie wir schon sahen, ist es von lebenswichtiger Bedeutung, dass wir die ganze Wahrheit lehren und nicht eine verwässerte Version des Evangeliums. Himmel, Hölle und das Endgericht sind grundlegende Elemente des Evangeliums, und die Folgen der Unwissenheit können katastrophale Folgen haben. C. S. Lewis macht in seinem Buch *Die große Scheidung* die berühmte Aussage: »Am Ende werden nur zwei Gruppen von Menschen vor Gott stehen – jene, die zu Gott sagen: ›Dein Wille geschehe‹, und jene, zu denen Gott sagt: ›Dein Wille geschehe‹. Alle, die in der Hölle sind, haben sie sich erwählt.«[73]

Wenn wir diese drei Elemente »Sünde«, »Gerechtigkeit« und »Gericht« deutlich verstanden haben, ist es für uns leichter, über die Wahrheit von Jesus als dem »Retter« zu sprechen. Ich empfehle noch einmal, Kapitel 7 anzuschauen, um zu verstehen, wie wir das Gleichnis von dem unvollkommenen Zeugnis gebrauchen können, das durch das vollkommene Zeugnis Jesu ersetzt wird. Dabei wirst du feststellen, dass bei dieser Darstellung die Betonung auf der Frage liegt: Wie kann uns vergeben werden? Das ist wegen der vorherrschenden Ansicht wichtig, man könne durch sonntäglichen Gottesdienstbesuch, durch gute Werke, durch den Glauben an die Existenz Gottes, durch Baby- oder Erwachsenentaufe oder durch Konfirmation, Firmung oder Kommunion mit Gott ins Reine kommen. Obwohl die meisten dieser Dinge positiv zu bewerten sind, so können sie uns doch keine Vergebung erwirken. Sie können

---

73 C.S. Lewis, *Die große Scheidung oder Zwischen Himmel und Hölle*, Verlag Einsiedeln, 11. Auflage, 2008, 9. Kapitel (Original erschienen unter dem Titel »The Great Divorce« [HarperCollins, 2002].)

uns niemals mit Gott versöhnen. Auch können sie uns keinen Platz im Himmel erwerben. Wenn wir das Bild vom Ersetzen unseres eigenen unvollkommenen Zeugnisses durch das vollkommene Zeugnis Jesu gebrauchen, können wir auch Nichtchristen klarmachen, *warum* wir errettet werden müssen, und ihnen die Wahrheit verdeutlichen, dass Jesus unser Retter ist. ·

Jesus als Retter ist Grundlage und Mitte des Evangeliums, und ich ermutige jeden Christen, einige unserer beliebtesten Bibelstellen im Herzen zu tragen, die diese Tatsache unterstreichen und feiern:

Gott aber erweist seine Liebe zu uns darin, dass Christus, da wir noch Sünder waren, für uns gestorben ist. (Römer 5,8)

Wenn nun der Sohn euch frei macht, werdet ihr wirklich frei sein. (Johannes 8,36)

Denn so hat Gott die Welt geliebt, dass er seinen eingeborenen Sohn gab, damit jeder, der an ihn glaubt, nicht verlorengehe, sondern ewiges Leben habe. (Johannes 3,16)

Wie wir allerdings wissen, gehört zum Christenleben mehr, als nur einfach zu glauben und Jesu Gnadengabe anzunehmen. Und auch darüber wird meiner Meinung nach bei unserer Verkündigung der Evangeliumsbotschaft viel zu selten gesprochen. Auch darin kann ich wieder die Hand des Verführers erkennen, indem er auf schmeichlerische Weise die Christen verleitet, nur ein wenig von der Wahrheit abzulenken, damit ein Nichtchrist auf ihr »Evangelium« anspringt. Später merkt der Enttäuschte dann, dass es an Wahrheit und Substanz gemangelt hat, und wendet sich wieder ab. Wir sind schnell dabei, mit glühenden Worten einem Nichtchristen zu verkünden, er brauche nur »Ja« zu Jesus zu sagen, dann werde Jesus die Antwort auf alle seine Probleme sein. Aber ist das wirklich fair? Ist das Wahrheit? Viele Menschen werden zugeben, dass es in ihrem Leben an manchem mangelt, dass sie sich vielleicht unerfüllt fühlen oder unter Süchten leiden oder unter einem Problem, das ihr Leben beherrscht und das sie unglücklich macht. Solche Menschen sind schnell bereit, etwas »auszuprobieren«, was ihnen als »Heilmittel« angeboten wird.

Aber wir täuschen sie gewaltig, wenn wir ihnen den Glauben aufschwatzen, alles werde gut, sobald sie ein Übergabegebet gesprochen haben. So schreibt Laurence Singlehurst in seinem hilfreichen Buch *Sowing, Reaping, Keeping: Sensitive Evangelism*:

> Die Bekehrung zum Christentum ist nicht so etwas wie ein Erste-Hilfe-Pflaster, auch keine Zauberkur – vielmehr erfordert sie Verständnis, nicht nur über die wunderbaren Wohltaten der Vergebung und der Heilung, sondern auch über die Notwendigkeit der Buße und des völligen Aufgebens unserer Ichbezogenheit.[74]

Das haben wir schon in Kapitel 6 diskutiert. Aber ich stelle so viel Verwirrung über das Bußetun und die Annahme Jesu – nicht nur als Retter, sondern auch als Herr – fest. Eine von Herzen kommende Kehrtwendung und tief empfundene Buße ist die absolute Voraussetzung für eine Bekehrung. Es ist ein Riesenfehler, etwas anderes zu lehren – oder stillschweigend zu akzeptieren. John Stott schreibt:

> Die Vergebung, die im Evangelium angeboten wird, erhält man nicht bedingungslos. Es ist doch klar, dass keinem Sünder vergeben werden kann, wenn er an seiner Sünde festhält. Wenn er möchte, dass Gott von seinen Sünden absehen möge, dann muss er sich im Gegenzug auch in Buße von ihnen abwenden. Wir sind also gefordert, die Bedingungen genauso zu predigen wie die Verheißung der Vergebung. Sündenerlass ist das Angebot des Evangeliums, Buße ist die Forderung des Evangeliums.[75]

Ich muss zugeben, dass dies für mich nie ein allzu großer Stolperstein gewesen ist. Als ich Christ wurde, war es nicht die Größe und das Wunder einer Ewigkeit in einem schönen Schloss im Himmel, was mich zu Christus zog. Es war nicht einmal die Vorstellung, meine Sünden könnten vergeben werden. Natürlich sind das überwältigend schöne Dinge. Aber was mich tatsächlich zu den Füßen Jesu niederfallen ließ, war die Erkenntnis, *dass er für mich gestorben*

---

[74] Laurence Singlehurst, *Sowing, Reaping, Keeping: People Sensitive Evangelism*, IVP, 2006, Abdruck mit Erlaubnis.
[75] John Stott, *One Race, One Gospel, One Task*, World Wide Publications, 1976.

ist. Natürlich ist mir bewusst, dass dies hier mein sehr persönliches Zeugnis ist, und andere Aspekte des Evangeliums mögen für andere Menschen von größerer Wichtigkeit sein – aber all die Jahre danach war und ist es die Erkenntnis, dass Jesus für mich starb, was mich vor ihm auf den Knien hält. Seine Kreuzigung scheint mir, menschlich gedacht, so ein großer Fehler gewesen zu sein. Man hätte seinen Leib nie antasten dürfen. Er war ein vollkommener und unschuldiger Mensch – Gott in Menschengestalt. Niemals hätte er eine solche Tortur und Qual durchmachen dürfen. Doch er tat es. Das ist es, was geschah. Es war unglaublich schrecklich, und es geschah meinetwegen und für mich! Welch Staunen bewirkende Liebe! Wenn ich dem Herrn Jesus jetzt diene, dann nicht für das, was ich jetzt zu erwarten habe, auch nicht, weil es das Geringste ist, was ich tun kann, um mich zu bedanken, sondern vielmehr, weil er mich erschuf, mich kennt und weil er mein *Alles* verdient.

William Barclay warnt vor dem Trend, die Menschen mit dem Versprechen, sie würden danach gesegnet werden, zu einer Lebensübergabe zu locken, die Kosten des Christwerdens aber zu verschweigen.[76] Selbst als Jesus über die Erde ging, gab es diese Versuchung. Jesus wäre in der Lage gewesen, den Menschen zu geben, wonach sie verlangten. Er hätte sie mit materiellen Dingen bestechen können oder mit Zurschaustellung seiner Allmacht und Kraft. Doch was »gab« er ihnen? Erniedrigung, Folter, Verachtung, ungerechte Behandlung, unvorstellbare Leiden: das Kreuz.

Wenn ich also die Botschaft des Evangeliums präsentiere, betone ich in besonderer Weise die Notwendigkeit, sich zu Jesus zu wenden und sich ihm zu unterwerfen. Dabei beziehe ich mich auf die Tatsache, dass Gott uns im Mutterleib bildete und dass er das gesamte Universum um uns her erschuf. Dann frage ich: »Meinen Sie nicht, dass er es verdient, der Mittelpunkt Ihres Lebens zu sein?« Jesus zum Herrn zu machen, heißt, ihn ins Zentrum all unserer Entscheidungen zu stellen. Wenn wir uns einmal auf diese Weise ihm zugewandt haben, bitten wir Jesus, dass er bestimmen möge, wie wir unsere Zeit verbringen, wie wir unser Geld verwenden, wen wir zum Freund haben, welche Veranstaltungen wir besuchen, wel-

---

76 William Barclay, *The Gospel of Matthew*, Edinburgh Press, 1965, S. 60-61.

chen Hobbys wir nachgehen und wen und wie wir lieben. Jeder Gedanke, jedes Verhalten und jede Handlung wird nun durch Jesus »gefiltert«, und das lernen und verstehen wir durch unsere »Betriebsanleitung«, die Bibel.

Es ist unbedingt notwendig, anzuerkennen, *dass Jesus unser Herr ist*. Das darf bei der Verkündigung des Evangeliums niemals vernachlässigt werden. Nachdem ich das gesagt habe, füge ich hinzu, dass wir dies erst zu verstehen beginnen, wenn wir anfangen, etwas davon in die Wirklichkeit umzusetzen. Für mich begann das mit der schrecklichen »Alcaponey-Geschichte« im Gefängnis. Indem ich aufrichtig mein Vertrauen auf Jesus setzte, musste ich in dieser brisanten Situation mit dem Messer an der Kehle bereit sein, mein Leben buchstäblich dranzugeben. Für andere vollzieht sich die Hingabe an Jesus auf sehr viel sanftere Weise, während wir durch die Zeit gleiten und er unser Steuermann ist. Hier möchte ich darauf hinweisen, dass dieser Teil des Evangeliums vielleicht der bedeutsamste Teil ist, weil er *eine ständige Entscheidung* erfordert. Dazu gehört die dauerhafte Pflege einer inneren Beziehung zu Gott in Jesus Christus.

Nun wollen wir wieder auf den Evangeliumsbericht über Nikodemus zurückkommen. Hier sehen wir einen äußerst religiösen Mann. Er kannte das Alte Testament, er hielt das Gesetz und hatte sich der Religion in hohem Maße verschrieben. Als Pharisäer war er ein geistiger Nachfahre der chassidischen Bewegung. Das war eine Gruppe, die sich nach dem alttestamentlichen Konzept der Chassidim (hebräisch für »Fromme« oder »Heilige«) benannte. Man hätte keinen »gerechteren« und respektierteren Menschen finden können als Nikodemus. Gott bedeutete ihm sehr viel. Aber Johannes gebraucht in seinem Evangelium die Nikodemus-Geschichte, um zu zeigen, dass man vor Gott nicht durch korrekte Glaubensüberzeugungen gerecht wird. Nikodemus glaubte sogar an Jesus. Er sagte, Jesus sei von Gott gekommen: »*Rabbi, wir wissen, dass du ein Lehrer bist, von Gott gekommen, denn niemand kann diese Zeichen tun, die du tust, wenn Gott nicht mit ihm ist*« (Johannes 3,2). Aber trotz Nikodemus' Glauben an Gott, an Jesus und an die Bibel, musste Jesus ihn darauf hinweisen, was in Nikodemus nicht stimmte. Es ist, als ob Jesus das Thema plötzlich und abrupt ändert, wenn er sagt: »*Wahrlich, wahrlich, ich sage dir: Wenn jemand nicht von Neuem geboren wird, so kann er das Reich Gottes nicht sehen*« (Johannes 3,3). Das muss den Pharisäer beinahe umgeworfen haben. Wollte Jesus etwa sagen, dass er – ein respektierter, gottesfürchtiger Diener des wahren Gottes – nicht das Reich Gottes sehen sollte? Was konnte noch von ihm gefordert werden? Sah denn Jesus sein Leben der Treue und des Glaubens überhaupt nicht?

Jesus fuhr fort, darüber zu sprechen, was es bedeutet, »von Neuem geboren« zu sein, und was der Unterschied zwischen der physischen Geburt und der geistlichen Wiedergeburt ist. Über diesen wunderbaren Austausch ist sehr viel zu sagen – aber mir geht es an dieser Stelle vor allem darum, an der Erfahrung von Nikodemus zu zeigen, dass man mit Gott nur durch eine fortwährende Beziehung zu ihm ins Reine kommt. Diese Beziehung bekommen wir nicht durch die richtigen Glaubensinhalte oder durch richtiges Verhalten. Sie entsteht auch nicht als Folge von Anstrengungen im Bereich der Lehre und/oder der Moral. Man kommt mit Gott nur ins Reine, wenn man begreift, dass man nicht alles durchschaut, und bereit ist, einzusehen, wie sehr man ihn selbst nötig hat. Wenn Jesus sagt: »*Ihr müsst von Neuem geboren werden*« (vgl. Johannes 3,7), sagt er damit, dass das Christenleben nicht eine Reihe von Glaubenssätzen oder Moralkodizes ist, sondern eine Erfahrung. Diese Erfahrung besteht aus dem Bekenntnis meiner Sünde und dem Bedürfnis nach Gott, und dass ich erlebe, dass Gott mich mit seiner Liebe und mit seinem Geist erfüllt. Gott sieht nicht so sehr auf deinen Glauben oder auf deinen Gehorsam wie auf dein Herz. Er will diese Beziehung zu dir, und wenn du diese Beziehung nicht hast, hast du überhaupt nichts.

In Johannes 3,16.18 ist von »Glauben« die Rede: »*... damit jeder, der an ihn glaubt, nicht verlorengehe, sondern ewiges Leben habe*« ... *Wer an ihn glaubt, wird nicht gerichtet; wer aber nicht glaubt, ist schon gerichtet, weil er nicht geglaubt hat an den Namen des eingeborenen Sohnes Gottes.*« Wenn wir diese Verse im Zusammenhang mit dem Nikodemus-Gespräch lesen, dann verstehen wir, dass der Glaube, um den es Jesus geht, nicht ein Glaube ist, der irgendwelche Fakten akzeptiert, sondern ein Glaube, in dem du alles Vertrauen auf Jesus setzt. Das heißt, du glaubst, dass Jesus »*der Weg und die Wahrheit und* *das Leben«* ist (vgl. Johannes 14,6). Dein ganzes Leben dreht sich um diese Tatsache, du setzt alles Vertrauen auf Christus und du lebst in einer fortwährenden Beziehung zu ihm.

Das ist die Botschaft, die wir predigen müssen. Aber um dies zu können, müssen wir diese Botschaft verstanden, akzeptiert und von ganzem Herzen lieb gewonnen haben. Dann folgen drängender Eifer und Mitleid mit den Verlorenen von selbst.

Zum Nachdenken

▶ Nimm dir vor, in der Bibel einige »Glaubenshelden« zu studieren. Mach dir Notizen über ihre Schwachheiten und darüber, wie Gott mit ihnen umging und an ihnen arbeitete und ihnen seine Herrlichkeit offenbarte.

Und wenn er gekommen ist, wird er die Welt überführen von Sünde und von Gerechtigkeit und von Gericht. Von Sünde, weil sie nicht an mich glauben; von Gerechtigkeit aber, weil ich zum Vater hingehe und ihr mich nicht mehr seht ... (Johannes 16,8-10)

▶ Was bewirkt diese besondere Bibelstelle in dir, wenn du an deine eigenen Evangelisations-Bemühungen denkst?

21
Die »fünfte Kolonne«

Dschingis Khan (1167 – 1227) schmiedete die mongolische Nation, eroberte den größten Teil der bekannten Welt und wurde berühmt als einer der größten militärischen Führer aller Zeiten. Obwohl man ihn oft nur für einen barbarischen Anführer der »Horden« hielt, zeigt die Geschichte, dass er trotz seiner bekannten Schreckenstaktiken und grausamen Morde seine Siege durch brillante Organisation und schlaue Strategie errang. Die große Chinesische Mauer war für ihn eine beständige Herausforderung. Etwa acht Meter hoch, etwa zehn Meter breit und mehr als 2400 Kilometer lang, galt sie als unüberwindbar. Da setzte Dschingis Khan seine mächtigste Waffe ein. Während seine Soldaten die Mauer direkt angriffen, unterwanderte sein Heer von Spionen und Kundschaftern das chinesische Heer, sodass Dschingis Khan bald durch die »Vordertür« hineinmarschieren konnte. Als er in China die Macht ergriff, war nicht die Schwäche der Chinesischen Mauer ausschlaggebend, sondern die Schwäche innerhalb des chinesischen Reiches. Eine schlechte Regierung, Armut und Rebellionen halfen, den Weg für die heimlichen Krieger und ihre Machenschaften zu öffnen. Man sagt, den Sieg habe Dschingis Khan durch das Element der »fünften Kolonne« errungen.

Dschingis Khans Taktik hat seither die Militärstrategen durch alle Jahrhunderte hindurch beeinflusst. Eine uniformierte Truppe marschiert in Viererkolonnen, aber eine »fünfte Kolonne«, die aus zivil gekleideten Sympathisanten besteht, hat die Aufgabe, heimlich die Moral der Feinde zu zersetzen. Satan versuchte dasselbe bei Jesus, indem er einen der Jünger Jesu benutzen wollte, um das Werk Jesu zu zerstören. Er arbeitete mit Judas zusammen, mit dem Ziel, die Absichten Gottes zu durchkreuzen. Jesus konnte ihn nur besiegen, indem er sich völlig innerhalb des göttlichen Willens bewegte. Wir können es uns nicht leisten, diese Belehrung zu missachten. Wenn dieses Buch sonst nichts weiter erreichen sollte, so hoffe ich doch, dass es deutlich gemacht hat, dass wir uns in Bezug auf den

Großen Auftrag aus dem Willen Jesu haben hinausdrängen lassen. Wir sind der »fünften Kolonne« des Teufels zum Opfer gefallen. Sowohl Jesus als auch der Apostel Paulus wurden mit dem hindernden Einfluss des Teufels konfrontiert. Eines der wichtigsten Ziele bei meiner Evangelistenausbildung ist, Christen daran zu erinnern, dass auch wir Zielscheiben des Teufels sind.

Doch auch wenn wir Zielscheiben sind: Sobald wir die Absichten des Teufels kennen und wir von Gott mit der himmlischen Waffenrüstung ausgestattet sind (Epheser 6), können wir trotzdem jeden Tag aufs Neue sowohl allein als auch gemeinsam mit anderen Christen evangelisieren. Dr. D. James Kennedy, der Gründer von *Evangelism Explosion*, wies darauf hin, dass wenn ein außerordentlicher Evangelist in der Lage wäre, jeden Tag 1000 Menschen zum Herrn zu führen, es 16 348 Jahre dauern würde, bis alle 6 Milliarden (heute sind es ja schon 7 Milliarden) Menschen auf der Welt erreicht wären. Wenn wir alle aber, wie Jesus es gewollt hat, das Evangelium verkündigen würden und jeder auch nur einen Menschen pro Jahr zum Herrn führen würde, der dann wiederum das Gleiche täte, und so weiter, dann würde es nur 33 Jahre dauern, bis der ganze Planet für Jesus gewonnen wäre.[77] Es besteht also die Möglichkeit, die ganze Erde in kurzer Zeit mit dem Evangelium zu erfüllen. Ich finde das überwältigend und halte es für eine riesige Herausforderung. Warum ist das bisher unterblieben? Kommt es daher, dass unsere evangelistischen Bemühungen durch teuflische Anschläge verhindert wurden, indem er den Christen eine falsche Sicht unterjubelte von dem, was Evangelisation ist und was sie sein sollte? Es wird immer deutlicher, dass die biblische Definition von Evangelisation der Schlüssel zu allem ist.

Wie sollen wir nun weitermachen? Die Antwort lautet: Wir brauchen neue Weinschläuche.

Niemand aber setzt einen Flicken von neuem Tuch auf ein altes Kleidungsstück; denn das Eingesetzte reißt von dem Kleidungsstück ab, und der Riss wird schlimmer. Auch füllt man nicht neuen Wein in alte Schläuche; sonst zerreißen die Schläuche, und der Wein wird

---

[77] Dr. D. James Kennedy, *Evangelism Explosion*, Tyndale House, 2002.

verschüttet, und die Schläuche verderben; sondern man füllt neuen Wein in neue Schläuche, und beide bleiben zusammen erhalten. (Matthäus 9,16-17)

Zunächst einmal müssen wir den Boden säubern. Wir müssen die kranke Erde mit einer ordentlichen Portion Unkrautvernichtungsmittel behandeln, um das Unkraut zu dezimieren. Das heißt, wir müssen unseren Mitchristen die Machenschaften des Teufels offenlegen. Als Gemeindeleiter haben wir das theologische Unkraut und alle Missverständnisse über Evangelisation in unseren Gemeinden zu beseitigen. Das heißt: Wir müssen allen den Unterschied klarmachen zwischen der »weiten« bzw. der »allgemeinen« Auffassung des Begriffs »Evangelium« und der scharf definierten Bedeutung dieses Begriffs nach dem Neuen Testament. Ferner müssen wir die Unterschiede zwischen »Worten«, »Werken« und »Ergebnissen« des Evangeliums deutlich machen. Genauso sollten wir sorgfältig untersuchen, was unter den Schlüsselwörtern »Evangelisation«, »Evangelist« und »Evangelium« wirklich zu verstehen ist.

Besonders wichtig ist, dass alle Christen den Inhalt der »Worte« des Evangeliums genau kennen und sie immer zuversichtlicher effektiv und voller Güte weitersagen können. Das erfordert Übung, und es ist die Aufgabe der Gemeinden, dafür zu sorgen, dass dies von Grund auf gelernt werden kann. Das Ziel sollte sein, jeden in der Gemeinde zu befähigen, seine Aktivitäten durch die Brille des Sechs-Schritte-Modells beurteilen zu können. Dieses Modell besagt, dass durch

1. Pflügen
2. Säen
3. Bewässern
4. Wachsen
5. Ernten
6. Dreschen

Nichtchristen zu Christus geführt werden. Wenn jeder in der Gemeinde sich und andere in diesem Licht sieht, wird ihm das helfen, klar zu erkennen, wie alles zusammenpasst und wie alle zusammen an dem großen Ziel arbeiten können, dass zur Verherrlichung Gottes verlorene Seelen gesucht und errettet werden.

Erinnerst du dich noch an die Geschichte, die ich am Anfang dieses Buches von der Gruppenarbeit erzählte, bei der wir das van-Gogh-Bild *Der Sämann* nachgemalt haben? Jede Gruppe bekam die Aufgabe, nur eine kleine viereckige Leinwand zu bemalen, die mit den anderen Leinwänden nichts zu tun zu haben schien. Worauf das hinauslaufen sollte, wussten die meisten von uns am Anfang nicht. Es sah aus, als bestände der Plan nur darin, abstrakte Farbflecke von unregelmäßiger Gestalt zu malen. Erst als die einzelnen Leinwände bemalt und von dem »Meisterkünstler« in richtiger Reihenfolge zusammengestellt waren, erkannten wir das »Große Bild«. Diese Tätigkeit war eine ausgezeichnete Illustration für den Wert von Treue und Zusammenarbeit und dafür, wie wichtig es ist, dass man einem vorgegebenen Plan folgt, auch wenn er keinen Sinn zu haben scheint. Ja, in vielerlei Hinsicht können wir hier wunderbare Parallelen zum Leben als Christ erkennen, auch im Hinblick auf unsere Evangelisationsbemühungen. Doch im Unterschied zum Beispiel vom »Sämann« ist es in Bezug auf unser Christsein natürlich so, dass Gott uns das »Große Bild« schon offenbart hat. Das »Große Bild« mag schwach beleuchtet und kaum begreifbar sein, aber es ist in Gottes Verheißungen bereits vorhanden. Als Gemeinde ist es daher ganz gewiss unsere Aufgabe, dafür zu sorgen, dass alle Leinwandstücke bemalt sind. Eine Gemeinde mag bekannt für ihre großartigen Anbetungszeiten sein – oder dafür, dass sie sich für die Armen des Ortes einsetzt – oder dafür, dass sie sich der Bibellehre in besonderer Weise weiht – oder dafür, dass sie das Gebet betont ... Wenn sie aber versäumt, ihre Gemeindeglieder für das Evangelisieren zu trainieren und zu mobilisieren, dann fehlt ihr etwas Wesentliches. Dann ist die Gemeinde dem »Meisterkünstler« ungehorsam und folgt nicht seinen Vorgaben. Immer wird dann diese eine, so wichtige Leinwand fehlen, und nie wird es dann zu dem herrlichen Bild kommen, das doch entstehen sollte.

Wir müssen unsere Gaben erkannt haben – und unseren Auftrag begriffen haben, in unseren Gemeinden dafür zu sorgen, dass biblisch fundierte Evangelisation geschieht. Und wenn wir außerdem erkennen, wie wichtig dies für unser persönliches Leben ist, dann sollte dies alles dazu führen, dass wir beginnen, an dem »Großen Bild« zu malen. Nur wenn wir die Machenschaften des Teufels durchschauen, können wir anfangen, die schwarze Tinte der Verführung zu entfernen, die er in unsere Bemühungen hineingießen möchte. Wenn wir andere zum Evangelisieren ermutigen, wird das nur etwas bringen, wenn sie klar und deutlich verstehen, was damit gemeint ist. Erinnerst du dich noch an das »Ein-Graddaneben-Prinzip« von Kapitel 16? Da haben wir gesagt, dass viele Christen, die es gut meinen, aufrichtig glauben, sie seien mit Evangelisation beschäftigt. Aber das Einzige, was Evangelisation tatsächlich ausmacht, ist bei ihnen nirgends zu finden – nämlich die Tatsache, dass das Evangelium gepredigt wird.

Wie wir nun anfangen zu begreifen, sind die Strategien des Teufels so raffiniert und gefährlich, weil der Feind im Unterbewusstsein arbeitet. Dadurch wirken seine Strategien so effektiv und tödlich. Die einzige Möglichkeit, sie aus dem Unterbewusstsein in unser Bewusstsein zu heben, ist, darüber zu lehren und sie bloßzustellen, wie uns auch aufgetragen wird:

Und habt nicht Gemeinschaft mit den unfruchtbaren Werken der Finsternis, vielmehr aber straft sie auch ... (Epheser 5,11)

Befleißige dich, dich selbst Gott als bewährt darzustellen, als einen Arbeiter, der sich nicht zu schämen hat, der das Wort der Wahrheit recht teilt. (2. Timotheus 2,15)

... sondern wir haben den geheimen Dingen der Scham entsagt, wobei wir nicht in Arglist wandeln noch das Wort Gottes verfälschen ... (2. Korinther 4,2)

Das zweite effektive Mittel, die Anschläge des Teufels abzuweisen, ist das Gebet. »*... indem wir ... zerstören ... jede Höhe, die sich erhebt gegen die Erkenntnis Gottes, und jeden Gedanken gefangen nehmen unter den Gehorsam des Christus*« (2. Korinther 10,5). Das bedeutet, dass wir im Gebet Gott bitten sollen, dass die Prediger und Gemeindeleiter uns über die teuflischen Strategien belehren und uns aufzeigen, warum der Große Auftrag nicht ausgeführt wird. Wir sollten dafür beten, dass christliche Zeitschriften, Internetseiten, Radio- und Fernsehsender über diese Angelegenheit berichten, dass Bücher darüber geschrieben werden und dass Lehrkonferenzen und Freizeiten dieses Thema den Christen wichtig machen. Wir sollten dafür beten, dass die Verkündigung des Evangeliums in allen Gemeinden für die Gläubigen wieder ein Hauptthema wird und dass gemeindeübergreifend entschieden für die Ausführung dieses Auftrags gekämpft wird. Wir sollten dafür beten, dass dieses Thema in unseren Bibelschulen und Seminaren das wichtigste Thema überhaupt wird. Wir sollten zum Herrn schreien, er möge jeden Gläubigen, wo auch immer er sein möge, dazu antreiben, regelmäßig hinauszugehen und das Evangelium zu verkündigen.

Der Ratschluss Gottes ist unmissverständlich deutlich. Segen, geistliches Wohlergehen und Wachstum – alles ist unausweichlich mit dem Wandel in der Wahrheit und mit Gehorsam verbunden:

Auf dem ganzen Weg, den der HERR, euer Gott, euch geboten hat, sollt ihr wandeln, damit ihr lebet und es euch wohlergehe und ihr eure Tage verlängert in dem Land, das ihr besitzen werdet. (5. Mose 5,33)

Wenn wir im Hinblick auf Evangelisation biblisch denken und handeln, werden wir uns vervielfältigen. Um unsere neuen Weinschläuche herzustellen, müssen wir uns mit der Wurzel des Problems befassen. Die Frucht unseres Problems ist, dass sich viele Christen nicht regelmäßig an der Ausbreitung des Evangeliums beteiligen. Die Wurzel des Problems ist der Teufel mit seinen Machenschaften.

Wenn wir unseren neuen Weinschlauch fertig haben, müssen wir ihn mit frischem Wein füllen. Wir müssen ein beständiges evangelistisches Training zu unserer Hauptaufgabe machen und uns mit mancherlei Werkzeugen und Hilfsmitteln ausrüsten, die uns befähigen, das Evangelium klar und deutlich zu predigen. Nach meinen Erfahrungen machen wir beim Evangelisieren zwei große Fehler. Erstens überschätzen wir das Wissen von Nichtchristen. Zweitens unterschätzen wir, was sie gern wissen möchten. Bedenke, dass das Evangelium eine besondere Botschaft ist. Wir können die Präsentation variieren – aber es gibt klare Fakten, die mitgeteilt werden müssen. Lass uns einmal die »Worte« des Evangeliums mit einem

Puzzlespiel aus 25 Teilen vergleichen. Der Inhalt muss in einen sinnvollen Zusammenhang gebracht werden. Vielleicht hört ein Nichtchrist folgende Dinge, während du das Evangelium verkündigst:

Gott liebt dich!	?	?	Alle haben gesündigt!	?
?	Du brauchst eine Brücke!	?	?	Du brauchst Glauben!
Tu Buße!	?	Du brauchst einen Retter!	?	Er rettet dich von der Hölle!
?	Komm in den Himmel!	?	Jesus ist der Herr!	?
?	?	?	?	Sprich nur ein Gebet!

Dies sind nur zehn »Puzzleteile« von unseren 25 Informationen, die unser nichtchristlicher Hörer vernommen hat. Es sind »Evangeliums-Häppchen«, die uns höchstwahrscheinlich alle sinnvoll erscheinen. Wir können die Lücken ausfüllen und sie in die richtige Reihenfolge bringen. Aber für Millionen Nichtchristen ist diese Botschaft völlig verwirrend. Es ist, als hätte man das Evangelium mit einer Schrotflinte verbreitet. Da werden diese uns so sehr vertrauten Ausdrücke aus der »Sprache Kanaans« abgeschossen – aber die Hörenden können sich nichts Sinnvolles darunter vorstellen.

Unsere Botschaft ergibt für sie keinerlei Sinn! Inhalt, Klarheit, Zusammenhang und Schlichtheit sind entscheidende Kriterien für unsere Präsentation des Evangeliums.

Nur wenn wir das beherrschen, sind wir evangelistisch effektiv. Darum ist es unumgänglich, dass wir uns mit guten Hilfsmitteln ausrüsten, die uns bei der richtigen Übermittlung der Botschaft unterstützen. Wir können unsere eigenen Traktate schreiben und auf moderner Technologie beruhende Präsentationen erstellen. Aber es gibt auch viele Organisationen, die uns mit qualitativ hochwertigem Material ausstatten können.

Mit frischem Wein in unseren neuen Weinschläuchen ist unsere nächste Herausforderung, zielgerichtet zu denken. Wir müssen der Evangelisation im Gemeindeleben den ersten Platz einräumen. Immer wieder muss sie definiert und gepredigt werden. Unsere Gemeinden müssen belehrt werden, wie man die Botschaft des Evangeliums weitergibt. Auch dürfen wir uns nie scheuen, die Lügen des Teufels aufzudecken, die so leicht unsere Bemühungen verderben können. Nur allzu oft werden unsere Gemeindeprogramme und Pläne von neu daherkommenden Ideen abgelenkt. Immer besteht die Versuchung, das Evangelium zugunsten der »neuesten Mode« zu vernachlässigen. Aber die Bibel sagt ganz klar: Evangelisation ist *das* Hauptthema – und wir müssen sie auch als solches betrachten. Solange die Bibel die Bibel ist, wird Evangelisation bei Gott stets »in« sein. Er kennt keine »besonderen Zeiten« oder etwa ein »Jahr der Weltmission«. Sein Herz schlägt beständig, unermüdlich und leidenschaftlich für die Verlorenen dieser Welt. Das brachte den Herrn Jesus an das Kreuz. Kaum etwas ärgert mich mehr, als wenn Gemeinden solche Aktivitäten planen wie: »Im nächsten Jahr wollen wir uns auf das Beten konzentrieren, und im Jahr darauf soll Evangelisation das Thema sein.« Welch ein Unsinn! Evangelisation beginnt hier und jetzt für jeden von uns, der bekennt, ein Nachfolger Jesu Christi zu sein. Für jede Gemeinde ist es lebenswichtig, dass sie *jetzt* mit dem Evangelisieren beginnt und diesen Auftrag nie mehr aus den Augen verliert, bis der Herr wiederkommt.

Zu unserer Verpflichtung, das Evangelium allezeit im Blick zu behalten, gehört auch die Ausstattung der »Epheser 4,11-12-Evangelisten«. Solche, die besonders dazu berufen und dafür begabt sind, müssen von den Gemeinden unterstützt werden. Sie benötigen regelmäßiges, beständiges Training und die Möglichkeit, sich in den Gemeinden bekannt zu machen, wodurch sie wiederum die anderen motivieren und sie zum Evangelisieren anleiten.

Außerdem sollten wir überlegen, wie wir ein System aufbauen könnten, wie wir als Gläubige uns gegenseitig Rechenschaft ablegen können, um einander zu ermutigen und anzutreiben, das Evangelium auszubreiten und zu verkündigen: »*Eisen wird scharf durch Eisen, und ein Mann schärft das Angesicht des anderen*« (Sprüche 27,17). Sich dazu zu verpflichten, einem anderen gegenüber Rechenschaft abzulegen, führt dazu, dass wir ehrlich einschätzen können, ob Evangelisation stattfindet oder nicht. Wenn wir auf diesem Gebiet unseres Lebens als Christen uns nicht gegenseitig Rechenschaft ablegen, wie können wir dann jemals wissen, ob jemand das Evangelium verkündigt oder ausbreitet? Die Tatsache, dass wir uns nicht gegenseitig Rechenschaft ablegen, ist einer der Hauptgründe dafür, dass der Teufel ungeprüft und unbemerkt so lange sein Unwesen treiben konnte. Nur sehr wenige Gemeinden in der Welt haben ein irgendwie geartetes System des gegenseitigen Ablegens von Rechenschaft in Sachen Evangelisation. Erinnerst du dich noch an den Vorschlag, den ich in Kapitel 9 machte für ein »Großer-Auftrag-Opfer«? Gäbe es in unseren Gemeinden jeden Sonntag etwas Derartiges, wäre es für alle Mitglieder eine Herausforderung, irgendwie an der Ausführung des Großen Auftrags teilzunehmen.

Sich gegenseitig Rechenschaft abzulegen, hilft uns, den Willen des Herrn auszuführen. Es ist unsere Weise, deutlich zu machen, dass wir den Großen Auftrag ernst nehmen wollen und andere ermuntern möchten, dasselbe zu tun. Wenn wir die Evangelisation so ernsthaft überwachen würden wie die Gemeindekollekte, hätten wir die Erde in kürzester Zeit evangelisiert. Das Thema des »Zehnten-Gebens« nimmt im Neuen Testament nur einen Anteil von einem Prozent der Belehrungen ein. Im Gegensatz dazu ist die Verkündigung des Evangeliums zehnmal häufiger vertreten, doch wir bringen oft fast gar keine Zeit und Mühe auf, um sicherzustellen, dass sie wirklich geschieht! Wo spielt sie in unseren Gottesdiensten eine Hauptrolle? Wenn wir uns auf diesem Gebiet dafür entscheiden, uns gegenseitig Rechenschaft abzulegen, setzen wir uns Ziele für die Ausbreitung und Predigt des Evangeliums und suchen in unseren Gemeinden nach Methoden, unsere Fortschritte genau zu protokollieren.

Wenn du in deiner Gemeinde nicht in einer Leitungsfunktion bist, dann tue du von dir aus evangelistische Arbeit! So wird der Evangelisation in deiner Gemeinde durch *dich* neues Leben eingegeben. Paulus, ein Evangelist, ermutigte Timotheus, einen Hirten: »*Tu das Werk eines Evangelisten*« (2. Timotheus 4,5). Lass deine Gemeinde daran teilhaben, wie du Traktate austeilst und das Evangelium weitersagst. Sprich über deine Erfahrungen. Schreibe darüber. Sende Rundbriefe an deine Gemeinde. Einerlei, was deine Stellung innerhalb der Gemeinde ist: Du kannst die anderen ermutigen, indem du Evangelisation in deine alltäglichen Aktivitäten eingliederst und darüber sprichst.

Dieses Kapitel ist ein Aufruf zum Handeln, ein Aufruf, in den Kampf zu ziehen. Das Volk Gottes muss endlich aufstehen und zu kämpfen beginnen. Das erfordert von uns, dass wir unser Leben verändern, und von den Gemeindeleitern wird verlangt, die Priorität der Evangelisation in ihrem Lehren und Wollen anzuerkennen. Und jedes Gemeindeglied ist aufgerufen, den Großen Auftrag als Verpflichtung zu erkennen, um durch persönliche Evangelisation verantwortlich an seiner Ausführung mitzuwirken. Das erfordert Veränderungen sowohl auf persönlicher Ebene als auch auf Gemeinde-Ebene. Solche Veränderungen können hart und schmerzhaft sein. Man wird sich Widerstand gegenübersehen, besonders, wenn die Lehre von der Mehrzahl der anderen nicht angenommen wird. Doch wir haben hoffentlich deutlich gezeigt, dass dies eine biblische Wahrheit ist und dass wir Menschen sind, die von Gott selbst beauftragt wurden. Wenn wir im Hinblick auf Evangelisation biblisch denken und handeln, werden wir uns vervielfältigen. Die Geschichte beweist diese Wahrheit. Dies ist dein historischer Augenblick! Bitte um Mut, diesen neuen Weg beherzt beschreiten zu können. Steige auf den »Evangeliumszug« auf, nicht nur für einige Tage oder für einen besonderen Einsatz oder für ein Sommerlager oder für ein »Jahr der Evangelisation«, sondern für den Rest deines Lebens. Wie wird dein Vermächtnis aussehen?

Zum Nachdenken

- Wie wird dein Vermächtnis aussehen?

- Jetzt hattest du einige Zeit, über manche Vorschläge nachzudenken, wie man den Teufel besiegen und den Großen Auftrag wiederaufleben lassen kann. Wie hat dich das persönlich inspiriert und herausgefordert? Was hast du daraufhin beschlossen zu tun?

- Nimm dir vor, einige Aufgaben für dich aufzuschreiben, die du später überprüfen kannst, ob du sie getan hast. Oder teile diese Gedanken anderen mit und verpflichte dich gegenüber einem Ältesten der Gemeinde oder einem gläubigen Freund, ihm dann dafür Rechenschaft abzulegen.

22
Die Geschichte von Frank Jenner

Im Londoner Stadtteil Crystal Palace ging ein baptistischer Gottesdienst zu Ende. Als der Pastor seine Predigtnotizen zusammensammelte und sich für einen letzten Segen vorbereitete, machte ein Mann aus den hinteren Bankreihen auf sich aufmerksam, indem er die Hand hob und fragte: »Entschuldigen Sie, ich wüsste gern, ob es erlaubt ist, ein kurzes Zeugnis zu geben.« Das war höchst ungewöhnlich. Der Pastor blickte auf seine Uhr. »In Ordnung, Sie haben drei Minuten Zeit«, sagte er etwas zögernd. Der Mann erhob sich und lächelte dankbar. »Ich bin gerade aus einem anderen Londoner Stadtteil hierher umgezogen«, begann er. »Aber davor habe ich in Sydney, im Osten Australiens, gewohnt. Eines Tages ging ich die George Street entlang, die belebte Hauptstraße, die von der Sydney Harbour Bridge durch die ganze Stadt und dann weiter durch die Vororte führt. Plötzlich trat ein älterer Herr aus einem Geschäftseingang heraus, steckte mir ein Traktat in die Hand und sagte: ›Entschuldigen Sie, mein Herr, sind Sie errettet? Wenn Sie heute Nacht sterben, kommen Sie dann in den Himmel?‹ Ich war über diese Worte erstaunt«, fuhr der Mann fort. »Niemals hatte mich jemand dies gefragt. Ich dankte ihm und eilte weiter. Aber auf dem ganzen Weg bis hier nach London musste ich voller innerer Unruhe an dieses Ereignis denken. Sobald ich konnte, suchte ich Kontakt zu einem Freund, von dem ich wusste, dass er Christ ist. Gott sei gedankt, dass dieser Freund mich zu Christus führte, und als solcher bin ich heute hier.« Der Mann strahlte nun über das ganze Gesicht.

Eine Woche später flog der Pastor nach Adelaide im Süden Australiens. Er nahm dort an einer dreitägigen Vortragsreihe in einer Gemeinde teil. Während dieser Vortragsreihe kam eine Frau auf ihn zu und fragte ihn um Rat. Er wollte wissen, wie sie zu Christus stände, und fragte sie nach ihrer Bekehrung. »Ich habe früher in Sydney gewohnt«, antwortete sie, »und vor wenigen Monaten machte ich gerade meine letzten Einkäufe in der George Street, als ein Mann aus einem Geschäftseingang heraustrat und mir ein Traktat anbot und mich höflich fragte: ›Entschuldigen Sie, meine Dame, sind Sie errettet? Wenn Sie heute Nacht sterben müssten, kämen Sie dann in den Himmel?‹ Ich wurde sehr beunruhigt durch diese Worte«, sagte sie. »Als ich wieder in Adelaide war, ging ich zu dieser Baptistengemeinde, von der ich wusste, dass sie direkt in meiner Nachbarschaft liegt. Ich suchte den Pastor auf, und dieser führte mich zu Christus. So kann ich Ihnen also sagen, dass ich Christin bin, nur habe ich im Augenblick Schwierigkeiten mit meinem Glauben.«

Der Londoner Pastor war nun ziemlich verblüfft. Zweimal hatte er innerhalb von zwei Wochen das gleiche Zeugnis gehört. Dann flog er nach Perth im Westen Australiens, um dort in der Mount Pleasant Church zu predigen. Als die Predigtreihe zu Ende war, nahm ihn der leitende Älteste der Gemeinde mit nach Hause zum Essen. Dort fragte er den Ältesten, wie er gläubig geworden sei. »Ich kam in diese Gemeinde, als ich 15 Jahre alt war, doch nie hatte ich mein Leben Jesus übergeben. Ich sprang nur, wie viele andere auch, mit auf den fahrenden Zug. Weil ich ein tüchtiger Kaufmann war, hatte ich bald einflussreiche Positionen inne«, sagte er. »Vor drei Jahren war ich auf einer Geschäftsreise in Sydney. Ein, wie mir schien, unangenehmes, hässliches Männlein kam aus einem Geschäftseingang heraus, bot mir ein frommes Blättchen an – billiges Zeug – und sprach mich mit der Frage an: ›Entschuldigen Sie, mein Herr, sind Sie errettet? Wenn Sie heute Nacht sterben, kommen Sie dann in den Himmel?‹ Ich versuchte, ihm klarzumachen, ich sei ein Ältester in einer Baptistengemeinde. Aber er wollte nicht auf mich hören. Den ganzen Weg von Sydney bis Perth kochte ich vor Zorn. Ich erzählte das meinem Pastor und glaubte, er würde genauso denken wie ich. Doch er sagte dazu, dass es ihn schon jahrelang bedrückte, dass er wisse, dass ich keine Beziehung zu Jesus hätte – und er hatte recht. Mein Pastor hat mich vor gerade einmal drei Jahren zu Christus geführt.«

Der Londoner Pastor flog nach Hause und sprach bald auf der Keswick-Konferenz im Lake District, wo er auch von diesen drei Zeugnissen berichtete. Am Ende dieser Vortragsreihe kamen vier ältere Pastoren auf ihn zu und erklärten, dass auch sie vor etwa 25 bis 30 Jahren durch denselben Mann in der George Street errettet worden seien, der ihnen ein Traktat angeboten und ihnen dieselbe Frage gestellt hatte.

In der darauffolgenden Woche flog er zu einer Konferenz von Missionaren in der Karibik. Auch dort berichtete er von diesen Zeugnissen. Und auch dort kamen nach dem Ende der Predigtreihe drei Missionare nach vorn und berichteten, vor etwa 15 bis 25 Jahren das Zeugnis desselben Mannes und dieselbe Frage in der George Street in Sydney gehört zu haben.

Danach fuhr der Pastor nach Atlanta in Georgia, USA, um vor einer Konferenz von Schiffskaplänen zu sprechen. Er sprach drei Tage lang vor tausend Schiffskaplänen. Hinterher lud ihn der Hauptkaplan zum Essen ein, und der Pastor fragte ihn, wie er Christ geworden sei. »Es war wundersam. Ich war Matrose auf einem Kriegsschiff und führte ein lasterhaftes Leben. Wir führten im Südpazifik Manöver durch und hielten im Hafen von Sydney, um unsere Vorräte aufzufüllen. Wir ließen uns ziemlich gehen. Ich war völlig betrunken, stieg in den falschen Bus und kam in die George Street. Als ich schwankend aus dem Bus kletterte, meinte ich, einen Geist zu sehen, als dieser Mensch vor mir auftauchte, mir ein Traktat in die Hand drückte und sagte: ›Matrose, bist du errettet? Wenn du in den nächsten 24 Stunden sterben solltest, wo würdest du in der Ewigkeit landen? Im Himmel oder in der Hölle?‹ Die Furcht Gottes überfiel mich augenblicklich. Durch den Schock war ich sofort nüchtern, rannte zum Schiff zurück und suchte den Kaplan auf. Dieser führte mich zu Christus. Ich begann sofort, mich unter seiner Anleitung auf den geistlichen Dienst vorzubereiten. Jetzt trage ich die Verantwortung für tausend Kapläne, und uns geht es heute darum, Seelen zu gewinnen.«

Sechs Monate später flog der Pastor zu einer Konferenz von fünftausend indischen Missionaren in einem abgelegenen Teil im Nordosten Indiens. Am Ende lud ihn der leitende Missionar zu einer einfachen Mahlzeit in seine bescheidene Hütte ein. Der Pastor fragte ihn, wie er, ein Hindu, Christ geworden sei. Der Missionar antwortete: »Ich wuchs in einer sehr privilegierten Schicht auf. Ich arbeitete in den indischen Diplomatenkreisen und reiste viel in der Welt umher. Aber nun freue ich mich so sehr über die Vergebung durch Christus und dass sein Blut meine Sünden bedeckt hat. Ich würde mich sehr schämen, wenn die Menschen erführen, wovon ich errettet wurde. Und wie kam es dazu? Berufsbedingt war ich für eine Zeit nach Sydney versetzt worden. Ich erledigte gerade noch ein paar letzte Einkäufe, Spielsachen und Kleidung für meine Kinder, als mir auf der George Street ein höflicher Herr aus einem Geschäftseingang entgegenkam und mir ein Traktat anbot. Er sagte: ›Entschuldigen Sie, mein Herr, aber darf ich Sie fragen, wo Sie die Ewigkeit zubringen müssten, wenn Sie in den nächsten 24 Stunden sterben müssten, im Himmel oder in der Hölle?‹ Ich nahm den Zettel, dankte ihm und eilte davon – aber die Frage beunruhigte mich. Ich kam in meine Heimatstadt zurück und suchte einen Hindupriester auf. Er konnte mir nicht helfen, gab mir aber den Rat, ich sollte, um meine Neugier zu stillen, mit dem Missionar in der christlichen Mission am Ende der Straße reden. Das war für diesen Hindupriester ein ›fataler Ratschlag‹ – denn an jenem Tag führte mich dieser Missionar zu Christus. Ich gab den Hinduismus sofort auf und begann, mich für den christlichen Gemeindedienst vorzubereiten. Ich verließ den diplomatischen Dienst, und so bin ich heute hier durch Gottes Gnade und verantwortlich für all diese Missionare, die alle zusammen mehr als hunderttausend Menschen zu Christus geführt haben.«

Acht Monate später predigte der Londoner Pastor in Sydney. Er fragte den örtlichen Baptistenpastor, ob er einen Mann kenne, der in der George Street Traktate austeile. Er antwortete: »Ja, natürlich! Er heißt Frank Jenner, obwohl ich glaube, dass er es nicht mehr macht, weil er ziemlich altersschwach geworden ist.« Zwei Tage später zogen sie los, um Herrn Jenner in seiner kleinen Wohnung aufzusuchen. Sie klopften an die Tür, und ein weißhaariger Mann begrüßte sie. Er setzte sich und bereitete Tee zu, während der Londoner Pastor ihm all diese Geschichten aus den vergangenen Jahren erzählte. Tränen begannen, ihm an den Wangen herunterzulaufen, und er erzählte nun seine Geschichte: »Ich war Matrose auf einem australischen Kriegsschiff und führte ein ruchloses Leben. In einer Krise geriet ich in eine aussichtslose Lage, doch einer meiner Kameraden, den ich vorher zur Hölle gewünscht hatte, kam und half mir. Er führte mich zu Jesus, und der Unterschied in meinem Leben war innerhalb von 24 Stunden wie der

Unterschied zwischen Nacht und Tag. Ich war Gott sehr, sehr dankbar. So versprach ich ihm, ich würde auf einfache Weise mindestens zehn Menschen jeden Tag von Jesus weitersagen. Weil Gott mir dazu Kraft gab, tat ich genau das. Manchmal war ich krank und konnte es nicht machen – aber das holte ich zu anderen Zeiten nach. Das war nicht mein Hobby«, sagte er lächelnd. »Ich habe es aber vierzig Jahre lang gemacht. Als ich Rentner wurde, war die beste Stelle an der George Street, wo ich täglich Hunderte von Menschen traf. Ich habe viel Ablehnung erfahren. Aber viele nahmen die Traktate auch freundlich an. In den vierzig Jahren, die ich das machte, habe ich nie gehört, dass auch nur ein Einziger zu Jesus gekommen ist – erst heute!«

Irgendjemand hat einmal grob überschlagen und berechnet, dass Frank Jenner mehr als 146 100 Menschen zu Christus geführt hat. Während des Zweiten Weltkriegs war Sydney eine Anlaufstelle für Tausende von arbeitenden Männern und Frauen aus verschiedenen Teilen der Welt. Jenner suchte sich die George Street als Standort aus, weil er die Menschen von den Kriegsschiffen dort traf, die sich alle ihrer Sterblichkeit und der großen Wahrscheinlichkeit, dass ihr nächster Einsatz der letzte sein konnte, bewusst waren. Sein Herz galt den Seelen der Matrosen. An Sonntagen pflegte er an der Goulburn Street zu stehen und auch die Parks der Stadt zu besuchen, um seine Traktate den Familien und den Angehörigen aller Gesellschaftsschichten anzubieten. Wenn jemand Interesse an seiner Botschaft zeigte, pflegte er ihn an eine der christlichen Gemeinden in der Nähe zu verweisen, in der sie mehr über das herrliche Evangelium hören konnten, das ihn so verändert hatte.

Welch ein Zeugnis – eine solche Dankbarkeit und Liebe Jesus gegenüber zu zeigen, indem er dies vierzig Jahre tat, ohne dass er jemals von einem Ergebnis zu hören bekam! Es scheint, als ob Gott durch den Londoner Pastor Herrn Jenner nur die Spitze des Eisbergs zeigen konnte. Wie viel mehr Menschen mögen durch das Zeugnis dieses einen Mannes zu Christus gekommen sein? Zwei Wochen später starb Herr Jenner. Kannst du dir vorstellen, welch einen Lohn er im Himmel bekommen hat?

Frank Jenner sprach von seinem Glauben nicht der Ergebnisse wegen, nicht dieses Lohns wegen, sondern aus reiner Dankbarkeit für seine Errettung. Alle, die ihn kannten, bestätigen sein großzügiges, warmherziges Wesen. Es wird berichtet, er habe schnell das Vertrauen von Menschen gewinnen können, und dass sein Leben von unablässigem Gebet gekennzeichnet war. Soweit wir heute wissen, war er ein Mensch mit einem überfließenden Herzen, ein Mann, der aus Dankbarkeit gegenüber Gott etwas von der Dankesschuld abtragen wollte – dazu fühlte er sich verpflichtet.

Wie dankbar bin ich? Wie dankbar bist du?

Frank Jenner war ein bemerkenswerter Mann, und es ist nur recht, seine Geschichte hier zu erzählen. Sonst war er nur ein »Durchschnittsmensch« – jedoch einer, der für seine Errettung dankbar war und seinem Meister in Liebe gehorsam war, auch wenn er keinen Lohn für seine Mühe sehen konnte. Gilt das auch für dich? Ich bitte Gott, dass deine Augen und dein Herz durch dieses Buch für viele neue Erkenntnisse geöffnet worden sind. Es begann mit der Geschichte, wie wir in einer »Übung zur Teambildung« diese Erfahrung mit dem Bildermalen machten. Damals hätte ich nie gedacht, dass diese einfache Gruppenarbeit der Ausgangspunkt für dieses Buch werden würde. Aber ich denke, es war kein Zufall, dass unser Gastgeber ausgerechnet das Bild *Der Sämann* von Vincent van Gogh für unsere Übung ausgewählt hatte. Das Bild und seine Entstehung unterstreichen sehr eindrücklich das Anliegen dieses Buches und von »Release« (so heißt die internationale Trainingskonferenz, auf der ich in der Hoffnung lehre, die Handbremse für den Großen Auftrag zu *lösen* [englisch: *release*]): Jeder tut, trotz aller Zweifel, seinen kleinen Anteil, bis zur freudevollen Enthüllung des ganzen Bildes – oder: Ein einfacher Sämann streut den Samen in der Hoffnung auf eine gute Ernte aus.

Ich kann nicht genügend betonen, wie wichtig es ist, die »Worte« des Evangeliums zu kennen. Und so hoffe ich, dass die Ausführungen in Kapitel 7 oder eine der anderen Evangeliums-Präsentationen am Ende dieses Buches dir eine große Hilfe sein werden, zuversichtlich die Gute Nachricht von Jesus Christus auszubreiten.

Ich bete, dass dieses Buch wenigstens das eine erreicht: dass es dir Mut macht, den Pinsel aufzunehmen, um dich an dieser herrlichen Produktion zu beteiligen. Folge der Vorlage des »Meisterkünstlers«, dann wirst du nicht sehr irregehen. Sei mutig, hab

Vertrauen, sei fantasievoll und male mit Freude und höchster Erwartung. Kümmere dich nicht darum, was andere denken, und wolle nur dem gefallen, der der Anfänger und Vollender von allem ist. Wenn die Teile zusammengesetzt sind und das Bild vollständig ist, mögest du das Angesicht des Sämanns als dein eigenes erkennen! Dafür bete ich. Und wisse, dass die Früchte deiner Arbeit einmal eingebracht werden und fest verwurzelt werden in unserem Retter Jesus Christus.

Nachwort
Wer nur ein einziges Leben rettet ...

Schindlers Liste[78] ist einer der bewegendsten Filme aller Zeiten. Er erzählt die Geschichte von einem deutschen Geschäftsmann, Oskar Schindler, der in das von den Nationalsozialisten besetzte Polen kommt, um dort lukrative Geschäfte zu machen, und am Ende der Retter von mehr als 1100 Juden wird.

Als charmanter und gewiefter Unternehmer besticht er die Nazi-Oberen und freundet sich mit ihnen an, um eine Fabrik in Krakau unter seine Kontrolle zu bringen, in der er jüdische Arbeiter anstellt. Sehr schnell verdient er viel Geld. Unter den Juden, die für ihn arbeiten, ist auch Itzhak Stern, der die Fabrik leitet. Er hat Schindlers Wohlwollen und sorgt dafür, dass zu dessen Belegschaft die gefährdetsten und geschätztesten Glieder der jüdischen Gemeinde von Krakau gehören.

Schindler ist wie die meisten Menschen. Er liebt guten Wein und schöne Frauen und sucht sein Glück außerdem in geschäftlichem Erfolg. Während er sein Imperium aufbaut, zeigt der Film jedoch auch das tödliche Schicksal von Millionen unschuldiger Juden. Es ist eine Zeit, die man später eine der dunkelsten Zeiten der Menschheitsgeschichte nannte.

Als Schindler das zu begreifen beginnt, verändert er sich. Zur Freude von Itzhak Stern und seinen Mitarbeitern gibt dieser selbstsüchtige, geldgierige Geschäftemacher seine weltlichen Ziele auf und setzt von da an alles daran, so viele Juden wie möglich zu retten.

Die Geschichte erreicht ihren dramatischen Höhepunkt, als Schindler seine Flucht vorbereitet. Als Mitglied der Nazipartei und als jemand, der – nach seiner eigenen Beschreibung – »mithilfe von Sklavenarbeit Profit macht«, muss er vor der heranrückenden Sowjetarmee fliehen. Obwohl SS-Leute Befehl erhalten haben, alle Juden in Brünnlitz zu »liquidieren«, überredet Schindler sie,

---

78 *Schindlers Liste*, Universal Films, 1993.

zu ihren Familien als Männer, nicht als Mörder zurückzukehren. Danach packt er sein Auto in der Nacht und verabschiedet sich von seinen Arbeitern. Sie geben ihm einen von allen Arbeitern unterschriebenen Brief mit für den Fall, dass er gefangen genommen würde. Darin steht, dass er in ihren Augen kein Krimineller war. Sie überreichen ihm auch einen Ring, der heimlich aus dem Zahngold eines Arbeiters gefertigt worden ist. Dieser Ring trug die talmudische Inschrift: »*Wer nur ein einziges Leben rettet, rettet die ganze Welt.*« In diesem Augenblick brach Schindler weinend und in tiefer Beschämung zusammen.

»Ich hätte mehr tun können ... ich hätte mehr tun können!«, sagte er, während er sich an Itzhak Stern festhielt. »Warum haben wir das Auto behalten? Wir hätten noch mehr Menschen helfen können. Seht diesen Füllhalter, er ist aus Gold, ich hätte dafür zwei Menschen mehr retten können, vielleicht sogar noch einen mehr!« Schindler begriff, dass er so viel Geld nutzlos verschwendet hatte. Stern antwortete ihm darauf: »Ganze Geschlechter werden dir danken. Du hast so viel getan.«

Der Film endet, indem er Juden zeigt, die tatsächlich in Schindlers Fabrik gearbeitet hatten – sie sind nun alt geworden, und jeder setzt ehrfurchtsvoll einen Stein auf Oskar Schindlers Grab. Die Filmemacher gehen Hand in Hand mit den Menschen, die sie darstellten, und auch von ihnen legt jeder einen Stein auf Schindlers Grab. Die Zuschauer erfahren, dass zur Zeit der Freigabe des Films weniger als 4000 Juden in Polen lebten, während es mehr als 6000 Nachkommen von Schindlers Juden gab. Heute leben mehr als 7500 Nachkommen »seiner« Juden in den Vereinigten Staaten, Europa und Israel.

Oskar Schindler starb am 9. Oktober 1974 in Hildesheim. Er wollte aber in Jerusalem beigesetzt werden – denn er sagte: »Hier wohnen meine Kinder ...« Schindler starb mittellos – aber er gewann die ewige Dankbarkeit der Juden. Er wurde auf vier Kontinenten beklagt, und man wird sich noch nach Generationen an das erinnern, was er tat.

Was wird dein Vermächtnis sein? Wie nutzen wir unsere Zeit und unser Geld? Messen wir Erfolg nach dem Profit, den unser Geschäft abwirft, oder nach unserer Gehaltsabrechnung oder an der modernsten Heimkino-Anlage, an unseren Urlaubszielen, an dem neuesten Computerzubehör, an dem neuen Auto oder an der Gesellschaft, in der wir verkehren? Wie würde sich unsere Welt verändern, wenn Christen anfingen, an ihren Fingern abzuzählen, wie vielen Seelen sie geholfen haben!? Einige sagen: »Zeit ist Geld.« Aber nein!!! »Zeit ist Seelen«! Unsere Zeit gehört dem Evangelium! Wie wäre es, wenn dein nächstes außerordentliches Geschenk ein Geschenk für das Werk des Herrn wäre? Überleg einmal: Entweder ein neues Computerspiel – oder hundert Evangeliumstraktate für irgendeinen geistlich isolierten Teil dieser Welt? Eine neue Handtasche – oder ein Dutzend Bibeln für den Nahen Osten? Ein Abend im Kino – oder draußen vor dem Kino Traktate verteilen? Ach, wenn unsere Herzen nur auf das Ewige ausgerichtet wären! Wir könnten den ganzen Globus erreichen und würden nicht enttäuscht werden. Wir würden dann reich in den Dingen Christi, und unseren Schatz im Himmel kann uns niemand nehmen.

Sammelt euch nicht Schätze auf der Erde, wo Motte und Rost zerstören und wo Diebe einbrechen und stehlen; sammelt euch aber Schätze im Himmel, wo weder Motte noch Rost zerstören und wo Diebe nicht einbrechen und nicht stehlen; denn wo dein Schatz ist, da wird auch dein Herz sein. (Matthäus 6,19-21)

Jetzt bist *du* dran!

Sehen andere das auch so?

Bei meinen Studien über Jesu Auftrag und was für die Gemeinde das Wichtigste ist, bin ich auf eine große Bandbreite unterschiedlichster Gelehrter, Geistlicher und Laien gestoßen, die genauso denken und arbeiten. Es folgen nur einige Zitate, um dich zu vergewissern und zu inspirieren:

Dr. John Stott
Der Auftrag der Gemeinde, einen aufopferungsvollen Dienst zu tun, umschließt sowohl evangelistische als auch soziale Bemühungen, sodass eine Gemeinde im Allgemeinen nicht zwischen beiden wählen kann. Wenn aber gewählt werden muss, hat die Evangelisation den Vorrang. Unsere vornehmste Pflicht ist die Weitergabe des Evangeliums.

(John Stott: *Making Christ Known*,
Historische Missionsdokumente der Lausanner Bewegung,
1974–1989, Paternoster Press, 1996)

Millard Erickson
Das eine Thema, das in beiden Berichten von den letzten Worten Jesu an seine Jünger vor seiner Himmelfahrt hervorgehoben wird, ist Evangelisation. In Matthäus 28,19 unterweist er sie: »*Geht nun hin und macht alle Nationen zu Jüngern ...*« Und in Apostelgeschichte 1,8 sagt er: »*Aber ihr werdet Kraft empfangen, wenn der Heilige Geist auf euch herabkommt; und ihr werdet meine Zeugen sein, sowohl in Jerusalem als auch in ganz Judäa und Samaria und bis an das Ende der Erde.*« Das war das endgültige Ziel, das Jesus seinen Jüngern steckte. Es scheint, als ob er Evangelisation als ihren eigentlichen Daseinszweck ansah.

(Millard Erickson, *Christian Theology*,
Revell [Baker Publishing Group], 1998)

Dr. William Lane
Die Proklamation des Evangeliums an alle Menschen hat absolute Priorität.

(William L. Lane, *The Gospel of Mark*, Eerdmans, 1995)

Dr. Michael Green
Dr. Michael Green bezeichnete die Verkündigung des Evangeliums als »die vordringlichste Aufgabe der Gemeinde«.

(Michael Green, *Evangelism in the Early Church*,
Highland Books, 1970)

Oswald J. Smith
Zu Markus 13,10 (»*... und allen Nationen muss zuvor das Evangelium gepredigt werden*«) schrieb er: »Warum gebrauchte Jesus das Wort ›zuvor‹? Er stellte fest, dass das Evangelium zuerst, ›zuvor‹, unter den Nationen verkündigt werden muss. Das heißt für uns, dass bevor wir irgendetwas anderes tun, wir die Welt evangelisieren müssen.

(Oswald J. Smith, *The Passion for Souls*,
Marshall, Morgan and Scott, 1978)

Dr. Lewis Drummond
Es gibt für niemanden eine Entschuldigung, dem Evangelium nicht den ersten Platz im individuellen, verbindlichen Gemeindeleben einzuräumen.

(Lewis A. Drummond, *Reaching Generation Next*,
Baker, 2002)

Anglikanische Konferenz in Lambeth 1988
Resolution 43 bezeichnet Evangelisation ... als primäre Aufgabe für die Kirche.

(Zitiert aus: J. John, *Natural Evangelism:
How to share the good news with friends with no artificial ingredients*,
Lynx Press, 1996)

Charles Spurgeon
Paulus' großes Ziel war nicht nur, zu unterweisen und zu verbessern, sondern zu retten. Um ihrer Errettung willen gab er sich mit unermüdlichem Eifer hin, das Evangelium überall zu verbreiten und zu warnen und die Menschen zu bitten, sich mit Gott versöhnen zu lassen ... Er wurde ein Diener aller Menschen, er mühte sich für sein Geschlecht, ja, er sagte: »*Wehe mir, wenn ich das Evan-*

gelium nicht verkündigte!« (1. Korinther 9,16). ... Das Evangelium war für ihn die allerwichtigste Aufgabe.

(C. H. Spurgeon, *Morning and Evening Devotionals* [Andachten], 7. Dezember, Abendlesung)

Ray Comfort
Gleich zu Anfang seines Dienstes machte Jesus deutlich, dass sein Hauptauftrag darin bestand, die verlorene Menschheit mit dem Evangelium zu erreichen.

(Ray Comfort und Kirk Cameron, *The Way of the Master*, Bridge-Logos Publishing, 2006)

Der Sämann von Vincent van Gogh

Evangeliums-Präsentationen

Kapitel 7 enthält ein Beispiel für eine klare Präsentation des Evangeliums, von dem ich festgestellt habe, dass es sowohl in Gruppen als auch bei Einzelgesprächen gut einsetzbar ist. Unter http://www.avantiministries.com/resources/videos/ (in verschiedenen Sprachen) kann man sich dieses Beispiel als Video in hoher Auflösung anschauen.

Es gibt noch viele andere ausgezeichnete Möglichkeiten, die Grundlagen des Evangeliums zu erklären. Hier folgen einige Vorschläge:

Die Brücke

»Die Brücke« ist eine Präsentation, die aus sechs Bildern besteht. Mithilfe dieser Bilder kann man gut erklären, auf welche Weise Christus die Kluft zwischen Gott und Menschen überwunden hat. Diese Präsentation kann man sich auch auf der Internetseite www.discipleshipint.org/the_bridge anschauen. (Anmerkung des deutschen Herausgebers: Eine ähnliche Präsentation auf Deutsch ist auf der Seite www.wie-komme-ich-in-den-himmel.de zu finden.)

- Gottes Liebe
- Das Problem der Menschen
- Menschliche Versuche der Erlösung
- Gottes Erlösung
- Die Antwort des Menschen
- Zusammenfassung

Gottes Liebe

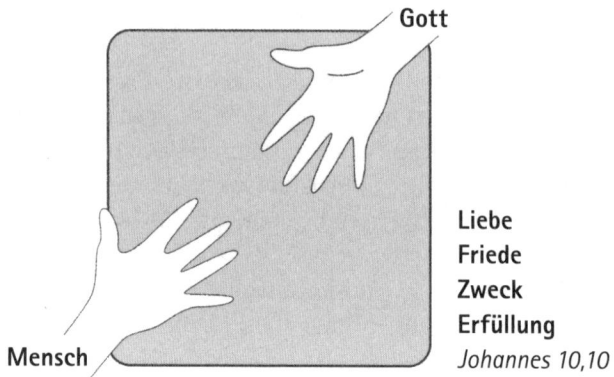

Liebe
Friede
Zweck
Erfüllung
Johannes 10,10

Die Bibel lehrt uns, dass Gott Liebe ist und uns liebt. Er möchte, dass wir ein überfließendes Leben haben. Dazu gehören solche Dinge wie Liebe, Friede, Zweck und Erfüllung. Jesus sagte von der Absicht seines Kommens auf die Erde: »*Ich bin gekommen, damit sie Leben haben und es in Überfluss haben*« (Johannes 10,10b). Am Anfang, als Gott den Menschen auf die Erde setzte, bestand eine Beziehung zwischen Gott und dem Menschen, die ihm dieses überfließende Leben gab.

Das Problem des Menschen

Sünde
Jesaja 53,6
Tod
Römer 6,23
Gericht
Hebräer 9,27
Feuersee
Offenbarung 20,15

Liebe
Friede
Zweck
Erfüllung
Johannes 10,10

Aber Gott erschuf den Menschen nicht als einen Roboter, der als Antwort auf seine Liebe automatisch lieben und Gemeinschaft mit ihm haben würde. Er gab dem Menschen einen Willen und die Freiheit, sich zu entscheiden.

Der Mensch konnte Gottes Gebote halten – oder sein Leben ohne Gott führen. Der Mensch entschied sich für seinen eigenen Weg. Das brachte ihm die Trennung von Gott ein. Gott ist absolut heilig und vollkommen, während der Mensch sündig und unvollkommen ist. In der Bibel steht: »*Wir alle irrten umher wie Schafe, wir wandten uns jeder auf seinen Weg*« (Jesaja 53,6). Die Menschen gehen bis heute diesen Weg. Und das gilt für alle Menschen. Jeder von uns ist schuldig. Wir alle haben Entscheidungen getroffen und Handlungen begangen und Gedanken gehabt, die Gottes Geboten zuwiderliefen. Wir waren wie irrende Schafe.

Das Ergebnis dieser Abwendung von Gott und davon, dass wir getan haben, was Gott nicht gefällt, ist geistlicher Tod – ewiger Tod. In der Bibel steht auch: »*Denn der Lohn der Sünde ist der Tod, die Gnadengabe Gottes aber ewiges Leben in Christus Jesus, unserem Herrn*« (Römer 6,23). Zunächst wollen wir aber nur die erste Hälfte dieses Verses betrachten.

Paulus bestätigt hier, dass die Konsequenz oder die »Bezahlung«, die wir für unsere Sünden empfangen, der ewige Tod ist. So können wir sehen, dass wir aufseiten der Menschen den ewigen Tod haben und aufseiten Gottes ewiges Leben ist. Der zweite Teil dieses Verses spricht vom ewigen Leben als Gottes freiem Geschenk, doch das wird noch deutlicher, wenn wir die nächsten Punkte betrachten. Bis jetzt scheinen wir auf der Seite des Todes festzusitzen.

(Lies jetzt Hebräer 9,27.) Dieser Vers sagt uns ganz eindeutig, dass wir alle den leiblichen Tod erleiden werden, und danach werden wir vor Gericht gestellt werden. Die Bibel lehrt, dass es einen Tag des Gerichts geben wird, an dem Gott die Taten und Gedanken jedes Menschen richten wird. In Offenbarung 20,15 lesen wir dann: »*Und wenn jemand nicht geschrieben gefunden wurde in dem Buch des Lebens, so wurde er in den Feuersee geworfen.*«

Wir sehen also, dass wir Menschen gesündigt haben und als Strafe für diese Sünden den ewigen Tod erwarten müssen. Ebenso sehen wir, dass wir als Folge unserer Sünden dem Gericht Gottes entgegengehen. Das zusammen ergibt ein ziemlich bedrückendes Bild unserer Situation auf dieser Seite des Abgrunds, der uns von Gott trennt.

Menschliche Versuche der Erlösung

Sünde
Jesaja 53,6
Tod
Römer 6,23
Gericht
Hebräer 9,27
Feuersee
Offenbarung 20,15

Gute Taten
Gebet
Gottesdienstbesuch
Taufe
Epheser 2,8-9

Liebe
Friede
Zweck
Erfüllung
Johannes 10,10

Viele Menschen meinen, sie könnten selbst einen Weg finden, um Gottes Gunst und Gottes Segen zu bekommen. Gewöhnlich denken sie sich Verhaltensregeln und Rituale aus, die man einhalten muss, um Gott wohlzugefallen. Dazu gehören gute Werke, Hilfsbereitschaft, Gebete, Gottesdienstbesuch oder Taufe. Gottes Wort sagt deutlich, dass all das in den Augen eines heiligen Gottes wertlos ist, wenn es darum geht, dadurch göttliche Vergebung zu erlangen. (Lies jetzt Epheser 2,8-9.) Durch diese Verse wird deutlich, dass »gute Werke« niemals ausreichen werden, um Gottes Maßgaben zu genügen, sondern Gottes Errettung eine Gabe ist, die man nur aus Gnade und nur durch den Glauben erlangen kann.

Gottes Erlösung

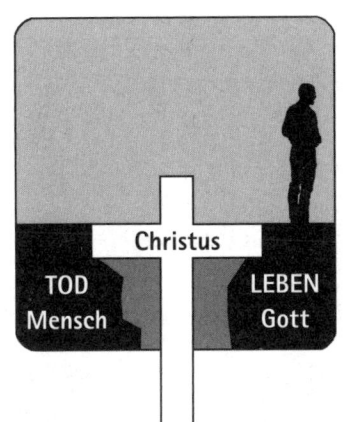

Sünde
Jesaja 53,6
Tod
Römer 6,23
Gericht
Hebräer 9,27
Feuersee
Offenbarung 20,15

Liebe
Friede
Zweck
Erfüllung
Johannes 10,10
Gottes Erlösung
Römer 5,8

Trotz der Tatsache, dass wir Gott den Rücken zukehrten und ihm ungehorsam waren, liebt Gott uns immer noch und will, dass wir ihn persönlich kennenlernen, damit er uns segnen kann.

Nur eine ausreichend große Brücke kann den Abgrund überwinden, der sich zwischen Gott und den Menschen befindet, und diese Brücke hat Jesus Christus durch seinen Tod am Kreuz »gebaut«.

Die Bibel sagt: »*Gott aber erweist seine Liebe zu uns darin, dass Christus, da wir noch Sünder waren, für uns gestorben ist*« (Römer 5,8).

Die Bibel lehrt uns außerdem: Als Christus am Kreuz starb, dann starb er dort an unserer Stelle. Er bezahlte die Strafe und nahm das Gericht für unsere Sünden auf sich. So konnte Gott uns all unsere Missetaten vergeben. Die Anklageschrift gegen uns konnte vernichtet werden.

Die Antwort des Menschen

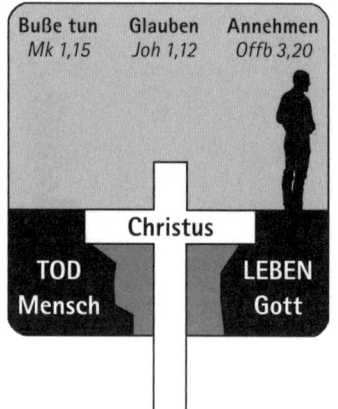

Sünde
Jesaja 53,6
Tod
Römer 6,23
Gericht
Hebräer 9,27
Feuersee
Offenbarung 20,15

Buße tun
Mk 1,15
Glauben
Joh 1,12
Annehmen
Offb 3,20

Liebe
Friede
Zweck
Erfüllung
Johannes 10,10
Gottes Erlösung
Römer 5,8

Christus ermöglichte uns, zu Gott hinüberzugelangen und das volle Leben zu bekommen, das er uns gern geben will. Aber wir kommen nicht automatisch auf Gottes Seite. Wir müssen selbst handeln. Wir müssen Gott um Vergebung bitten und Jesus bitten, in unser Leben zu kommen.

»Die Zeit ist erfüllt, und das Reich Gottes ist nahe gekommen. Tut Buße und glaubt an das Evangelium« (Markus 1,15). Buße tun bedeutet, einen Richtungswechsel zu vollziehen. Wir müssen aufhören mit den menschlichen Bemühungen, Gott näher zu kommen, und müssen stattdessen Gottes Erlösung von unseren Sünden anerkennen.

Die Bibel sagt auch: »So viele ihn aber aufnahmen, denen gab er das Recht, Kinder Gottes zu werden« (Johannes 1,12). Dieses Annehmen tun wir in gläubigem Gebet. Dann erhalten wir die Gabe des ewigen Lebens.

Nun wollen wir hier noch einen weiteren Vers hinzufügen (Offenbarung 3,20). Er passt direkt zu Johannes 1,12 und lautet: »Siehe, ich stehe an der Tür und klopfe an; wenn jemand meine Stimme hört und die Tür öffnet, zu dem werde ich hineingehen und das Abendbrot mit ihm essen, und er mit mir.« Die Tür, an die Jesus klopft, ist das eigentliche Zentrum unseres Lebens – unser Herz, das Innerste unseres Seins. Er klopft an und würde gern in unser Leben eintreten. Er möchte, dass wir die Tür öffnen und ihn einlassen.

Zusammenfassung

Sünde
Jesaja 53,6
Tod
Römer 6,23
Gericht
Hebräer 9,27
Feuersee
Offenbarung 20,15

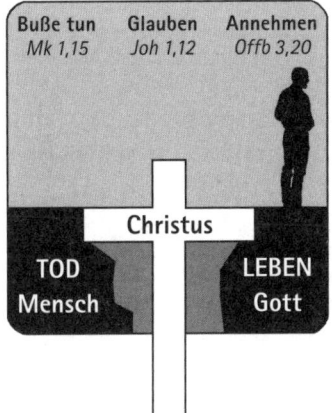

Liebe
Friede
Zweck
Erfüllung
Johannes 10,10

Gottes Erlösung
Römer 5,8

Sicherheit des Errettetseins
Johannes 5,24
1. Mensch hat ewiges Leben.
2. Es gibt keine Verdammnis für den Menschen.
3. Mensch ist vom Tod zum Leben hinübergegangen.

Nun wollen wir uns Johannes 5,24 anschauen. Diese Aussage Jesu fasst alles zusammen, was wir erarbeitet haben: »*Wahrlich, wahrlich, ich sage euch: Wer mein Wort hört* [die Dinge, über die wir hier gesprochen haben] *und dem glaubt, der mich gesandt hat* [»glauben« heißt »empfangen«, und das bedeutet: Christus in unser Leben aufnehmen], *hat ewiges Leben und kommt nicht ins Gericht, sondern ist aus dem Tod in das Leben übergegangen.*«

Das zerrissene Papier

Diese Präsentation ist sehr anschaulich, und mit ein bisschen Übung kann man es leicht vorführen, und alle schauen mit Interesse zu – einerlei, wie alt sie sind.

Übe ein wenig das Zerreißen des Blattes, damit du diese Illustration vorführen kannst, während du redest. Dazu sage in etwa Folgendes:

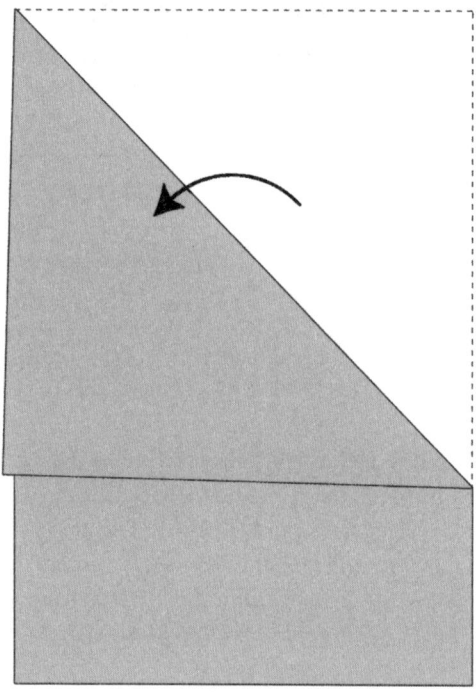

»Stell dir dieses Blatt als das Leben eines Menschen vor. Dieser Mensch will das Leben genießen. So gefallen ihm schöne Dinge, schöne Kleidung und hübsche technische Spielereien, außerdem braucht er ein nettes Haus, in das er alles stellen kann.
(Falte die rechte obere Ecke zur linken Seite hinüber, um eine Doppelhaushälfte zu formen.)

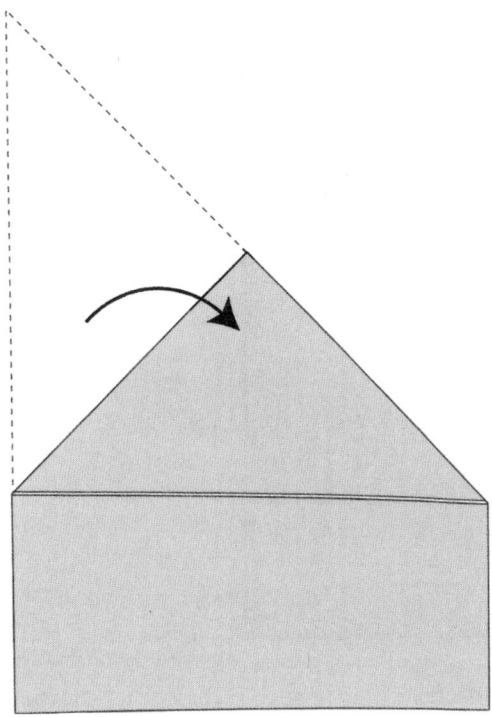

Dieser Mensch sieht, dass andere Menschen hübschere und größere Häuser haben. Er möchte dasselbe wie sie bekommen und arbeitet umso härter, damit er es erhält, samt gepflegtem Garten und sogar mit einem Swimmingpool.

(Falte die linke obere Ecke zur rechten Seite des Bogens. Nun solltest du so etwas wie ein Einfamilienhaus mit Spitzdach haben.)

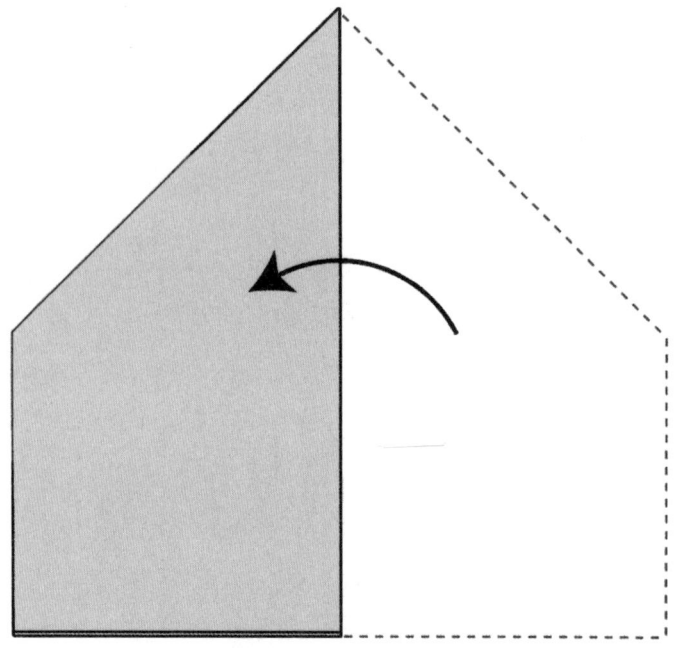

Aber der Mensch ist immer noch nicht zufrieden, weil er doch sein kurzes Leben richtig genießen möchte. So meint er, dass er Urlaub machen muss. Er nimmt ein Flugzeug und fliegt nach Hawaii. Tatsächlich! Hawaii ist wunderbar! Aber nach zwei Wochen muss er wieder nach Hause fahren und arbeiten, um den nächsten Urlaub bezahlen zu können.
(Nun falte ein Flugzeug, indem du das Haus in der Mitte faltest. Mach den Falz sehr scharf. Nun solltest du etwas wie ein Flugzeug in der Hand haben. Du brauchst nur noch die Flügel zur Seite zu knicken. Vielleicht fliegt es ja sogar.)

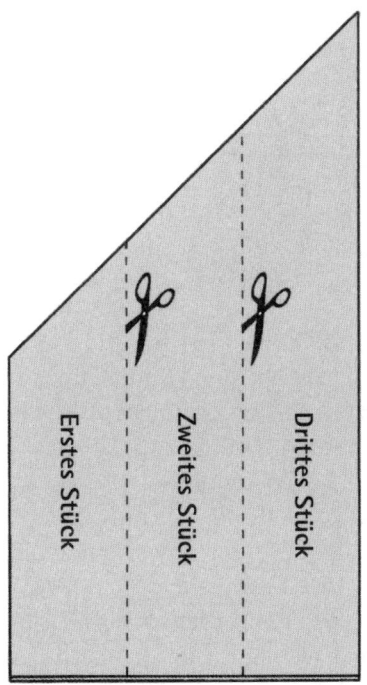

Aber der Mensch ist immer noch nicht glücklich. Und wie er älter wird, versucht er es mit verschiedenen anderen Dingen: Er geht auf Partys und trifft auch bald eine hübsche Frau. Er heiratet und hat vier liebe Kinder. Später im Leben tut er so manches gute Werk und geht sogar manchmal zur Kirche. Doch eines Tages stirbt er schließlich.

(Dreh die Spitze des Flugzeugs nach oben, mit dem kürzeren Ende nach links. Beginne ganz an der linken Seite. Halte das Blatt mit Daumen und Zeigefinger so fest, dass etwas mehr als ein Drittel der Blatt-Breite links übrig bleibt, und reiß vorsichtig eine möglichst gerade Linie herunter, bis du das erste Stück abgerissen hast. Lege dieses Stück so auf den Tisch, dass es nicht vom Wind weggeblasen werden kann. Dann reiß ein weiteres Stück genauso ab [ebenfalls ein bisschen mehr als ein Drittel]. Lege das zweite Stück zu dem ersten, und das dritte ein wenig von den anderen beiden entfernt.)

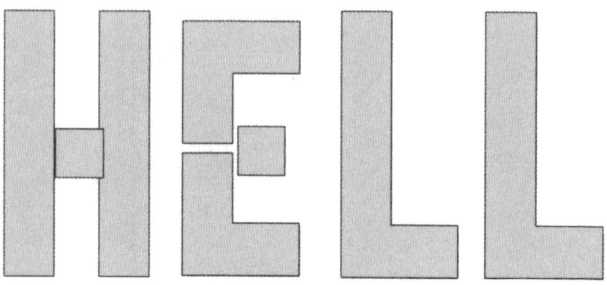

Der Mensch tritt vor Gottes Gericht, und Gott sagt zu ihm: »Ich liebe dich sehr, und ich habe den Himmel für dich vorbereitet, weil ich dir nichts geben wollte, was weniger als vollkommen wäre. Was hast du aber in deinem Leben gemacht, das so gut wäre, dass ich dich in den Himmel lassen könnte?«

Der Mensch sagt zu Gott: »Na, ich ging zur Kirche, ich habe Geld für gute Werke gespendet, ich war verheiratet, liebte meine Kinder und machte meine Arbeit gut ...«

Aber Gott sagt zu diesem Menschen: »Vieles davon war nicht schlecht. Aber es war nicht gut genug, um dir den Zutritt zum vollkommenen Himmel zu gestatten. Alle diese Dinge waren nur für das kurze Erdenleben und hatten keinen Wert für die Ewigkeit. Leider können dich alle diese Dinge, denen du dein Leben gewidmet hast, dich nur an einen Ort bringen, nämlich in die ...

(Nun öffne die zwei Teile und verwandle sie vorsichtig in Buchstaben. Du wirst zwei »L« und andere Papierstücke finden, aus denen die Buchstaben »H« und »E« gebildet werden können. So erhältst du das Wort »Hell« [das englische Wort für »Hölle«].)

Gott sagt zu dem Menschen. »Das ist sehr, sehr traurig, weil ich versucht habe, dich davor zu verschonen. Darum habe ich meinen Sohn, Jesus Christus, gesandt.«
(Das übrig gebliebene lange Teil ergibt geöffnet ein vollkommenes Kreuz. Vielleicht magst du dieses Kreuz dem Menschen schenken, dem du das vorgeführt hast.)

Hier kann man die Präsentation abbrechen – man kann aber auch eine kurze Erklärung anfügen, zum Beispiel wie folgt:
  Diese Präsentation war ziemlich deutlich, oder? Nun überlasse ich dich deinen eigenen Gedanken. Die Bibel sagt, dass Gott »heilig« ist, was in diesem Zusammenhang einfach »vollkommen« heißt. Gott kann nichts Unvollkommenes in den Himmel lassen, sonst wäre der Himmel nicht mehr der Himmel. Jeder von uns hat einen Körper und eine Seele, und wenn wir sterben, lebt unsere Seele ewig weiter, entweder im Himmel oder in der Hölle. Wenn wir nur ein einziges der göttlichen Gebote übertreten haben, wenn wir zum Beispiel einmal gelogen, einmal betrogen oder einmal jemanden gehasst haben, dann ist unsere Seele unvollkommen geworden und wir können nicht in den Himmel kommen.
  Die gute Nachricht ist, dass Gott uns vergeben will! Jesus Christus kam in unsere Welt und führte ein vollkommenes Leben. Er starb den schrecklich grausamen Tod am Kreuz, um die Strafe,

die wir alle durch unsere Übertretungen der Gebote Gottes verdient haben, auf sich zu nehmen. Wenn wir unser Vertrauen auf das setzen, was Jesus für uns am Kreuz getan hat, und die folgenden zwei Dinge tun, kann Gott uns vergeben und uns eines Tages in den Himmel aufnehmen:

1. Wir müssen bereit sein, uns von allem abzuwenden, von dem wir wissen, dass es falsch war in unserem Leben, und Jesus um Vergebung bitten.
2. Wir müssen unser Leben Jesus Christus übergeben, ihn als Herrn anerkennen und dann demütig unser Leben ihm im Dienst zur Verfügung stellen.

Tun wir diese beiden Dinge, werden wir, nachdem wir gestorben sind, im Himmel willkommen geheißen, diesem wunderbaren Ort, wo wir dann für alle Ewigkeit werden wohnen dürfen.

Tony Anthony / Angela Little
Den Tiger zähmen

288 Seiten, Taschenbuch
ISBN 978-3-86699-107-1

Tony Anthony ist vier Jahre alt, als er gewaltsam entführt und von seinem chinesischen Großvater unter unvorstellbaren Strapazen zum erfolgreichen Shaolin-Kämpfer ausgebildet wird. Als Meister des Kung-Fu erkämpft er einen dreifachen Weltmeister-Titel. Seine Unbezwingbarkeit ebnet ihm den Weg zu einer Karriere als Bodyguard in höchsten Prominentenkreisen. Doch dann verwandelt ein tragischer Schicksals-Schlag den disziplinierten Beschützer in einen brutalen Kriminellen, und er landet schließlich im finsteren Zentral-Gefängnis von Nikosia (Zypern). Aber gerade hier, wo alle Hoffnung verloren scheint, lernt Tony jemanden kennen, der aus dem ungezähmten Tiger einen Mann voller Erbarmen macht.

Tony Anthony / Angela Little
Der Schrei des Tigers

Der Bestseller »Den Tiger zähmen« als Jugendbuch!

256 Seiten, Taschenbuch
ISBN 978-3-86699-108-8

»Kung Fu gehört schon seit über 500 Jahren zu unserer Familie«, belehrt ihn der alte Mann. »Es ist eine Tradition, die von Generation zu Generation weitergegeben wurde. Du bist hier, um diese Tradition zu erlernen.«
Tony hat in Bezug auf diese Erwartung keine Wahl. Er ist der einzige Sohn – und von ihm wird gefordert, die Familien-Ehre zu retten. Seine Kindheit wird abrupt beendet, als er von London ins weit entfernte China geschickt wird, um bei einem Kung-Fu-Großmeister zu lernen – und dieser Mann ist sein Großvater! Tonys Ausbildung ist streng und hart – mit dem Ergebnis, dass er seinen Großvater mehr und mehr hasst. Gleichzeitig werden die Hoffnungen und Träume des alten Mannes auch seine eigenen.
Wird er jemals gut genug sein, um ein Meister des Kung Fu zu werden? Und wird die Erfüllung dieser Träume ihm wirklich Glück und Zufriedenheit bringen?

6000 Punkte für den Himmel

1 Video-DVD in Papphülle
Artikel-Nr. 255997

Herr Weber ist ein ganz normaler Mensch. »Tue recht und scheue niemand!« ist sein Lebensmotto – und damit kann er ganz gut leben. Doch eines Tages findet er sich vor der Himmelspforte wieder und muss beweisen, ob er tatsächlich gut genug ist für den Himmel.
Evangelistischer Kurzfilm (18 Minuten)
Weitere Infos auch unter www.6000punkte.de

– Untertitel in 16 Sprachen:
Albanisch, Bulgarisch, Deutsch, Englisch, Finnisch, Französisch, Italienisch, Kroatisch, Lettisch, Niederländisch, Polnisch, Russisch, Schwedisch, Spanisch, Tschechisch, Türkisch.
– Bonus »Nachgedacht« (mit deutschen Untertiteln, Sprecher: Andreas Fett vom »vertikal«-Kurs)

Weitere evangelistische Bücher, CDs und DVDs

finden Sie unter

www.clv.de

in der Rubrik »Evangelistisches«.

Das CLV-Lesebuch

Das Gesamtverzeichnis aller CLV-Produkte – komplett vierfarbig, viele Leseproben.

Bibeln · Kommentare & biblische Lehre
Nachfolge & Jüngerschaft · Evangelistische Bücher
Biografien & Erzählungen · Sachbücher & Zeitkritisches
Kinder- & Jugendbücher
Andachtsbücher · Bildbände
CDs und DVDs · fremdsprachige Bücher

BÜCHER, DIE WEITERHELFEN

Dieses Buch erhalten Sie in Ihrer Buchhandlung oder bei CLV · Postfach 11 01 35 · 33661 Bielefeld